유죄 오판

심리학의 교훈

Brian L. Cutler 편저 | 김민지 · 최 관 · 박광배 공역

CONVICTION OF THE INNOCENT

LESSONS FROM PSYCHOLOGICAL RESEARCH

학지사

Conviction of the Innocent: Lessons from Psychological Research
by Brian L. Cutler

역자 서문

무고한 사람이 재판에서 잘못된 유죄 판결을 받을 수 있다는 사실은 실제 사례를 접하지 않고는 매우 믿기 어렵다. 최근 우리나라에서도 삼례 나라슈퍼 강도치사사건과 익산 약촌오거리 택시기사 살인사건이 미디어를 통해 알려지고 영화로도 제작되면서 무고한 사람이 잘못된 유죄 판결을 받을 수 있다는 사실, 나아가 형사사법체계의 문제점들에 대해서 생각해 볼 수 있는 계기가 되었다. 이 책『유죄 오판: 심리학의 교훈』은 미국에서 무고한 사람이 잘못된 유죄 판결을 받은 후 DNA 증거를 통해 무죄를 확정받은 사례들을 바탕으로 진행된 연구 결과와 법심리학 분야에서 진행된 실증 연구 결과를 바탕으로 오판과 관련된 요인들에 대한 통합적인 논의를 제시하고 있다. 구체적으로 오판과 관련된 주요 요인들(용의자나 피고인이 청소년 또는 정신 질환이나 발달 장애가 있는 취약 집단이거나 수사 과정에서의 거짓말 탐지나 허위 자백, 목격자 지목, 법과학 증거, 인간의 편견으로 인한 인종 차별이나 터널 비전 등)이 판사, 검사, 변호사, 경찰, 배심원 등의 형사사법절차 내의 의사결정자들에게 어떤 영향을 미치고 오판에 어떻게 이르게 되는지에 대해 논의하고 있다. 또한 오판 사례를 줄이기 위해 앞으로 어떤 종류의 실증 연구가 진행되어야 하고 형사사법체계의 절차가 구체적으로 어떻게 수정되어야 하는지에 대한 논의도 제시하고 있다.

이 책은 미국의 오판 사례와 관련된 실증 연구 결과를 집대성해 오판 사례에 대한 통찰을 제시하고 있는데, 이는 우리나라의 형사사법체계에도 동일하게 적용할 수 있으며 우리나라 형사사법체계의 문제점에 대해서도 동일한 시사점을 제공해 준다. 더불어 우리의 형사사법체계 내에서 의사결정자 역할을 하고 있는 판사, 검사, 변호사, 경찰관들에게는 인간이기 때문에 있을 수밖에 없는 편향과 의사결정 방법이 잘못된 유죄 판결에 어떤 영향을 미칠 수 있는가에 대한 통찰을 제시할 수 있을 것이다. 또한 우리나라에서 유죄 오판은 거의 일어나지 않는다고 생각하는 사람들에게는 우리나라에서 얼마나 많은 유죄 오판이 일어났는지에 대해 생각해 보고 앞으로 일어날 수 있는 유죄 오판 사례를 최소화하기 위해 우리나라의 형사사법체계가 어떻게 변화하고 무엇을 준비해야 하는지에 대해서도 생각해 볼 기회를 제공할 수 있을 것이다. 법심리학에 관심이 있는 대학원생과 초보 연구자에게는 앞으로 어떠한 실증 연구가 가능하고 필요할 것인지, 실험 연구가 어떻게 진행될 수 있는지에 대한 아이디어를 제공할 수 있을 것이다. 법학전문대학원 학생들에게는 전문화되고 실무에 강하며 공익에 앞장설 수 있는 법조인의 길에 대한 비전을 제시해 줄 수 있을 것이다.

미국의 이노센스 프로젝트(Innocence Project)가 잘못된 유죄 판결을 받은 사람들의 무죄를 밝혀내 준 것처럼, 이 책이 우리나라에서도 잘못된 유죄 판결에 대한 관심을 높이고 유죄 오판과 관련된 실증 연구에 대한 촉매 역할을 하길 기대한다.

2018년 10월

역자 일동

서문

Brian L. Cutler

무고한 자에 대한 유죄 판결의 문제점

현대 민주주의 국가의 형사사법제도는 무고한 사람이 잘못된 유죄 판결을 받게 되면 사회 및 그 개인에게 파괴적인 결과를 초래할 수 있다는 점을 인정한다. 사법제도는 이러한 불행한 사건들이 일어날 수 있는 위험을 최소화하기 위한 절차상의 보호 장치를 두고 있다. 일반적으로 지금의 형사 재판이 보호 장치 중 하나다. 판사나 배심원들에 의해 재판을 받기 전까지는 유죄 판결을 받을 수 없고, 재판에서 상대방은 서로 대면할 수 있으며, 기소된 내용에 대해 이의를 제기할 수 있다. 이러한 형사사법제도가 무고한 사람이 잘못된 유죄 판결을 받을 수 있는 위험을 최소화할 수는 있겠지만, 그럼에도 불구하고 오판은 발생한다. 경찰, 검찰 그리고 사법체계는 오판의 위험을 더 감소시키기 위해 관련 절차들을 끊임없이 수정하고 있지만, 오판은 사라지지 않고 지속적으로 발생하고 있다.

무고한 사람에 대한 잘못된 유죄 판결이 내려지는 문제점과 관련된 학문적인 관심은 법학자인 Edwin Borchard(1932) 교수의 연구까지 거슬러 올라갈 수 있다. 그는 65개의 오판 사례를 모아서 각 사례를 상세하게 서술했다. Leo(2005)가 언급했던 것처럼, Borchard(1932)의 연구 이후에도 약 20년마다 책과 기사들을 통해 오판 사례들이 알려졌다. 이러한 학문적인 문헌들에 대해서는 본문에서 좀 더 언급할 것이다.

잘못된 유죄 판결 사례에 대한 연구는 이노센스 프로젝트(Innocence Project)의 작업으로 돌파구를 찾았다. 1992년에 Barry Scheck 변호사와 Peter Neufeld 변호사는 예시바대학교(Yeshiva University)의 벤저민 카도조 로스쿨(Benjamin N. Cardozo School of law)에 이노센스 프로젝트를 설립했다. 이노센스 프로젝트의 임무는 획기적인 DNA 기술을 사용해 부당하게 유죄를 선고받아 복역하고 있는 무고한 사람들의 무죄를 밝혀 주는 것이다. 잘못된 유죄 판결을 받아 삶의 대부분을 교도소에서 지내야 했던 250명 이상의 사람들이 이노센스 프로젝트로 인해 석방됐다. 이노센스 프로젝트는 현재 카도조 로스쿨과 긴밀하게 연계된 독립적인 비영리 단체이며, 미국 대부분의 주(州)에서 이노센스 프로젝트의 발전을 이끌어 냈다. 이노센스 프로젝트는 일반적으로 법학 교수, 법 전공생, 현직 변호사, 수사관 그리고 비슷한 능력과 동기를 보유하고 있는 전문가들로 구성되어 있다. 캐나다, 영국, 호주 그리고 뉴질랜드에 비슷한 기관들이 존재한다.

이노센스 프로젝트는 부당한 유죄 판결을 받은 사람들이 사면을 받을 수 있게 도움을 주는 것을 넘어 잘못된 유죄 판결의 근본적인 원인과 요인들을 파악하기 위해 사건들을 분석하는 작업을 수행한다. 그리고 그 결과를 보고서나 신문기사 등으로 출판하고, 오판의 위험을 최소화하기 위해 사법제도의 개혁을 적극적으로 주장하고 있다.

오판 관련 학문의 역사

앞서 언급했지만, 오판을 연구한 학문은 Borchard(1932)의 연구 이후부터 이루어져 왔다. Richard Leo(2005)는 자신의 보고서에서 이 학문을 '큰 그림' 책('big picture' book), 실제 범죄 장르 및 전문적 문헌이라는 세 가지 범주로 구분했다.

첫째, Borchard(1932), Brandon과 Davies(1937), 그리고 Frank와 Frank(1957)가 제시한 '큰 그림' 책의 좋은 예시에 대해 Leo(2005)는 다음과 같이 설명했다.

> 첫째, 그들은 미국의 사법제도가 잘못된 유죄 판결을 받는 한 명보다 실제 유죄인 몇 명(일반적으로 100명, 간혹 적을 때는 10명, 많을 때는 1,000명)이 석방되

는 것이 더 낫다는 이념을 가지고 있다고 주장했다. 그리고 이와 같은 결론을 보장하기 위해 수많은 절차적 · 법적 보호 방안들이 설계된 것 같다고 지적했다. 그리고 우리의 자랑스러운 민주주의적 이념에도 불구하고 잘못된 유죄 판결 사례들이 정기적으로 발생하고 있으며 많은 부분이 간과되고 있다고 주장했다. 이러한 연구들은 잘못된 유죄 판결을 받은 여러 사례(종종 '끔찍한' 사례들을 나열한), 외부로 드러난 원인들(잘못된 목격자 지목에서 경찰 및 검찰의 직권남용, 비효과적인 변호인의 도움에 이르기까지), 그리고 미국 사회에서 잘못된 유죄 판결의 문제를 감소 또는 제거하기 위해 시행되어야 하는 개혁들에 대해 논의했다. 구성은 비슷하지만, 이렇게 진단적이고 개혁적인 의견의 저서들은 근본적으로 매우 중요하지만 학문적으로나 대중적으로 가장 방치된 미국의 형사사법제도의 한 부분에 대한 도덕적인 분노에서 비롯됐다(p. 203).

더 나아가, Leo는 오판과 관련된 현재의 문헌들이 비슷한 구성을 취하는 특징이 있다고 설명했다.

잘못된 유죄 판결에 관한 학문은 일반적으로 자신이 저지르지 않았지만 세간의 이목을 집중시킨 참혹한 범죄를 저질렀다고 체포된 무고한 남성(일반적으로 대개 남성이다)의 일어나지 않을 것 같은 끔찍한 이야기로 시작되는 비슷한 구성을 취하고 있다. 그리고 체포된 남성은 출세에 눈이 먼 검사에 의해 기소당하고 결국 배심재판에서 유죄 판결을 받았지만(일반적으로 형사사법체계 밖의 누군가에 의해, 또는 어떤 집단의 지속적이고 가끔은 영웅적인 노력에 의해), 결국은 교도소에서, 심지어는 사형수였음에도 석방되었다. 일반적으로 사면과 석방은 장기간의 수감과 부당한 고통을 당한 후에 일어난다. 부당한 체포, 기소, 판결 그리고 수감의 원인은 잘 알려져 있다. 그것은 (기억의 오류와 경찰의 암시와 과욕으로 인한) 목격자의 오인 지목, (심리적인 강압이 아니라면, 거의 항상 경찰의 암시로 인한) 허위 자백, (일반적으로 검찰 측의 이론을 지지하기 위해 거짓된 증언을 제공하였을 때 검찰이 제공하는 보상을 받고자 하는 동기에 의한) 구치소 제보자의 위증 및 날조된 증언, (종종 사전 심리 절차 및 재판에서 무죄를 입증할 수 있는 정보를 숨기거나 사건에 대한 사실을 의도적 또는 계획적으로 오해하게 만드는 형태로 나타나

> 는) 경찰과 검찰의 직권남용, (의도적으로 무고한 용의자에게 누명 씌우기를 위한 것은 아니지만 용의자가 유죄일 것이라는 편견을 지지하기 위해 사건의 내용이 구성되고 수사관의 편견에 의해서 초래된) 법과학적 · 과학적 속임수, 비효과적인 변호인의 도움 등이며, 그 목록은 끝없이 이어진다. 일단 원인이 규명되면 특정한 유형의 증거(예: 제보자의 증언)의 사용에서부터 특정 유형의 증거를 모으고 분석하는 방법들을 발전시키거나(예: 수사관의 신문에 대한 비디오 녹화) 저자가 좋아하지 않는 특정 관행들(예: 사형)을 폐지하는 것에 이르기까지 정책적인 해결책들이 지지를 받게 된다(p. 207).

이 문헌들은 중요하기도 하고 흥미롭기도 하지만, Leo(2005)는 익숙한 주제적 접근을 '지적으로 막다른 길'이라고 표현하며 '큰 그림' 접근을 비판했는데, 그 이유는 이러한 '큰 그림' 자료는 반복적이며 초기에 이미 설명되었던 내용 이외에 오판 현상에 대한 우리의 지식을 발전시키지 못하기 때문이다.

둘째, 실제 범죄 장르는 극적인 오판 사례들을 자세히 설명하는 책들을 말한다. Leo (2005)에 따르면, 이러한 책들은 일반적으로 기자들(예: Olsen, 2000; Taylor, 2002)에 의해 작성되어 더 많은 독자들에게 제공되었고, 역사적으로도 중요한 사건들을 기록하며 오판 문제에 대해 매우 절실하게 관심을 끌도록 만들었다. 그럼에도 불구하고 이러한 책들의 학문적인 가치는 제한적이다. Leo에 따르면, 이러한 책들은 이론적인 발전에 기여하지 못하고, 심지어 오판에 대해 심도 있는 설명을 제시하지 못하며, 학문적인 문헌으로서의 역할도 거의 하지 못한다.

셋째, Leo(2005)는 오판에 대한 더 전문적 문헌의 발전에 대해 설명했다. 예를 들어, 그는 목격자의 오인 지목이나 허위 자백과 같이 오판의 원인으로 밝혀진 요인들에 대해 인지심리학자와 사회심리학자들이 진행한 연구들을 언급했다. 현재 이 책은 특히 무고한 자의 잘못된 유죄 판결의 원인과 결과에 대한 심리학적인 연구를 제시하여 더욱 전문적인 문헌의 발전을 설명한 Leo의 범주와 정확하게 일치한다. Leo는 목격자의 오인 지목, 아동 증인의 암시성 그리고 허위 자백에 대한 연구들은 성공적이며 몇몇의 범죄학자들의 이론화 작업들이 오판에 대한 이론들을 발전시킬 수 있는 가능성을 보여 주었다고 설명했다. Leo는 최종적으로 오판에 대한 학문적인 이해는 초기 단계에 있으며, 더 많은 이론과 높은 수준의 연구가 필요하다는 결론을 내렸다.

이 책의 초석

나는 석사 재학(뉴욕주립대학교 제니시오 캠퍼스) 중이었던 1983년 즈음 전반적인 심리학과 법학에, 특히 목격자 기억에 대해 큰 흥미를 느껴, 인지심리학자인 Ken Kallio와 함께 목격자의 기억에 대한 연구를 시작했다.[1)] 그리하여 Steve Penrod의 지도 아래 박사 과정 학생으로 목격자의 기억에 대한 연구를 지속했고, 오늘날까지 동료 및 학생들과 함께 연구를 진행하고 있다.

목격자의 오인 지목, 허위 자백, 인종 차별 등과 같은 무고한 자의 잘못된 유죄 판결과 관련된 주제들에 대한 심리학과 법학 연구들은 독립적인 연구 분야로 발전해 왔다. Leo(2005)의 논문은 처음으로 오판이라는 방대한 분야에서 몇 개의 연구 영역을 끌어낼 수 있게 해 주었다. 그의 논문은 오인 지목, 허위 자백 및 그 밖의 원인과 같이 외적으로는 독립적인 주제들에 대한 연구들 간의 공통점과 유사점을 생각해 보도록 나를 자극했다. 독립적으로 보이는 잘못된 유죄 판결의 원인이 바탕이 되는 공통적인 사회심리학적 · 인지심리학적 현상이 존재하는가? 그 독립적인 원인들을 연구하기 위해 사용되는 연구 방법들은 얼마나 유사한가? 이 연구에서 발생한 개혁들에는 어떠한 공통점들이 있는가? 무고한 자에 대한 유죄 판결의 원인이 되는 요인들 중 몇 가지는 무죄가 입증되어 풀려난 사람들에 대한 낙인과 차별에 기여하는가?

이러한 질문들을 탐구하기 위해 처음으로 한 작업은 2009년 미국 심리학-법학회(American Psychology-Law Conference)에서 이 주제에 대한 심포지엄을 개최한 것이었다. 학회 중에 그리고 학회가 끝난 뒤 동료들과 책을 집필하자는 논의를 했다.

---

1) 이 프로그램에서 졸업한 직후 실험심리학 석사과정이 없어졌다. 분명하지는 않지만 내가 원인을 제공한 사람이 아니었다고 생각하고 싶다.

이 책의 목표

이 책의 목표에 대해 간단히 설명하고자 한다. 나는 각 장 저자들의 높은 수준 덕분에 다음의 목표들이 충족되었다고 자부하며 독자들도 이에 동의하길 바란다.

무고한 자의 유죄 판결에 대한 문헌의 발전

나는 유죄 오판과 관련된 심리학적 연구의 최신 동향과 이러한 사회적 문제에 대해 앞으로의 연구 방향을 제시하여 유죄 오판에 대한 문헌 연구의 지속적인 발전을 희망한다. 이러한 문헌적 발전을 통해 유죄 오판의 위험을 감소시킬 수 있는 효과적인 정책과 절차적인 변화를 권고하고 시행하는 데 더 나은 입장에 서게 될 것이다. 이 책의 각 장에서 설명했지만, 이러한 작업들은 이미 시작됐다.

연구의 통합

나는 무고한 자의 잘못된 유죄 판결에 대한 심리학적 연구들을 통합하기 위해 노력하고 있다. 잘못된 유죄 판결의 다양한 원인에 대한 연구는 주로 고립된 상태로 발전해 왔다. 다시 말해, 목격자 연구자들은 오직 목격자의 기억만을, 허위 자백 연구자들은 오로지 허위 자백 연구에만 초점을 맞추는 식이었다. 이러한 다양한 주제에 대한 연구를 함께 이끌어 내어 궁극적으로는 잘못된 유죄 판결의 원인과 결과에 대한 더욱 종합적인 이론들이 나올 수 있는 통합적인 연구가 가능해지길 바란다. 결국, 나는 저자들에게 한 장을 제외하고 전체가 공통적인 구조를 취할 것을 주문했다. 그 구조는, (a) 잘못된 유죄 판결과 각 주제와의 관련성(예: 취약 집단에 속하는 피고인, 허위 자백, 알리바이 증인), (b) 각 주제의 바탕이 되는 과학적 · 심리학적 근거, (c) 각각의 주제 연구에 사용되는 연구 방법, (d) 관련 연구, (e) 연구의 적용, (f) 결론으로 구성된다. 비록 각 장의 순서를 배치하고 주제별로 연구 문헌의 내용에 따라 각 장의 분량도 차이가 생겼음에도 불구하고 저자들은 고맙게도 나의 요구를 따라 주었다. 이 구조는 연구 주제를 포괄하는 근본적인 이론, 방법 그리고 적용에 대한 비교를 가능하도록 해 주고, 서로 연관된 원인들에 대한 종합적인 이해를 도

모했고, 연구를 할 수 있는 동기를 부여했다.

제8장은 다른 장들과는 내용과 구성 면에서 차이가 있다. 다른 14개의 장들은 폭넓은 원인이나 결과를 다루고 있지만, 제8장은 제한적으로 한 가지 원인인 목격자의 오인 지목 후에 피고인을 보호하기 위해 사용되는 증거 배제 신청의 비효과성에 초점을 두고 있다. 즉, 제8장은 잘못된 유죄 판결과 관련된 중요한 법적 쟁점을 제시하기 위한 연구들(제5장, 제6장, 제7장, 제9장에서 요약한 것처럼)을 어떻게 통합할 것인가에 대한 모형을 제시한다. 미리 결정된 장의 구조는 제8장의 내용을 다루기에는 효과적이지 않아 구조를 달리했다.

연구의 권장

일반적으로 심리학과 법학, 그리고 특히 무고한 자에 대한 잘못된 유죄 판결의 경우는 심리학적 연구에 기반을 제공하고 생산적이고 만족스러운 연구 경력에 기초가 될 수 있다. 초기의 연구들(예: Kerr & Bray, 1982)이 나에게 큰 영감을 제시하여 연구적인 흥미와 직업적 방향을 이끈 것과 같이, 이 책이 떠오르는 학자들과 숙련된 학자들을 흥미롭고 보람된 이 연구 분야로 이끌어 내 주기를 기대한다.

이 책의 주요 독자

이 책은 특정한 독자들을 위해 구성됐다. 무고한 자에 대한 잘못된 유죄 판결에 관심이 있고, 잘못된 유죄 판결의 특정 원인과 결과에 흥미를 느끼는 초기 연구자와 숙련된 연구자들은 최신 연구를 요약하고, 과학적 방법론을 제시해 주며, 연구 결과의 실질적인 의미를 설명하고, 앞으로의 연구 주제를 제시한 각 장을 참고하기 바란다. 한편, 변호사, 판사, 전문가 증인과 같은 실무가와 정책 담당자는 각 장에서 개혁을 위한 권고사항과 개혁의 필요성을 확립하기 위한 기본적인 과학적 연구를 찾을 수 있을 것이다.

이 책의 개관

이 책은 잘못된 유죄 판결 과정에서 일반인과 전문가(예: 수사관, 목격자)의 다양한 역할에 따라 7부로 나누고 15개의 장으로 구성하였다. 각 장의 분량은 심리학적 연구들의 다양한 역할에 대한 상대적인 관심을 나타낸다. 제1부는 용의자에 초점이 맞추어져 있고, 잘못된 유죄 판결과 관련된 위험 요소는 오직 한 개의 장에서만 다루고 있다. 제2부는 수사관에 초점을 맞추고 있으며, 용의자의 거짓말을 탐지하기 위한 수사관의 능력, 그들의 신문 방법과 그 방법들이 어떻게 허위 자백을 이끌어 내는지, 그리고 이러한 신문 방법의 공정성에 대한 그들의 인식을 다루는 부분으로 구성됐다. 제3부는 목격자 지목의 다양한 측면, 즉 목격자 기억의 오류, 암시적인 지목 절차가 오인 지목에 미치는 영향, 그리고 배심원들이 목격자 증언에 의해 어떠한 영향을 받는지에 대해 다루고 있다. 이 부분은 이 책에서 가장 큰 비중을 차지하는데, 비교적 많은 양의 심리학적 연구들이 이 주제에 대해 다루고 있기 때문이다. 제4부는 재판 증인들에 대해 잘 알려지지 않은 내용으로 간접적인 자백을 제공하는 정보 제공자들, 용의자 알리바이(또는 없는 경우)의 영향, 그리고 과학수사 전문가들에 대해 다루고 있다. 제5부는 인종 차별 및 터널 비전(좁은 시야)과 관련한 만연해 있는 문제들, 사실상 모든 단계의 수사와 선고 과정에서 잘못된 유죄 판결에 영향을 미치는 현상들에 대해 설명한다. 제6부는 잘못된 유죄 판결의 결과로서 특히 낙인에 대해 다루고 있는데, 이 주제에 대해 알려진 심리학적 지식이 부족함을 드러낸다.

종합적으로, 이 책은 사회심리학적 · 인지심리학적 접근이 대부분임에도 불구하고 심리학의 전통적 하위 분야인 인지, 발달, 사회, 임상 및 생물 분야를 포함하는 내용을 다루고 있다. 각 장에서 설명하고 있는 연구들은 대부분 실험 결과의 내용이지만 다른 방법들(준실험설계 방법, 설문조사 및 현장 연구)도 포함하고 있다.

★ 참고문헌

Borchard, E. (1932). *Convicting the innocent: Sixty five actual errors of crimenal justice.* New York, NY: Garden City.

Brandon, R., & Davies, C. (1973). *Wrongful imprisonment: Mistaken convictions and their consequences.* London, England: Archon Books.

Bright, S. B. (1999). Neither equal nor just: The rationing and denial of legal services to the poor when life and liberty are at stake. *Annual Survey of American Law, 1999*, 783-836.

Findley, K. A., & Scott, M. S. (2006). The multiple dimensions of tunnel vision in criminal cases. *Wisconsin Law Review, 2006*, 201-397.

Frank, J., & Frank, B. (1957). *Not guilty.* New York, NY: Da Capo.

Innocent Project. (2010). *250 Exonerated: Too many wrongfully convicted.* New York, NY: Benjamin N. Cardozo School Law, Yeshiva University.

Kerr, N., & Bray, R. (1982). *The psychology of the courtroom.* New York, NY: Academic Press.

Leo, R. A. (2005). Rethinking the study of miscarriages of justice: Developing a criminology of wrongful conviction. *Journal of Contemporary Crimianl Justice, 21*, 201-223. doi:10.1177/1043986205277477.

Olsen, J. (2000). *Last standing: The tragedy and triumph of Geronimo Pratt.* New York, NY: Doubleday.

Taylor, J. (2002). *The count and the confession.* New York, NY: Random House.

차례

제1부 / 용의자

제2부 / 수사관

제4부 / 재판 증언자

제5부 / 만연해 있는 문제

제6부 / 무죄가 밝혀진 후

제7부 / 결론

제1부

용의자

제1장 수사 및 재판에서 보호가 필요한 취약 집단

제1장

수사 및 재판에서 보호가 필요한 취약 집단

Robert J. Norris & Allison D. Redlich

취약 집단의 경우 범죄 용의자로서 형사사법체계를 자주 접하게 된다는 점은 잘 알려져 있는 사실이다. 또한 잘못된 유죄 판결 사례들 중 취약 집단이 다수를 차지하고 있다는 점도 잘 알려져 있다(Innocence Project Report, 2007 참고). 취약성은 다양한 형태와 크기로 나타나지만, 일반적으로 미성숙한 청소년과 인지 장애(정신 질환과 지적 장애 모두)가 적법 절차를 방해하고, 잘못된 유죄 판결로 이끄는, 또는 적법 절차를 방해하고 잘못된 유죄 판결로 이끄는 두 가지 모두에 해당하는 기본 요인으로 인정되고 연구되고 있다. 매년 수사기관을 통해 약 220만 명의 청소년, 약 100만 명의 정신 질환을 앓고 있는 성인, 약 70만 명 이상의 발달 장애를 앓고 있는 성인이 체포되고 있다(FBI, 2008; National GAINS Center, 2006; U.S. Office of Juvenile Justice and Delinquency Prevention, 2007). 취약 집단에 속하는 용의자가 높은 수치와 빈도로 형사사법체계를 접하고 있는데, 현재의 수사 및 판결 과정은 이러한 취약성에 대해 충분히 고려하고 있는가? 더욱 중요한 점은, 취약 집단에 속하는 사람은 지금의 수사 및 판결 절차가 자신을 실제로 죄를 지은 것처럼 잘못 보일 수 있는 가능성이 높다는 것을 알고 있는가? 그리고 만약 이 사실을 알고 있다면, 이에 맞게 관행이 바뀌었는가?

이 장에서는 청소년, 정신 질환 그리고 발달 장애라는 세 가지의 취약 요인이 무고한 사람에 대한 잘못된 유죄 판결에 어떻게 기여하는지 논하며, 신문에 의한 허위 자백과 이들에 대한 재판 능력에 초점을 맞춘다. 잘못된 유죄 판결의 원인이 되는 요인들은 많지만, 취약 집단 및 잘못된 유죄 판결에 대한 대다수의 연구는 허위 자백의 연구에서 시작되었다. 그러나 취약 집단과 목격자 오인에 대한 경향성[1], 변호인의 비효과적인 조력, 국가 기관의 직권 남용 등에 대해 조사한 연구는 잘못된 유죄 판결에 대한 수많은 연구들에서 언급되지 않은 내용들이다.

취약성과 잘못된 유죄 판결 간의 관련성

지금까지 이노센스 프로젝트는 DNA 검사를 통해 잘못된 유죄 판결을 받은 250명 이상의 사람들의 무죄를 밝혀냈다. 200번째 사람이 무죄임이 밝혀진 이후, 이노센스 프로젝트(Innocent Project, 2007)는 개인의 특성(예: 인종)과 그들의 사례(예: 범죄, 수감된 기간)를 다룬 보고서를 발표했다. 약 50건의 허위 자백과 허위로 범행을 시인했던 사례들 중에서 35%는 청소년이거나 정신 장애가 있었고, 또는 두 가지에 모두 해당되었다. DNA 검사를 사용 또는 사용하지 않고 무죄로 석방된 사례들에 대한 분석에서도 청소년과 정신적 장애를 가진 사람이 허위로 자백할 위험성에 대해 설명하고 있다(Drizin & Leo, 2004; Gross, Jacoby, Matheson, Montgomery, & Patil, 2005). 이러한 위험성을 설명하기 위해 청소년과 정신 장애가 있는 사람들의 매우 다양한 사례가 존재하지만, 자신이 저지르지 않은 강간 및 살인 사건으로 17년 동안 수감되어 있다가 무죄임이 밝혀진 Eddie Joe Lloyd 사건을 설명하고자 한다.

1984년 미시간주(州)의 디트로이트에서 조울증 진단을 받은 Eddie Joe Lloyd는

1) 얼굴 인식(Perfect & Moon, 2005)에서의 자신의 나이 효과(Perfect & Moon, 2005 참고)와 목격자와 지적 장애(Terns & Yuille, 2008)의 두 연구는 제외한다.

주에서 운영하는 정신 치료 시설에 수용되었다. 디트로이트에서 그 전년도와 그해 초 어린 여성을 대상으로 성폭행 사건이 많이 발생했는데, 그중 가장 극악한 사건은 16세인 Michelle Jackson이 강간당하고 살해된 사건이었다. Lloyd는 병원에 수감되어 있는 동안 이 사건에 매료되었고 사건을 수사 중인 경찰에 연락했다. Lloyd는 병원에서 네 차례에 걸쳐 조사를 받았으며, 결국 Michelle의 살인과 강간에 대해 자백했다. 알려진 바에 따르면, 그는 자신의 자백이 실제 범인을 찾아내는 데 도움이 될 것이라는 말에 속았던 것으로 드러났다. 그의 자백은 살인과 자백의 동기를 포함하여 매우 자세한 내용이 녹음되었다(신문은 녹음되지 않았다). Lloyd는 범인이 아니었지만 그의 자백은 검사, 판사, 배심단, 게다가 그의 변호사조차 그가 유죄라고 납득시키는 데 충분했다.

그는 자신이 실제 무죄였기 때문에 적극적 방어권과 정신이상으로 인한 무죄 항변을 사용하지 않았다. 배심단은 30분간의 평의 끝에 Lloyd에게 1급 살인에 대해 유죄 판결을 내렸다. 그는 DNA 분석을 통해 그가 가해자가 아니었음을 명확하게 증명하기 전까지 이 범죄로 인해 17년간 수감됐다. 이 사건으로 인해 미시간 주에서는 현재 신문 과정 전부를 녹화해야 한다. Lloyd는 민사 소송을 통해 4백만 달러를 보상받았지만 석방된 지 2년 만에 사망했다. 오늘날 이 사례는 정신 질환이 있는 용의자에게 사용할 수 있는 적절한 신문 기술이 필요하다는 것을 보여 준다(Redlich, 2004).

Lloyd의 사례뿐만 아니라 수많은 다른 사례들은 자백 증거(진실 여부와 관계없이)가 법정에서 얼마나 강력한 영향을 미치는지 보여 준다. 배심원은 직접 증거(Heller, 2006), 특히 자백 증거를 매우 중요하게 생각한다(Kassin & Neumann, 1997). 모의 배심단 연구에서 자백이 강압에 의한 것이고 증거로 인정될 수 없다는 것을 알면서도 유죄 판결률이 어떻게 급등했는지 보여 주었다(Kassin & Wrightsman, 1980). 심지어 허위 자백일지라도 유죄 협상에 효과적으로 영향을 미친다(Redlich, 2010). 허위 자백이라는 점이 드러나지 않는 경우 거의 대부분은 잘못된 유죄 판결을 받게 되는데, 특히 취약한 피고인이 정신적인 능력이 떨어지는 경우는 그 확률이 더 높다.

정신적인 능력과 잘못된 유죄 판결의 관계에 대한 연구는 매우 필요하다. 우리가 알기로는 두 구인(construct) 간의 관계는 아직 경험적으로 규명되지 않았다. 그러나 정신적인 능력이 헌법적인 보호 장치가 되는 근본적인 이유는 무고한 사람이 유죄 판결을 받는 것과 같은 오판을 방지하는 데 있다. 또한 무고한 용의자가 부당하게 지목되었을 때, 상황에 대한 이성적이고 사실적인 평가는 더욱 중요해진다. 최근 미국형사변호인협회(National Association of Criminal Defense Lawyers) 회장인 Ken Murray는 "판사들, 검사들, 변호인들 사이에 정신적인 능력 항변은 받아들여지는 추세인데, 이는 잘못된 유죄 판결을 찾아내려는 노력에 의한 것이다. 허위로 자백했던 몇몇 사람들의 경우 처음부터 정신적인 능력에 문제가 존재했다."(Johnson & Seaman, 2008)라고 언급했다.

취약성과 잘못된 유죄 판결 간의 관계에 대한 심리과학적 근거

형사사법제도 내에서 청소년, 정신 질환자 및 발달 장애인은 법심리학자들의 관심을 집중적으로 받는다. 다양한 심리학적 연구가 진행되었지만 이 절에서는 초점을 좁혀 경찰의 신문과 재판에서의 능력(실제의 능력과 타인에게 인식되는 능력 둘 다)에 대해 논의하고자 한다.

신문 기법

신문 기법은 심리적인 조작을 위해 만들어졌다. 수사관은 유죄를 추정하고 자백을 받기 위한 단 하나의 목적을 가지고 신문실에 들어가도록 훈련받는다(Kassin et al., 2010). 자세한 논의는 이 장의 범위를 넘어서지만(제3장 참고), 특히 취약한 용의자들을 대상으로 이루어지는 심리적 신문의 기본 구조를 이해하는 것은 중요하다.

신문의 첫 번째 단계에서 수사관의 목적은 용의자가 범행에 대해 확고하게 부정하는 상태에서 이 상황을 벗어날 수 없고 자신이 '잡혔다'는 사실을 받아들이도록 하여 절망적인 상태로 바꾸는 것이다. 이를 위해 수사관은 용의자에게 그의 죄를 확신한다는 점을 표현하고, 때로는 이를 증명하기 위해 실제로는 존재하지도 않는 그럴듯한 유죄 증거를 제시하기도 한다. 신문하는 수사관은 용의자의 진술을 중단시키고 증거를 부인하는 것을 비난하도록 훈련을 받는다(Inbau, Reid, Buckly, & Jayne, 2001 참고). 이러한 기법은 용의자가 이러한 상황에서는 희망이 없고 자백만이 가능하며, 심지어는 자백이 유일한 합리적 선택이라고 믿게 만든다(Kassin et al., 2010).

신문의 두 번째 단계는 도덕적·법적 유인책을 암시적으로 제시하여 용의자의 자백하고자 하는 욕망을 높이는 것이다. 수사관의 목표는 결백을 주장하기보다 자백하는 것이 더 큰 이익이 된다는 점을 용의자에게 설득시키는 것이다. 최소화, 최대화, 그리고 그 밖의 사회적 영향 기법(예: 친구 관계-호감; Cialdini, 2001)을 사용해 용의자는 확실히 유죄 판결을 받을 것이며 자백으로 잃을 것은 없고 많은 것을 얻을 수 있다는 점을 느끼도록 만드는 것이다(Kassin et al., 2010).

최근 경찰의 신문과 자백에 대한 백서에서 Kassin과 동료들(2010)은 신문과 관련된 세 가지의 핵심적인 심리학적 원리들에 대해 논의했다. 첫째, 강화와 행동적 조건화의 원리와 관련된다. 약 100년간의 연구 결과, 인간은 차후의 결과보다 즉각적인 결과를 더 선호한다. 청소년 및 충동적인 성향의 사람은 특히 이를 더 선호하기 쉽다. 둘째, 이익 교환, 사회적 합의, 권위에 대한 복종과 같은 사회적 영향 기법이 복종을 얻어 내는 데 효과적인데, 특히 자신이 죄를 덮어쓰게 되는 경우도 이에 해당된다. 셋째, 피암시성과 오해를 유도하는 신문 기법의 효과를 포함하는 '기억의 일곱 가지 죄'와 관련 있다. 신문이 심리적으로 설득적이라는 점을 감안하면 특정한 기질적인 요인에 의해 다른 사람들보다 유죄 진술을 할 가능성이 높아진다. 충동적이고 제안을 쉽게 수락하며 권위에 복종하기 쉽고 강하게 주장하지 못하고 지적인 결함이 있는 경우, 허위로 자백할 가능성이 높고 결국 기소된다.

검사, 판사 그리고 배심원이 자백에 많은 비중을 둔다는 점을 고려하여 이러한 위험성을 염두에 두지 않으면 허위 자백으로 쉽게 잘못된 유죄 판결을 받을 수 있다(Kassin & Neumann, 1997). *Arizona v. Fulminante*(1991) 재판에서, 미국 연방대법원은 다음과 같이 표명하였다.

> 피고인의 자백은 다른 증거와는 차원이 다르다. 자백 증거는 피고인을 상대로 가장 증명력 있고 불리한 증거이며, 만약 완전한 자백이라면 배심원은 결정을 내리는 데 있어 이 증거만을 의존하고 싶을 것이다(pp. 295-296).

허위 자백이 있었지만 이 사실이 알려지지 않은 경우에는 피고인이 기소될 확률이 매우 높다. 개인의 기질적 특성은 개인의 실제적이고 타인에 의해 지각된 재판을 받을 수 있는 능력(피소 역량), 유죄 협상 능력, 그리고 그 밖의 재판과 관련된 능력에 강력한 영향을 미칠 수 있다. 간단히 말해, 헌법적으로 필수적이고 존재한다고 추정하는 재판 능력은 법적 절차를 이해하고 사건과 관련된 사실과 자신의 권리에 대해 이해하고 자신의 변호를 준비하기 위해 변호인을 도울 수 있어야 하며, 유죄 협상 제의를 받아들이거나 거절하는 것을 포함해 자신에게 가장 이로운 법적 결정을 내릴 수 있어야 한다(이론적인 논의는 Bonnie, 1992 참고). 세 유형의 취약 집단 모두 역량과 관련된 문제가 있으며, 이는 잘못된 유죄 판결의 가능성을 높이는 역할을 한다는 지속적인 연구 결과에 대해 다음에서 좀 더 논의하도록 한다.

취약한 상태, 신문, 능력

청소년, 정신 질환자 및 발달 장애인이 왜 신문실에서 특히 취약한지 이해하기 위해서 최근 미국 대법원의 세 가지 판례를 살펴보자. 지난 십 년간 미국 대법원은 청소년(*Roper v. Simmons*, 2005)과 지적 장애인(*Atkins v. Virginia*, 2002)에 대한 사형은 잔인하고 이례적인 형벌이라는 판결을 내렸고, 이는 정신 질환자(*Panetti v. Quarterman*, 2007)에 대해서도 제한적이지만 적용되었다. 비록 Roper, Atkins와 Panetti의 유죄는 의심의 여지가 없으나, 청소년과 지적 장애, 정신 장애가 있는 경우, (아마도) 충동적이고 손상된 의사결정 능력, 뇌의 집행 기능의 문제, 높은 피암시성과 순응성을 포함해 사형에 적합하지 않다는 판결이 내려진 이유는 허위 자백과 심리적으로 조작적인 신문 기법에 취약하기 때문이다.

인지적 · 심리사회적 능력의 한계를 포함한 청소년의 미성숙은 충동적으로 의사결정을 내리도록 만들고 장기적인 결과를 고려하는 것을 불가능하게 만든다. 충동성은 청소년이 자신이 처한 상황을 완전하게 이해하는 데 영향을 미치며, 결국 자신에게 최선의 결정을 하지 못하게 만든다(Owen-Kostelnik, Reppucci, & Meyer, 2006). 게다가 아동과 청소년은 정서적으로 불안정하고 외부의 압력이나 영향으로부터 취약하다. 청소년은 성인에 비해 지칠 줄 모르는 에너지로 인해 지루함을 느끼기 쉬운데, 이는 결과적으로 신문실에 격리되어 있는 경우나 법정에서 심각한 문제를 야기할 수 있다. 예를 들면, 청소년은 피암시성이 높고 집중할 수 있는 능력이 떨어지는데, 그 결과 변호인이 제대로 조력할 수 있도록 도와줄 수 없다(Grisso et al., 2003).

비슷하게, 정신 질환이 있는 경우 다양한 증상들로 인해 신문실과 재판 단계에서 자신의 권리를 충분히 이해할 수 있는 능력에 영향을 미칠 수 있다(Appelbaum & Appelbaum, 1994; Rogers, Harrison, Hazelwood, & Sewell, 2007 참고). 정신 질환으로 인해 나타날 수 있는 증상으로는 성급하고 충동적인 행동, 망상적이고 체계적이지 못한 사고, 그리고 절망과 낙담의 감정이 있다. 따라서 신문실과 법정에서 이러한 특징들을 중요하게 고려하여야 한다. 게다가 정신 질환이 있는 피고인은 더욱 타인의 영향을 받기 쉽고 덜 적극적일 수 있다(Redlich, 2004).

또한 발달 장애가 있는 경우 의사소통, 사회성 그리고 자기통제에 문제가 있기 때문에 형사 피고인으로서 불리할 수밖에 없다. 다른 취약 집단의 피고인과 마찬가지로 발달 장애가 있는 피고인의 경우, 미란다 원칙을 포함해 용의자나 피고인으로서의 권리를 인식하고 이해하는 데 어려움이 있다. 또한 이들은 사회적 규범에 순응하기 쉬운 경향이 있다. 이는 신문의 심리적인 본질과 깊이 관련되어 있는데, 이 집단의 높은 피암시성은 허위 자백을 유도한다. 발달 장애가 있는 경우 종종 문제를 해결하기 위해 권위자에게 의지하고 이들의 비위를 맞추려는 모습을 보인다

(Perske, 2004). 적극적으로 친구를 찾는 경우도 있는데, 이러한 특징은 일반적으로 수사관에 의해 이용되기도 한다. 충동에 대한 통제가 부족하고 기억이 나지 않는 부분들이 있으며 비난을 기꺼이 받아들이는 것을 포함해 발달 장애가 있는 피고인의 다른 특징들도 허위 자백의 가능성을 증가시킨다(Kassin et al., 2010). 게다가 사건과 관련된 사실을 기억해내야 하는 어려움과 집중력의 문제는 변호인이 소송을 준비하는 데 방해가 될 수 있다. 이러한 피고인은 법적인 결정사항을 이해하는 데 어려움을 겪을 수 있고, 가능한 선택에 대해 조심스럽게 저울질할 수 없게 된다. 재판에서는 발달 장애가 있는 피고인은 자신의 역할을 이해하는 것뿐만 아니라 다른 재판 당사자의 역할 또한 이해하는 데 어려움을 겪는다(Appellbaum & Appelbaum, 1994).

요약하면, 청소년 발달, 정신병리학, 지적 장애에 대한 기초 과학은 취약 집단에 속한 사람들(여기에서 정의한 것처럼)이 신문실에서 허위로 자백할 위험이 높고 법에 대한 이해가 부족할 가능성이 높으며, 결국 잘못된 유죄 판결을 받을 위험이 증가한다는 결과를 보여 주고 있다. 기초 과학에 근거하여 법심리학자들은 이러한 높은 위험성에 대한 다양한 이유와 그 결과에 대해 이론화하였고 이를 검증했다.

취약성과 잘못된 유죄 판결 간의 관계 연구에 사용되는 연구 방법

취약 집단과 잘못된 유죄 판결 간의 관계를 연구하기 위한 방법은 실험실에서 현장으로, 속임수 사용에서 자기보고식 인터뷰로, 용의자에서 수사관으로 그리고 배심원으로 다양해졌다. 이 절에서는 신문과 능력에 대한 연구 방법에 대해 설명하고자 한다.

경찰 신문 연구에 사용되는 방법

경찰 신문과 자백, 특히 취약 집단의 허위 자백은 다양한 이유로 연구에 어려움이 있었다. 첫째, 경찰의 신문은 악명 높게도 비밀스러운 과정이고, 일반적으로 연구자들에게는 최소한의 접근만 허락되었다. 신문에 대한 영상 녹화를 정책으로 만들려는 노력과 함께(허위 자백이 실제 발생한다는 깨달음과 함께; Sullivan, 2010), 연구의 초기 단계에 불과하지만(아직 출판 전이기 때문에) 연구자들은 신문 녹화물에 접근하기 시작했다. 둘째, 윤리적인 문제로 인해 청소년 또는 정신 장애자를 대상으로 실제로 또는 거짓으로 모의 범죄를 저질렀다는 혐의를 제기한 연구는 이루어지지 않았다. 셋째, 완벽한 방법은 없지만, 신문과 자백에 대한 연구는 외적 타당도(실제 범죄는 윤리적으로 실험실에서는 연구될 수 없다)와 내적 타당도(관찰된 또는 자기보고식 자백의 진실성은 쉽게 판단할 수 없다) 문제가 발생한다.

그럼에도 불구하고 취약 집단의 능력과 경찰 신문에 대한 다양한 연구들이 실제로 진행되고 있다. 부분적으로 연구 대상에 따라 연구 방법을 용의자 본인, 경찰 신문자, 사실 판단자의 세 집단으로 구분할 수 있다. 어린 용의자들, 정신 장애가 있는 경우 또는 둘 다 해당되는 경우에는 실험실을 기반으로 진행된 연구들이 소수 존재한다(예: Billings et al., 2007; Redlich & Goodman, 2003). 이러한 연구에서, 연구자들은 취약한 용의자가 모의 범죄를 목격하거나 어느 정도 가담하거나 가상적인 시나리오에서 피고인이라고 상상하게 만든다(Grisso et al., 2003). 또한 미란다 원칙의 이해에 대한 연구도 진행되었다. 이러한 연구들은 취약한 사람들의 지식과 인식(범죄로 기소되거나 기소되지 않은 경우; Everington & Fulero, 1999; Redlich, Silverman & Steiner, 2003 참고), 그리고 실제로 사용되는 미란다 경고문의 이해도 및 완전성을 분석하는 것이 목적이었다(Rogers, Harrison, Hazelwood, & Sewell, 2007).

경찰 수사관들을 대상으로 취약한 용의자들에게 사용되는 일반적인 경찰의 전략에 대한 인식과 관련된 설문조사가 실시되었다. 예를 들어, Meyer와 Reppucci (2007)는 경찰관들에게 어린 용의자들에 대한 인식, 그들의 아동기 발달에 대한 지식, 그리고 미성년자에게 사용하는 신문 기법의 종류에 대해 설문조사를 실시했다.

사실 판단자들(대부분은 모의 배심원)에게 사건의 시나리오를 제시하고 신문, 용의자-피고인, 신문의 강제성, 유죄 여부 대한 인식 등에 대해 질문했다. 시나리오는 기질적인 요인(예: 나이, 장애의 상태)과 상황적 요인(예: 신문자가 위협을 했는지 여부)이 조작되었다(예: Najdowski, Bottoms, & Vargas, 2009).

재판의 능력에 대한 연구에 사용되는 방법

피고인의 실제 능력을 판단하는 데 있어 연구자들은 일반적으로 표준화된 도구와 임상적인 판단, 또는 두 가지 모두를 사용했다. 재판을 받을 수 있는 능력(피소역량)을 측정할 수 있는 표준화된 도구들은, 예를 들면 맥아더 형사 재판 능력 평가 도구(MacArthur Competence Assessment Tool for Criminal Adjudication: MacCAT-CA)와 적합성 인터뷰 검사-수정판(Fitness Interview Test-Revised: FIT-R; Roesch, Zapf, & Eaves, 2006)이 포함된다. 이러한 연구에서 취약한 요인이 없거나 있는 사람들을 대상으로 규준화된 도구를 사용하여 인터뷰를 진행했다(예: Hoge, Poythress, Bonnie, Monahan, Eisenberg, & Feucht-Haviar, 1997). 임상적인 판단을 사용한 연구들의 경우에는 피고인의 능력이 문제되고 평가된 종결 사건을 취합하여 분석이 이루어졌다(예: V. G. Cooper & Zapf, 2003).

대부분의 연구자들은 가끔 제3자가 피고인의 능력을 평가하는 데 있어 모의 배심원 패러다임을 사용했다. 구체적으로는 실험 참가자들에게 사건 시나리오(문서, 비디오 녹화, 또는 실제)를 제시하고 이들의 인식을 조사했다. 사건 시나리오의 내용은 피고인의 특성(예: 피고인이 청소년 또는 성인), 범죄(성적 학대 또는 살인), 또는 특정 증거의 존재(자백 또는 무자백)에 따라 다양하게 제시되었다. 피고인 능력에 대한 인식은 지능, 피암시성, 법적 지식, 능력과 관련된 부분 등을 측정했다(예: Ghetti & Redlich, 2001).

취약성과 잘못된 유죄 판결 간의 관계에 대한 관련 연구

청소년, 정신 질환자 및 발달 장애인의 경우 허위로 자백할 위험성이 높고 재판에서 필요한 능력이 부족하다는 인식에 바탕이 되는 지식은 증가하고 있다. 이 절에서는 우리가 관심 있는 세 집단에 대한 수사와 능력에 대한 연구, 그리고 실제 능력 및 타인에게 인식되고 있는 능력에 대한 연구 결과들을 제시하고자 한다.

취약 집단과 경찰의 신문: 실제 능력 및 인식되는 능력

신문을 받고 있는 용의자의 실제 능력에 대한 연구는 다양한 연구 방법을 사용해 왔다. 소수이기는 하지만 실험실에서 이루어진 연구 결과, 취약한 용의자들은 신문실에서 불리하다는 것이 일반적인 의견이다. Redlich와 Goodman(2003)은 알트(ALT)키 실험 연구(Kassin & Kiechel, 1996)를 사용하여 나이가 어리고 피암시성이 강한 연구 참가자일수록 저지르지 않은 모의 범죄에 대한 책임을 묻는 서류에 서명을 할 가능성이 높다는 것을 보여 주었다. Clare와 Gudjonsson(1995)은 가상적인 신문 상황에 대한 이해도와 지적 장애가 있는 사람의 의사결정 과정을 연구했다. 41명의 참가자(21명은 지적 장애가 있고, 20명은 평균 지적 능력의 참가자)는 비디오로 녹화된 모의 신문 상황을 시청했다. 사건은 용의자가 절도죄는 저질렀지만 집 안에 있던 사람도 살해했다는 잘못된 혐의를 받았고, 결국 용의자는 두 범죄에 대해 모두 자백하는 내용이었다. 거의 모든 참가자는 용의자가 집 안에 있던 남성을 살해하지 않았고 절도만 했다는 점은 알고 있었지만, 지적 장애가 있는 참가자인 경우 용의자는 감옥에 가지 않을 것이고 경찰의 신문과 재판 사이에 집으로 가도 된다는 허락을 받을 수 있을 것이라고 믿는 경향이 있었다. 또한 이들은 재판에서 허위 자백 증거가 있음에도 불구하고 용의자는 살인죄에 대해 무죄 판결을 받을 것이라고 생각했다. 중요한 점은, 죄를 저지르지 않았음에도 불구하고 취약 집단의 절반 정도는 경찰 신문 초기에 법적인 조언이 필요하다고 생각했다.

경찰의 신문 실태와 미란다 권리에 대한 지식을 조사한 연구자들도 있다(예: Grisso, 1981). 일반적으로 세 취약 집단 모두 이해도가 떨어지는 것으로 나타났다. Woolard, Clearly, Harvell과 Chen(2008)은 청소년의 나이(11~13세, 13~15세, 16~17세)와 그들의 부모 및 후견인들을 세 집단으로 구분하고 이들에게 미란다 권리에 대한 지식과 경찰 신문의 실태, 그리고 부모의 보호에 대한 인식을 조사했다. 이전 연구 결과와 동일하게, Woolard와 동료들(2009)의 연구에서도 나이가 증가할수록 미란다 고지문에 대한 이해도도 증가하는 것으로 나타났다(예: Grisso, 1981; Redlich et al., 2003). 그러나 청소년과 그들의 부모 모두 경찰의 신문 과정에 대한 이해는 부족한 것으로 나타났다. 예를 들어, 참가자의 절반 정도는 경찰은 신문 중에 반드시 진실만을 말해야 한다고 생각했고, 절반 이상은 수사관은 청소년을 신문할 때 부모가 도착할 때까지 반드시 기다려야 한다고 생각했다.

다른 연구자들은 정신 질환을 앓고 있는 피고인의 미란다 이해도와 추론에 대해 연구했다. Rogers, Harrison, Hazelwood와 Sewell(2007)은 107명을 대상으로 미란다 권리에 대한 이해도 및 이러한 권리를 행사할 것인지 행사하지 않을 것인지에 대한 이유를 조사했다. 연구자들은 지능과 미란다 이해도의 다양한 측면을 측정하기 위해 표준화된 도구들을 사용해 미란다 고지문이 6학년 또는 그 이상의 이해 수준으로 제공된 경우 정신 질환이 있는 피고인들의 약 10%만이 내용을 잘 이해할 수 있음을 밝혀냈다. 이전에 이루어진 Rogers, Harrison, Shuman, Sewell과 Hazelwood(2007)의 연구에서 대부분의 고지문들은 6학년 이상이 이해할 수 있는 수준으로 쓰인 것으로 나타났다. 예를 들면, Everington과 Fulero(1999)는 보호관찰 대상자들을 발달 장애가 있는 집단과 장애가 없는 집단으로 구분하여 미란다 권리의 이해도 및 피암시성을 비교했다. 그 결과 발달 장애가 있는 경우 미란다 이해도를 측정하는 표준화된 측정도구의 점수가 유의미하게 낮았는데, 2/3 정도는 최소한 4개의 이해도 문장 중 하나에서 0점을 받은 것으로 나타났다.

법적인 측면에서 보면 용의자나 피고인에 대해 타인이 인식하고 있는 능력은 실제 능력만큼 중요하다고 볼 수 있다. 예를 들어, 만약 경찰관이 청소년 용의자가 속임수와 암시에 취약하다는 것을 인식하지 못한다면 신문 기법을 바꾸지 않을 확률이 높다. 비슷하게, 만약 배심원과 판사가 지적 장애가 있는 사람이 허위 자백에 취약하다고 생각하지 않는다면 자백 증거를 배제시키지 않을 확률이 높다.

연구자들은 신문을 받는 청소년 용의자들에 대한 경찰들의 인식에 대해 관심을 갖기 시작했다[우리가 알기로는, 정신 질환이나 발달 장애가 있는 범죄자에 대해 경찰을 대상으로 설문조사는 실시되지 않았다. 그러나 John Reid와 동료들[2]에 따르면, 이러한 범죄자와 청소년범의 경우 허위 자백의 위험성이 높다(http://reid.com 참고)]. 예를 들어, Meyer와 Reppucci(2007)는 332명의 미국 볼티모어의 수사관들을 대상으로 경찰 신문의 실태와 청소년과 성인들의 발달 문제에 대한 지식을 알아보았다. 일반적으로 수사관들은 발달적인 차이를 이해하고 성인에 비해 청소년의 행동이 다를 수 있다는 점을 이해하지만(눈 맞춤이 적고, 구부정하게 앉는 등), 용의자의 행동을 분석하기 위해 동일한 기법을 사용하고 있다고 답하였다. 또한 경찰들은 청소년이 일반적으로 판단이 미성숙하고 성인에 비해 영향을 많이 받는다는 점에는 동의하지만, 신문실에서의 청소년 용의자의 피암시성에 대해서 질문했을 때는 애매한 입장을 취했다. 경찰 신문의 실태에 대한 동일한 측정도구를 사용하여 Kostelnik과 Reppucci(2009)는 청소년 용의자에 대한 인식과 신문의 실태에 대해 리드 기법을 교육받은 경찰관과 교육받지 않은 경찰관을 비교하였는데, 그 결과 리드 기법을 교육받은 경찰관은 청소년의 발달적인 성숙도에 대해서는 민감성이 떨어졌다(청소년은 피암시성이 높다고 생각하지 않았고 자신의 권리와 신문의 목적을 잘 이해한다고 믿고 있었다). 더불어 리드 기법을 교육받은 경찰관은 청소년과 성인에게 거짓 증거와 속임수의 사용, 그리고 성인 · 청소년 · 아동에게 최소화 기법을 사용하는 것을 지지하는 경향을 보였다.

형사 사건에서 배심원들이 취약한 용의자들에 대해 갖고 있는 인식도 중요한데 이는 일반적으로 배심원들이 자백 증거의 신뢰성 및 자발성을 평가해야 되기 때문이다. 한편, 배심원들이 어린 용의자들에 대해 갖고 있는 인식을 조사하기 위한 연

2) 리드 기법은 가장 널리 알려진 범죄자 인터뷰 및 신문 기법을 말한다. 이 기법은 9개의 단계로 구성되어 있는데, 이는 '다년간의 경험의 결과'에서 비롯되었으며(Inbau et al., 2001, p. 212), 앞서 논의한 원리들을 바탕으로 하고 있다(Kassin et al., 2010; 제3장 참고).

구들이 진행되었다. Redlich, Ghetti와 Quas(2008)는 청소년 용의자들과 어린 피해자들에 대한 인식을 알아보았다. 그 결과, 용의자들의 경우 나이가 신뢰성에 대한 인식에 영향을 미치는 것으로 나타났다. 흥미롭게도, 어린 용의자들의 비일관성(죄를 인정한 후 취소하는 경우)은 그들에 대한 신뢰성 인식에 영향을 미치지는 않았지만, 어린 용의자들의 유죄에 대한 의견에는 큰 영향을 미치는 것으로 나타났다. Najdowski, Bottoms와 Vargas(2009)는 어린 청소년범들의 자백에 대한 모의 배심원들의 인식과 발달 장애의 유무 여부의 두 가지 위험 요인을 함께 측정했다. 배심원들은 발달 장애가 있는 청소년범들의 경우에는 강압적인 자백 증거는 완전히 무시했고, 발달 장애가 없는 청소년범들에 비해 자발적인 자백 증거를 더 무시하는 것으로 나타났다. 또한 발달 장애가 없는 청소년범들보다 발달 장애가 있는 경우 배심원들은 경찰이 더 불공평하고 강압적이라고 인식하였다. 그러나 양자택일의 유무죄 판단은 장애의 여부나 자백 여부는 직접적으로 영향을 미치지 않았지만 유죄의 정도를 좀 더 민감하게 측정한 경우(20점 척도 사용)에는 영향을 미치는 것으로 나타났다.

종합해 보면, 다양한 연구 방법들과 발달 장애가 있는 청소년 및 성인에 대한 신문 및 자백과 관련하여 실제 능력 및 인식되는 능력에 대한 연구 결과들은 잘못된 유죄 판결 사건들로 인해 밝혀진 내용들을 지지해 준다. 즉, 다른 비교 집단에 비해 이 세 집단의 경우 자신의 권리를 이해 및 인정하지 못하고 허위 자백의 위험성이 높은 것으로 나타났다. 자백 증거(허위 자백이라고 하더라도 그렇게 인식되지 않지만)는 기소와 유죄 판결의 위험성을 매우 증가시킨다(Drizin & Leo, 2004). 이에 따라 결국 재판에서 용의자의 능력이 특히 중요하게 고려된다.

취약 집단과 재판에서의 능력: 실제 능력 및 인식되는 능력

재판에서의 능력은 많은 연구의 대상이 되었다. 세 취약 집단에 대한 연구를 통해 일관된 결과가 나오고 있다. 정신 건강 문제나 발달 장애가 있는 청소년 및 성인 또는 둘 다 해당하는 경우, 재판에서의 능력에 문제가 있는 것으로 나타났다(예:

Ericson & Perlman, 2001; Hoge et al., 1997). 예를 들면, Grisso 등(2003)의 연구에 따르면, 15세 또는 그 이하의 청소년들은(형사사법체계와의 관련 여부에 상관없이) 연령이 더 높은 청소년 또는 젊은 성인에 비해 법적 능력과 관련된 능력에 문제가 있을 가능성이 높은 것으로 나타났다. 실제로, 11~13세의 1/3과 14~15세의 1/5은 심각한 정신 질환을 앓고 있는 성인과 동일한 정도의 문제가 있는 것으로 나타났다. 능력 문제에 대한 근본적인 이유들을 밝혀내기 위해 Nester, Daggett, Haycock과 Price(1999)는 법적 능력이 있거나 또는 없다고 판단 내려진 성인 범죄자들의 신경심리학적 검사 결과를 비교했다. 그 결과, 법적 능력이 없다고 판단된 범죄자들은 능력이 있다고 판단된 경우보다 지능, 기억, 주의력, 집중력 점수가 현저히 낮은 것으로 나타났다.

법적 능력의 중요한 요소 중 하나는 자신의 변론을 준비할 수 있도록 변호인을 도울 수 있는 능력이다. Schmidt, Reppucci와 Woolard(2003)는 가상적인 변호인-고객의 시나리오에 대한 성인과 청소년 수감자들의 답변을 포함해 자기보고 방식으로 의사결정을 비교했다. 연구 결과, 성인에 비해 청소년은 변호인과 이야기를 나누지 말고 범죄와 관련 없다고 부인하며 변호인과 사실대로 의사소통하는 것을 반대할 가능성이 높은 것으로 나타났다. 또한 의사결정 과정에서 청소년의 경우 신문을 중지하거나 집으로 돌아가는 것과 같이 즉각적인 이득을 언급하는 것으로 나타났다. 이러한 응답 유형은 연령의 증가와 함께 줄어드는 것으로 나타났다. 흥미롭게도, 재판 능력 표준화 도구들은 변호인과의 의사소통 또는 자기보고된 의사결정을 유의미하게 예측하지 못하는 것으로 나타났다. 다른 연구들에서는 어린 피고인의 경우 유죄 답변 협상 여부를 결정하기 위해 증거의 강도와 같은 요인들을 감안하지 못하는 것으로 나타났다(Viljoen, Klaver, & Roesch, 2005).

또 다른 능력과 관련하여 중요한 요인은 피고인이 훈련에 의해 능력을 회복할 수 있는지 여부다. 지적 장애가 있는 경우, Pinals(2005)는 능력이 없는 경우가 대부분이므로 능력 '회복'보다는 능력 '달성'이 더 적합하다고 하였다. 세부적으로 Anderson과 Hewitt(2002)은 75명의 지적 장애가 있는 피고인의 능력 회복 훈련의 효과를 측정했는데, 대부분(2/3)의 피고인들은 유의미하게 개선되지 못한 것으로 나타났다. 나이가 어린 대상을 상대로 교육적 회복 훈련의 효과를 연구한 결과도 비슷한 것으로 나타났다. 예를 들면, D. K. Cooper(1997)는 청소년범들의 재판을 받을 수 있는 능력에 대한 훈련 효과를 연구하였는데, 훈련 전에는 13~16세에 해당하는 112명의 아동 중 2명만이 능력이 있는 것으로 나타났다. 훈련 후(교육적인 능력 훈련 비디오)에는 12명만이 능력이 있다는 평가를 받았다. 전반적으로 연구 결과들은 상당한 훈련을 받는다고 하더라도 능력과 관련된 문제가 있다고 판단된 개인의 경우, 자신을 변호하는 데 중요한 역할도 못하고 이에 대한 이해도 못하는 것으로 나타났다.

피고인이 능력이 있는지 여부에 대한 배심원들의 인식에 대해서는 법적 정당성은 존재하지 않는다. 그러나 신문의 능력에 대한 인식과 같이 법적인 이해 및 이와 관련된 부분은 책임 및 유죄 판단에 영향을 미칠 수 있다. 여기에서 언급된 세 집단 중에서 대다수의 연구는 청소년과 관련된 내용이었다. 아직까지 정신 질환 및 지적 장애가 있는 피고인에 대한 능력과 관련된 인식에 대한 연구는 많이 이루어지지 않았다.

청소년의 능력과 관련된 인식에 대한 연구들 중에서 때로는 피고인의 연령(실제 능력에 대한 연구들에서 보이는 것처럼)이 증가할수록 법적 능력 및 법적인 이해도에 대한 인식도 증가할 것이라고 추측한다. 그러나 이러한 추측이 항상 지지되지만은 않았다. 피고인의 연령은 다른 요인들과 상호작용하여 인식에 영향을 미친다. 예를 들면, Ghetti와 Redlich(2001)는 모의 배심원들에게 피고인의 나이(11세, 14세, 17세), 피해자 사망 또는 상해 여부, 방화 또는 총격 사건을 포함한 다양한 상황에서의 청소년들의 법적 능력에 대한 인식을 측정했다. 연구 결과, 흥미롭지만 복잡한 상호작용이 나타났다. 11세의 비행청소년이고 피해자가 총격으로 사망한 경우 11세의 능력은 17세 비행청소년이 총을 쐈지만 그로 인해 사망하지 않고 상해를 입은 사건에서의 능력과 동일하다고 보았다. 또한 Redlich, Quas와 Ghetti(2008)는 법적인 능력에 대한 인식이 피고인의 나이와 배심원의 성별 간의 유의미한 상호작용이 나타난다는 것을 밝혀냈다. 여성보다 남성은 14세 피고인의 경우 법적인 이해도가 더 높다고 인식하는 것으로 나타났다. 이러한 남성과 여성의 인식에 대한 상호작용은 11세 피고인의 경우에는 나타나지 않았다. 좀 더 많은 연구가 진행되어야 하지만, 이러한 결과들은 능력에 대한 인식에 상황적 요인과 기질적 요인이 모두 영향을 미치며 결과적으로 판결에 영향을 미치게 된다.

종합해 보면, 청소년과 지적 장애가 있는 성인들은 신문, 신문실 그리고 법정에서 위험한 상황에 놓이게 된다. 연구 결과에 따르면, 이들은 자신의 법적인 권리를 이해하고 사용할 가능성이 낮고 자신에게 불리한 허위 진술을 할 가능성이 높다. 유죄 판결에 자백 증거가 큰 영향을 미친다는 점을 감안하면 취약한 피고인의 재판 능력은 더욱 중요하게 된다. 안타깝게도 연구 결과에 따르면, 이러한 범주에 속하는 많은 피고인이 재판에서 적절한 보호를 받지 못하고 있는데, 이들은 재판 절차에 대한 이해도가 떨어지고 자신의 변론을 준비하는 변호인을 도울 수 있는 능력이 떨어지는 것으로 나타났다. 종합적으로, 수사 및 재판 중 특정 피고인의 취약성으로 인해 잘못된 유죄 판결의 희생자가 될 가능성이 높다고 볼 수 있다.

취약성과 잘못된 유죄 판결 간의 관계 연구의 적용

앞에서 과학적이고 경험적인 증거들을 통해 청소년과 지적 장애가 있는 경우 잘못된 유죄 판결을 받을 위험이 높다는 점과 이에 대한 근본적인 이유들에 대해 살펴봤다. 신문에 대한 백서에서는 다음과 같이 명시되어 있다.

> 심리학자, 법학자 및 실무가들은 강요된 상황에서 청소년 및 지적 장애 또는 심리적인 장애가 있는 경우는 특히 허위 자백에 취약하다는 점에 강력하게 동의하고 있다. 그러나 이러한 취약한 집단이 범죄 용의자로 구속된 상황에서 신문 방법을 바꾸려는 노력들은 이루어지지 않고 있다(Kassin et al., 2010, p. 30).

미국의 경우, 취약한 용의자를 보호하려는 노력들은 이루어지지 않고 있다. 반대로, 영국과 같은 다른 국가들의 경우 취약한 용의자에 대한 신문 중에는 적절한 성인이 동석하도록 되어 있으며 특정 상황에서는 배심원들에게 특정 경고 사항을 제시하는 것과 같은 특별한 권리가 제공된다(Gudjonsson, 2003). 자신에게 불리한 진술을 하지 않을 권리와 변호인의 동석과 같은 권리들이 이해 및 인식되고 사용되지 않는다면 이러한 권리들이 모든 이에게 동일하게 적용된다고 보기 어렵다.

또한 능력에 대한 중요한 정책적·법적 문제들이 밝혀지면서 잘못된 유죄 판결에 대한 시사점도 제시해 주었다. 특히 능력 평가와 그 후의 회복은 대부분의 경우에는 시간 순서대로 이루어지지 않는다(Miller, 2003). 능력이 없을 것이라고 여겨지는 경우에도 제대로 된 평가가 이루어지기 전까지는 유죄를 인정하고 형을 사는 기간보다 더 오랜 기간을 유치장에 갇혀 있을 수도 있다(Pinals, 2005). 특히 피고인이 무죄인 경우, 예를 들어 능력을 문제 삼을 것인지 아니면 능력이 없을 가능성이 높지만 유죄를 인정을 하고 유치장에서 나갈 수 있도록 해 줄 것인지를 결정해야 하는 경우와 같이, 변호인이 자신의 의뢰인에게 최선의 선택이 무엇인지 결정하는 일은 쉽지 않다. 몇몇의 무죄 피고인들은 재판에서 더 높은 형량을 받을 수 있는 가능성을 고려하기보다는 유죄를 인정하고 유치장에서 나가는 것을 선택한다(Grisso et al., 2005; Redlich, 2010). 그러므로 무죄이면서 법적 능력이 없는 경우가 잘못된 유죄 판결의 가능성이 가장 높다.

정책을 개선하기 위해 연구 결과를 적용할 가능성은 매우 높다. 수사나 재판 단계에서 취약한 용의자에 대한 보호의 필요성은 옳고 그름을 떠나 실제 범죄자를 석방하거나 실제 범죄자를 밝히지 않은 채로 내버려 두지 않고 사회를 보호하는 것으로까지 영향을 미친다.

결론

이 장을 통해 잘못된 체포 및 잘못된 유죄 판결의 상당수를 차지하는 청소년과 정신 장애가 있는 사람들의 특징을 살펴보았다. 특히 신문실과 재판에서 일어날 수 있는 문제들을 중심으로 설명이 이루어졌다. 그러나 얼마든지 다른 부분들도 취약한 사람들에 대한 잘못된 유죄 판결의 가능성을 증가시키는 데 영향을 미친다. 최근 이노센스 프로젝트에 의해 밝혀진 261건의 잘못된 유죄 판결 사례들을 통해 자신이 저지르지 않은 범죄에 대해 유죄 판결을 받는 데 대부분은 다양한 요인들이 영향을 미치는 것으로 나타났다.

우리는 신문 및 자백에 대해 가장 중요하게 언급한 재판 중 하나인 미국 연방 대법원의 *Colorado v. Connelly*(1986) 재판에 대해 간단하게 논의하고 이 장을 마무리하고자 한다. 이 사건은 편집형 조현병 환자였던 Francis Berry Connelly가 몇 달 전에 일어난 살인 사건에 대해 경찰에 자수하고 자백하라는 환청을 듣고 자신이 범인이라고 주장한 사건이다. 콜로라도주(州) 대법원은 Connelly가 미란다 권리를 완전하게 포기할 수 있는 능력이 결여되었다고 판단했지만 상급 법원은 이 판단을 파기했는데 "강압적인 경찰의 활동은 자백이 '자발적'이 아니라고 판단하기 위한 필요조건"이며 적합한 미란다 권리 포기는 경찰의 속임수로부터 자유로워야 하지만 다른 원인으로부터는 자유롭지 않아도 된다(예: 자신의 머릿속 목소리)고 보았다. Rehnquist 대법관은 다수의 의견을 통해 미국의 헌법은 "형사 피고인이 완전하게 이성적이고 적절한 동기에 의해서만 자신의 범죄를 자백할 수 있는 권리가 있다고 보지 않는다."고 설명했다.

최근 Pizzi(2009)는 Connelly가 실제적으로 유죄인지 여부에 의문을 품었다. 이를 위해 1986년 Brennan 대법관의 반대 의견을 인용했다.

> 정신 질환을 앓고 있는 피고인의 자백에 대한 보강 기록이 거의 존재하지 않는다. 피고인과 범죄를 연결시킬 수 있을 만한 실질적인 증거도 없다. 경찰은 피고인이 말한 여성 피해자의 시체도 찾지 못했다. Connelly가 범행이 일어났다고 주장한 장소를 확인했지만 그곳에서 시체를 찾았거나 실제 범죄가 그 장소에서 일어났는지 여부는 확인되지 않았다. 피고인이 실제 그 살인사건의 범인라고 연결시킬 수 있는 상당한 증거는 조금도 존재하지 않는다. Connelly의 자백만이 존재할 뿐이다.

Pizzi(2009)는 Connelly의 유죄를 입증할 증거가 존재한다고 주장했지만, Brennan 대법관의 의견도 생각해 볼 만하다. Pizzi가 설명했듯이, 연방 대법원의 판결은 Connelly 측의 손을 들어 주지는 않았지만 Connelly가 재판을 받게 되었다면 정신 이상으로 인한 무죄 판결을 받았을 가능성이 높다. 그러나 정신 이상으로 인한 무죄 판결은 끝이 없는 정신병원에서의 치료를 의미한다. 결국 Connelly(처음에는 능력이 없다는 판정을 받았지만 이후에 능력을 회복했다는 판정을 받았다)는 유죄를 시인했고 5년 10개월 형을 선고받았지만 유죄 시인 전에 이미 대부분의 형량을 채웠다. Connelly의 사례는 취약한 피고인이 잘못된 유죄 판결을 받을 수 있는 위험성이 높다는 것을 단적으로 보여 준다. 정신 질환을 앓고 있는 남성으로 오직 자백 증거만 존재했고 법적으로는 책임을 물을 수 없는 상황임에도 불구하고 정신병원에서의 감금을 피하기 위해 죄를 시인했다.

Connelly가 잘못된 유죄 판결을 받았다고 주장하려는 것은 아니지만 대법원의 다수 의견과 그 이유에 동의하지 않는다. 강압은 주관적일 수밖에 없기 때문에 강압에 대한 인식은 자신의 권리에 대해 충분히 알고 있는 사람과 그렇지 않은 사람들 사이에 차이가 존재할 수밖에 없다. 우리 사회에서 실제 무죄인 사람들이 잘못된 유죄 판결을 받는 사례들이 지속적으로 확인됨에 따라 매일 형사사법체계에 들어오는 수많은 취약자에 대한 좀 더 나은 보호 장치를 마련해야 하며, 큰 오류로부터 이들을 보호해야만 한다. 그러나 현재 신문과 재판 중에 받을 수 있는 보호 장치는 매우 부족한 실정이다.

★ 참고문헌

Anderson, S. D., & Hewitt, J. (2002). The effect of competency restoration training on defendants with mental retardation found not competent to proceed. *Law and Human Behavior, 26,* 343-351. doi:10.1023/A:1015328505884

Appelbaum, K. L., & Appelbaum, P. S. (1994). Criminal justice-related competencies in defendants with mental retardation. *The Journal of Psychiatry & Law, 22,* 483-503.

Arizona v. Fulminante, 499 U.S. 279 (1991).

Atkins v. Virginia, 536 U.S. 304 (2002).

Billings, F. J., Taylor, T., Burns, J., Corey, D. L., Garven, S., & Wood, J. M. (2007). Can reinforcement induce children to falsely incriminate themselves? *Law and Human Behavior, 31,* 125–139. doi:10.1007/s10979-006-9049-5

Bonnie, R. (1992). The competence of criminal defendants: A theoretical reformulation. *Behavioral Sciences & the Law, 10,* 291–316. doi:10.1002/bsl.2370100303

Cialdini, R. B. (2001). *Influence: Science and practice.* New York, NY: Harper Collins.

Clare, I. C. H., & Gudjonsson, G. H. (1995). The vulnerability of suspects with intellectual disabilities during police interviews: A review and experimental study of decision-making. *Mental Handicap Research, 8,* 110–128. doi:10.1111/j.1468-3148.1995.tb00149.x

Colorado v. Connelly, 479 U.S. 157 (1986).

Cooper, D. K. (1997). Juveniles' understanding of trial-related information: Are they competent defendants? *Behavioral Sciences & the Law, 15,* 167–180. doi:10.1002/(SICI)1099-0798(199721)15:2〈167::AID-BSL266〉3.0.CO;2-E

Cooper, V. G., & Zapf, P. A. (2003). Predictor variables in competency to stand trial decisions. *Law and Human Behavior, 27,* 423–436. do:10.1023/A:1024089117535

Drizin, S. A., & Leo, R. A. (2004). The problem of false confessions in the post-DNA world. *North Carolina Law Review, 82,* 891–1008.

Ericson, K. I., & Perlman, N. B. (2001). Knowledge of legal terminology and court proceedings in adults with developmental disabilities. *Law and Human Behavior, 25,* 529–545. doi:10.1023/A:1012896916825

Everington, C., & Fulero, S. M. (1999). Competence to confess: Measuring understanding and suggestibility of defendants with mental retardation. *Mental Retardation, 37,* 212–220. doi:10.1352/0047-6765(1999)037〈0212:CTCMUA〉2.0.CO;2

Federal Bureau of Investigation. (2008). *Crime in the United States.* Washington, DC: U.S. Department of Justice.

Ghetti, S., & Redlich, A. D. (2001). Reactions to youth crime: Perceptions of accountability and competency. *Behavioral Sciences & the Law, 19,* 33–52. doi:10.1002/bsl.426

Grisso, T. (1981). *Juvenile's waiver of rights: Legal and psychological competence.* New York, NY: Plenum.

Grisso, T., Steinberg, L., Woolard, J., Cauffman, E., Scott, E., Graham, S., ...Schwartz,

R. (2003). Juveniles' competence to stand trial: A comparison of adolescents' and adults' capacities as trial defendants. *Law and Human Behavior, 27,* 333-363. doi:10.1023/A:1024065015717

Gross, S. R., Jacoby, K., Matheson, D. J., Montgomery, N., & Patil, S. (2005). Exonerations in the United States 1989 through 2003. *The Journal of Criminal Law and Criminology, 95,* 523-560. doi:0091-4169/05/9502/0523

Gudjonsson, G. H. (2003). *The psychology of interrogations and confessions.* Chichester, England: Wiley.

Heller, K. J. (2006). The cognitive psychology of circumstantial evidence. *Michigan Law Review, 105,* 241-305.

Hoge, S. K., Poythress, N. G., Bonnie, R. J., Monahan, J., Eisenberg, M., & Feucht-Haviar, T. (1997). The MacArthur adjudicative competence study: Diagnosis, psychopathology, and competence-related abilities. *Behavioral Sciences and the Law, 15,* 329-345. doi:CCC0735-3936/97/030329-17.

Inbau, F. E., Reid, J. E., Buckley, J. P., & Jayne, B. C. (2001). *Criminal interrogation and confessions* (4th ed.). Gaithersburg, MD: Aspen.

Innocence Project Report. (2007). *200 exonerated: Too many wrongfully convicted.* New York, NY: Benjamin N. Cardozo School of Law, Yeshiva University.

Johnson, K., & Seaman, A. (2008, MAy 28). Mentally incompetent defendants on rise. *USA Today.* Retrieved from http://www.usatoday.com/news/washington/judicial/2008-05-28-Incompetent_N.htm

Kassin, S. M., Drizin, S. A., Grisso, T., Gudjonsson, G. H., Leo, R. A., & Redlich, A. D. (2010). Police-induced confessions: Risk factors and recommendations. *Law and Human Behavior, 34,* 3-38. doi:10.1007/s10979-009-9188-6

Kassin, S. M., & Kiechel, K. L. (1996). The social psychology of false confessions: Compliance, internalization, and confabulation. *Psychological Science, 7,* 125-128. doi:10.1111/j.1467-9280.1996.tb00344.x

Kassin, S. M., & Neumann, K. (1997). On the power of confession evidence: An experimental test of the fundamental difference hypothesis. *Law and Human Behavior, 21,* 469-484. doi:10.1023/A:1024871622490

Kassin, S. M., & Wrightsman, L. S. (1980). Prior confessions and mock juror verdicts. *Journal of Applied Social Psychology, 10,* 133-146. doi:10.1111/j.1559-1816.1980.tb00698.x

Kostelnik, J. O., & Reppucci, N. D. (2009). Reid training and sensitivity to developmental maturity in interrogation: Results from a national survey of police. *Behavioral Sciences & the Law, 27,* 361–379. doi:10.1002/bsl.871

Meyer, J. R., & Reppucci, N. D. (2007). Police practices and perceptions regarding juvenile interrogation and interrogative suggestibility. *Behavioral Sciences & the Law, 25,* 757–780. doi:10.1002/bsl.774

Miller, R. D. (2003). Hospitalization of criminal defendants for evaluation of competence to stand trial or for restoration of competence: Clinical and legal issues. *Behavioral Sciences & the Law, 21,* 369–391. doi:10.1002/bsl.546

Najdowski, C. J., Bottoms, B. L., & Vargas, M. C. (2009). Jurors' perceptions of juvenile defendants: The influence of intellectual disability, abuse history, and confession evidence. *Behavioral Sciences & the Law, 27,* 401–430. doi:10.1002/bsl.873

National GAINS Center for People with Co-Occurring Disorders in the Justice System. (2006). The prevalence of co-occurring mental illness and substance use disorders in jails. *Fact Sheet Series.* Delmar, NY: The National GAINS Center.

Nestor, P. G., Daggett, D., Haycock, J., & Price, M. (1999). Competence to stand trial: A neuropsychological inquiry. *Law and Human Behavior, 23,* 397–412. doi:10.1023/A:1022339130582

Owen-Kostelnik, J., Reppucci, N. D., & Meyer, J. R. (2006). Testimony and interrogation of minors: Assumptions about maturity and morality. *American Psychologist, 61,* 286–304. doi:10.1037/0003-066X.61.4.286

Panetti v. Quarterman, 127 S.Ct. 2842 (2007).

Perfect, T. J., & Moon, H. C. (2005). The owen-age effect in face recognition. In J. Duncan, P. McLeod, & L. H. Phillips (Eds.), *Measuring the mind: Speed, control and age* (pp. 317–340). Oxford, England: Oxford University Press.

Perske, R. (2004). Understanding persons with itne disabilities in the criminal justice system: Indicators of progress? *Mental Retardation, 42,* 484–487. doi:10.1352/0047-6765(2004)42〈484:UPWIDI〉2.0.CO;2

Pinals, D. A. (2005). Where two roads meet: Restoration of competence to stand trial from a clinical perspective. *New England School of Law, 31,* 81–108.

Pizzi, W. T. (2009). Colorado v. Connelly: What really happened? *Ohio State Law Journal, 7,* 377–389.

Redlich, A. D. (2004). Mental illness, police interrogations, and the potential for false confession. *Psychiatric Services, 55,* 19–21. doi:10.1176/appi.ps.55.1.19

Redlich, A. D. (2010). False confessions, false guilty pleas: Similarities and differences. In G. D. Lassiter & C. Meissner (Eds.), *Interrogations and confessions: Current research, practice, and policy* (pp. 49–66). Washington, DC: APA Books. doi:10.1037/12085-003

Redlich, A. D., & Goodman, G. S. (2003). Taking responsibility for an act not committed: The influence of age and suggestibility. *Law and Human Behavior, 27,* 141–156. doi:10.1023/A:1022543012851

Redlich, A. D., Ghetti, S., & Quas, J. A. (2008). Perceptions of children during a police interview: A comparison of alleged victims and suspects. *Journal of Applied Social Psychology, 38,* 705–735. doi:10.1111/j.1559-1816.2007.00323.x

Redlich, A. D., Quas, J. A., & Ghetti, S. (2008). Perceptions of children during a police interview: Guilt, confessions, and interview fairness. *Psychology, Crime & Law, 14,* 201–223. doi:10.1080/10683160701652542

Redlich, A. D., Silverman, M., & Steiner, H. (2003). Pre-adjudicative and adjudicative competence in juveniles and young adults. *Behavioral Sciences & the Law, 21,* 393–410. doi:10.1002/bsl.543

Roesch, R., Zapf, P., & Eaves, D. (2006). *FIT-R Fitness Interview Test-Revised: A structured interview for assessing competency to stand trial.* Sarasota, FL: Professional Resource Press.

Rogers, R., Harrison, K. S., Hazelwood, L. L., & Sewell, K. W. (2007). Knowing and intelligent: A study of Miranda warnings in mentally disordered defendants. *Law and Human Behavior, 31,* 401–418. doi:10.1007/s10979-006-9070-8

Rogers, R., Harrison, K. S., Shuman, D., Sewell, K. W., & Hazelwood, L. L. (2007). An analysis of *Miranda* warnings and waivers: Comprehension and coverage. *Law and Human Behavior, 31,* 177–192. doi:10.1007/s10979-006-9054-8

Roper v. Simmons, 543 U.S. 551 (2005).

Schmidt, M. G., Reppucci, N. D., & Woolard, J. L. (2003). Effectiveness of participation as a defendant: The attorney-juvenile client relationship. *Behavioral Sciences & the Law, 21,* 175–198. doi:10.1002/bsl.532

Ternes, M., & Yuille, J. C. (2008). Eyewitness memory and eyewitness identification performance in adults with intellectual disabilities. *Journal of Applied Research in Intellectual Disabilities, 21,* 519–531. doi:10.1111/j.1468-3148.2008.00425.x

U.S. Office of Juvenile Justice and Delinquency Prevention. (2007). *Statistical briefing book*. Retrieved from http://www.ojjdp.ncjrs.gov/ojstatbb/default.asp

Viljoen, J. L., Klaver, J., & Roesch, R. (2005). Legal decisions of preadolescent and adolescent defendants: Predictors of confessions, pleas, communication with attorneys, and appeals. *Law and Human Behavior, 29,* 253-277. doi:10.1007/s10979-005-3613-2

Woolard, J. L., Clearly, H. M. D., Harvell, S. A. S., & Chen, R. (2008). Examining adolescents' and their parents' conceptual and practical knowledge of police interrogation: A family dyad approach. *Journal of Youth and Adolescence, 37,* 685-698. doi:10.1007/s10964-008-9288-5

제2부

수사관

제2장 거짓말 탐지

제3장 허위 자백

제4장 신문에서의 절차적 공정성에 대한 평가

제2장

거짓말 탐지

Amy-May Leach

목격자의 오인 지목과 허위 자백은 잘못된 유죄 판결에 가장 중요한 요인이 되는 것으로 드러났다(Innocence Project, 2010). 하지만 잘못된 유죄 판결이 내려지는 데 대한 다른 원인들도 존재하는데, 그중 하나는 거짓말 탐지 능력의 부족이다. 잘못된 유죄 판결의 모든 사례는 범죄를 저지르지 않았다는 사실을 간과할 때 일어난다. 그러므로 근본적으로 잘못된 유죄 판결을 받게 되는 모든 사례는 거짓말 탐지의 오류와 관련된다.

수사관은 어려운 임무를 맡는다. 즉, 누가 범인인가는 증거를 통해 결정해야 한다. DNA와 같은 특정한 유형의 증거는 강력한 유죄의 증거이지만, 항상 사용할 수 있는 것은 아니다. 수사관의 판단에는, 그것이 알리바이이든 사건에 대한 설명이든, 결과적으로 용의자의 설명이 큰 영향을 미치게 된다. 일반적으로 범죄와의 관련성을 부인하는 과정에서 진술이 진실이라고 여겨지는 경우는 풀려나게 되고, 거짓말을 한다고 생각되는 경우에는 추궁 당하고 구금 당한다. 실제 무죄인 사건들의 대다수에서는 용의자가 범죄를 저지르지 않았다고 부인했다. 결론적으로 사법체계의 구성원인 경찰관, 검사, 판사 및 배심원은 진실 여부를 정확하게 판단하지 못한다. 만약 가능했다면, 무고한 사람은 풀려났을 것이고 절대로 재판에서 유죄 판결을 받지 않았을 것이다.

누군가가 거짓말을 하고 있다고 판단하는 것은 간접적으로는 유죄 판결을 내리기 위한 장을 마련해 주는 것이다. 예를 들어, 경찰관은 용의자가 범죄자라는 자신의 생각을 확인하기 위한 증거를 찾게 될지도 모른다(제14장 참고). 또한 용의자에게 자백을 받아내기 위해 그의 죄를 추정하고 신문할 수도 있다. 실제로는 죄를 짓지 않았다는 점 자체가 위험 요인으로 작용할 수 있다. 죄를 짓지 않은 무고한 사람은 미란다 권리와 같은 필수적인 권리들을 포기할 가능성이 높아 대질 신문의 대상이 되는 경향이 있다(Kassin, 2005). 실제로 잘못된 유죄 판결을 받은 사례들 중 약 20~25%는 허위 자백을 포함한다(Innocence Project, 2010). 그러므로 진실은 탐지되지 않는다. 대신에 자백의 존재 자체가 다른 증거들보다 중요하며 유죄 판결의 가능성을 극적으로 증가시킨다(제3장 참고). 결국 거짓말 탐지와 잘못된 유죄 판결의 관계는 수사 과정에 의해 매개될 것이다.

게다가 거짓말 탐지는 신문만으로 끝나지 않는다. 지금까지 거짓 목격자와 수사관에 대한 관심은 적었다. 그러나 수사관, 법과학 전문가, 공범, 유치장 내의 정보 제공자, 그리고 목격자 또한 거짓말을 하려는 동기가 높을 가능성이 있다. 예를 들면, 공범과 유치장 내의 정보 제공자는 감형을 전제로 용의자가 범인이라는 거짓말을 한다(제10장 참고; Innocence Project, 2010). 게다가 유죄 판결을 내릴 수 있을 만한 다른 수단이 없다면, 경찰은 증거를 변형시키거나 목격자가 진술을 바꾸도록 만들 것이다. 예를 들어, Romeo Phillion은 살인 사건에 대해 잘못된 유죄 판결을 받았는데, 수사관이 무죄를 증명할 수 있는 증거를 의도적으로 잘못 관리한 것으로 알려졌다(Association in Defence of the Wrongly Convicted, 2010). 최근 연구에 따르면, 사법체계에서 전통적인 안전 장치라고 여겨졌던 재판에서의 반대 신문은 목격자의 거짓말을 밝혀내는 데 효과적이지 못한 것으로 나타났다(Greathouse, 2009). 즉, 이러한 다양한 사람들이 잘못된 유죄 판결에 기여하게 된다.

요약하면, 거짓말을 하는 사람과 진실을 말하는 사람을 식별할 수 있는 능력이 부족하면 직간접적인 방법으로 유죄 판결을 받게 할 수 있다는 것이다. 그러므로 거짓말 탐지와 관련된 연구들에 대한 실질적인 지식은 잘못된 유죄 판결을 이해하는 데 중요하다.

거짓말 탐지에 대한 심리과학적 근거

거짓말 탐지에 관한 연구는 역사가 오래됐다. 심지어 Hugo Münsterberg의 저서 『증언대에서(On the Witness Stand)』(1915)에서는 거짓과 진실을 말하는 사람을 구별하는 것의 중요성에 대해 설명한다. 그 후 이 주제에 대한 수백 건의 논문들이 출판됐다. 거짓말 탐지에 대한 연구는 사회심리학과 인지심리학에 그 기반을 두고 있다.

거짓말 탐지는 사람들 간의 의사소통, 인간에 대한 인식 그리고 의사결정의 영역에 포함된다. 최근에는 연구자들이 더 정확하게 거짓말 탐지의 특성을 설명하기 위해 신호 탐지 이론을 사용했다(예: Meissner & Kassin, 2002). 인지심리학과 정신물리학의 영역이 다른 것처럼, 거짓말 탐지의 정확성은 (a) 거짓과 진실을 말하는 자를 구별하기, 그리고 (b) 선입견(모든 사람은 진실을 말하고 있다고 생각하는 것과 같이 특정한 답변을 선호하는 경향)이라는 의사결정 과정에서의 두 개의 독립된 영역으로 이루어져 있다.

거짓말 탐지 이론

거짓말 탐지에 관해서는 정립된 이론들이 많지 않다. 하지만 거짓말의 생성 및 탐지는 언제나 서로 얽혀 있다. 그러므로 거짓말을 하는 사람에 대한 이해는 거짓말 탐지를 향상시키는 데 적용할 수 있다. 거짓말에 대한 관점은 심리학의 여러 하위 분야로부터 발전했다. 예를 들면, 거짓말 탐지 연구자들 중에는 기본적인 정서에 대한 연구도 진행했다(예: Ekman, Sorenson, & Friesen, 1969). 정서의 개념화는 종종 근본적인 정신물리학적 패턴과 인지에 대한 이해를 수반하는데(예: Schachter & Singer, 1962), 이는 거짓말과 관련되어 있다. 인지적인 요소들(예: 거짓말하기)과 특히 거짓말하기의 생리학적 관련성은 거짓말을 잘 드러나게 해 준다. 게다가 몇몇의 연구자들(예: Ekman & O'Sullivan, 1991)의 경우, 미세 표정과 같이 순식간에 드러나는 감정의 표현을 발견하는 데 능숙한 사람들이 거짓말 탐지를 더 잘한다고 주장했다.

연구자들은 또한 자기 제시 관점에서 거짓말을 연구했다(예: DePaulo, 1992). 다양한 영역(예: 채용 면접, 대인 관계)에서 사람들은 타인에게 좋은 인상을 주기 위해 노력한다. 거짓말은 이러한 목적을 달성하기 위한 하나의 수단으로 사용된다. 이 목적을 달성하기 위해 속이려는 자들은 거짓말을 드러낼 수 있는 행동은 숨기고 진실을 말하고 있다고 생각할 수 있는 단서들을 보여 주어야만 한다. 거짓말에 대한 부정확한 개념들이 다수 존재하는 것을 감안하면, 직관적으로 진실과는 관련 없는 단서들(예: 즉흥적으로 말을 바꾸는 것)에 집중하는 것은 거짓말 탐지를 향상시킬 수 있다(DePaulo et al., 2003).

더욱 최근에는, 거짓말의 인지적 역할에 주목하고 있다. 작업 기억과 주의와 같은 인지적인 자원에 부담을 주는 인지적인 부하를 증가시키는 것은 다양한 유형의 과제를 수행하는 데 부정적인 영향을 미칠 수 있다(예: Kahneman, 1973). 이는 거짓말에도 해당된다. 거짓말을 하는 사람은 거짓말을 만들어 내고 기억해야 하며, 적극적으로 진실을 숨기고, 비언어적 · 언어적 행동들을 의식적으로 통제해야만 한다. 결국, 거짓말을 하는 것은 진실을 말하는 것보다 인지적으로 더 많은 부담으로 작용할 수 있다(Zuckerman, DePaulo, & Rosenthal, 1981). 이에 연구자들은 거짓말을 하는 사람에게 추가적인 부담을 더 주게 되면 거짓말이 드러날 수밖에 없다고 말한다(Vrij, Fisher, Mann, & Leal, 2006).

태도와 설득에 관한 연구로부터 발전한 인지 부조화 이론은 거짓말에 대한 흥미로운 관점을 제시한다. 인지와 행동 간의 불일치는 심리적인 불편함과 생리적인 각성 상태를 만든다(Croyle & Cooper, 1983). 거짓말을 하는 동안 사람은 거짓말은 나쁘다라는 생각과 실제 거짓말을 하는 행동 간의 모순을 경험하는데, 이는 생리적인 각성으로 나타난다. 결국 거짓말하는 사람의 인지를 조작하는 것으로 거짓말의 탐지를 향상시킬 수도 있다(Leach, 2009).

거짓말 탐지 연구에 사용되는 연구 방법

일반적으로 거짓말 탐지 연구자들은 실험 또는 준실험 연구 설계를 사용한다. 이러한 실험들은 거짓말 생성과 거짓말 탐지라는 두 가지 단계를 포함하고 있다.

거짓말 생성의 패러다임

첫째, 연구자들은 사람이 거짓 또는 진실을 말해야 하는 하나의 시나리오를 만든다. 실체적인 진실이 중요하기 때문에(진실 조건에 할당된 참가자들은 진실을 말해야 하고 거짓말 조건에서는 거짓말을 해야 한다), 대부분의 연구들은 실험실에서 이루어진다. 일반적인 연구에서 대부분 대학생들로 구성된 연구 참가자는 자신의 의견(Ekman, O'Sullivan, & Frank, 1999), 일상의 사건들(Leach et al., 2009) 또는 목격한 사건들(Ekman & O'Sullivan, 1991)에 대해 거짓 또는 진실을 말하도록 지시를 받는다. 예를 들면, Ekman과 Friesen(1974)은 간호학과 학생들에게 자연 풍광에 대한 영상을 보여 주고 이에 대해 설명하도록 지시했다. 실제로는 참가자들 중 절반이 좋은 자연 이미지(진실을 말하는 상황)를 시청했고, 나머지는 스트레스가 높은 의학 훈련 장면(거짓말을 하는 상황)을 보았다. 비록 몇 명의 연구자들이 참가자들을 모의 범죄(예: 절도)에 참여시켜 고위험 시나리오와 비슷할 수 있도록 노력했지만 이러한 방법들은 일반적이지 않다(예: Kassin & Fong, 1999; Vrij et al., 2008).

거짓말을 생성하는 데 가장 좋은 방법에 대해서는 몇 가지 의견 차이를 보인다. 방법론들은 실험이 현실과 동떨어져 있고 외적 타당도도 낮다는 비판을 받는다. 그러나 거짓말 탐지 연구 분야에서 이러한 의견 차이는 고위험 대 저위험과 실험적 조작 대 자연적인 거짓말이라는 두 가지의 독립적인 문제로 개념화할 수 있다. 첫째, 대다수의 연구는 '저위험 거짓말'을 사용한다. 즉, 성공적인 거짓말에 대한 보상은 없고, 거짓말이 밝혀지는 경우도 이에 대한 처벌이 심각하지 않다. 이런 시나리오에 배정된 참가자들은 심각한 범죄(예: 살인)를 저지른 용의자들이 수감을피하기 위한 노력과 같은 동기 부여가 일어날 수 없다. 그러나 연구 결과 동기 부여가 된 거짓말을 하는 사람의 거짓말을 탐지하는 것이 더 쉬운 것으로 나타났다(예: DePaulo, Lanier, & Davis, 1983). 결국 저위험 거짓말 탐지의 정확성은 실제보다 과소평가해야 할 수도 있다.

둘째, 거짓말은 종종 실험적으로 조작된다. 일반적으로 참가자들은 거짓이나 진실을 말하라고 지시받기 전에 이미 거짓말에 관련된 연구에 참여하고 있다는 사실을 알게 된다. Ekman(1997)은 거짓말의 중요한 요소는 말을 듣고 있는 사람이 거짓말하는 사람의 의도를 알지 못하는 것이라고 주장했는데, 이는 즉, "말을 하는 사람은 거짓말쟁이가 아니다."라는 것이다. 그러나 대다수의 거짓말 패러다임의 경우, 말을 듣는 사람은 거짓말을 계획한 연구자다. 그러므로 이러한 방법론은 거짓말보다는 연기를 하도록 만드는 것이다. 게다가 거짓말을 하는 사람은 연구의 목적을 알게 되면 죄의식 및 거짓말과 관련된 다른 정서적 및 생리적 반응들이 줄어들게 되는데, 이는 실험자가 명시적으로 거짓말을 할 것을 지시했기 때문이다. 실제로 실험적으로 조작된 경우와 거짓말 관련 연구에 참여하고 있다는 것을 알지 못한 채 거짓말 또는 진실을 말하라고 지시받은 자연적인 경우는 거짓말 탐지 비율에서 차이를 보이는 것으로 나타났다(Leach et al., 2009).

연구자들은 이상적으로는 고위험과 자연적인 거짓말을 포함하는 패러다임을 사용하기를 원한다. 하지만 이러한 시나리오들은 실험 설계와 실행이 어렵다. 자연적인 거짓말은 참가자들이 스스로 범죄를 저지르고 이에 대해 거짓말을 하겠다는 결정에 의존할 수밖에 없다. 비록 거짓말을 만들어 내는 것이 생태 타당도가 더 높지만 시간이 더 걸릴 수 있으며 준실험(예: 자신이 원해서 거짓말을 하는 사람과 사실을 말하는 사람의 근본적인 차이)과 관련하여 동일한 문제점을 발생시킨다. 또한 참가자들은 고위험, 자연적인 시나리오에서 생리적으로 더 많이 흥분되고 죄의식을 더 많이 느낀다. 그러므로 이러한 패러다임은 윤리적인 문제에 직면하게 된다. 참가자들은 더 사실적이고 자신이 관련된 시나리오일수록 더 큰 괴로움을 경험하게 된다. 단순하게 실제 경찰들의 신문 장면을 찍은 영상을 사용하게 되면 이런 문제들을 피할 수 있다고 생각한다. 사실 실험적으로 조작된 시나리오보다 방화, 절도 및 살인과 같은 실제 범죄의 용의자를 신문한 영상을 본 사람들의 경우 거짓말을 더욱 정확하게 탐지해 냈다(예: Mann, Vrij, & Bull, 2004). 그러나 이러한 영상을 얻거나 실체적 진실을 확립하는 것이 어렵기 때문에 이 방법은 거의 사용되지 않는다. 그러므로 거짓말을 만들어 내는 데 가장 좋은 방법은 존재하지 않는다. 각 연구자들이 자신이 선호하는 패러다임을 사용하고 이에 대한 장단점을 잘 이해하고 있어야만 한다.

거짓말 탐지 패러다임

연구자들은 거짓을 말하는 사람과 진실을 말하는 사람 간의 차이점들을 다양한 방법으로 밝혀내려고 노력해 왔다. 첫째, 지금(즉, 거짓 또는 진실을 말하는 동안) 또는 시간이 흐른 후(즉, 거짓말을 한 후 영상이나 녹취록 분석)에 거짓말을 탐지할 수도 있다. 둘째, 다양한 훈련 및 장비의 필수적인 사용은 거짓말 탐지가 실험실 또는 실제 상황에서 일어나게 할지에 대한 판단에 영향을 미칠 수 있다. 셋째, 연구자들은 거짓말을 하고 있다는 것을 알려 줄 만한 특정한 단서(예: 거짓말 탐지기)나 좀 더 전체적인 판단(예: 암시적인 거짓말 탐지 사용)에 초점을 맞추기도 한다.

폴리그래프

폴리그래프는 가장 널리 알려진 거짓말 탐지 도구인데, 이는 아마도 '거짓말 탐지기'로 불리기 때문이다. 폴리그래프 연구에서의 기본적인 가정은 죄의식과 거짓말을 하는 동안에 발각될 수 있다는 두려움이 자율신경계적인 반응(예: 피부전기 반응, 심장 박동, 호흡)에 변화를 일으킨다는 것이다. 결국, 질문을 하는 동안 개인의 생리적인 각성의 변화를 살펴보는 것으로 거짓말을 탐지할 수 있다는 것이다. 통제 질문 기법을 사용하여, 참가자들은 사건과 관계없는 질문(예: “당신은 21세입니까?”), 통제 질문(예: “거짓말을 해 본 적이 있습니까?”), 그리고 범죄 관련 질문(예: “은행에서 돈을 훔쳤습니까?”)을 받게 된다. 유죄인 사람은 통제 질문을 받았을 때보다 범죄 관련 질문을 받았을 때 생리적인 각성을 더 크게 경험할 것이라고 생각한다. 유죄 지식 검사라는 다른 기법은 오직 유죄인 사람만이 알 수 있는 범죄와 관련된 특정한 내용에 대한 일련의 질문들(예: “그 총이 엽총이었나요, 권총이었나요?”)을 한다. 유죄인 사람은 범죄와 관련한 사실을 부인할 때 범죄 관련 사실이 아닌 내용과 비교했을 때보다 생리적인 반응이 더 나타날 것이다.

일반적으로는 폴리그래프가 거짓말하는 사람과 진실을 말하는 사람을 정확하게 구별할 수 있지만, 무고한 용의자가 유죄라고 판단된 경우와 같은 긍정오류도 많은 편이다. 게다가 혀를 깨물거나 숫자를 거꾸로 세는 것과 같이 신체적 · 정신적인 대응 방법들은 각성의 패턴들을 효과적으로 조작할 수 있다(Honts, Raskin, & Kircher, 1994). 최근에는 폴리그래프 검사를 연구 도구로 사용할 수는 있지만, 그 결과는 캐나다와 미국 법정 일부에서 인정받지 못하고 있다(*R v. Béland*, 1987; *United States v. Scheffer*, 1998).

뇌신경 영상 기법

최근에는 신경과학자들이 거짓말을 탐지하기 위해 뇌신경 영상 기법을 사용하기 시작했다. 예를 들면, 기능성자기공명영상(fMRI)은 거짓말을 하는 동안 두뇌 활동의 변화를 추적하기 위해 사용된다. 연구자들은 우측 전방대상회(right anterior cingulate gyrus)와 같이 특정한 뇌 영역을 조사하면 거짓을 말하는 사람과 진실을 말하는 사람 간의 차이를 잘 구별해 낼 수 있다고 한다(예: Kozel, Padgett, & George, 2004). 유사한 방식으로, 연구자들은 사건 관련 전위가 거짓말을 탐지하는 데 사용할 수 있는지에 대한 실험을 실시하고 있다. 유죄 지식 검사 패러다임을 사용해 범죄 장소와 같이 숨기고 있는 정보와 관련된 P300 진폭이 새로운 물건에 대한 반응에서 측정되는 진폭보다 더 크다고 주장한다(예: Farwell & Donchin, 1991).

비록 초기의 결과들은 좋아 보였으나, 거짓말 탐지에 뇌신경 영상 기법을 적용하는 것은 여전히 초기 단계에 머물러 있다. 지금까지 이 분야의 연구는 제한적이었고 기법에 대한 신뢰성과 일반화의 가능성 역시 알려지지 않았다. 게다가 뇌신경 영상 기법은 유죄 지식 검사 패러다임에 의존하는 폴리그래프와 비슷한 약점을 가지고 있다. 뇌신경 영상 기법은 사람들에게 일련의 자극들을 제시하는데, 그 사람이 범죄의 결정적인 부분에 대해 인정 혹은 부인할 때 두뇌 활동이 변화할 것이라고 기대한다. 그러므로 이 접근은 유죄인 사람만이 알 수 있는 범죄 관련 정보에 의존할 수밖에 없다. 하지만 대부분의 경우 이러한 증거를 용의자와 대중으로부터 숨기는 것은 어려운 일이다. 현재 이러한 검사들은 범죄를 저질렀기 때문에 정보를 인지하는 유죄인 사람과 다른 곳에서 그 정보를 얻은 무고한 사람(예: 뉴스에서 범죄 관련 정보를 들음)을 구별할 수 없다. 이러한 취약점들로 인해 거짓말 탐지에 뇌신경 영상 증거는 아직 과학계에서 널리 받아들여지고 있지 않고 있으며, 법정에서 증거로 허용될 수 있을지 역시 불분명하다(Moriarty, 2008).

진술 분석

거짓말 탐지를 위한 다른 접근은 기술보다는 진술의 언어적 내용을 분석하는 것이다. 준거기반 내용 분석(Criteria-Based Content Analysis: CBCA)은 훈련을 받은 사람들이 세부적인 내용을 제시하였는지 여부와 같은 19가지의 준거들을 바탕으로 개인의 진술을 분석하는 것을 말한다(전체 개관은 Ruby & Brigham, 1997; Vrij, 2005 참고). 진실을 말했을 때는 거짓말을 했을 때보다 더 높은 CBCA 점수를 받을 것이다. 또 다른 접근인 현실 모니터링(Reality Monitoring: RM)을 사용하는 연구자들은 경험하고 상상한 일은 맥락 정보(예: 시간적 정보), 감각적 정보(예: 시각적 세부 내용), 의미적 정보와 인지적 과정(예: 생각을 포함함)이 다르다고 주장한다(예: Masip, Sporer, Garrido, & Herrero, 2005). CBCA와 RM 분석은 모두 운에 맡기는 것보다는 높은 확률로 거짓말을 탐지하는 데 사용될 수 있다(Vrij & Mann, 2004). 비록 이러한 결과들이 유망하기는 하지만, 많은 훈련을 필요로 한다는 점과 더불어 영상을 글로 옮겨야 하고 점수를 매겨야 한다는 점 때문에 대부분의 수사관들이 CBCA와 RM 분석을 사용하는 데는 한계가 있다.

직관적인 거짓말 탐지

수사관과 연구자에 의해 사용되는 가장 단순하고 일반적인 접근은 직관적인 거짓말 탐지다. 결국 이 장의 나머지 부분은 이 내용에 초점을 맞출 것이다. 이 패러다임에서는 관찰자들이 거짓을 말하는 사람과 진실을 말하는 사람의 영상을 보게 된다. 이런 연구는 종종 실험실에서 이루어지기도 하지만, 경찰관과 같은 전문가 집단을 대상으로 하는 연구의 경우 현장에서 진행될 수도 있다. 일반적인 실험에서는 관찰자는 진실 정보 또는 거짓 정보에 대해 말하고 있는 사람에 대한 일련의 비디오 영상을 보게 된다. 각각의 영상을 본 후 관찰자는 그 사람이 거짓말을 했는지 아니면 진실을 말했는지를 판단해야 한다. 관찰자들은 이러한 거짓말 탐지 판단을 40회 이상 해야 하지만(예: Leach et al., 2004), 대부분의 연구는 20회 이하로 판단한다(Ekman & O'Sullivan, 1991). 이러한 판단이 끝난 후, 개인별로 거짓말 탐지의 정확도가 계산된다.

직관적 거짓말 탐지의 정확성을 평가하는 가장 좋은 방법에 대해서는 연구자들 사이에서도 약간의 의견 차이를 보인다. 일반적으로 사람들은 한 번에 몇 명의 사람을 대상으로 거짓말하는 사람과 진실을 말하는 사람을 구분하는 것을 바탕으로 훌륭한 또는 형편없는 거짓말 탐지자로 판단하는데, 이는 몇 가지 문제를 안고 있다. 적은 수의 판단을 내릴 때는 추측이 큰 영향을 미치게 된다(예: 100/100보다는 2/2가 되는 것이 더 쉽다). 실제로 거짓말 탐지 수행 능력은 그 대상이 많지 않은 경우 인위적으로 부풀려지게 된다(Bond & DePaulo, 2008).

연구자는 실험 자극의 구성을 다양화시킬 수 있다. 특히 소수 연구자들이 거짓말을 잘하지 못하는 사람이나 거짓말이 너무 쉽게 드러나는 사람들만을 포함한 경우도 있었다(Ekman & O'Sullivan, 1991; Ekman et al., 1999). 이러한 접근법은 가장 좋은 시나리오로 해석해 볼 수 있다. 만약 관찰자가 이렇게 이상적인 상황에서도(즉, 집단 간에 객관적인 차이점들이 존재할 때) 거짓말을 탐지할 수 없다면 이들은 거짓말 탐지가 능숙하지 못하다는 것을 증명하는 것이다. 반대로 말하면, 실험 자극을 제한하는 것은 외적 타당도를 감소시킬 수밖에 없는데 현실에서는 다양한 거짓말 능력이 존재하기 때문이다. 실제로 거짓말에 능숙하지 못한 사람은 유창하게 거짓말을 하는 사람보다 거짓말을 덜 할 수밖에 없는데, 이들의 거짓말은 잘 탐지될 수 있기 때문이다. 그러므로 거짓말에 능숙하지 못한 사람만을 포함하는 최근의 접근 방법은 실제 거짓말 탐지 능력을 과대평가하게 만들지도 모른다. 일반적으로 실험 자극을 다양하게 포함하는 접근 방법을 사용함에도 불구하고 연구들 간에 거짓말 탐지 정확성에 대한 차이는 거의 나타나지 않는다. 이는 실험 자극이 거짓말 탐지 수행에 영향을 미치지 않는다는 것을 나타내기는 하지만 거짓말을 탐지할 수 있는 능력이 너무나 떨어져서 실험 자극의 차이는 거의 영향을 미치지 못한다.

거짓말 탐지에 대한 관련 연구

거짓말 탐지의 정확성에 대해 알아보기 전에 거짓을 말하는 사람과 진실을 말하는 사람을 구별할 수 있는 차이가 존재한다는 점을 이해해야 한다. 거짓말과 관련된 뚜렷한 언어적 · 행동적 단서들이 존재한다(DePaulo et al., 2003). 그러나 피노키오의 코는 존재하지 않는다. 즉, 거짓말을 하는 사람에게서는 나타나지만 진실을 말하는 사람에게서는 나타나지 않는 단서는 하나도 없다는 뜻이다. 그보다는 거짓을 말하는 사람(또는 진실을 말하는 사람)에게서 더 자주 나타나는 특정한 단서들(예: 목소리의 긴장)이 존재한다(DePaul et al., 2003). 그러므로 이론적으로는 거짓말 탐지는 가능할 수밖에 없다.

그러나 거짓말과 관련된 단서는 관찰자에게 쉽게 눈에 띄어야만 한다. 동공 확장과 같이 거짓말과 관련된 몇 가지 행동들은 사실상 육안으로는 구분할 수 없기 때문에 오직 특수한 장비를 사용해야만 탐지될 수 있다. 게다가 기타 성공적인 접근 방법들(예: CBCA)은 관찰자들에게 광범위한 분석과 훈련을 요구한다. 심지어는 쉽게 관찰될 수 있는 단서들조차도 대부분의 사람들과 수사관들이 거짓말 단서에 대한 잘못된 생각을 갖고 있기 때문에 쉽게 놓쳐 버린다(Akehurst, Köhnken, Vrij, & Bull, 1996). 그러므로 판단에 도움이 되는 단서가 존재하더라도 이것들이 관찰자에 의해 쉽게 확인되고 정확하게 사용될 수 있느냐는 명확하지 않은 것이다.

거짓말 탐지의 정확성

만약 관찰자가 관련이 없는 단서에 의존하고 있다면 거짓말 탐지는 매우 힘들 것이다. 실제로 일반인의 거짓말 탐지 정확성은 평균 54%인데, 이는 우연히 맞힌 수준과 비슷하다(Bond & DePaulo, 2006). 이런 결과는 일반인은 특별한 훈련을 받지 않는다는 점을 고려해 보면 그리 놀랍지 않은 수준이다. 그러나 폭넓은 거짓말 탐지 경험이 있는 법 집행자들(예: 경찰관, 세관원, 미국 연방 수사국 수사관)도 우연히 맞힌 수준의 수행 능력을 보여 주었다(Ekman & O'Sullivan, 1991; Kraut & Poe, 1980). 그러나 소수의 법 집행자들(예: 비밀 첩보 요원, 미국 중앙정보국 정보원, 보안관)은 우연히 맞힌 수준보다는 더 정확했다(Ekman et al., 1999; Ekman & O'Sullivan, 1991). 하지만 이는 규칙적이기보다는 예외적인 경우이며 대부분의 경우 거짓말 탐지에 능숙하지 않은 것으로 나타났다.

집단의 수행 능력이 떨어진다는 점 때문에 거짓말 탐지를 불가능한 일이라고 단정 짓는 것은 너무 극단적으로 단순하게 생각하는 것이다. 사실 정확성에는 개인차가 존재한다. 예를 들면, Leach와 동료들(2009)의 연구에서 일반인들의 정확성은 평균적으로 우연히 맞힌 수준에 불과했지만 이들의 정확성 수준은 29~75%였다. 그러므로 거짓말 탐지는 다른 특성과 유사한 정규 분포를 이루고 있다(O'Sullivan, 2007). 집단 내에서의 전반적인 수행의 차이를 설명하기 위해 몇 가지 의견이 존재한다. 개인의 차이는 수행을 향상시키거나 방해하는 근본적인 요인들 때문일 수 있다. 그러나 지금까지 연구되어 온 대다수의 특성들(예: 나이, 인지 능력, 외향성, 성별, 자기감찰, 수줍음 등)은 거짓말 탐지에 큰 영향을 미치지 않는다(예: Porter, Campbell, Stapleton, & Birt, 2002; Zuckerman et al., 1981). 또한 정확성과 관련되어 있다고 여겨지는 요인들(예: 왼손잡이, 사회적 불안)은 수행에 있어 폭넓은 차이를 설명할 수 없다(DePaulo & Tang, 1994; Porter et al., 2002). O'Sullivan과 Ekman(2004)은 거짓말 탐지의 '마법사들'에 대해 논의했다. 지금까지 이 연구자들은 그간 연구해 온 10,000명의 사람들 중에서 29명이 신뢰할 수 있는 높은 수준의 정확성을 가지고 거짓말 탐지를 한다는 것을 발견했다. 연구자들이 마법사들의 배경과 전략을 연구하여 더 좋은 거짓말 탐지 방법을 알아보려 했다. 하지만 이러한 높은 수행을 보이는 거짓말 탐지자들에 대해서는 생각해 봐야 하는 문제들이 남아 있다. 예를 들어, Bond와 Uysal(2007)은 이 결과가 순전히 우연 또는 확률적인 우연이라고 주장했다. 높은 수행을 보이는 마법사들에 대한 통계적인 설명에도 불구하고 특정한 사람이 거짓말 탐지를 더 잘한다는 증거들은 많이 존재한다.

하지만 단 한 번의 관찰을 바탕으로 거짓말 탐지 수행 능력이 특성과 같은 것인지 아니면 단순하게 일련의 추측(운이 좋거나 나쁜) 때문인지 평가하는 것은 어렵다. 일반적으로 연구자들은 한 번의 거짓말 탐지 후에는 개인의 오랜 시간 동안의 거짓말 탐지 수행을 바탕으로 결론을 내리게 된다. 만약 거짓말 탐지가 타고난 능력에 기반을 두고 있다면 거짓말 탐지 수행 능력은 시간이 지나도 안정적이어야 할 것이다. 하지만 관찰자의 정확성을 여러 번에 걸쳐 평가해 온 새로운 연구 결과 거짓말 탐지 수행 능력은 다양한 조건하에서는 안정적이지 않았다(Leach et al., 2009; Vrij, Mann, Robbins, & Robinson, 2006). 이러한 연구 결과는 거짓말을 하는지 여부를 결정할 때 관찰자들이 추측을 사용한다는 것을 보여 준다.

정확성과 자신감

비록 대부분의 사람들은 거짓말 탐지를 못하지만, 이러한 결과가 자신감에는 거의 영향을 미치지 않는 것으로 보인다. 훈련을 받지 않은 일반인들보다 더 유능하지도 않는 것으로 나타났지만, 법 집행자 집단의 거짓말 탐지 능력에 대한 자신감은 일반인에 비해 더 높은 것으로 나타났다(예: Leach, Talwar, Lee, Bala, & Lindsay, 2004). 게다가 수사관들은 자신들의 정확성을 과대평가하는 경향을 보였다. 한 국제적인 연구에서 경찰관들은 자신들의 정확성을 평균 77%라고 답변했다(Kassin et al., 2007). 자신의 수행 능력을 정확하게 평가할 수 없다는 것을 감안해 보면, 메타분석을 통해 자신감과 정확성 간에는 관계가 없다는 결과는 별로 놀랍지 않다(DePaulo, Charlton, Cooper, Lindsay, & Muhlenbruck, 1997).

훈련

법 집행자들이 거짓말 탐지 수행 능력이 낮은 하나의 이유는 이들이 받는 훈련 때문일 것이다. 이는 반직관적이지만 거짓말 탐지 훈련은 정확성을 낮추려는 것이 아닌, 향상시키려는 의도로 제공되기 때문이다. 북아메리카의 법 집행자들의 대부분은 리드(Reid) 기법(Inbau, Reid, Buckley, & Jayne, 2001)을 훈련받는다. 기법의 첫 번째 부분은 행동 분석 인터뷰(Behavioral Analysis Interview: BAI; John E. Reid and Associates, 2010)를 사용하여 용의자가 거짓을 말하고 있는지 또는 진실을 말하고 있는지를 알아내는 것이다. 이 인터뷰의 일부분은 수사관이 특정한 질문을 해서 진실과 거짓을 말하는 사람들을 구분할 수 있는 언어적 · 비언어적 반응을 일으키게 만든다. 그런데 이러한 접근 방법에 대해서는 두 가지 문제점이 확인되었다. 첫째, Inbau와 동료들(2001)은 눈 맞춤과 같이 특정한 언어적 · 비언어적인 단서들이 거짓말을 나타내는 단서라고 설명하였다. 그러나 이러한 단서들은 실증적으로 거짓말과는 관련이 없다(DePaul et al., 2003). 둘째, 진실을 말하는 사람들이 거짓을 말하는 사람들보다 더 높은 점수를 받을 것이라는 BAI의 첫 예측은 틀린 것으로 나타났다(Vrij, Mann, & Fisher, 2007). 실제로 거짓말을 하는 사람들은 인상 관리에 더 신경을 쓰기 때문에 Inbau와 동료들이 예상한 것과는 상반되는 패턴의 행동(예: 더 도와주려 하거나 덜 불안해하는 것)을 보이는 것으로 나타났다. 그러므로 BAI의 기본적인 가정은 과학적 증거와는 상반되어 상당한 결함을 안고 있다.

리드 기법 훈련이 거짓말 탐지 정확성에 매우 좋지 않은 영향을 미친다는 것은 그리 놀랍지 않다. 리드 기법에서 제시한 단서들을 믿는 수사관일수록 거짓말 탐지 정확성이 낮은 것으로 나타났기 때문이다(Mann, Vrij, & Bull, 2004). 또한 리드 기법 훈련은 자신감을 올려 주는 수단으로 부적절하게 사용되기도 한다. 연구자들이 연구 참가자들에게 리드 기법의 거짓말 탐지 부분에 대한 훈련을 제공하였는데, 거짓말 탐지에 대한 정확성은 낮아진 반면 그 판단에 대한 자신감은 증가하는 것으로 나타났다(Kassin & Fong, 1999). 그러나 다른 훈련 방법을 제공하는 것은 문제가 될 수도 있다(예: Frank & Feeley, 2003). 대부분의 훈련 기법이 거짓말 탐지를 방해하는 것으로 나타났기 때문에 연구자들은 지속적으로 가능한 대안을 찾고 있다.

거짓말 탐지에 대한 연구의 적용

법심리학의 다른 분야(예: 목격자 지목)와는 다르게 거짓말 탐지와 관련된 연구는 정책에 거의 영향을 미치지 못하고 있다. 여기에는 몇 가지 이유가 존재한다. 첫째, 거짓말 탐지는 보편적으로 일어난다. 만약 사람이 평균 하루에 한 번 거짓말을 한다면 거짓말 탐지의 기회는 매우 많아진다(DePaulo, Kashy, Kirkendol, Wyer, & Epstein, 1996). 사람이 평생 동안 거짓말 탐지를 한다는 점을 고려해 보면 거짓말과 관련된 단서와 판단의 정확성에 대한 사람들의 생각을 바꾸게 하는 일은 어렵게 된다. 사람은 다양한 이유(예: 자기방어, 자존감)로 자신이 속았다는 것을 인정하고 싶지 않기 때문에 피드백을 구하지 않는다. 그러므로 부정확한 믿음은 계속 유지되고 시간이 지날수록 강화된다. 결국 현재의 거짓말 탐지 기법이 적절하다고 생각하기 때문에 정책적 변화가 필요하다고 생각하지 않는다. 법을 집행해야 하는 수사관들의 경우 거짓말 탐지가 직무로서 중요한 일에 해당하는데 이러한 생각을 바꾸는 것이 더 어려울 수 있다. 경험을 통해 수많은 수사관들이 거짓말 탐지는 원래 어렵다는 것을 알고 있지만 상관들의 경우에는 수사관들이 훈련을 받지 않은 대학생들 수준으로 거짓말을 탐지하지 못한다는 주장에 대해서는 조심스러울 수밖에 없다. 그러므로 상관들이 현재의 훈련 과정이 효과적이지 않다는 것을 인정하기 어려워진다.

둘째, 실증에 기초한 훈련 프로그램이라도 리드 기법과 경쟁하기는 어렵다. 설명했지만 리드 기법은 세계적으로 사용되고 있다. 그러므로 수사관들은 타 기관들도 이 기법을 사용하고 있으니 자신들도 사용해야만 한다고 생각하게 된다. 게다가 John E. Reid와 동료들(John E. Reid & Associates, 2010)은 매우 인상적인 주장을 하였는데, 행동 분석 인터뷰를 사용하도록 훈련받은 사람들은 거짓말을 85% 수준으로 정확하게 구분할 수 있다고 주장했다. 이러한 내용이 출판되던 시기에는 이 정도로 발전할 수 있다고 주장할 수 있는 다른 대안적인 훈련 패러다임이 존재하지 않았다. 그러므로 법 집행 기관들은 정확성을 60% 정도까지 증가시킬 수 있는 검증되지 않은 방법을 사용하기에는 망설일 수밖에 없다. 연구 결과, 리드 기법의 악영향 때문에 사용을 중지해야 하지만 연구자들이 더욱 설득력 있는 대안을 제시하기 전에는 정책과 절차에 직접적인 영향을 미치지는 못할 것이다.

많은 수사관은 이미 직관적으로 능력을 향상시킬 수 있는 인터뷰 기술을 사용하고 있지만, 이에 대한 실증적인 검증은 필요하다. 정확성을 증가시키기 위해서는 중요한 두 가지 방법이 있다. 그것은 (a) 거짓말하는 사람이 거짓말하는 것을 더 어렵게 만드는 것, 그리고 (b) 거짓말 탐지 방법을 향상시키는 것이다. 최근의 방법 중에는 거짓말하는 사람의 인지 부하를 증가시키는 것이 있다(Vrij, Fisher et al., 2006). 거짓말을 하는 것 자체가 인지적으로 부담이 된다고 알려져 있다. 용의자에게 사건이 발생한 역순으로 설명하라고 묻는 것과 같이 인지적 부하를 증가시키는 방법은 거짓말을 숨기는 것을 더욱 어렵게 만든다(Vrij et al., 2008). 최근 연구는 거짓말이 드러나게 하기 위해 거짓말을 하는 사람의 각성 원인에 대한 귀인을 조작하는 데 초점을 맞추었다(예: Leach, 2009).

다른 방법은 관찰자의 거짓말 탐지 능력을 향상시키는 것이다. 예를 들면, Hartwing, Granhag, Stromwell과 Vrij(2005)는 증거에 대한 전략적인 사용을 주장했다. 신문자가 핵심 증거가 무엇인지 말해 주지 않으면 용의자 스스로 자신이 범죄에 관련되어 있음을 드러낼 가능성이 높아 거짓말 탐지를 잘 할 수 있도록 해 준다는 것이다. 수사관의 초점을 바꾸는 것 또한 거짓말 탐지 가능성을 향상시킨다. 특히, 단순한 행동에 대한 판단을 내리는 것과 같이 단편적이고 재빠른 판단은 거짓말 탐지 정확성을 증가시키는데, 이는 아마도 관찰자가 자신의 판단을 과하게 분석하지 않기 때문이다(예: Albrechtsen, Meissner, & Susa, 2009; Vrij, Evans, Akehurst, & Mann, 2004). 게다가 거짓말하는 사람은 인지 부하의 증가로 인해 진실을 말하는 사람들보다 더 열심히 생각한다는 점을 고려하면 수사관이 용의자에게 '거짓말을 했는지' 보다 '열심히 생각했는지' 여부를 물어보는 것이 더 효과적일 수 있다(Vrij, Edward, & Bull, 2001). 이 모든 기법은 수사관들이 빠르고, 쉽고, 효율적으로 거짓말을 탐지할 수 있도록 해 준다.

수사 기관들이 새롭고 실증적으로 타당한 거짓말 탐지 접근법을 사용하는 것은 중요하지만, 거짓말 탐지 연구의 가장 큰 영향은 경고를 해 주는 것일 수 있다. 현재 수사관들은 자신들의 거짓말 탐지 능력에 대한 피드백을 거의 받지 않는다. 결과적으로 자신들의 숙련도에 대해 잘못된 결론을 내리고 있을지도 모른다. 수사관들(과 기관들)은 자신의 낮은 정확도에 대해 알고 있어야 하고, 직관에 의존하는 것을 금지해야 한다. 그 대신 수사관은 오직 객관적인 증거와 자신의 가설을 검증하는 일에 초점을 맞추어 훈련을 받아야 한다. 이는 신문을 하지 말아야 한다는 뜻은 아니다. 그러나 신문 과정에 대해 추가적으로 주의할 점들이 있다는 사실은 알고 있어야 하며, 그것이 수사관이든 배심원이든 거짓말 여부를 판단해야 하는 경우 이들의 판단이 매우 부정확할 수도 있다는 점을 알고 있어야 한다.

결론

탐지의 정확성을 높이는 일은 분명히 잘못된 유죄 판결에 영향을 미칠 것이다. 현재 거짓말 탐지의 정확성은 매우 낮다. 이는 법 집행 과정의 모든 단계에 있어 문제가 된다.

수사관은 증거보다 부정확한 직관에 의존할 수 있다. 결국 유죄 여부에 대한 잘못된 판단은 터널 비전을 갖게 하고 혹독한 신문으로 이어져 무죄인 사람을 허위 자백이라는 위험에 빠지게 한다. 거짓말 탐지의 정확도가 낮다는 문제는 한쪽 면만 있는 것이 아니다. 다수의 경우 수사관이나 용의자가 서로의 거짓말을 알아채지 못할 수도 있다. 예를 들면, 수사관이 DNA 분석 결과 용의자가 범죄 현장에 있는 것으로 밝혀졌다는 거짓 증거를 제시했을 때 용의자는 이러한 거짓말을 알아채지 못할 가능성이 크다. 여기에는 왜 거짓 증거가 내면화와 허위 자백의 가능성을 증가시키는지에 대한 설명을 제시할 수 있다(예: Kassin, 2005). 그러므로 거짓말 탐지의 실패는 재판 전 무고한 용의자에게 몇 가지 부정적인 결과를 초래할 수 있다.

또한 거짓말 탐지의 오류는 신문실 밖에서도 영향을 미치게 된다. 변호인과 검사는 증인의 진술이나 서로의 주장에 대한 진실 여부를 정확하게 판단할 수 없다. 더 중요한 점은 판사와 배심단이 증인(예: 제보자, 알리바이 증인, 목격자, 전문가)의 거짓 증언 여부를 알 수 없다는 점이다. 법정에서의 거짓말 탐지 연구가 제한적으로 수행되었지만, 십여 년 이상 진행된 연구 결과에 따르면 잘못된 판결에 영향을 미친다고 알려져 있다(예: Bond & DePaulo, 2006).

진실 탐지에 대한 오류가 오판의 중심에 자리하고 있는 것이다. 그러나 수사관들과 연구자들은 주로 거짓말 탐지에만 초점을 맞추고 있다. 비록 진실과 거짓을 탐지하는 것이 동전의 양면과 같은 것이지만, 최근 연구에 따르면 관점이 중요하다는 것을 보여 주었다. 사람들이 오랫동안 지녀 온 거짓말에 대한 부정확한 생각들을 없애는 것은 너무나 어려운 일이다. 실제로 진실 탐지에 초점을 맞추도록 재구성하는 훈련이 전통적인 거짓말 탐지를 위한 접근 방법보다 정확성이 증가하는 것으로 나타났다(Masip, Alonoso, Garrido, & Herrero, 2009). 이 주제에 대한 더 많은 연구들이 필요하며, 진실 탐지에 대한 이해가 증가할수록 잘못된 유죄 판결을 감소시킬 것이다.

사법체계의 다양한 절차 내에서 거짓말 탐지에 실패하는 것은 잘못된 유죄 판결을 초래한다. 불행하게도 빠른 해결책은 없다. 하지만 형사사법기관들이 새롭고 실증적으로도 지지받는 거짓말 탐지 기법들에 대해 알 수 있도록 해야 한다. 더욱 중요한 점은 이들은 거짓말 탐지를 제대로 못할 뿐만 아니라 이런 판단은 주관적이고 입증되지 않은 하나의 정보일 뿐이라는 것을 고려해야만 한다. 이런 판단이 용의자의 유죄 여부를 결정하는 증거로 사용되거나 중요하게 거론되어서는 안 된다.

★ 참고문헌

Akehurst, L., Köhnken, G., Vrij, A., & Bull, R. (1996). Lay persons' and police officers' beliefs regarding deceptive behavior. *Applied Cognitive Psychology, 10,* 461-471. doi:10.1002/(SICI)1099-0720(199612)10:6〈461::AID-ACP413〉3.0.CO;2-2

Albrechtsen, J. S., Meissner, C. A., & Susa, K. J. (2009). Can intuition improve deception detection performance? *Journal of Experimental Social Psychology, 45,* 1052-1055. doi:10.1016/j.jesp.2009.05.017

Association in Defence of the Wrongly Convicted. (2010). Retrieved from http://www.aidwyc.org/

Ben-Shakhar, G., & Elaad, E. (2003). The validity of psychophysiological detection of information with the guilty knowledge test: A meta-analytic review. *Journal of Applied Psychology, 88,* 131-151. doi:10.1037/0021-9010.88.1.131

Bond, C. F., Jr., & DePaulo, B. M. (2006). Accuracy of deception judgments. *Personality and Social Psychology Review, 10,* 214-234. doi:10.1207/s15327957pspr1003_2

Bond, C. F., Jr., & DePaulo, B. M. (2008). Individual differences in judging deception: Accuracy and bias. *Psychological Bulletin, 134,* 477-492. doi:10.1037/0033-2909.134.4.477

Bond, C. F., Jr., & Uysal, A. (2007). On lie detection "wizards." *Law and Human Behavior, 31,* 109-115. doi:10.1007/s10979-006-9016-1

Croyle, R. T., & Cooper, J. (1983). Dissonance arousal: Physiological evidence. *Journal of Personality and Social Psychology, 45,* 782-791. doi:10.1037/0022-3514.45.4.782.

DePaulo, B. M. (1992). Nonverbal behaviour and self-presentation. *Psychological Bulletin, 111,* 203-243. doi:10.1037/0033-2909.111.2.203

DePaulo, B. M., Charlton, K., Cooper, H., Lindsay, J. J., & Muhlenbruck, L. (1997). The accuracy-confidence correlation in the detection of deception. *Personality and Social Psychology Review, 1,* 346-357. doi:10.1207/s15327957pspr0104_5

DePaulo, B. M., Kashy, D. A., Kirkendol, S. E., Wyer, M. M., & Epstein, J. A. (1996). Lying in everyday life. *Journal of Personality and Social Psychology, 70,* 979-995. doi:10.1037/0022-3514.70.5.979

DePaulo, B. M., Lanier, K., & Davis, T. (1983). Detecting the deceit of the motivated liar. *Journal of Personality and Social Psychology, 45,* 1096-1103. doi:10.1037/0022-

3514.45.5.1096

DePaulo, B. M., Lindsay, J. J., Malone, B. E., Muhlenbruck, L., Charlton, K., & Cooper, H. (2003). Cues to deception. *Psychological Bulletin, 129,* 74-118. doi:10.1037/0033.2909.129.1.74

DePaulo, B. M., & Tang, J. (1994). Social anxiety and social judgment: The example of detecting deception. *Journal of Research in Personality, 28,* 142-153. doi:10.1006/jrpe.1994.1012

Ekman, P. (1997). Lying and deception. In N. L. Stein, P. A. Ornstein, B. Tversky, & C. Brainerd (Eds.), *Memory of everyday and emotional events* (pp. 333-347). Mahwah, NJ: Erlbaum.

Ekman, P., & Friesen, W. V. (1974). Detection deception from the body or face. *Journal of Personality and Social Psychology, 29,* 288-298. doi:10.1037/h0036006

Ekman, P., & O'Sullivan, M. (1991). Who can catch a liar? *American Psychologist, 46,* 913-920. doi:10.1037/0003-066X.46.9.913

Ekman, P., O'Sullivan, M., & Frank, M. G. (1999). A few can catch a liar. *Psychological Science, 10,* 263-266. doi:10.1111/1467-9280.00147

Ekman, P., Sorenson, E. R., & Friesen, W. V. (1969, April 4). Pan-cultural elements in facial displays of emotion. *Science, 164,* 86-88. doi:10.1126/science.164.3875.86

Farwell, L. A., & Donchin, E. (1991). The truth will out: Interrogative polygraph ("lie detection") with event-related potentials. *Psychophysiology, 28,* 531-547. doi:10.1111/j.1469-8986.1991.tb01990.x

Frank, M. G., & Feeley, T. H. (2003). To catch a liar: Challenges for research in lie detection training. *Journal of Applied Communication Research, 31,* 58-75. doi:10.1080/00909880305377

Greathouse, S. M. (2009). *Does cross-examination help jurors detect deception?* (Unpublished doctoral dissertation). The City University of New York, New York.

Hartwig, M., Granhag, P. A., Stromwell, L. A., & Vrij, A. (2005). *Detecting deception via strategic disclosure of evidence, 29,* 469-484. doi:10.1007/s10979-005-5521-x

Honts, C. R., Raskin, D. C., & Kircher, J. C. (1994). Mental and physical countermeasures reduce the accuracy of polygraph tests. *Journal of Applied Psychology, 79,* 252-259. doi:10.1037/0021-9010.79.2.252

Inbau, F. E,. Reid, J. E., Buckley, J., P., & Jayne, B. C. (2001). *Criminal interrogation and confessions* (4th ed.). Gaithersburg, MD: Aspen.

Innocence Project. (2010). Retrieved from http://www.innocenceproject.org

John E. Reid and Associates. (2010). Retrieved from http://www.reid.com/services/r_behavior.html

Kahneman, D. (1973). *Attention and effort.* Englewood Cliffs, NJ: Prentice-Hall.

Kassin, S. M. (2005). On the psychology of confessions: Does innocence put innocents at risk? *American Psychologist, 60,* 215-228. doi:10.1037/0003-066X.60.3.215

Kassin, S. M., & Fong, C. T. (1999). "I'm innocent!" Effects of training on judgments of truth and deception in the interrogation room. *Law and Human Behavior, 23,* 499-516. doi:10.1023/A:1022330011811

Kassin, S. M., Leo, R. A., Meissner, C. A., Richman, K. D., Colwell, L. H., Leach, A.-M., & LaFon, D. (2007). Police interviewing and interrogation: A self-report survey of police practices and beliefs. *Law and Human Behavior, 31,* 381-400. doi:10.1007/s10979-006-9073-5

Kircher, J. C., Horowitz, S. W., & Raskin, D. C. (1988). Meta-analysis of mock crime studies of the control question polygraph technique. *Law and Human Behavior, 12,* 79-90. doi:10.1007/BF01064275

Kozel, F. A., Padgett, T. M., & George, M. S. (2004). A replication study of the neural correlates of deception. *Behavioral Neuroscience, 118,* 852-856. doi:10.1037/0735-7044.118.4.852

Kraut, R. E., & Poe, D. (1980). Behavioral roots of person perception: The deception judgments of customs inspectors and laypersons. *Journal of Personality and Social Psychology, 39,* 784-798. doi:10.1037/0022-3514.39.5.784

Leach, A.-M. (2009, July). *A new look at deception: Revisiting cognitive dissonance theory.* Paper presented at the Biennial Meeting of the Society for Applied Research in Memory and Cognition, Kyoto, Japan.

Leach, A.-M., Lindsay, R. C. L., Koehler, R., Beaudry, J. L., Bala, N. C., Lee, K., & Talwar, V. (2009). The reliability of lie detection performance. *Law and Human Behavior, 33,* 96-109. doi:10.1007/s10979-008-9137-9

Leach, A.-M., Talwar, V., Lee, K., Bala, N. C., & Lindsay, R. C. L. (2004). Intuitive lie detection of children's deception by law enforcement officials and university students. *Law and Human Behavior, 28,* 661-685.

Mann, S., Vrij, A., & Bull, R. (2004). Detecting true lies: Police officers' ability to detect suspects' lies. *Journal of Applied Psychology, 89,* 137-149. doi:10.1037/0021-

9010.89.1.1137

Masip, J., Alonso, H., Garrido, E., & Herrero, C. (2009). Training to detect what? The biasing effects of training on veracity judgments. *Applied Cognitive Psychology, 23,* 1282-1296. doi:10.1002/acp.1535

Masip, J., Sporer, S. L., Garrido, E., & Herrero, C. (2005). The detection of deception with the reality monitoring approach: A review of the empirical evidence. *Psychology, Crime & Law, 11,* 99-122. doi:10.1080/10683160410001726356

Meissner, C. A., & Kassin, S. M. (2002). "He's guilty!": Investigator bias in judgments of truth and deception. *Law and Human Behavior, 26,* 469-480. doi:10.1023/A:1020278620751

Moriarty, J. C. (2008). Neuroimaging evidence in the U.S. courts. *Behavioral Sciences & the Law, 26,* 29-49. doi:10.1002/bsl.795

Münsterberg, H. (1915). *On the witness stand.* New York, NY: Doubleday, Page & Company. doi:10.1037/10854-000

O'Sullivan, M. (2007). Unicorns or Tiger Woods: Are lie detection experts myths or rarities? A response to *On Lie Detection "Wizards"* by Bond and Uysal. *Law and Human Behavior, 31,* 117-123. doi:10.1007/s10979-006-9058-4

O'Sullivan, M., & Ekman, P. (2004). The wizards of deception detection. In P. A. Granhag & L. A. Stromwell (Eds.), *The detection of deception in forensic contexts* (pp. 269-286). New York, NY: Cambridge University Press.

Porter, S., Campbell, M. A., Stapleton, J., & Birt, A. R. (2002). The influence of judge, target, and stimulus characteristics on the accuracy of detecting deceit. *Canadian Journal of Behavioural Science, 34,* 172-185. doi:10.1037/h0087170

R v. Béland, 2 S. C. R 398 (1987).

Ruby, C. L., & Brigham, J. C. (1997). The usefulness of the criteria-based content analysis technique in distinguishing between truthful and fabricated allegations. *Psychology, Public Policy, and Law, 3,* 705-737. doi:10.1037/1076-8971.3.4.705

Schachter, S., & Singer, J. (1962). Cognitive, social, and physiological determinants of emotional state. *Psychological Review, 69,* 379-399. doi:10.1037/h0046234

United States v. Scheffer, 188 S. Ct. 1261 (1998).

Vrij, A. (2005). Criteria-based content analysis: A qualitative review of the first 37 studies. *Psychology, Public Policy, and Law, 11,* 3-41. doi:10.1037/1076-8971.11.1.3

Vrij, A., Edward, K., & Bull, R. (2001). Police officers' ability to detect deceit: The benefit of indirect deception detection measures. *Legal and Criminological Psychology, 6,* 185-196. doi:10.1348/135532501168271

Vrij, A., Evans, H., Akehurst, L., & Mann, S. (2004). Rapid judgements in assessing verbal and nonverbal cues: Their potential for deception researchers and lie detection. *Applied Cognitive Psychology, 18,* 283-296. doi:10.1002/acp.964

Vrij, A., Fisher, R., Mann, S., & Leal, S. (2006). Detecting deception by manipulating cognitive load. *Trends in Cognitive Sciences, 10,* 141-142. doi:10.1016/j.tics.2006.02.003

Vrij, A., & Mann, S. (2004). Detecting deception: The benefit of looking at a combination of behavioral, auditory and speech content related cues in a systematic manner. *Group Decision and Negotiation, 13,* 61-79. doi:10.1023/B:GRUP.0000011946.74290.bc

Vrij, A., Mann, S., & Fisher, R. (2007). An empirical test of the Behaviour Analysis Interview. *Law and Human Behavior, 30,* 329-345. doi:10.1007/s10979-006-9014-3

Vrij, A., Mann, S., Fisher, R. P., Leal, S., Milne, R., & Bull, R. (2008). Increasing cognitive load to facilitate lie detection: The benefit of recalling an event in reverse order. *Law and Human Behavior, 32,* 253-265. doi:10.1007/s10979-007-9103-y

Vrij, A., Mann, S., Robbins, E., & Robinson, M. (2006). Police officers' ability to detect deception in high stakes situations and in repeated lie detection tests. *Applied Cognitive Psychology, 20,* 741-755. doi:10.1002/acp.1200

Zuckerman, M., DePaulo, B. M., & Rosenthal, R. (1981). Verbal and nonverbal communication of deception. In L. Berkowitz (Ed.), *Advances in experimental social psychology* (Vol. 14, pp. 1-59). New York, NY: Academic Press.

제3장

허위 자백

Lisa E. Hasel & Saul M. Kassin

형법에서 자백 증거는 기소(起訴)를 위한 강력한 무기이기 때문에 "법정에서의 자백 제시는 재판의 다른 부분들을 완전히 불필요한 것처럼 만들어 버린다"(McCormick, 1972, p. 316). 수년 동안 자백은 법 집행과 범죄 통제에 있어 매우 중요한 역할을 해 왔다. 하지만 자백에는 오류가 포함하기도 하는데 그 진술이 진짜인지 여부, 자발적이었는지 여부, 권리를 포기한 결과로서의 자백인지 여부, 그리고 법에 합치하는지 여부와 같이 끊임없는 논란의 근원이 되었다. 이러한 이유로 인해 자백은 '문제투성이'로 묘사되고 있다(Brooks, 2000).

자신이 저지르지 않은 범죄에 대해서는 절대 자백할 수 없다는 사람들의 잘못된 생각은 다양한 사례를 통해 반박되어 왔다. 먼 옛날 1692년의 세일럼(Salem) 마녀 재판처럼 미국의 역사를 통해 남성과 여성이 잘못 기소되고, 유죄 판결을 받고 감옥에 갇히고, 허위 자백으로 인해 사형 판결을 받은 경우도 있었다. 허위 자백에 대한 발생률은 알려지지 않았고, 알 수도 없다. 하지만 현재까지 250명 이상의 수형자들이 수감된 후 진행된 DNA 검사를 통해 무죄임이 밝혀져 구치소에서 풀려났으며, 잘못된 유죄 판결을 받은 사례들의 약 25%가 허위 자백이 원인이었던 것으로 나타났다(Garrett, 2008; http://www.innocenceproject.org).[1] 비록 형사사법제도에 있어서 DNA 검사를 통해 무죄가 밝혀지는 경우는 비교적 최근에 일어났지만 연구자들과 법학자들은 오판의 연대기(the annals of wrongful convictions)를 통해 허위 자백의 문제점들에 대해 오랜 기간 동안 지적해 왔다(Borchard, 1932; Leo, 2005). 또한 허위 자백에 대한 심리학계의 관심도 심리과학 발전 초기로 거슬러 올라간다. 100년 이상 전에 이미 Hugo Munsterberg가 『증언대에서(On the Witness Stand)』라는 저서에서 '허위 자백'이라는 주제에 대해 한 장(章)에 걸쳐 설명했다.

비록 허위 자백의 발생률은 정확히 수치화할 수 없지만, Kassin과 Wrightsman (1985)은 처음으로 허위 자백을 세 종류로 구분했는데 많은 학자들도 이에 동의하고 있다. 자발적 허위 자백은 경찰의 압력이나 설득 없이 자신이 저지르지 않은 범죄에 대해 자신의 범인임을 주장하는 경우로 이런 사례들은 대중의 관심이 높은 사건에서 자주 발생한다. 1932년 Charles Lindbergh[2]의 어린 아들이 유괴되었을 때 200명이 자백하였고, 1947년 여배우 '블랙 달리아' Elizabeth Short의 살인사건의 경우 50명 이상의 남녀가 자백했다. 2006년에는 John Mark Karr가 미해결된 어린 JonBenet Ramsey의 살인사건에 대해 자발적으로 구체적인 내용을 자백했다. 그의 주장과 물리적 증거가 일치하지 않아 Karr에 대한 기소는 중지됐다. 무고한 사람들이 자발적으로 자백을 하는 이유들은 다양한데, 병적으로 타인의 관심이 필요하거나 자기징벌적인 경향, 죄책감, 실제 범죄를 저질렀다고 믿는 망상, 확실한 이득이 있다고 생각하거나 부모, 자녀 또는 다른 사람들을 보호하고 싶은 마음 등이다.

또 다른 경우 용의자는 경찰의 신문에서 자백을 하도록 설득을 당한다. 순응적 허위 자백의 경우, 용의자들은 스트레스 상황을 벗어나거나 예상되는 처벌을 회피하거나, 약속된 또는 암묵적인 보상을 얻기 위해 자백을 한다. 이러한 유형의 자백은 Asch(1956)의 동조 연구에서 나타난 사회적 영향의 전형적인 형태로 용의자가 단

---

1) 2018년 4월 현재 잘못된 유죄 판결이 밝혀진 사례는 354건이다.(역자 주)

2) Charles Lindbergh는 비행기 조종사로 1927년 미국 최초로 비행기로 홀로 대서양을 건너 유명세를 탔다.(역자 주)

기적인 이득이 장기적인 이득보다 더 크다고 믿는 동조 행동이다. 이러한 유형의 허위 자백은 1989년 뉴욕 시의 센트럴 파크에서 조깅하던 사람이 살해당한 센트럴 파크 조거(jogger) 사건에서 다양하게 발생했다. 다섯 명의 십대들이 긴 신문 끝에 자백을 했는데, 이들은 모두 자백 후에는 집으로 돌아갈 수 있을 것이라고 생각했다고 주장했다. 이 청소년들은 이 자백을 바탕으로 유죄 판결을 받고 수감되었지만, 2002년 DNA 증거와 일치하는 실제 강간범이 자백을 하고 나서야 풀려나게 되었다(*New York v. Wise*, *Richardson*, *McCray*, *Salaam*, & *Santana*, 2002; Saulny, 2002).

내면화된 허위 자백은 무죄이지만 취약한 용의자들(대부분 청소년들, 정신 장애가 있거나, 발달 장애가 있는 경우-제1장 참고)이 매우 암시적인 신문 기법에 노출이 되고 나서 자백을 할 뿐만 아니라 그 범행을 자신들이 저질렀다고 믿고 때로는 그 과정에서 잘못된 기억을 만들어 낸다(이 과정에 대한 설명은 Kassin, 2007 참고). Gudjonsson과 MacKeith(1982)는 이러한 현상이 기억 불신 신드롬에서 기인한 것이라고 주장했는데, 사람들은 그들의 기억을 믿지 못하고 외부의 잘못된 정보에 취약하게 된다. 당시 14세의 Michael Crowe의 여동생인 Stephanie가 침실에서 칼에 찔려 숨진 사건의 경우도 이에 해당한다. 비록 Crowe는 자신의 무죄를 주장했지만 경찰은 그를 용의자로 지목했다. 여러 번의 신문이 진행되었는데 그동안 상당한 물적 증거가 있다고 속여 Crowe는 "내가 어떻게 범행을 저질렀는지는 모르겠다. 내가 아는 건 그냥 내가 범행을 저질렀다는 것뿐이다."라며 자신이 범인이라는 결론을 내렸다. 마침내 그는 자신이 다중 인격으로 '나쁜 마이클'은 질투심에 분노하여 행동했고 '착한 마이클'은 그 행동을 자신의 의식에서 차단했다고 생각했다. 하지만 이후 사건이 있던 날 밤 그 마을 방랑자의 옷에 Stephanie의 피가 묻어 있는 것이 발견되어 Crowe에 대한 기소는 취소되었다.

허위 자백에 대해 매우 중요하지만 가끔씩 간과되고 있는 세 가지 내용에 대해 논의할 필요가 있다. 첫째, 우리가 알고 있는 사례들은 빙산의 일각에 불과한데, 이는 경찰과 검찰들이 밝히지 않는 무수한 허위 자백 사례들은 포함되지도 않고 기소가 중지되기 때문이다. 또한 상대적으로 심각하지 않은 범죄의 경우 죄를 인정하고 유죄 판결을 받고 난 이후에 정밀한 검토가 이루어지지 않으며, 청소년범인 경우에는 재판 내용에 비밀 유지 조항이 포함되어 있다(자세한 논의는 Drizin & Leo, 2004; Gross, Jacoby, Matheson, Montgomery, & Patel, 2004 참고). 둘째, 허위 자백은 미국에서만 발생하는 독특한 일도 아니고 최근에 새롭게 발생하는 일도 아니다. 비록 개별적이고 집대성적인 사례 연구의 대부분이 영국과 미국에서 이루어졌지만, 세계 모든 국가와 역사를 통해 허위 자백 사례들이 알려져 왔다. 셋째, 무고한 사람이 자백을 하고, 체포되고, 재판을 받아 유죄 판결을 받을 때마다 실제 범죄자는 자유롭게 활보하며 또 다른 피해자를 만들어 낸다. 이러한 결과들은 의도되지는 않았겠지만 모든 잘못된 유죄 판결로 인해 치러야 하는 대가인 것이다. 앞에서 설명하였던 센트럴 파크 조거 사건에서 다섯 청소년의 자백으로 인해 뉴욕 시 경찰청은 이 사건에 대한 조사를 종결했다. 그 결과, 실제 범인인 Martias Reyes는 그 지역에서 3명의 여성들을 강간하고 그 과정에서 한 명을 살해했다.

허위 자백 연구에 대한 심리학적 근거

비록 1980년대부터 자백 증거에 대한 실증 연구가 존재했지만, 100년 전부터 행동과학자들이 관련된 심리 과정에 대한 연구를 수행해 왔다. 신문 과정과 용의자에게 미치는 영향에 대한 현재의 지식은 보편적으로 수용되는 심리학적 핵심 원리에 근거한다. 이 절에서는 강화의 원칙과 의사결정, 복종 및 다른 형태의 사회적 충격과 같은 사회적 영향에 대한 연구, 그리고 기억의 잘못된 귀인 및 오류 등에 대해 초점을 맞춘다(절차적 공정성 시각에서의 신문 기법에 대한 개요는 제4장 참고).

강화의 원칙과 의사결정

Thorndike(1911)의 효과의 법칙으로 거슬러 올라가면, 행동주의 심리학자들과 그 밖의 심리학자들은 사람은 강화에 매우 즉각적으로 반응하고 조건화에 영향을 받는다는 것을 오래전부터 알고 있었다. 또한 행동은 미래의 장기적 결과보다 당장의 단기적 결과에 더 많은 영향을 받는데, 훈련을 받은 경찰 수사관들은 이 두 가지를 전략적으로 조작한다. 신문 과정에 대한 심리학적 분석의 내용들은 동물과 인간의 조작적 조건화에 대한 수백 번에 달하는 실험들, 강화계획에 관한 연구, 처벌의 영향, 그리고 욕구 · 회피 · 도피 학습에 관한 것들이다(Herrnstein 1970; Skinner, 1938). 기존의 조작적 조건화 연구를 바탕으로 나온 원칙들은 병원, 학교, 군대, 직장, 그리고 적용 가능한 기타 환경에서 행동을 수정하기 위해 사용되어 왔다. 자백을 유도하는 신문도 종종 비슷한 방법을 사용하는데, 이는 스키너 상자 안의 쥐들처럼 경찰이 용의자를 특정한 방식으로 자백하도록 유도한다(Kassin, 2007).

신문실 내에서의 선택 행동에 대한 분석은 행동경제학 패러다임에서 인간의 의사결정에 대한 최근 연구 내용과 비슷하다. 다수의 연구들에 따르면, 인간은 주어진 제한된 상황에서 가장 안전한 선택을 하는 방향으로 결정을 내리는데, 이는 이들이 처한 상황에서 최선의 선택을 하는 것이며 이러한 현상을 Herrnstein, Rachlin과 Laibson(1997)은 '대응 법칙'이라고 설명했다. 동물과 인간은 당장의 혐오적인 자극은 회피하고 처벌은 나중에 받기를 원한다(예: Deluty, 1978). 신문 상황에서 용의자들의 반응과 관련된 보상과 비용에 대한 연구에 따르면, 사람은 근시안적인 성향이 있는데 나중의 결과보다 당장의 결과를 더 중시하고 나중에 받을 처벌에 대한 주관적인 가치는 시간이 지나면서 평가 절하되는 것으로 나타났다(Rachlin, 2000). 이러한 경향은 특히 청소년범 집단을 비롯하여 흡연자, 알코올 중독자 및 기타 약물남용자에게서 많이 나타난다(Bickel & Marsch, 2001 참고).

사회적 영향의 효과

지금까지 사회심리학자들은 인간은 선천적으로 사회적인 동물이며 따라서 사회를 이끌어 가는 권위자의 영향을 받기 쉽다는 것을 보여 주었다. Latané(1981)의 사회충격 이론은 경찰 신문자의 영향에 대한 예측 모형을 제시하였는데, 이들은 힘이 있고, 가까이 있으며, 용의자와 무엇인가를 교환하기 위해 참을성을 발휘한다고 본다. 경찰 신문에 대한 분석에 직접적으로 관련이 있는 내용은 태도와 설득에 관한 광범위한 연구들(Petty & Cacioppo, 1986), 정보적이고 규범적인 영향(예: Asch, 1956; Sherif, 1936), 문간에 발 들여 놓기 기법(Cialdini, 2001)과 같이 순차적인 질문기법 사용하기, 효과적으로 복종에 대한 순응을 이끌어 내기 위해 권위자가 지시의 강도 높여 나가기(Burger, 2009; Milgram, 1974)가 있다. 경찰 신문자는 다양한 사회적 영향 기법을 사용하도록 훈련받으므로(예: Inbau, Reid, Buckley, & Jayne, 2001) 이들이 받아 내는 자백은 다양한 사회심리학적인 관점에서 세밀하게 연구될 수 있다(예: Bem, 1966; Davis & O'Donohue, 2003; Zimbardo, 1967 참고).

기억의 변화와 오류

핵심 원칙들의 세 번째는 '기억의 원죄'로, 이것은 Schacter(2001)가 인지와 신경과학 연구를 요약한 것으로서 기억의 일시성, 오귀인 효과, 피암시성 그리고 편견과 같은 내용을 포함하고 있다. 1985년 Kassin과 Wrightsman은 혹독한 신문을 받고나서 허위 자백을 한 경우에는 스스로 자신의 결백을 의심하고 죄를 지었다는 생각을 내면화하고 때로는 그 과정에서 거짓 기억을 진술하는 점에 주목했다. 그 당시 결백한 용의자가 자신이 저지르지 않은 범죄에 대한 책임을 내면화하는 현상은 기존의 기억 모델로는 설명할 수 없었다. 이런 현상은 용의자가 성향적 또는 상황적으로 조작에 취약하고 거기에 신문자가 거짓 증거를 제시하는 일반적인 방법을 사용할 때 발생한다. 이러한 유형의 내면화는 암시가 아동에 미치는 영향(Bruck & Ceci, 1999), 최면 중 일어나는 암시의 영향(McConkey & Sheehan, 1995), 실험 참가자들이 만들어 내는 거짓 기억(Loftus, 2005), 전쟁 포로 세뇌 기법(Lifton, 1956; Schein, Schneier, & Barker, 1961), 그리고 심리 치료 환자의 억압된 트라우마적 기억이라고 생각했지만 잘못된 기억이었던 사례(de Rivera, 1997)와 닮은 부분이 많다. 또한 출처 감찰 관점은 사람들이 기억을 왜곡하고 자신이 범죄 현장에 있었다고 믿도록 만드는 귀인 오류를 범해 저지르지 않은 범죄에 대해 자신이 저질렀다고 내면화한다는 것을 설명해 준다.

자백 연구에 사용되는 연구 방법

허위 자백으로 인한 오판 사례들로 인해 실증적인 연구들은 다음의 세 가지 질문에 초점을 맞추었다. 왜 무고한 사람들이 조사 과정에서 범인으로 오해받는가? 어떠한 요인들이 무고한 용의자를 자백하도록 만드는가? 자백은 경찰, 판사, 배심단, 그리고 다른 사람들에게 어떻게 인식되는가? 이러한 연구들은 사례 연구, 자기보고식 측정, 관찰 연구, 실험 연구를 포함하는 다양한 방법론이 사용되었다(Kassin, 2008).

실제 상황에서의 허위 자백의 문제점들을 생각해 보면 사례 연구 방법은 특히 유익한 방법이다. 수년 동안, 연구자들은 증명된 허위 자백들에 대해 발표해 왔고 그로 인해 개별적이고 종합적인 사례 연구들을 진행했다. 이러한 사례들이 책이나 신문, TV 다큐멘터리에서 다뤄지면서 실제 사례들에 대한 분석이 이루어졌고, 허위 자백이 알 수 없는 빈도로 발생하고 공통된 특징들을 지니며 특정한 사람들이나 특정 조건하에 있는 사람들에게서 더 많이 발생할 수 있다는 것을 보여 주었다(예: Gudjonsson, 2003 참고). 예를 들어, Drizin과 Leo(2004)는 미국에서 발생한 허위 자백으로 증명된 125건의 사례들의 특징을 분석했는데, 81%가 살인사건에서 발생했고 30%는 여러 명의 용의자들로부터 허위 자백을 받았으며 허위 자백을 했던 사람 중 32%는 18세 미만이었다. 이노센스 프로젝트의 DNA 분석을 통해 사면을 받은 33개의 허위 자백 사례를 분석한 결과, Garrett(2010)은 32개의 사례에서 외부에 알려지지 않았던 범죄, 피해자, 장소에 대한 정확한 세부사항을 포함하고 있는 것으로 나타났다.

다른 연구 방법들도 많이 사용된다. 실제 또는 녹화된 신문 과정을 관찰하는 방법은 미국(Leo, 1996)과 영국(예: Monston, Stephenson, & Williamson, 1992)의 신문 절차 및 결과를 연구하기 위해 사용되었다. 자기보고식 방법은 신문에 대한 순응도, 암시성과 정신 질환과 같은 용의자 개인의 다양한 성향, 자백을 하거나 자백을 참는 성향 간의 관계를 연구하기 위해 사용되어 왔다(예: Gudjonsson, Sigurdsson, & Sigfusdottir, 2009; Redlich, Summers, & Hoover, 2010). 마지막으로, 실증적인 패러다임들은 수사관이 얼마나 정확하게 신문 전에 진실 또는 거짓 여부를 판단할 수 있는가(Hartwig, Granhag, Stromwall, & Vrij, 2005; Kassin & Fong, 1999; Vrij, Mann, & Fisher, 2006; 개요는 제2장 참고), 자백 가능성에 영향을 미치는 다양한 신문 기술의 효과(예: Kassin & Kiechel, 1996; Nash & Wade, 2009; Russano, Meissner, Narchet, & Kassin, 2005), 그리고 자백 증거가 배심단(예: Kassin & Sukel, 1997; Lassiter, Geers, Handley, Weiland, & Munhall, 2002), 판사(Lassiter, Diamond, Schmidt, & Elek, 2007; Wallace & Kassin 2009)와 목격자(Hasel & Kassin, 2009)에 미치는 영향과 같은 일반적인 가설 검증을 위해 발전되어 왔다.

의미 있는 실험 연구를 진행하는 데 세 가지의 어려운 점을 꼽을 수 있는데, 그것은 실제 신문 과정에 나타나는 요인들을 실제처럼 다시 만들어 내는 것, 모의 용의자들을 위해 단기적 · 장기적인 의사결정을 내려야 하는 상황을 만들어 내는 것, 그리고 이러한 목적을 달성하기 위해 실험 참가자를 다루는 데 있어 윤리적인 기준을 해치지 않고 실험적으로 현실을 담아내는 것이다. 허위 자백 연구의 첫 실험 패러다임에서 Kassin과 Kiechel(1996)은 학생 실험 참가자들에게 컴퓨터 타자 입력 과제를 하는 동안 누르지 말라고 했던 특정 버튼을 눌러 컴퓨터가 고장 났다고 다그치며 자백서에 서명할 것을 요구했다. 모든 참가자는 실제로 결백했고 처음에는 모두 부인했다. 어떤 경우엔 실험 공모자(즉, 실험자를 보좌하여 실험 참가자로 위장한 사람; American Psychological Association, 2007)가 실험자에게 그 참가자가 치지 말아야 하는 버튼을 누른 것을 보았다고 말했다. 이런 거짓 증거는 자백서에 서명한 참가자를 48%에서 94%로 거의 두 배 이상 증가시켰다. 그들 중 몇 명의 학생은 자신의 죄를 내면화했고 이들 중 몇 명은 잘못된 기억임에도 불구하고 어떻게 그 일이 있어났는지에 대해 설명했다. 이와 같이 허위 자백을 이끌어 내는 연구 방법은 다양한 연구자들에 의해 사용되어 왔다(예: Horselenberg et al., 2006; Redlich & Goodman, 2003; Swanner, Beike, & Cole, 2010).

컴퓨터 고장 패러다임은 허위 자백의 원인을 알아내기 위한 신뢰할 수 있는 접근법을 제시했다. 하지만 모든 참가자가 무죄라는 점, 그리고 참가자들이 자백을 하도록 유도된 내용이 의도한 행동이 아닌 우연하게 일어난 사건에 대한 행동이라는 점으로 인해 실제와 허위 자백의 비율을 비교하는 것이 불가능하여 생태학적으로는 한계가 있다. 이 문제를 해결하기 위해 Russano와 동료들(2005)은 실험 공모자와 참가자가 짝이 되어 문제 해결 연구를 위한 커닝 패러다임을 만들었다. 참가자의 절반은 문제를 혼자 풀어야 하지만 공모자들이 같이 풀도록 유도하여 실험 조건을 위반하도록 만들었다. 나중에 실험자가 이들의 문제 해결 방법에 대한 공통점을 발견하고 참가자가 베낀 것이라고 비난하며 자백 진술서와 서명을 받으려고 했다. 이 연구는 최소화 기법과 관대한 처벌을 약속하는 것과 같은 두 개의 기술이 진실된 자백보다 허위 자백 비율을 증가시켜 결국 자백이 제대로 이루어진 것인지에 대한 판단을 어렵게 한다는 것을 보여 주었다. 이 패러다임은 거짓 증거 제시와 속이기가 실제 자백과 거짓 자백에 미치는 영향에 대한 연구에도 사용되었다(Perillo & Kassin, in press).

허위 자백을 유발하는 요인에 대한 관련 연구

자백에 대한 실험 연구는 자백 증거의 세 가지 측면에 초점을 맞춘다. (a) 왜 결백한 사람이 신문 과정에서 잘못 지목되는가? (b) 어떠한 기질적 · 상황적 요인이 결백한 용의자를 자백하도록 만드는가? (c) 배심단 및 그 밖의 사람들이 자백 증거에 대해 얼마나 정확하게 판단하는가?

왜 결백한 사람이 신문 과정에서 잘못 지목되는가

일반적으로 신문의 대립적이고 강압적인 과정에 앞서 경찰에 의해 용의자의 진실 또는 거짓 여부를 판단하기 위한 정보를 수집하는 면담이 실시된다. 때로는 이러한 첫 판단은 합리적으로 증인, 정보자, 또는 다른 부가적인 증거들에 바탕을 둔다. 그러나 때로는 신문 전 면담 중 형성된 개인적인 느낌, 직감에 의존하는 경우도 있다. Inbau와 동료들(2001)은 **리드 기법**(Reid Technique)을 소개하면서 경찰관들에게 어떻게 언어적 · 비언어적 단서, 행동적 태도를 사용하여 거짓을 알아낼 수 있는지에 대해 설명했고, 판단의 정확도가 매우 높다고 주장했다.

수사관들이 용의자가 진실 또는 거짓을 말하는지 판단하는 것을 돕기 위해 Inbau와 동료들(2001)은 **행동 분석 인터뷰**(Behavioral Anaysis Interview: BAI)의 사용 방법에 대해 훈련을 실시했다. 이 방법은 수사관이 행동을 유발할 수 있는 질문들을 하고 이에 대한 반응을 통해 죄가 있는지 아니면 결백한지 여부를 예측할 수 있고(예: "돈을 훔쳐 간 사람에게 어떤 일이 일어나야 한다고 생각하세요?"), 그 후 용의자의 언어적 · 비언어적인 행동(예: 눈 맞춤, 답변을 잠시 멈추는 것, 자세, 꼼지락거리기)의 변화를 관찰하게 되면 거짓 또는 진실을 말하는지 판단할 수 있다고 한다. 이 단계에서 수사관의 판단은 용의자를 신문할지 아니면 집으로 돌려보낼지 여부를 결정하는 중요한 결정 시점이 된다.

단 하나의 연구를 바탕으로 Inbau와 동료들(2001)은 리드 기법 훈련으로 정확도가 85%에 이른다고 주장했다. 그러나 이는 과학적 결과와는 다른 주장이다. 사람들의 진실과 거짓에 대한 판단의 정확도가 50% 정도밖에 되지 않았고, 훈련은 일반 통제 집단에 비해 정확도가 조금밖에 증가하지 않았으며, 경찰 수사관들과 다른 전문가들이 일반인들에 비해 정확도가 약간 높을 뿐이라는 연구 결과들이 지속적으로 보고되고 있다(개요는 제2장 참고; Vrij, 2008).

거짓말 탐지를 위한 리드 기법을 평가하기 위한 연구에서 Inbau와 동료들(2001)의 주장은 지지될 수 없다는 결과가 도출되었다. 행동 유발 질문의 진단적 가치를 평가하면서 Vrij와 동료들(2006)은 실험 참가자 중 몇 명에게만 모의 범죄를 저지르고 이를 부정할 만한 동기를 부여했다. 모든 참가자는 BAI 방법을 사용해 면담을 받았다. 그 결과 진실을 말하는 사람들이나 거짓을 말하는 사람들 간에 행동 유발 질문에 대한 반응들이 크게 차이나지 않았는데, 즉 거짓말을 하는 사람들이 더욱 불안하거나 비협조적이지 않았다. 그리고 수사관들이 훈련을 통해 찾아내야 하는 특정 언어적 · 비언어적 행동 단서들이 실제로 거짓말을 하고 있다는 증거도 발견되지 않았다. 예를 들면, Kassin과 Fong(1999)은 리드 기법에서 설명한 '행동적 증상'을 사용하는 방법을 무작위로 선정된 몇몇 대학생들을 대상으로 훈련시켰고 나머지 학생들은 시키지 않았다. 모든 학생에게 모의 용의자들의 면담을 녹화한 비디오를 보여 주었는데, 모의 용의자들 중 몇 명은 네 가지의 모의 범죄(상점 절도, 무단 침입, 공공 기물 파손, 컴퓨터 불법침입) 중 하나의 범죄를 저질렀고 나머지 학생들은 모의 범죄를 저지르지 않았다. 신문 과정에서 모든 용의자가 자신의 범죄를 부인했다. 그런데 이 실험 연구에서 관찰자들은 두 용의자 집단을 잘 구분하지 못했다. 실제 훈련을 받은 사람들의 경우 거짓말을 탐지할 때 정확성이 유의미하게 더 떨어졌고, 자신감은 넘쳤으며, 편견으로 인해 긍정 오류를 범했다. 동일한 비디오 녹화물을 사용하여 Meisser과 Kassin(2002)은 경험이 있는 경찰 수사관들을 대상으로 실험을 실시했는데, 이들도 비슷한 경향성을 보인다는 것을 보여 주었다. 다른 연구들도 경찰들이 강한 자신감을 갖고 죄를 예단하는 경향을 보이는 실수를 종종 범한다고 설명했다(예: Garrido, Masip, & Herrero, 2004).

최근 거짓말 탐지와 관련된 연구는 두 가지 논점에 주목하고 있다. 첫 번째는 특정한 사람이 거짓말을 감지해 내는 능력을 타고났는지 여부다. 거짓말 탐지 정확도 점수의 분포는 소수의 사람들이 선천적으로 그리고 지속적으로 다른 사람들보다 더 정확하다는 것을 보여 준다(Ekman, O'Sullivan, & Frank, 1999; O'Sullivan & Ekman, 2004). 수천 명에게 다양한 과제를 실시한 결과, O'Sullivan과 Ekman은 세 개 중 두 개의 과제에서 80% 이상의 정확도를 보이는 15명의 '마법사들'을 찾아냈다. 하지만 Bond와 Uysal(2007)은 마법사들의 점수를 도출해 낸 실험 과정이 통제되지 못했고 수많은 사람들이 포함되었음에도 불구하고 마법사들의 수행에 통계적으로 유의미한 결과를 얻은 것에 대한 문제를 제기했다(이에 대한 답변은 O'Sullivan, 2007 참고).

명백히 이 문제에 대해서는 더 많은 연구가 필요하다. 또 다른 중요한 연구 논점은 거짓말을 탐지하는 능력이 과연 향상될 수 있는지 여부다. 한 연구에서, Hartwig과 동료들(2005)은 용의자들을 신문하는 동안 이들에게 세부적인 범죄 내용을 알려 주지 않으면 더 정확한 판단을 내린다는 것을 밝혀냈는데, 이는 추후 세부적인 범죄 사실에 대해 밝혔을 때 거짓말의 비일관성을 파악하여 거짓말을 찾아낼 수 있는 기법이다. 탐지 능력을 향상시키기 위한 두 번째 접근 방법은 Vrij와 동료들(2008, 2009)이 거짓말을 하는 사람들을 뛰어넘기 위해 진행한 일련의 연구들을 통해 알 수 있다. 거짓말을 하는 것이 진실을 말하는 것보다 더 많은 집중력과 노력이 필요하다는 점에 착안하여 수사관들이 용의자의 인지적인 부하를 이용하고 이러한 노력을 위한 단서를 찾는 것에 주목해야 한다고 제의했다. 또한 수사관이 진실을 말하는 사람과 거짓을 말하는 사람에게 말했던 내용을 진행 시간 역순으로 설명하라고 시키거나 수사관이 더 복잡하고 예상하지 못한 질문들을 하게 되면 진실된 진술과 거짓된 진술을 구분해 내는 능력이 더 정교해질 수 있다.

결백한 사람을 위험에 처하게 하는 기질적 · 상황적 요인

관찰 연구에서 경찰이 고문, 폭력, 협박 혹은 처벌이나 관대한 처벌을 약속하는 방법을 사용해 자백을 받아 내는 것은 법적으로 금지되어 있기 때문에 경찰 신문은 심리적인 요인들이 관련되어 있다(예: Leo, 1996). 이러한 내용을 보여 주는 한 조사에서, 미국과 캐나다의 631명의 수사관들이 자주 사용하는 전략들로는 용의자를 가족과 친구들로부터 떨어지게 하여 작은 방에 고립시키기, 용의자가 부정하는 내용에 대해 모순된 내용 찾기, 용의자의 신뢰를 얻기 위해 라포 형성하기, 용의자에게 유죄의 증거 제시하기, 그리고 용의자 개인의 이익에 호소하기로 나타났다(Kassin et al., 2007). 잘못된 유죄 판결의 기록 중에서 허위 자백에 대한 내용에는 다음 두 가지 내용이 포함된다. 첫째, 약하고 유순하고, 특별히 조작에 취약한 용의자다. 둘째, 심리적으로 억압적인 경찰의 신문 전략이다. 이전 연구들을 개관한 논문을 바탕으로 Kassin과 Gudjonsson(2004)은 개인적이고 상황적인 위험 요인들이 필수적이지는 않지만 허위 자백의 위험성을 증가시키기에 충분하다는 결론을 내렸다.

특정 용의자는 특별히 조작에 취약하다

특정 용의자는 기질적으로 다른 사람보다 영향을 받기 쉽고 신문 과정 동안 자백할 가능성이 높다(위험 요인에 대한 개관은 제1장 참고). 성격적인 특성에 초점을 맞추어 Gudjonsson(2003)은 사회적 상황에서 타인을 따르는 경향이 높은 사람이 특히 높은 위치에 있는 타인을 기쁘게 하고 대립은 피하기를 원하기 때문에 신문에 취약하다고 보았다. 기억이 유도 질문과 부정적인 반응에 의해 영향을 받을 수 있는 피암시성이 높은 사람도 신문 중에 자백할 가능성이 높다. 더욱 우려되는 것은, Gudjonsson은 매우 불안하고 무서워하고 의기소침하고 망상적이거나 그 밖에 심리적인 문제가 있는 경우에 강요에 의해 자백할 위험이 높다고 했다. Redlich(2007)는 정신 질환이 있는 범죄자들의 경우 평생 동안의 허위 자백 비율이 22%였는데, 이는 정신 질환이 없는 재소자 표본에서 나타난 12%보다 높은 수치다(Sigurdsson & Gudjonsson, 1996; Redlich et al., 2010 참고).

또한 청소년은 성인보다 경찰이 유도한 허위 자백을 할 경향이 더 높은 것으로 나타났는데, 이는 허위 자백을 한 사람들 중에서 청소년의 수가 불균형적으로 많은 수를 차지한다는 점에서 알 수 있다. 예를 들어, 125개의 입증된 허위 자백 데이터베이스에서, Drizin과 Leo(2004)는 사건에 관련된 청소년 중 33%가 살인에 대해 자백했다는 것을 발견했다. 또한 역사적으로 잘못된 유죄 판결을 받은 사건들의 14~25%가 허위 자백과 관련되어 있는데, 잘못된 유죄 판결을 받았지만 풀려나게 된 청소년의 44%는 허위 자백으로 인해 유죄 판결을 받았고, 그중 75%는 나이가 어린 12~15세였다(Gross et al., 2004). 이러한 통계는 상당히 많은 연구에 의해 지지되었다. 예를 들어, 컴퓨터 고장 패러다임을 사용한 실험에서 Redlich와 Goodman(2003)은 건드리면 안 되는 버튼을 눌렀다고 추궁했는데, 12~13세와 15~16세의 청소년들은 무죄임에도 불구하고 18~26세 사이의 성인들보다, 특히 거짓 유죄 증거를 제시한 경우, 자백할 가능성이 높은 것으로 나타났다. 무엇이 청소년을 취약하게 만드는가에 대해 Owen-Kostelnik, Reppucci와 Meyer(2006)는 청소년이 성인보다 더 순종적이고 암시에 약하고, 충동적인 행동 패턴을 보이며, 즉각적인 만족감을 추구하고 미래와 위험에 대한 인식이 없는, 즉 판단의 미성숙이라는 특징을 가지는 의사결정을 내린다는 수많은 발달 연구들을 검토했다. 즉각적인 결과에 집중하는 청소년의 경우 스트레스 상황에서의 자백은 회피하고 싶은 상황을 벗어나기 위한 즉각적인 만족을 제공하는 좋은 방법이 된다.

지적 장애가 있는 사람들도 신문을 받는 동안 영향에 취약하다. Drizin과 Leo (2004)는 무죄가 밝혀진 표본 중에서 최소 22%는 표준 IQ 검사에 의해 지적 장애가 있음을 밝혀냈다. 이 결과는 놀라운 것이 아니다. 지적 장애가 있는 경우에는 미란다 경고의 가치 및 내용 대한 이해가 상당히 떨어진다는 점이 연구를 통해 입증된 바 있다(O'Connell, Garmoe, & Goldstein, 2005). 이들은 터무니없는 답변일지라도 다양한 질문에 "예."라고 답하는 묵인 반응 편향의 성향이 있었다(Finlay & Lyons, 2002). 또한 이들은 유도 질문에 영향을 받는 정도를 측정한 결과에 매우 피암시성이 높은 것으로 나타났다. 지적 장애가 있는 경우에는 일반적으로 신문의 암시성을 측정하는 도구로 사용되는 Gudjonsson 피암시성 척도(Gudjonsson Suggestibility Scale; Gudjonsson, 2003)의 평균이 높은 것으로 나타났다.

특정 신문 기술은 결백한 용의자에 위험할 수 있다

경찰이 진실과 거짓 여부에 대해 자신 있게 판단하기 위해 용의자를 면담하는 과정에서, 거짓말을 한다고 판단된 대상에게만 신문이 이루어지는 두 단계의 과정이기 때문에 신문은 다양한 인지적 · 행동적 확증 편향이 혼재된 유죄 추정의 과정으로 정의 내릴 수 있다(Kassin, Goldstein, & Savitsky, 2003). 대중적인 훈련 매뉴얼의 권고사항(Inbau et al., 2001)과 실무에서 관찰된 것처럼(예: Kassin et al., 2007; Leo, 1996), 미국 경찰의 신문은 심리적으로 다수의 특정 기법을 사용하는 단계적 과정이다. 본질적으로 이 과정은 세 개의 요소로 축소시킬 수 있다. 그것은 (a) 격리, 즉 용의자의 불안을 증가시키고 그곳에서 벗어날 수 있는 인센티브를 제시하기 위해 특정 신문실에 격리하는 것, (b) 긍정적인 대립, 즉 용의자가 범죄를 저질렀다는 혐의를 제기하기, 그리고 (c) 최소화, 즉 범죄가 동정적인 수사관에 의해 도덕적으로 용인, 정당화, 일반화하는 것으로, 용의자는 자백이 관대한 처벌을 받기 위한 수단이 될 수 있다고 생각하게 된다(개요는 Kassin, 1997, 2005; Leo, 2008 참고).

앞에서 설명하였듯이, 사람들은 강화에 반응하고 나중의 결과보다 즉각적인 결과에 더 영향을 받고 권위적인 지위에 있으며 사회적 영향력이 있는 사람으로부터 영향을 쉽게 받아 취약하다는 것을 보여 주는 수많은 기초 연구들이 존재한다. 특히 신문 전략에 대한 검증을 목표로 하는 연구들은 두 가지의 방법이 결백한 사람에게 자백을 이끌어 낸다는 연구 결과를 보여 주었다. 하나는 거짓 증거 제시다. 용의자를 고립시키면 수사관은 대담하고 자신감 있게 용의자가 유죄라고 주장하며 증거에 대해 노골적인 거짓말(예: 용의자의 지문을 갖고 있는 것처럼 속이기, 혈흔 또는 머리카락 샘플이 있다거나, 목격자에 의한 지목이 이루어졌거나, 또는 거짓말 탐지 검사를 통과하지 못했다는 주장)도 한다. 미국에서는 이와 같은 거짓 증거를 사용하는 계책이 수많은 허위 자백 사건에서 다수 나타나는데 이 방법은 법적으로 허용된다(*Frazier v. Cupp*, 1969).

결백한 사람들에게서도 이러한 거짓 증거의 설득적 효과가 나타나는데, 이는 그리 놀라운 일이 아니다. 용의자들은 자신에게 불리한 증거가 주는 압력으로 갇힌 것 같은 느낌이 들기 때문에 궁극적으로 자백을 한다고 했다(예: Moston et al., 1992). 게다가 공모자 사용, 위조된 검사 결과, 위조된 기준, 거짓된 자율적 피드백, 사건 이후 정보의 오류 그리고 기타 조작과 같이 사실을 오해하게 하는 일들은 사람들의 시각적 인식(Asch, 1959; Sherif, 1935), 정서적 상태(Schachter & Singer, 1962), 기억(Loftus, 2005), 그리고 플라세보 효과에 대한 의학연구(Price, Finniss, & Benedetti, 2008)에서 영향을 미친다는 결과는 법심리학 영역이 아닌 고전적인 심리학 연구들에서도 나타났다. 앞에서 설명했던 Kassin과 Kiechel(1996)의 컴퓨터 고장 실험 연구에서 거짓 증인의 존재는 결백했던 많은 수의 실험 참가자들을 자백서에 서명하도록 했고, 대부분은 자신이 하지 않은 일임에도 불구하고 죄를 내면화했다. 후속 연구에서 자백으로 인해 경제적인 처벌을 받아야 함에도 불구하고 이러한 영향은 지속되었다(예: Horselenberg et al., 2006). 완전히 다른 패러다임에서,

Nash와 Wade(2009)는 컴퓨터 도박 실험에서 돈을 잃은 상황을 설정하였고 디지털 편집 프로그램을 사용하여 '은행'에서 돈을 '훔쳤다'는 거짓 비디오 증거를 사용했다. 이러한 증거와 직면했을 때 모든 참가자는 자백했고 대부분은 자신의 죄에 대해 내면화하여 믿었다. 한마디로, 지각, 생각, 느낌, 의사결정 그리고 행동에 대한 거짓 증거의 영향력에 대한 과학적 증거는 방대하고 널리 알려져 있다.

거짓 증거의 영향이 실험실에서의 현상에 불과한 것이 아니라는 점을 깨닫는 것도 중요하다. 1989년 17세의 Marty Tankleff가 자신에게 불리한 증거가 없었음에도 불구하고 자신의 부모를 살해했다는 혐의를 받은 사건을 생각해 보자. Tankleff는 사건 담당 형사가 어머니의 움켜쥔 손에서 그의 머리카락이 발견되었고 혼수상태에 있던 아버지는 의식을 회복하여 그를 범인으로 지목했다고 말하기 전까지는 몇 시간 동안 자신의 죄를 강하게 부인했다. 그러나 경찰이 제시한 이 두 가지의 주장은 거짓이었음에도 불구하고 경찰이 그를 일시적으로 혼란스럽게 만들었고 자백하게 만들었다. 그의 자백 진술서는 전적으로 형사의 손으로 작성되었고, Tankleff가 바로 다시 자신의 죄를 부인하고 자백 진술서에 서명하지는 않았지만, 이 자백으로 그는 유죄 판결을 받았다. 19년 동안 수감된 후 그의 잘못된 유죄 판결은 무효 처리되었고 공소사실은 기각되었다(Firstman & Salpeter, 2008).

연구의 관심 대상이 되는 두 번째 신문 기법은 최소화 기법이다. 이는 수사관이 용의자에게 증거를 제시하여 궁지에 몰렸다는 느낌이 들도록 몰아간 후, 도덕적 정당성을 제시하고 체면을 세울 수 있는 변명거리를 제공하여 자백만이 벗어날 수 있는 방법이라는 생각이 들도록 만드는 과정인 '주제 발달시키기'를 통해 범죄의 심각성을 최소화시키는 것이다. 최소화 기법을 사용하여 수사관들은 범죄는 즉흥적이고 돌발적이며, 상대의 도발에 의한 것이고, 친구들에 의해 압박을 받은 것이며, 약물에 의해 영향을 받은 것이고, 호르몬의 영향이며, 또는 상황에 의해 정당화될 수 있다고 설명한다.

대부분의 법정은 수년간 관대한 처벌을 약속하며 받아 낸 임의성 없는 자백의 경우에는 증거로 인정하지 않았는데, 이러한 약속이 결백한 사람을 위험에 빠뜨릴 수 있고 자백에 대한 신뢰성을 위협할 수 있기 때문이다. 그러나 관대한 처벌을 약속하는 것은 명확하게 언급하지 않더라도 최소화 기법에 의해 암시적으로 전달되는 것이지 않은가? 인지심리학적 연구들 중 심리학의 실용성을 중시하는 연구(Chan & McMermott, 2006)의 선상에서, Kassin과 McNall(1991)은 실험 참가자들에게 살인 사건을 신문한 속기록을 읽게 했다. 이는 세 가지 버전으로 제시되었는데, 형사가 (a) 관대한 처벌에 대한 약속을 조건부로 제시, (b) 피해자를 비난하는 최소화 기법을 사용, 또는 (c) 어느 기법도 사용하지 않은 것이었다. 실험 참가자들은 이 중에서 한 가지 버전을 읽었고 용의자의 자백을 바탕으로 얼마만큼의 형량을 받을 것인지를 추정하도록 했다. 그 결과 최소화 기법은 형량에 대한 추정을 감소시켰는데, 이는 마치 명시적으로 관대한 처벌을 약속해 준 것으로 해석했기 때문이다.

최소화 기법이 행동에 미치는 영향을 측정하기 위해 Russano와 동료들(2005)은 앞서 설명한 커닝 패러다임을 사용하여 실험 참가자들이 실험 공모자와 함께 짝을 이루어 혼자 풀어야만 하는 문제들도 공모자의 요청으로 함께 문제를 풀도록 유도했다. 의심이 든 실험자가 두 명을 분리하고 참가자들에게 커닝 여부를 물었고 관대한 처벌 약속(처벌 없이 다시 연구에 참여하고 연구 참여 학점 받기), 최소화 의견 제시("아마도 이게 얼마나 큰 문제인지 잘 몰랐을 거라는 걸 알아요."), 두 가지 기법 모두 사용, 또는 어떠한 기법도 사용하지 않고 자백 진술서에 시인하고 서명하도록 했다. 전반적으로 관대한 처벌을 약속한 경우와 최소화 기법이 사용되었던 경우에는 유죄인 참가자들의 자백이 더 많았다. 중요한 점은 최소화 기법은 원했던 실제 자백의 비율도 증가시켰지만(46%에서 81%로) 원하지 않았던 허위 자백의 비율도 증가시켰다(6%에서 18%로). 한마디로, 최소화 기법은 관대한 처벌을 약속하는 것과 같은 허위 자백의 가능성을 증가시키는 함축적인 기능을 한다.

자백 증거의 다양한 영향

허위 자백으로 인한 잘못된 유죄 판결과 같은 비극적인 이야기는 형사사법체계의 일련의 문제점들을 드러낸다. 이러한 문제점들은 경찰로부터 시작되는데, 종종 무죄를 입증할 수 있는 증거나 다른 용의자를 찾기보다는 수사를 종결하고(Leo &

Ofshe, 1998), 검사의 경우에는 이후 DNA 검사를 통해 범인이 아니라는 결과를 확인했음에도 불구하고 자백한 사람이 유죄라고 믿는다(Findley & Scott, 2006; 제14장 참고). 설상가상으로 자백은 특히 법정에서 문제가 된다. 용의자가 자신의 자백을 취소하고 유죄를 인정하지 않고 재판을 받게 되면, 판사는 그 자백이 임의적으로 이루어졌는지를 판단하여 증거로 인정할지 결정한다. 배심단은 법정에 증거로 허용된 자백에 대해 듣게 되고 피고인이 합리적 의심 없이 유죄인지를 판단한다. 그러나 이들이 자백에 대해 정확한 판단을 내릴 수 있겠는가? 이 증거는 배심원들에게 어떠한 영향을 미치겠는가?

자백의 영향에 대한 연구는 비관적이다. 연구 결과, 자백은 목격자나 피고인의 성격에 대한 증언과 같이 강력한 증언보다 더욱 강력하다는 것을 보여 주었다(Kasssin & Neumann, 1997). 사람은 진실된 자백과 허위 자백을 정확히 구분할 수 없다(Kassin, Meissner, & Norwick, 2005). 게다가 사람은 선천적으로 자백을 신뢰하고 논리적 · 법적으로 타당하지 않은 증거인 경우라도 이를 완전히 무시하지 못한다. 예를 들면, 한 연구에서 모의 배심원들은 논란의 여지가 없이 관대한 처벌을 약속하여 얻어 낸 자백임에도 불구하고 큰 영향을 받는 것으로 나타났다(Kassin & Wrightsman, 1980). 두 번째 연구에서 모의 배심원들은 공범 또는 구치소의 정보 제공자에 의한 간접적 또는 '부수적인 자백'을 통해 피고인이 자신들에게 자백했다는 것을 말하면 그 대가로 인센티브를 받게 된다는 내용을 알려 주었음에도 불구하고 영향을 받는 것으로 나타났다(Neuschatz, Lawson, Swanner, Meissner, & Neuschatz, 2008; 개관은 제10장 참고).

자백의 힘을 매우 잘 보여 준 모의 배심원 실험에서 Kassin과 Sukel(1997)은 세 가지 버전의 살인 재판 내용을 제시했다. 저압력 버전에서는 피고인이 신문 중 경찰에 바로 자백했다고 말한 내용이었다. 고압력 버전의 경우 실험 참가자들이 용의자가 고통스러워했고 신문을 공격적으로 심하게 받은 후에 자백했다는 내용을 읽었다. 그리고 통제 버전은 자백에 대한 내용이 없었다. 실험 참가자들은 고압력 자백 조건의 자백의 임의성은 없다고 판단했고, 그 정보가 이들의 판단에 영향은 미치지 않았다고 응답했다. 그러나 판결에서 이 동일한 자백으로 인해 유죄 판결의 비율이 현저히 증가했다. 이와 같은 증가는 강압에 의한 자백은 무시하라는 특별한 주의 지침을 받은 참가자들에게서도 나타났다. 이러한 자백 증거의 힘은 실제 사건들에 대한 사례 분석을 통해 허위 자백을 한 사람들이 자신은 무죄라고 주장하며 재판을 받게 되면 배심원들은 대부분 유죄 판결을 내리는 것으로 나타났는데, 이에 대해 Drizin과 Leo(2004)는 자백은 "강압적인 신문에 의한 것이고, 유죄를 입증할 만한 다른 증거도 없으며, 궁극적으로 조금도 합리적인 의심을 초월하여 입증할 수 없음에도 불구하고 피고인에게 본질적으로 편견적이며 매우 불리하다."(p. 959)고 설명했다.

자백은 그 영향력이 큰데, 이는 상식적으로 배심원이 신뢰할 수밖에 없기 때문이다. 실제로 대부분의 사람은 자신이 저지르지 않은 범죄에 대해 절대로 자백할 수 없고 누군가를 그렇게 만들 수 있는 기질적이고 상황적인 요인들에 대해 이해하지 못한다(Henkel, Coffman, & Dailey, 2008). 그러나 자백은 다른 증거에 부정적인 영향을 미치고 실제 죄가 있다는 착시를 불러일으켜 문제를 더욱 악화시킨다. 두 개의 연구가 이러한 내용을 입증해 주었다. Dror와 Charlton(2006; 또한 제12장 참고)은 다섯 명의 지문 전문가들에게 자신들이 이전에 동일 또는 동일하지 않다고 이미 판단 내렸던 범행 장소에서 발견된 지문과 실제 사건의 용의자의 지문을 다시 쌍으로 제시했다. 이 지문은 용의자가 자백했다는 설명(지문이 동일하다고 제안)과, 피고인은 범죄가 일어났을 당시에 이미 경찰의 조사를 받고 있었다는 설명(지문이 동일하지 않다고 제안)을 담고 있으며, 또는 범죄에 대한 다른 설명을 제공하지 않았다. 이러한 정보로 인해 이전에 내렸던 판단의 17%가 답변이 바뀐 것으로 나타났다. Hasel과 Kassin(2009)은 모의 절도 범죄를 연출한 다음 모의 목격자들로부터 사진 라인업에서 범죄자를 지목하도록 했다. 일주일 후, 이들이 지목한 용의자가 자신의 죄를 부인했거나 자백했거나 라인업에 포함되었던 다른 사람이 자백하였다고 알려 주었다. 예상했던 것과 마찬가지로 목격자들에게 다시 지목할 수 있는 기회를 제공하자 그들 중 다수는 자신의 판단을 바꾸어 자신 있게 자백을 했다는 사람을 지목했다.

정책과 실무에서의 허위 자백 연구의 적용

최근에 알려진 허위 자백 사례들을 보면 많은 연구자들은 일반적으로 사용하고 있는 매우 대질적인 접근을 취하는 신문에 문제가 있는 것은 아닌지, 그리고 효과적인 경찰의 업무를 해치지 않고 현재의 관행을 개혁하는 것이 가능할지에 대해 우려하고 있다. 정책과 실무적인 문제의 경우, 개혁을 위한 두 가지의 접근 방법이 제안되었다(Kassin et al., 2010). 가장 중요한 첫째는 모든 용의자의 면담과 신문을 녹화하는 것이다. 미국에서는 녹화에 대한 의견은 Edwin Borchard(1932)의 잘못된 유죄 판결에 대한 고전적인 연구인『결백한 자들에 대한 유죄 판결(Convicting the Innocent)』로 거슬러 올라간다. 비디오 녹화 정책은 다양한 장점이 있다. 카메라의 존재는 수사관이 사용하는 가장 공격적인 신문 기법을 사용하는 것을 방지하고 강압이 있었다는 거짓된 변호인의 주장을 방지할 수 있다. 또한 비디오 영상 녹화는 판사와 배심원들에게 논쟁의 원인이 되는 진술 습득 과정에 대한 종합적 · 객관적이며 정확한 내용을 제공한다. 오랫동안 법 집행자들 사이에서는 다양한 추정(예: 용의자는 카메라 앞에서 말하기를 꺼릴 것이고, 판사와 배심단은 이러한 과정을 강압적이라고 판단할 것이다)을 바탕으로 비디오 영상 녹화를 반대했다. 그러나 최근에는 관행이 바뀌고 이러한 반대가 누그러졌다. 어떠한 입법적 · 사법적인 강요 없이, 현재는 많은 주(州)의 경찰서에서 일상적으로 면담과 신문의 경우, 적어도 중대한 흉악범죄 수사에서는, 영상 녹화를 사용하고 있다. 이러한 관행에 대해 대체적으로 호의적인 반응들을 보이고 있다. Sullivan(2004)은 구금 수사를 녹화했던 수백 명의 경찰 및 보안관을 대상으로 한 법 집행 관리자들의 인터뷰를 통해 경찰은 이러한 관행을 열광적으로 받아들였고, 다음과 같은 부수적인 장점이 있다고 설명했다. 즉, 녹화는 (a) 형사가 막대한 양의 필기보다는 용의자에게 초점을 맞추는 것을 가능케 하고, (b) 처음에는 무심코 지나친 유죄를 입증할 수 있는 진술을 찾아내기 위해 용의자의 진술을 즉시 재생할 수 있고, (c) 법정에서 형사가 사용한 신문 기법을 방어하기 위한 시간을 줄여 주고, 또한 (d) 법 집행에 대한 국민의 신뢰를 증가시킨다.

점점 더 많은 경찰서에서 신문을 녹화하는 사례가 증가하고 있어 연구자들은 이러한 녹화가 배심원들에게 어떠한 영향을 미치는지 알아보았다. Lassiter와 Irvine(1986)에 의해 시작된 일련의 연구에서, 사람들에게 용의자만 보이거나, 신문자만 보이거나, 또는 둘 다 정면에 보이는 세 개의 카메라 각도로 제공된 모의 신문 과정을 보여 주었다. 사람들은 용의자에게 집중된 경우 지속적으로 신문자 또는 둘 다 보이는 경우보다 덜 강압적이라고 판단하였다. 이는 용의자에게 시각적으로 주목하게 만들어 배심원들이 보이지 않은 형사의 압력을 과소평가하도록 만든다. 다른 연구들에서도 사람들은 신문자만 영상에 보일 때는 용의자만 보일 때보다 신속한 자백을 이끌어 낸 상황적인 요소에 더 집중하는 것으로 나타났다. 영상 내에 두 당사자가 함께 보일 때, 배심원들은 임의성과 죄책감의 특성을 더 잘 파악하는 것으로 나타났다(Lassiter et al., 2002).

허위 자백 연구 논문의 두 번째 의미는 특정한 신문 기법은 합법적임에도 불구하고 범죄를 저지르지 않은 결백한 사람들을 자백하게 만든다는 것이다. 최근에 발표된 과학적인 개론 논문에서 Kassin과 동료들(2010)은 신문에 대한 관행을 개혁하려는 의견에 대해 두 가지 방법을 제안했다. 첫 번째 방법은 거시적 수준의 모형을 완벽하게 재개념화하는 것이고, '대립적'인 접근을 하는 리드 기법을 영국에서 사용되는 더 부드러운 '수사적'인 접근으로 대체하자는 것이다. 몇 년 전 사람들의 주목을 이끈 허위 자백 사건 이후 영국은 '수사적인 면담' 과정을 채택하였는데, 이 기법은 자백을 얻는 것이 주된 목적이 아니라 사실을 판단하는 데 있다(이 모델에 대한 설명은 Williamson, 2006 참고). 수사적인 면담이 대립적인 면담을 효과적으로 대체할 수 있을 것인지에 대한 의문에 연구 결과는 대부분 호의적이다. 영국에서 이루어진 관찰 연구에서 이러한 수사 면담은 경찰로 하여금 유용한 범죄와 관련된 유죄 정보를 얻게 하여 범죄자들과 어린 용의자들(Lamb, Orbach, Hershkowitz, Horowitz, & Abbot, 2007)의 죄를 묻게 할 수 있다고 했다(개관은 Bull & Soukara, 2010; Williamson, 2006 참고).

개혁을 위한 두 번째 방법은 신문의 대질적인 관점에 대한 특정한 위험 요소에 대해 언급하는 것이다. 이 장에서 설명한 기초 연구를 보면, 개혁을 위한 두 가지의 논의가 필수적이다. 첫째, 특정 용의자(예: 청소년, 인지적으로 손상되거나 심리적인 장애가 있는 사람들)는 변호인을 의무적으로 입회시키거나, 어리고 미숙하고 지적 장애나 심리적으로 장애가 있거나 조작에 취약한 고위험군에 속한 사람을 신문하기 위해서는 특별히 훈련된 수사관을 사용하여 보호할 필요가 있다. 둘째, 합법적이지만 특정한 신문 방법은 결백한 용의자에게는 위험할 수 있다. 다양한 원인을 수렴해 보면, 거짓 증거 전략은 결백한 사람을 혼란스럽게 하고 자신에게 불리하고 피할 수 없는 증거들로 인해 궁지에 몰렸다는 생각이 들게 하여 자백을 하도록 만든다는 강력한 증거들이 제시되었다. 비슷하게, 다양한 연구에 따르면 최소화 기법을 사용한 암묵적인 약속은 형량을 줄이거나 피하는 유일한 방법이 신문자의 자백 요구에 순응하는 것이라고 생각하게 만들어 결백한 사람도 자백하게 만들 수 있다. 한마디로, 이러한 특정 신문 기법들이 어떻게든 제한되거나 완전히 금지되어야 하느냐라는 질문에 대한 진지한 논의는 실증적인 데이터를 통해 이루어져야 한다(좀 더 자세한 논의는 Kassin et al., 2010 참고).

결론

수많은 DNA 증거를 바탕으로 석방된 사례들을 통해 허위 자백 문제에 대해 주목하고 있는데, 심리학자와 연구자들은 경찰이 용의자를 면담하여 진실을 말하는 사람과 거짓말을 하는 사람을 구분하려는 노력, 신문 중 자백의 경향성을 증가시키는 기질적이고 상황적인 요인, 자백 증거가 배심단 및 사법체계의 다른 의사결정자들에게 미치는 영향에 대한 과정들을 이해하고자 노력했다. 이 장에서 소개된 연구들은 모든 연구를 포함하지 못했다. 다른 연구들은 미란다 원칙에 대한 언어의 다양성과 실용적인 효용성(Roger, Harrison, Shuman, Sewell, & Hazelwood, 2007), 청소년 용의자는 보호자가 존재함에도 불구하고 신문 중 보호받지 못할 수 있고(Oberlander & Goldstein, 2001), 무죄이기 때문에 나타날 수 있는 현상과 결백한 사람이 어떻게 자신의 권리를 포기하고 자백함으로써 위험에 처하게 되는지(Kassin &

Norwick, 2004), 그리고 카메라 관점으로 인해 비디오로 녹화된 자백에 대해 편향된 관점이 생기는 방식(Lassiter et al., 2002)에 대해 집중되어 있다.

이제 자백 증거는 몇 가지의 문제가 존재한다는 것이 확인되었고, 연구자들은 가능한 개선 방안들을 제안했다. 이상적인 다음 단계는 사회과학자, 법 집행 전문가, 정책 담당자들의 공동의 노력을 통해 용의자에 대한 효과적인 면담 및 신문 방법을 만들어 이에 대한 과정 및 의견에 대해 법정에서 증언하는 것이다. 모든 사람이 이러한 개혁의 목적이 결백한 사람이 아닌 범죄자에게 유죄 판결을 내리는 것이라는 점에 동의한다. 마지막으로, 잘못된 유죄 판결에 대한 지속적인 연구는 심리학의 핵심 원리와 제대로 설계된 실험 연구 및 현장 연구, 그리고 다른 연구 방법들에 기초한 정보들을 바탕으로 인과관계 입증, 오류 및 편견 감소, 그리고 결과에 대한 정확성을 증가를 시킬 수 있을 것이라고 믿는다.

★ 참고문헌

American Psychological Association. (2007). *APA dictionary of psychology.* Washington, DC: Author.

Asch, S. E. (1956). Studies of independence and conformity: A minority of one against a unanimous majority. *Psychological Monographs, 70,* 416.

Bem, D. J. (1966). Inducing belief in false confessions. *Journal of Personality and Social Psychology, 3,* 707–710. doi:10.1037/h0023226

Bickel, W. K., & Marsch, L. A. (2001). Toward a behavioral economic understanding of drug dependence: Delay discounting processes. *Addiction, 96,* 73–86. doi:10.1046/j.1360-0443.2001.961736.x

Bond, C. F., & Uysal, A. (2007). On lie detection "wizards." *Law and Human Behavior, 31,* 109–115. doi:10.1007/s10979-006-9016-1

Borchard, E. M. (1932). *Convicting the innocent: Errors of criminal justice.* New Haven, CT: Yale University Press.

Brooks, P. (2009). *Troubling confessions: Speaking guilt in law and literature.* Chicago, IL: University of Chicago Press.

Bruck, M., & Ceci, S. J. (1999). The suggestibility of children's memory. *Annual Review of Psychology, 50,* 419–439. doi:10.1146/annurev.psych.50.1.419

Bull, R., & Soukara, S. (2010). Four studies of what really happens in police interviews. In G. D. Lassiter & C. A. Meissner (Eds.), *Police interrogations and false confessions: Current research, practice, and policy recommendations* (pp. 81–95). Washington, DC: American Psychological Association.

Burger, J. M. (2009). Replicating Milgram: Would people still obey today? *American Psychologist, 64,* 1–11. doi:10.1037/a0010932

Chan, J. C. K., & McDermott, K. B. (2006). Remembering pragmatic inferences. *Applied Cognitive Psychology, 20,* 633–639. doi:10.1002/acp.1215

Cialdini, R. B. (2001). *Influence: Science and practice* (4th ed.). Needham Heights, MA: Allyn & Bacon.

Davis, D., & O'Donohue, W. (2003). The road perdition: "Extreme influence" tactics in the interrogation room. In W. O'Donohue, P. Laws, & C. Hollin (Eds.), *Handbook of forensic psychology* (pp. 897–996). New York, NY: Basic Books.

Deluty, M. Z. (1978). Self-control and impulsiveness involving aversive events. *Journal of Experimental Psychology. Animal Behavior Processes, 4,* 250–266. doi:10.1037/0097-7403.4.250

de Rivera, J. (1997). The construction of false memory syndrome: The experience of retractors. *Psychological Inquiry, 8,* 271–292. doi:10.1027/s15327965pli0804_1

Drizin, S. A., & Leo, R. A. (2004). The problem of false confessions in the post-DNA world. *North Carolina Law Review, 82,* 891–1007.

Dror, I. E., & Charlton, D. (2006). Why experts make errors. *Journal of Forensic Identification, 56,* 600–616.

Ekman, P., O'Sullivan, M., & Frank, M. G. (1999). A few can catch a liar. *Psychological Science, 10,* 263–266. doi:10.1111/1467-9280.00147

Findley, K. A., & Scott, M. S. (2006). The multiple dimensions of tunnel vision in criminal cases. *Wisconsin Law Review, 2006,* 291–397.

Finlay, W. M. L., & Lyons, E. (2002). Acquiescence in interviews with people who have mental retardation. *Mental Retardation, 40,* 14–29. doi:10.1352/0047-6765(2002)040〈0014:AIIWPW〉2.0.CO;2

Firstman, R., & Salpeter, J. (2008). *A criminal injustice: A true crime, a false confession, and the fight to free Marty Tankleff.* New York, NY: Ballantine Books.

Frazier v. Cupp, 394 U.S. 731 (1969).

Garrett, B. (2008). Judging innocence. *Columbia Law Review, 108,* 55-142.

Garrett, B. L. (2010). The substance of false confessions. *Stanford Law Review, 62,* in press. Currently available at SSRN: http://ssrn.com/abstract=1280254

Garrido, E., Masip, J., & Herrero, C. (2004). Police officers' credibility judgments: Accuracy and estimated ability. *International Journal of Psychology, 39,* 254-275. doi:10.1080/00207590344000411

Gross, S. R., Jacoby, K., Matheson, D. J., Montgomery, N., & Patel, S. (2004). Exonerations in the United States, 1989 through 2003. *The Journal of Criminal Law & Criminology, 95,* 523-553.

Gudjonsson, G. H. (2003). *The psychology of interrogations and confessions: A handbook.* Chicester, England: Wiley.

Gudjonsson, G. H., & MacKeith, J. A. C. (1982). False confessions: Psychological effects of interrogation. In A. Trankell (Ed.), *Reconstructing the past: The role of psychologists in criminal trials* (pp. 253-269). Deventer, the Netherlands: Kluwer.

Gudjonsson, G. H., Sigurdsson, J. F., & Sigfusdottir, I. D. (2009). Interrogation and false confessions among adolescents in seven European countries. What background and psychological variables best discriminate between false confessors and non-false confessors? *Psychology, Crime & Law, 15,* 711-728. doi:10.1080/10683160802516257

Hartwig, M., Granhag, P. A. Strömwall, L. A., & Vrij, A. (2005). Detecting deception via strategic disclosure of evidence. *Law and Human Behavior, 29,* 469-484. doi:10.1007/s10979-005-5521-x

Hasel, L. E., & Kassin, S. M. (2009). On the presumption of evidentiary independence: Can confessions corrupt eyewitness identifications? *Psychological Science, 20,* 122-126. doi:10.1111/j.1467-9280.2008.02262.x

Henkel, L. A., & Coffman, K. A. (2004). Memory distortions in coerced false confessions: A source monitoring framework analysis. *Applied Cognitive Psychology, 18,* 567-588. doi:10.1002/acp.1026

Henkel, L. A., Coffman, K. A. J., & Dailey, E. M. (2008). A survey of people's attitudes and beliefs about false confessions. *Behavioral Sciences & the Law, 26,* 555-584. doi:10.1002/bsl.826

Herrnstein, R. J. (1970). On the law of effect. *Journal of the Experimental Analysis of*

Behavior, 13, 243-266. doi:10.1901/jeab.1970.13-243

Herrnstein, R. J., Rachlin, H., & Laibson, D. I. (Eds.). (1997). *The matching law: Papers in psychology and economics.* New York, NY: Russell Sage Foundation.

Horselenberg, R., Merckelbach, H., Smeets, T., Franssens, D., Ygram Peters, G.-J., & Zeles, G. (2006). False confessions in the lab: Do plausibility and consequences matter? *Psychology, Crime & Law, 12,* 61-75. doi:10.1080/10683100420003 03076

Inbau, F. E., Reid, J. E., Buckley, J. P., & Jayne, B. C. (2001). *Criminal interrogation and confessions* (4th ed.). Gaithersburg, MD: Aspen.

Kassin, S. M. (1997). The psychology of confession evidence. *American Psychologist, 52,* 221-233. doi:10.1037/0003-066X.52.3.221

Kassin, S. M. (2005). On the psychology of confession: Does innocence put innocents at risk? *American Psychologist, 60,* 215-228. doi:10.1037/0003-066X.60.3.215

Kassin, S. M. (2007). Expert testimony on the psychology of confessions: A pyramidal model of the relevant science. In E. Borgida & S. T. Fiske (Eds.), *Psychological science in court: Beyond common knowledge* (pp. 185-218). Oxford, England: Blackwell.

Kassin, S. M. (2008). The psychology of confessions. *Annual Review of Law and Social Science, 4,* 193-217. doi:10.1146/annurev.lawsocsci.4.110707.172410

Kassin, S. M., Drizin, S. A., Grisso, T., Gudjonsson, G. H., Leo, R. A., & Redlich, A. D. (2010). Police-induced confessions: Risk factors and recommendations. *Law and Human Behavior, 34,* 49-52. doi:10.1007/s10979-010-9217-5

Kassin, S. M., & Fong, C. T. (1999). "I'm innocent!": Effects of training on judgments of truth and deception in the interrogation room. *Law and Human Behavior, 23,* 499-516. doi:10.1023/A:1022330011811

Kassin, S. M., Goldstein, C. J., & Savitsky, K. (2003). Behavioral confirmation in the interrogation room: On the dangers of presuming guilt. *Law and Human Behavior, 27,* 187-203. doi:10.1023/A:1022599230598

Kassin, S. M., & Gudjonsson, G. H. (2004). The psychology of confession evidence: A review of the literature and issues. *Psychological Science in the Public Interest, 5,* 33-67. doi:10.1111/j.1529-1006.2004.00016.x

Kassin, S. M. & Kiechel, K. L. (1996). The social psychology of false confessions: Compliance, internalization, and confabulation. *Psychological Science, 7,* 125-128. doi:10.1111/j.1467-9280.1996.tb00344.x

Kassin, S. M., Leo, R. A., Meissner, C. A., Richman, K. D., Colwell, L. H., Leach, A., & La Fon, D. (2007). Police interviewing and interrogation: A self-report survey of police practices and beliefs. *Law and Human Behavior, 31,* 381-400. doi:10.1007/s10979-006-9073-5

Kassin, S. M., & McNall, K. (1991). Police interrogations and confessions: Communicating promises and threats by pragmatic implication. *Law and Human Behavior, 15,* 233-251. doi:10.1007/BF01061711

Kassin, S. M., Meissner, C. A., & Norwick, R. J. (2005). "I'd know a false confession if I saw one": A comparative study of college students and police investigators. *Law and Human Behavior, 29,* 211-227. doi:10.1007/s10979-005-2416-9

Kassin, S. M., & Neumann, K. (1997). On the power of confession evidence: An experimental test of the "fundamental difference" hypothesis. *Law and Human Behavior, 21,* 469-484. doi:10.1023/A:1024871622490

Kassin, S. M., & Norwick, R. J. (2004). Why suspects waive their Miranda rights: The power of innocence. *Law and Human Behavior, 28,* 211-221. doi:10.1023/B:LAHU.0000022323.74584.f5

Kassin, S. M., & Sukel, H. (1997). Coerced confessions and the jury: An experimental test of the "harmless error" rule. *Law and Human Behavior, 21,* 27-46. doi:10.1023/A:1024814009769

Kassin, S. M., & Wrightsman, L. S. (1980). Prior confessions and mock juror verdicts. *Journal of Applied Social Psychology, 10,* 133-146. doi:10.1111/j.1559-1816.1980.tb00698.x

Kassin, S. M., & Wrightsman, L. S. (1985). Confession evidence. In S. Kassin & L. Wrightsman (Eds.), *The psychology of evidence and trial procedure* (pp. 67-94). Beverly Hills, CA: Sage.

Lamb, M. E., Orbach, Y., Hershkowitz, I., Horowitz, D., & Abbott, C. B. (2007). Does the type of prompt affect the accuracy of information provided by alleged victims of abuse in forensic interviews? *Applied Cognitive Psychology, 21,* 1117-1130. doi:10.1002/acp.1318

Lassiter, G. D., Diamond, S. S., Schmidt, H. C., & Elek, J. K. (2007). Evaluating videotaped confessions: Expertise provides no defense against the camera-perspective effect. *Psychological Science, 18,* 224-226. doi:10.1111/j.1467-9280.2007.01879.x

Lassiter, G. D., Geers, A. L., Handley, I. M., Weiland, P. E., & Munhall, P. J. (2002).

Videotaped confessions and interrogations: A change in camera perspective alters verdicts in simulated trials. *Journal of Applied Psychology, 87,* 867-874. doi:10.1037/0021-9010.87.5.867

Lassiter, G. D., & Irvine, A. A. (1986). Videotaped confessions: The impact of camera point of view on judgments of coercion. *Journal of Applied Social Psychology, 16,* 268-276. doi:10.1111/j.1559-1816.1986.tb01139.x

Latané, B. (1981). The psychology of social impact. *American Psychologist, 36,* 343-356. doi:10.1037/0003-066X.36.4.343

Leo, R. A. (1996). Inside the interrogation room. *The Journal of Criminal Law & Criminology, 86,* 266-303. doi:10.2307/1144028

Leo, R. A. (2005). Re-thinking the study of miscarriages of justice: Developing a criminology of wrongful conviction. *Journal of Contemporary Criminal Justice, 21,* 201-223. doi:10.1177/1043986205277477

Leo, R. A. (2008). *Police interrogation and American justice.* Cambridge, MA: Harvard University Press.

Leo, R. A., & Ofshe, R. J. (1998). The consequences of false confessions: Deprivations of liberty and miscarriages of justice in the age of psychological interrogation. *The Journal of Criminal Law & Criminology, 88,* 429-496. doi:10.2307/1144288

Lifton, R. J. (1956). Thought reform of western civilizations in Chinese communist prisons. *Psychiatry, 19,* 173-195.

Loftus, E. F. (2005). Planting misinformation in the human mind: A 30-year investigation of the malleability of memory. *Learning & Memory, 12,* 361-366. doi:10.1101/lm.94705

McConkey, K. M., & Sheehan, P. W. (1995). *Hypnosis, memory, and behavior in criminal investigation.* New York, NY: Guilford Press.

McCormick, C. T. (1972). *Handbook of the law of evidence* (2nd ed.). St. Paul, MN: West.

Meissner, C. A., & Kassin, S. M. (2002). "He's guilty!": Investigator bias in judgments of truth and deception. *Law and Human Behavior, 26,* 469-480. doi:10.1023/A:1020278620751

Milgram, S. (1974). *Obedience to authority: An experimental view.* New York, NY: Harper & Row.

Moston, S., Stephenson, G. M., & Williamson, T. M. (1992). The effects of case characteristics on suspect behaviour during questioning. *The British Journal of Criminology, 32,* 23-40.

Munsterberg, H. (1908). *On the witness stand.* Garden City, NY: Doubleday.

Nash, R. A., & Wade, K. A. (2009). Innocent but proven guilty: Using false video evidence to elicit false confessions and create false beliefs. *Applied Cognitive Psychology, 23,* 624-637. doi:10.1002/acp.1500

Neuschatz, J. S., Lawson, D. S., Swanner, J. K., Meissner, C. A., & Neuschatz, J. S. (2008). The effects of accomplice witnesses and jailhouse informants on jury decision making. *Law and Human Behavior, 32,* 137-149. doi:10.1007/s10979-007-9100-1

New York v. Kharey Wise, Kevin Richardson, Antron McCray, Yusef Salaam, & Raymond Santana: Affirmation in response to motion to vacate judgment of conviction (2002). Indictment No. 4762/89, December 5, 2002.

Oberlander, L. B., & Goldstein, N. E. (2001). A review and update on the practice of evaluating Miranda comprehension. *Behavioral Sciences & the Law, 19,* 453-471. doi:10.1002/bsl.453

O'Connell, M. J., Garmoe, W., & Goldstein, N. E. S. (2005). Miranda comprehension in adults with mental retardation and the effects of feedback style on suggestibility. *Law and Human Behavior, 29,* 359-369. doi:10.1007/s10979-005-2965-y

O'Sullivan, M. (2007). Unicorns or Tiger Woods: Are lie detection experts myths or rarities? A response to on lie detection "wizards" by Bond and Uysal. *Law and Human Behavior, 31,* 117-123. doi:10.1007/s10979-006-9058-4

O'Sullivan, M., & Ekman, P. (2004). The wizards of deception detection. In P. A. Granhag & L. A. Stromwall (Eds.), *Deception detection in forensic contexts* (pp. 269-286). Cambridge, England: Cambridge University Press.

Owen-Kostelnik, J., Reppucci, N. D., & Meyer, J. R. (2006). Testimony and interrogation of minors: Assumptions about maturity and morality. *American Psychologist, 61,* 286-304. doi:10.1037/0003-066X.61.4.286

Perillo, J. T., & Kassin, S. M. (in press). Inside interrogation: The lie, the bluff, and false confessions. *Law and Human Behavior.*

Petty, R. E., & Cacioppo, J. T. (1986). *Communication and persuasion: Central and peripheral routes to attitude change.* New York, NY: Springer.

Price, D. D., Finniss, D. G., & Benedetti, F. (2008). A comprehensive review of the placebo effect: Recent advances and current thought. *Annual Review of Psychology, 59,* 565–590. doi:10.1146/annurev.psych.59.113006.095941

Rachlin, H. (2000). *The science of self-control.* Cambridge, MA: Harvard University Press.

Redlich, A. D. (2007). Double jeopardy in the interrogation room: Young age and mental illness. *American Psychologist, 62,* 609–611. doi:10.1037/0003-066X62.6.609

Redlich, A. D., & Goodman, G. S. (2003). Taking responsibility for an act not committed: Influence of age and suggestibility. *Law and Human Behavior, 27,* 141–156. doi:10.1023/A:1022543012851

Redlich, A. D., Summers, A., & Hoover, S. (2010). Self-reported false confessions and false guilty pleas among offenders with mental illness. *Law and Human Behavior, 34,* 79–90. doi:10.1007/s10979-009-9194-8

Rogers, R., Harrison, K., Shuman, D., Sewell, K., & Hazelwood, L. (2007). An analysis of Miranda warnings and waivers: Comprehension and coverage. *Law and Human Behavior, 31,* 177–192. doi:10.1007/s10979-006-9054-8

Russano, M. B., Meissner, C. A., Narchet, F. M., & Kassin, S. M. (2005). Investigating true and false confessions within a novel experimental paradigm. *Psychological Science, 16,* 481–486. doi:10.1111/j.0956-7976.2005.01560.x

Saulny, S. (2002, December 8). Why confess to what you didn't do? *The New York Times,* Section 4. Retrieved from http://www.nytimes.com/2002/12/08/weekinreview/ideas-trends-why-confess-to-what-you-didn-t-do.html

Schachter, S., & Singer, J. (1962). Cognitive, social, and physiological determinants of emotional state. *Psychological Review, 69,* 379–399. doi:10.1037/h0046234

Schacter, D. L. (2001). *The seven sins of memory: How the mind forgets and remembers.* Boston, MA: Houghton Mifflin.

Schein, E., Schneider, I., & Barker, C. H. (1961). *Coercive pressure.* New York, NY: Norton.

Sherif, M. (1935). A study of some social factors in perception. *Archives of Psychology, 187,* 60.

Sherif, M. (1936). *The psychology of social norms.* New York, NY: Harper.

Sigurdsson, J. F., & Gudjonsson, G. H. (1996). The psychological characteristics of "false confessors": A study among Icelandic prison inmates and juvenile offenders. *Personality and Individual Differences, 20,* 321–329. doi:10.1016/0191-8869(95)00184-0

Skinner, B. F. (1938). *The behavior of organisms.* New York, NY: Appleton-Century-Crofts.

Sullivan, T. P. (2004). *Police experiences with recording custodial interrogations.* Chicago, IL: Northwestern University Law School, Center on Wrongful Convictions.

Swanner, J. K., Beike, D. R., & Cole, A. T. (2010). Snitching, lies, and computer crashes: An experimental investigation of secondary confessions. *Law and Human Behavior, 34,* 53-65. doi:10.1007/s10979-008-9173-5

Thorndike, E. L. (1911). *Animal intelligence: Experimental studies.* New York, NY: MacMillan.

Vrij, A. (2008). *Detecting lies and deceit: Pitfalls and opportunities.* Chichester, England: Wiely.

Vrij, A., Leal, S., Granhag, P. A., Mann, S., Fisher, R. P., Hillman, J., & Sperry, K. (2009). Outsmarting the liars: The benefit of asking unanticipated questions. *Law and Human Behavior, 33,* 159-166. doi:10.1007/s10979-008-9143-y

Vrij, A., Mann, S., & Fisher, R. P. (2006). An empirical test of the Behaviour Analysis Interview. *Law and Human Behavior, 30,* 329-345. doi:10.1007/s10979-006-9014-3

Vrij, A., Mann, S., Fisher, R. P., Leal, S., Milne, R., & Bull, R. (2008). Increasing cognitive load to facilitate lie detection: The benefit of recalling an event in reverse order. *Law and Human Behavior, 32,* 253-265. doi:10.1007/s10979-007-9103-y

Wallace, B. D., & Kassin, S. M. (2009, March). Harmless error analysis: Judges' performance with confession errors. Paper presented at the American Psychology-Law Society, San Antonio, TX.

Williamson, T. (Ed.). (2006). *Investigative interviewing: Rights, research, regulation.* Devon, England: Willan.

Zimbardo, P. G. (1967). The psychology of police confessions. *Psychology Today, 1,* 17-20, 25-27.

제4장

신문에서의 절차적 공정성에 대한 평가[1)]

Diane Sivasubramaniam & LAarry Heuer

이노센스 프로젝트의 자료를 통해 잘못된 유죄 판결을 받은 사례들 중에서 25%는 결백한 사람들이 기소된 범죄에 대해 자백했다는 것을 보여 주었다. 이러한 연구 결과에 맞춰 결백한 용의자들을 심각한 범죄에 대해 자백하도록 만드는 요인이 무엇인지 밝히는 연구가 진행되고 있다. 연구의 대부분은 경찰관에 의해 사용되는 신문 절차와 특정한 신문 기법이 무고한 용의자를 허위로 자백하게 만드는 가능성을 증가시키는 방법에 초점을 맞추고 있다. 연구 결과, 리드 기법(Inbau, Reid, Buckley, & Jayne, 2001)에서 사용되는 특정한 방법이 신문을 받는 동안 무고한 용의자가 자백을 할 위험성을 증가시킬 수 있고(Kassin & Fong, 1999; Kassin, Goldstein, & Savitsky, 2003), 결국 무고한 용의자들이 잘못된 유죄 판결을 받게 한다는 것을 보여 주었다. 리드 기법은 (a) 신문 전 면담, 그리고 (b) 신문이라는 두 가지의 중요한 신문 단계로 구성되어 있다.

---

1) 이 장에서 설명하는 내용은 National Science Foundation Grant SES-0550495의 지원을 받았다.

리드 기법: 신문 전 면담 단계

신문 전 면담은 신문자가 용의자가 거짓을 말하는지 진실을 말하는지를 판단하는 과정이다. 제3장에서 설명했듯이, 신문 전에 이루어지는 면담 중 신문자가 무고한 사람과 유죄인 사람을 정확하게 구분할 수 있는 능력에 대해 회의적인 점에는 몇 가지 이유가 존재한다. 연구 결과, 리드 기법에 의해 거짓말 탐지 훈련을 받은 사람들은 대상자의 유죄 판단에 대한 자신감은 더 높지만 정확성은 떨어지며 (Kassin & Fong, 1999), Meissner와 Kassin(2002)이 수사관 반응 편견(investigator response bias)이라고 명명한 경향, 즉 일반 대학생들보다 경찰관들은 대상자가 거짓말을 하고 있다고 과장하여 판단하는 경향을 보인다. 일상적으로 사용되는 리드 기법의 신문 전 면담 단계는 거짓말 탐지의 정확성은 낮고, 자신감은 높으며, 무고한 사람을 거짓말을 하고 있다는 편견을 갖고 있는 신문자에 의해 용의자가 거짓말을 하고 있다고 판단하게 만든다.

리드 기법: 신문 단계

신문자에 의해 거짓말을 하고 있다거나 범죄를 저질렀다고 판단되는 용의자들은 신문 단계로 진입하게 된다. 그러므로 리드 기법은 유죄를 추정하고, 신문자는 사전 면담을 통해 용의자가 유죄라고 이미 자신 있게 판단을 내린 것이다. 신문 단계에서는 특정한 직면적인 신문 기술을 사용하기 때문에 잠재적으로 잘못된 유죄 판결의 가능성이 존재한다. 신문 단계 동안에 신문자는 9단계를 거쳐 용의자의 자백을 이끌어 내려고 하는데(Inbau et al., 2001), 이를 Kassin과 Gudjonsson(2006)은 고립, 직면 그리고 최소화라는 세 가지의 심리적 영향으로 설명했다(신문 과정에 대한 자세한 설명과 이 과정이 어떻게 거짓 자백을 이끌어 내는지에 대해서는 제3장 참고). 대규모의 실험 및 현장 연구 결과(이에 대한 개요는 Kassin & Gudjonsson, 2006 참고)

와 유죄가 뒤집힌 사례들(http://www.innocenceproject.org/)을 종합해 보면, 이러한 강압적이고 적대적인 과정에서 오판에 대한 비관적인 그림이 시작된다. 따라서 많은 심리학자와 법학자는 이 신문 기법에 대한 적절성에 대한 문제를 제기하고 신문 단계를 개선할 것을 요구하고 있다. 그럼에도 불구하고 신문자들은 리드 기법과 다른 강압적인 신문 관행을 지속적으로 사용하고 있다.

의사결정자의 관점

강압적인 신문 과정이 무고한 사람을 잘못된 유죄 판결을 받게 할 수 있는 위험에 빠지게 한다는 증거를 염두에 두고, 왜 수사관은 이 절차를 지속적으로 사용하는지에 대해 질문을 해 봐야 한다. 수사관의 관점에서 신문을 설계하고 사용하는 과정에 대해 생각해 볼 필요가 있다. 이런 절차가 잘못된 유죄 판결을 받은 사례에서 사용되었음이 알려져 있음에도 불구하고, 용의자에게 적대적이고 속임수를 사용하는 강압적인 신문 절차를 사용하도록 만드는 것은 무엇인가?

이 질문의 중심에는 리드 기법이 수사관은 신문실에 있는 용의자가 범죄를 저질렀다는 확신하에 신문 단계를 시작한다는 데 있다. 따라서 용의자는 유죄이며, 신문자의 업무는 자백을 이끌어 내는 것이고, 궁극적으로는 유죄 판결을 받게 하는 것이다. 이 장에서는 용의자가 유죄일 것이라는 이 믿음이 근본적으로 수사관이 용의자를 다루고 사용하는 신문 절차에 영향을 미친다고 주장하려 한다. 용의자가 유죄라는 이 믿음이 수사관의 신문 절차에 영향을 미칠 수 있는 세 가지의 방법을 생각해 보고자 한다.

1. 수사관은 용의자가 존중받을 가치가 없고, 신문 그 자체로 범죄자에 대한 하나의 처벌로 작용하며, 아직 재판을 받지는 않았지만 강한 확신을 가지고 유죄라고 판단한다.
2. 수사관은 용의자를 존중하는 것보다는 구금 상태에 있는 용의자는 유죄이며,

범죄에 대해 유죄 판결을 받는 것과 같이 정확한 결과를 얻는 데 관심이 더 많다.

3. 수사관은 신문 절차와 그 방법에 대한 공정성을 평가하는 방법이 다른 사람들(용의자, 관찰자)과는 다르다. 수사관은 강압적인 신문 절차가 공정하다고 판단하며, 이러한 절차가 공정한 결과를 도출해 낼 것이라고 생각한다.

이 장에서 경찰 신문 절차의 공정성에 대한 수사관의 관점을 연구해 보고 앞에서 언급된 세 가지 메커니즘 모두가 사법 당국에 의해 강압적인 신문 절차가 사용되고 승인되는 데 기여한다는 증거를 제시하고자 한다. 절차적 공정성 평가와 관련된 문헌에 대한 재검토를 시작으로 다양한 방법론과 이러한 영향이 입증된 사례들을 간략히 살펴본다. 그 다음으로 판사가 판결을 내릴 때 절차적 공정성의 의미와 중요성이 한 판사의 관점에 의해 조절될 수도 있다는 최근의 증거를 제시한다. 특히 절차적 공정성과 만족스러운 판결에 영향을 미치는 요인들이 권위자의 관점에서 판결을 내리느냐 아니면 법적(그리고 다른) 절차 내의 하급자로서의 판단을 내리느냐에 따라 큰 차이가 있다는 최근 연구에 초점을 맞추고자 한다. 의사결정자들과 비의사결정자들 간에 차이가 나타나는 이유에 대한 최근 연구를 재검토한 후, 수사관이 강압적인 신문 절차를 사용하는 것을 이해하기 위해 이러한 차이가 주는 시사점을 논의한다. 마지막으로, 무고한 용의자를 위험에 노출시킴에도 불구하고 강압적인 신문 절차를 지속적으로 사용하고 승인하는 것을 이해하기 위해 신문에 대한 몇 가지 방향을 제시할 것이다.

절차적 공정성 연구의 과학적 근거

절차적 공정성은 의사결정 절차 동안에 경험하는 처우의 공정성에 대한 사람들의 판단을 말한다. 그리고 분배적 공정성(또는 결과의 공정성)은 그러한 의사결정 과정으로부터 파생된 결과에 대한 공정성을 말한다(Tyler, Degoey, & Smith, 1996).

사람들이 경험한 공정한 처우에 대한 판단을 어떻게 내리고 받게 되는지 그 결과에 대한 조사를 실시한 많은 연구들이 존재하는데, 그중 법적 의사결정 과정의 특별한 특성이 사람들의 절차적이고 분배적인 공정성에 대한 판단에 미치는 영향에 대한 연구들도 다수 존재한다.

사법체계에 이러한 연구들이 적용된 첫 번째의 체계적인 연구는 Thibaut와 Walker(1975, 1978)에 의해 진행됐다. 연구 결과, 법적인 분쟁에서는 판사와 같은 권위자로부터 받은 처우뿐만 아니라 권위자로부터 받은 결과가 분쟁 해결에 대한 만족감에 큰 영향을 미치는 것으로 나타났다. 또한 Thibaut와 Walker는 의사결정 과정에서 분쟁 당사자들이 사용할 수 있는 통제권을 과정에 대한 통제권과 결정에 대한 통제권으로 구분했다(Houlden, LaTour, Walker, & Thibaut, 1978; Thibaut & Walker, 1975, 1978). 과정에 대한 통제권은 분쟁 당사자들이 결정을 내리기 위해 사용하는 절차적인 부분에 대한 통제 수준을 말한다. 이는 증거의 제시와 같이 분쟁 당사자들이 절차적으로 얼마나 관여할 수 있는가, 그리고 통제할 수 있는 수준의 양을 말한다. 과정에 대한 통제권은 종종 발언권으로 불리기도 한다(Folger, 1997). 결정에 대한 통제권은 분쟁 당사자들이 의사결정 과정에서 파생된 결과를 통제할 수 있는 정도를 말한다. 예를 들면, 당사자주의에서는 분쟁 당사자들이 절차에 대한 통제가 가능하지만(자신의 입장을 지지하기 위해 증거를 제시할 수 있고, 절차 자체에 대한 의견을 제시할 수 있다) 결정에 대한 통제권은 없다. 전통적인 당사자주의적 재판 절차에서는 독립적인 제3자인 판사나 배심원들이 해당 사건의 결과에 대해 최종적으로 결정하게 된다. 결국 당사자주의적 재판 절차에서 분쟁 당사자들이 과정에 대한 통제권을 갖게 되지만 결과에 대한 통제권은 제3자에게 양도한다.

Thibaut와 Walker(1975, 1978), 그리고 Houlden과 동료들(1978)은 분쟁 해결 절차에서 절차적 공정성에 대한 사람들의 의견은 과정에 대한 통제권과 결정에 대한 통제권의 분포에 의해 영향을 받는다고 제안했다. 분쟁 당사자들 스스로가 해결할 수 없는 매우 어려운 분쟁 사건의 경우, 분쟁 해결을 도와줄 제3자인 의사결정자에게 의지하고 종종 이 제3자에게 법적 구속력이 있는 판결을 내려 달라는 요청을 한다. 다시 말하면, 매우 해결하기 힘든 분쟁 상황에 놓인 분쟁 당사자들은 결정에 대한 통제권을 기꺼이 위임한다. 그러나 분쟁 당사자가 결정에 대한 통제권을 기꺼이 위임한다고 하더라도 분쟁 당사자들은 절차적 통제권 또는 발언권을 중요하게 생각한다.

분쟁 당사자들은 절차상 발언권이 허락되지 않을 때보다 절차상 발언권 또는 의견 제시나 과정에 대한 통제권이 허락될 때 법적인 의사결정 절차와 이에 따른 결과를 더 공정하다고 판단한다(Houlden et al., 1978; Thibaut & Walker, 1975, 1978). 그러므로 Thibaut와 Walker의 초기의 연구 결과는 매우 중요한데, 이는 법적 분쟁에서 (a) 절차적 공정성에 대한 분쟁 당사자들의 판단은 그 결과뿐만 아니라 발언권이나 과정에 대한 통제권도 함께 영향을 미치며, 그리고 (b) 발언권은 이러한 의사결정 절차로부터 얻어진 결과에 대한 분쟁 당사자들의 만족감을 증가시키기 때문이다. 발언권이 결과에 대한 만족감을 증가시킨다는 이 결과는 '공정한 절차 효과'로 알려져 있으며, 다양한 맥락에서 다수의 반복 연구에서도 동일한 결과가 도출되었다(Greenberg & Folger, 1983).

Thibaut와 Walker(1975)는 이러한 결과에 대한 수단적 해석을 지지하면서 궁극적으로 분쟁 당사자들에게는 발언권이 중요하고 이것이 공정한 결과를 얻을 수 있는 기회가 증가할 것으로 믿기 때문이라고 주장했다. 분쟁 당사자들이 제3자에게 결정 통제권을 양도한 경우 발언권이 의사결정자에게 공정한 결과를 도출하는데 영향을 미칠 수 있는 메커니즘처럼 보일 수 있다고 주장했다. 그러나 후에 발표된 연구 결과들은 이러한 수단적인 해석과 잘 들어맞지 않았다. Lind, Kanfer와 Earley(1990)는 사람들이 발언권이 전혀 나은 결과를 도출해 낼 수 없는 경우조차 발언권을 중요하게 생각한다는 것을 보여 주었다. 이 연구에서는 발언권을 다음과 같이 세 가지 수준으로 조작했다. (a) 발언권 없음 조건에서는 실험 참가자들은 마쳐야 하는 작업량에 대해 어떠한 의견도 허락하지 않았다. (b) 결정 전 발언권 조건에서는 실험 참가자들이 작업량에 대한 의견을 제시하는 것을 허락했고 그 후 실험자는 참가자들에게 결정된 작업량을 제시했다. (c) 결정 후 발언권 조건에서는 실험 참가자들은 작업량은 이미 결정됐지만 작업량에 대한 의견은 제시할 수 있었다. 연구 결과, 실험 참가자들은 결정 전 발언권 조건에서 절차적 공정성이 가장 높다고 판단했지만 발언권 없음 조건보다 결정 후 발언권 조건에서 의사결정 절차가 더 공정하다고 생각했다. 다시 말하면, 실험 참가자들은 자신들의 발언이 실험자의 판단에 영향을 미치지 못한다는 것을 알고 있었음에도 불구하고 여전히 발언권을 중요하게 생각했고 의견을 제시하지 못할 때보다 의사를 표현할 수 있도록 했을 때 의사결정 절차가 더 공정하다고 판단했다. 이는 Thibaut와 Walker(1975)가 말한 발언권의 중요성에 대한 수단적 해석과는 잘 들어맞지 않는데, 이 결과는 발언권이 비수단적인 이유로 중요하기 때문에 발언권이 결과에 미치는 영향과는 별개로 사람들은 발언권을 가치 있다고 평가한다.

Lind와 동료들(1990)에 의한 연구 결과는 절차적 공정성에 대한 집단 가치 모형을 만들었고(Lind & Tyler, 1988; Tyler, 1989; Tyler & Lind, 1992), 이는 공정성에 대한 논의에 있어 발언권의 중요성에 대한 수단적인 설명보다는 관계적인 설명을 제시했다. 집단적 가치 모델은 사회적인 관계에 대한 사람들의 관심을 강조한다. 사회정체성 이론(Tajfel, 1982; Tajfel & Turner, 1986)을 바탕으로 집단적 가치 모델은 사람들 자신에게 중요한 사회 집단의 가치 있는 구성원인지 여부를 확인하기 위해 동기가 부여된다는 점을 사실로 상정한다. 우리가 이러한 사회적 집단과 그 집단을 대표하는 권위자들과 상호작용할 때, 사회적 집단이 우리를 가치 있게 생각하고 있다는 점을 알려 줄 신호를 찾는다. 발언권(또는 과정에 대한 통제권)은 그러한 신호 중 하나가 된다. 만약 권위자들이 우리의 의견을 듣는다면 이는 사회적 집단이 우리를 중요하게 여기고 있다는 신호가 된다.

또한 이 연구자들은 발언권이 절차적 공정성에 대한 판단을 형성하는 중요한 변인들 중 하나라고 주장하였다. 신뢰할 수 있는 권위자, 중립적인 절차 그리고 존중적인 처우 또한 사회적 집단에서 선호하는 변인들이며, 결국 절차적 공정성에 대한 판단을 향상시키는 데 기여한다. 이러한 세 가지 변인들(믿음, 중립성, 존중)은 일반적으로 관계적 변인이다(Tyler & Lind, 1992). 그러므로 만약 절차 내에서 권위자를 신뢰할 수 있고(우리의 최고의 이익에 관심이 있는 것처럼 보이고; 신뢰), 절차 자체가 중립적이며(관련된 모든 증거를 제시하는 것을 허락하고; 중립성), 우리의 권리가 전반적으로 절차 내에서 존중받고(존중), 그리고 절차가 진행되는 동안 우리의 의견 제시가 가능하고 무슨 일이 일어났는지에 대해 설명하게 해 준다면(발언권), 절차의 이러한 부분들이 우리가 사회적 집단에 의해 가치 있는 구성원이고 이 집단에 의해 존중받고 있다고 생각되며, 이러한 절차는 공정하다고 판단한다.

집단적 가치 모델의 핵심은 절차가 도움이 될 것이라고 생각하기 때문에 절차를 공정하다고 판단하지 않으며 발언이 도움이 될 것이라고 생각해서 발언권이 가치 있다고 판단하지 않는다는 점이다. 그보다 절차가 우리를 사회적으로 가치가 있다고 평가할 때 그것을 공정하다고 판단하며, 사회적 집단이 우리를 존중해 줄 때 우리는 발언권을 가치가 있다고 여긴다. 집단적 가치 모델은 매우 중요한 이론으로 공정성 관련 문헌의 대다수가 이 이론을 다뤘고, 광범위한 연구를 통해 집단적 가치 모델의 핵심적인 내용이 지지되었다(De Cremer & Blader, 2006; Tyler & Lind, 1992).

절차적 공정성 연구에 사용되는 연구 방법

정의의 심리학을 연구하는 학자들은 공정성 이론과 분배적 공정성에 대한 연구 초기부터 실험을 통해 특정한 독립 변인들을 조작하고 이 변인들이 사람들의 정의와 관련된 행동과 절차적·분배적 공정성 판단에 미치는 영향을 검증했다. 이러한 실험에서 다양한 절차들이 사용됐는데, 여기에는 아이들에게 공정성 문제가 있다고 상상하게 하거나 실험 참가자들에게 가상으로 법적으로 분쟁 상태에 있다고 상상하게 하는 방법을 포함한다. 비록 법적인 맥락에서 이러한 질문들에 대한 몇 개의 모의 사례 연구가 있었지만(Austin, Walster, & Utne, 1976; Utne, 1974), 다른 연구들이 다른 환경에서 심리적으로 동일한 공정성 문제를 제기했고 맥락에 상관없이 이러한 영향이 일반화될 수 있다는 것을 보여 주었다(예: Walster & Berscheid, & Walster, 1976). 절차적 통제권의 중요성을 보여 준 Thibaut과 Walker(1975, 1978)의 연구는, Lind와 동료들(1990)의 연구를 포함하여, 대부분은 실험이었고 절차적 통제권의 중요성이 수단적인 가치 때문만이 아니라는 것을 보여 주었다.

그러나 초기 연구가 시행된 이래로 절차적 공정성 연구는 중요한 연구 문제들을 검증하는 다양한 방법론을 포함하는 데까지 확장됐고, 절차적 공정성 관련 문헌들은 이 분야에서 사용되는 방법론들을 파악하는 데 유용하게 사용할 수 있다. 실험 연구들은 지속적으로 진행 중에 있는데, 속임수를 사용하거나 실험 참가자들에게 가상의 모의 사례를 읽게 하고 자신을 특정한 상황에 처해 있다고 상상하도록 한다. 그러나 현장 의견 조사도 자주 사용되는데, 이는 경찰을 대면한 실제 시민들과 실험실에서 이루어진 횡단적 자료를 통해 절차적 공정성이 합법성과 준수성에 영향을 미친다는 것을 보여 주었다(Tyler, 1989, 1990; Tyler & Huo, 2002). 이러한 횡단적 현장 조사에서의 인과관계의 방향성에 관한 문제는 두 가지 방법에 의해 해결됐다. 첫째, 이러한 실험 연구에서 연구자들이 했던 인과관계에 대한 설명은 독립 변인을 조작한 실험 연구를 진행함으로써 지지됐다. 둘째, 패널 자료에 따르면 한 시점의 절차적 공정성(신뢰성, 중립성, 존중감과 같은 관계 변인을 포함)은 이후 시민들의 적법성 인식과 자신이 보고한 준수성을 증가시키고, 절차적 공정성은 경제적 이득보다는 이후의 적법성과 준수성을 더 잘 예측하는 것으로 나타났다(Murphy, 2005).

현장 상황에서의 준실험은 진실험 만큼이나 자주 사용된다. 현장 실험에서는 대부분이 실험실에서 이루어진 연구의 결과를 실제 상황에 일반화할 수 있다는 점을 보여 준다. 예를 들면, Wenzel(2006)은 세금 신고를 늦게 한 2천여 명의 호주 납세자들을 대상으로 절차적 공정성의 효과를 검증했다. 이 납세자들은 무작위로 세 가지 독촉장 중 하나를 읽었는데, 그것은 (a) 통제 조건의 독촉장, (b) 독촉장을 보낸 이유와 늦은 납세에 대한 처벌 정보를 포함시킨 정보적인 독촉장, (c) 납세자의 안녕과 정직함을 믿는다는 내용의 대인관계적인 독촉장이었다. 이를 통해 Wenzel(2006)은 정보적이거나 통제 조건의 독촉장보다는 대인관계적인 독촉장이 납세자들의 세금 규범을 따르는 비율을 상당히 증가시키는 것을 밝혀냈다.

많은 연구들이 절차적 공정성에 대한 의견이 법적 절차와 법적 권위자들에 대한 만족도, 법의 준수성, 법적 기관에 대한 협조에 긍정적인 영향을 미친다는 것을 보여 줬다. 이러한 법적(예: Tyler, 1990; Tyler & Huo, 2002)인 맥락 외에도, 절차적 공정성 연구는 기관적(Cohen-Charash & Spector, 2001), 교육적(Tyler & Caine, 1981), 정치적(Leung, Tong, & Lind, 2007), 의학적(Poythress, Schumacher, Wiener, & Murrin, 1993), 가족적(Brubacher, Fondacaro, Brank, Brown, & Miller, 2009) 그리고 대인관계적(Davis-Lipman, Tyler, & Andersen, 2007) 맥락에서 다양한 대상을 사용하여 시행되었다. 이러한 연구에서 독립 변인으로 조작된(또는 비실험적인 현장 연구에서 밝혀진) 절차적 특징들로는 발언권(van Prooijen, van den Bos, & Wlike, 2002), 존중감(Heuer, Blumenthal, Douglas, & Weinblatt, 1999), 중립성(Heuer, Penrod, Hafer, & Cohn, 2002) 그리고 정확성(De Cremer, 2004)이 포함됐다. 그리고 절차적 공정성이 종속 변인으로 측정되는 경우에는 일반적인 공정한 절차(예: 절차 중 누군가 공정하게 취급을 받았는지에 대한 판단; Heuer et al., 2002), 또는 절차 기준의 특정한 특성(예: 객관성, 공정성, 그리고 권위자에 대한 신뢰성; van Prooijen et al., 2002)과 같이 다양하게 개념화되었다. 절차적 공정성의 중요한 결과물이 되는 다른 종속 변인들로는 절차에 대한 만족도(Heuer et al., 2002), 좋은 조직 시민과 같은 긍정적인 행동들(van Prooijen et al., 2008), 법과 규제의 수용(Sunshine & Tyler, 2003), 그리고 절도와 같은 부정적인 행동들(Colquitt & Greenberg, 2003)로, 절차적 공정성 연구에서 종종 사용되고 있다. 절차적 공정성 연구에서 다양한 변인들이 포함되고 다양한 질문들이 다뤄졌음에도 불구하고, 놀랍게도 처우의 중요성과 절차적 문제, 그리고 만족도 평가와 이에 따른 결과에 대한 연구 결과는 일관성을 띠고 있다. 연구 방법론, 맥락, 참가자들, 독립 변인과 종속 변인들을 통해 얻어진 수많은 연구 결과들은 초기 실험실에서 얻어진 결과를 뛰어넘어 절차적 공정성 연구 결과에 대한 외적 타당도를 만족시켜 준다.

공정성 효과에 대한 조절 변인들의 출현

공정성 추론에 대한 세부적인 이해는 조절 변인들이 출현하면서 가능해졌다. 절차적 공정성 연구에 대한 메타분석은 수많은 절차적 공정성 연구에서 나타난 효과에 대한 양적 분석을 제공했다(Cohen-Charash & Spector, 2001, 2002; Skitka,

Winquist, & Hutchinson, 2003). 이러한 메타분석들은 참가자들의 종류와 다양한 맥락에서의 절차적 공정성 효과의 일관성을 확인할 수는 있지만 다양한 연구에서 공정성 효과의 잠재적인 조절 변인들을 엄격히 검증하기도 한다.

예를 들어, Brockner와 Wiesenfeld(1996)의 연구에서 결과에 대한 호감도는 타인을 접했을 때의 반응에 대한 절차적 특성의 효과를 조절한다는 것을 보여 주었다. 누군가가 절차를 거친 이후 선호하는 결과를 얻는 경우에는 공정한 과정의 긍정적인 효과는 약해질 것이지만, 선호하지 않는 결과를 얻는 경우에는 공정한 과정 효과는 더 강해질 것이다. Brockner와 Wiesenfeld(1996)는 이전보다는 절차에 대한 사람들의 반응에 대한 절차적 요인의 효과가 더 복잡하다는 것을 보여 주었지만, 이는 단순히 관찰하고 공정성 관련 연구에서 나타난 효과를 분석한 것이었다. 그 후 Skitka, Winquist와 Hutchinson(2003)의 메타분석은 결과에 대한 호감도와 결과의 공정성 효과를 구분함으로써 결과를 더 세분화시켰다. 이러한 분석을 통해 사람들이 결과적 공정성에 대한 명확한 기준, 즉 사람들이 절차에 대한 결과가 어때야 한다는 명확한 생각이 있는 경우에는 공정한 절차 효과는 덜 발현된다는 점을 밝혀냈다(Skitka, 2002). 예를 들어, 사람들이 피고인이 유죄인지 무죄인지에 대해 알고 있다는 확신이 든다면, 이들의 절차적 공정성에 대한 판단은 오직 판결이 피고인에 대한 유무죄 의견과 부합하느냐에 따라 달라진다. 피고인의 유죄 판단에 대한 자신감이 부족하면, 공정한 절차 효과는 절차적 고려사항에 의해 결정된 공정성 판단과 함께 명확해진다(Skitka & Hutchinson, 2001). 비록 결과에 대한 호감도가 공정한 절차 효과를 조절하지만(즉, 공정한 절차 효과는 결과 호감도가 높을 때는 줄어들고 낮을 때는 향상됨), 결과에 대한 공정성은 공정한 절차 효과를 감소시킨다[즉, 만족감의 절차적 효과는 결과에 대한 공정성이 분명할 때, 즉 참가자들이 적절한 결과에 대해 분명한 생각이 있을 때(Skitka et al., 2003) 줄어듦)].

절차적 공정성 연구의 약점

이러한 방식으로 메타분석은 절차적 판단을 위한 공정한 처우의 중요성을 조절하는 요인들을 확인시켜 줬고, 이 분야의 몇 가지 문제점을 보여 줬다. Skitka와 동료들(2003)은 결과에 대한 연구 문제를 검증할 때 연구자들이 종종 결과에 대한 공정성과 결과에 대한 호감도를 혼합하여 측정한다고 주장했다. 다른 연구자들은 공정성 연구에서 구인을 타당하게 측정하는 연구들은 거의 없기 때문에 독립 변인을 조작하고 종속 변인을 측정하는 데 일관성이 없다고 지적했다(Reisig, Bratton, & Gertz, 2007). Skitka와 동료들(2003)이 제기한 한 가지 문제점은 공정성 연구에서 일관성의 중요성과 변인에 대한 조작적 정의의 명확성에 대한 부분으로, 구인(예: 결과에 대한 호감도 대 결과에 대한 공정성) 간의 작은 차이는 공정성 효과에 대해 중대한 차이를 만들어 낼 수 있다. 한 연구에서는 측정 문제에 대해 관심을 두고 공정성 변인들에 대한 핵심적인 구조를 검증했다(예: Blader & Tyler, 2003). 하지만 이는 앞으로 더 발전시켜야 할 절차적 공정성 연구의 한 부분일 뿐이므로 이 분야의 주요 구인들과 핵심적인 종속 변인들에 대한 이론적 타당성에 대한 이해를 바탕으로 발전을 도모해야 한다.

의사결정자와 결정수령자 간의 차이

결과에 대한 공정성 외의 다른 요인들이 공정한 절차의 효과와 중요성을 감소시킨다는 증거가 존재한다. 초기 연구들은 의사결정자들이 고용(Lissak & Sheppard, 1983)과 법적(Houlden et al., 1978) 맥락에서 관계적인 기준(신뢰와 예우와 같은)보다는 수단적인 기준(재정적인 고려와 결정에 대한 통제와 같은)에 의해 더 강한 영향을 받는다는 것을 보여 주었다. 최근의 연구는 사법체계 내에서의 의사결정까지 범위를 확장시켜 판사들의 공정성 지각에 대한 조사를 실시했다. 판사들은 이를 판결에 대한 염려를 실용적으로 균형 잡는 과정으로서 그들의 법적 의사결정을 사회적인 이득과 개인의 피해를 저울질하는 것이라고 설명했다(Monahan & Walker, 1994). 이러한 사법적 추론에 대한 비용편익적 설명은 절차적인 공정성과 절차의 수용성에 대한 사람들의 판단에 대우와 관계의 중요성을 강조하는 절차적 공정성 연구와는 잘 맞지 않는다(예: Tyler, 1994). 그러나 정의에서 절차의 중요성을 주장하는 이러한 절차적 공정성 연구(예: Lind & Tyler, 1988)는 고용자, 경찰관 또는 판사와 같은 의사결정자의 공정성 추론에 대해서는 다루지 않았다.

절차적 공정성 연구는 고용자와 직원 간의 상호작용, 경찰 또는 법정 당사자와 시민 간의 상호작용처럼 압도적으로 수령자의 공정성 추론만을 주목하고 있다. 공정성 판단을 내릴 때 수행해야 하는 역할은 절차적 공정성 연구 결과와 보고되는 공정성 추론 간의 차이를 확인해 줄 수 있을 것이다. Heuer, Penrod와 Kattan(2007)은 네 개의 연구를 통해 의사결정자와 결정수령자의 공정성 추론을 검증했는데, 그 결과 두 가지 다른 역할에 따라 절차 대 결과의 중요성에 차이가 있다는 것을 발견했다.

두 개의 연구에서 판사들(연구 1에서는 항소법원 판사들, 연구 2에서는 일반 법원 판사들)은 가상의 항소 사건에 대한 요약본을 읽었는데, 그 내용은 공항 안전요원의 질문에 대한 피고인의 답변에 대해 목소리 스트레스 분석을 실시한 결과 거짓말을 했다고 판단되어 비행기 탑승 전에 붙잡혀 수색을 당한 사건이었다. 연방 수사관이 이 승객을 조사하는 과정에서 불법 소지품을 발견했고 이 승객은 기소되어 결국 유죄 판결을 받았다. 이 연구에서 판사들은 피고인의 유죄 판결에 대한 항소 내용으로 「수정헌법」 제4조인 부당한 수색과 체포로부터 보호받을 권리를 위반했다는 내용을 읽었다. 이 요약본은 수색의 절차와 수색의 결과에 대한 설명을 포함하고 있었다. 판사들은 총 4개 버전의 요약본 중 한 가지를 무작위로 할당받는데, 두 개의 변인을 조작하여 절차가 존중적으로 이루어졌는가 또는 비존중적으로 이루어졌는가, 그리고 수색 절차가 높은 사회적인 이익을 초래하였는가(용의자가 비행기에 불법적으로 가지고 타려고 했던 45구경 권총) 또는 낮은 사회적 이익을 초래하였는가(연구 1에서는 마리화나 담배 1개피, 연구 2에서는 훔친 신용카드)였다. 그 후 판사들은 수색 절차의 공정성과 항소에 대한 판단과 같은 질문들에 답변했다.

이 두 연구에서 수색 절차가 존중적이었는지 여부는 수색의 결과를 아는 경우 판사의 판단 또는 절차적 평가에 영향을 미치지 않는 것으로 나타났다. 이는 사람들의 절차에 대한 평가에 있어 존중적인 처우의 중요성을 강조하는 절차적 공정성 연구 결과와는 상반된다. 오히려 유죄 판결을 지지할 것인가에 대한 판사들의 판단은 수색 절차의 결과에 대한 사회적인 이득에 따라 결정되는 분배적 공정성에 대한 인식이 영향을 미치는 것으로 나타났다. 이 연구에서 사회적 이득이 높으면(수색으로 피고인이 불법적으로 비행기에 가지고 타려고 했던 무기를 찾은 것) 판사들은 절차에 의한 결과를 더 공정하다고 판단했고 항소심의 유죄 판결을 더 많이 지지하는 것으로 나타났다.

이러한 결과는 의사결정자(항소법원 및 주 법원 판사)가 절차에 대한 공정성과 수용성을 판단함에 있어 존중적인 처우보다는 결과를 더 중요하게 생각한다는 것을 의미한다. 하지만 이 두 연구에서는 의사결정자의 공정성 판단만을 연구했고, 비의사결정자의 공정성 판단과는 비교하지 않았다. 세 번째 연구는 이러한 문제점들을 보완하기 위해, 실험 참가자들을 의사결정자나 비의사결정자 역할에 무작위로 할당하는 실험을 진행했다. 대학생 참가자들은 학생 기숙사에 거주하는 한 대학생의 방을 기숙사 조교가 수색하는 내용의 가상 시나리오를 읽었다. 기숙사 규정을 위반했다는 것이 밝혀진 경우 기숙사 조교는 그 학생에게 보고하고 대학에 의해 처벌을 받았다. 참가자들은 이 학생이 수색 절차가 부적절하다는 근거로 처벌에 대해 문제제기를 했다는 내용을 읽었다. 이 연구에서는 세 개의 변인이 조작되었는데, 그것은 역할, 결과, 그리고 존중적인 처우였다. 참가자들에게는 기숙사에 사는 학생들, 기숙사 조교들 그리고 한 명의 학교 관리자로 구성된 위원회에서 문제제기에 대한 판단이 이루어진다고 알려 주었다. 참가자들이 이 상황을 의사결정자와 비의사결정자의 관점에서 판단하도록 역할이 할당되는 것으로 조작했다. 의사결정자들은 이 내용을 위원회의 기숙사 사감의 관점에서 읽게 되었지만, 비의사결정자들은 이 사건을 처벌에 대한 문제제기를 한 물의를 일으킨 학생, 또는 위원회의 학생 대표, 또는 학교 신문의 기사를 통해 그 사건에 대해 알게 된 기숙사에 묵고 있는 학생의 관점에서 사건을 읽었다. 결과는 수색 절차로 그 학생의 방에서 코카인이 발견되었다는 높은 이익 조건과 그 학생의 방에서 타고 있는 향을 발견했다는 낮은 이익 조건이었다. 마지막으로, 참가자들에게 수색 절차가 존중적 또는 비존중적으로 이루어졌다고 알려 주었다.

연구 결과는 항소 및 주 법원의 판사들이 참여했던 첫 두 개의 연구 결과와 일관되었다. 절차적 공정성은 권위자 역할(기숙사 사감으로 위원회 위원)을 맡은 사람들의 판단보다 비권위자 역할을 맡은 사람들의 판단에 유의미하게 더 큰 영향을 미치는 것으로 나타났다. 이 권위자 역할에 할당된 참가자들 사이에서는 수색 절차의 결과(코카인 vs. 타고 있던 향)는 수색 절차가 시행된 태도보다 처벌에 대한 지지 또는 반대 판단에 더 큰 영향을 미치는 것으로 나타났다. 그러나 비결정자들 사이에서는 수색 절차의 결과보다는 수색 절차가 시행된 태도가 처벌에 대한 지지 또는 반대에 대한 의견에 더 큰 영향을 미치는 것으로 나타났다.

마지막 연구인 Heuer와 동료들(2007)의 연구는 공정성 판단을 현장에서 검토했을 뿐만 아니라 이 연구를 다른 상황으로까지 확장시켰다. 앞선 세 개의 연구에서는 참가자들이 응답을 했을 때 이미 사건의 결과를 알려 주었다. 참가자들(연구 1과 2에서의 판사들, 연구 3에서의 대학생들)은 이미 성공적으로 적용된 절차에 대한 공정성 판단을 했는데, 즉 절차의 대상이 이미 법이나 규정을 위반했고 이러한 위반을 감지하는 데 이 절차는 효과적이었다는 것이었다. 연구 4는 참가자들에게 결과(그리고 결국 효과성)가 불확실한 절차에 대한 공정성을 평가하도록 했다. 연구 4에서는 식당 매니저와 종업원들에게 보건국 직원들이 A형 간염을 방지하기 위해 제시된 절차에 대한 가상의 신문기사를 읽고 응답하게 했다. 기사 내용에서 두 개의 독립 변인인 위협과 처우가 조작되었다. 높은 위협 조건의 참가자들은 이 질병이 매우 심각하고 쉽게 전염되며, 전염이 발생했을 때 일어날 수 있는 소송에서 몇 개의 식당만이 살아남을 수 있을 것이라는 설명을 들었다. 낮은 위협 조건의 참가자들은 이 질병이 심각하지 않고 전염되기 매우 어려우며 전염이 발생했을 때 소송을 했을 경우 성공 확률이 낮다는 설명을 들었다. 처우에 대한 조작으로 존중받는 절차 조건의 참가자들은 식당 종업원들이 화장실을 방문한 후에는 손을 씻겠다고 서약한다는 계약서에 서명하는 내용이었다. 존중적이지 못한 절차 조건의 참가자들은 제기된 절차가 매니저나 지정된 종업원이 타 종업원들이 화장실 사용 후 손을 씻는지를 관찰하기 위해 화장실에 따라 들어간다는 내용이었다.

이 연구 결과는 절차의 존중성에 대해 식당 매니저들보다 종업원들이 더 중요하게 생각한다는 것을 보여 주었다. 절차에 대한 찬성은 식당 매니저들보다 절차의 공정성 판단에 의해 더 영향을 받았으며, 결과적으로 절차적 공정성 판단은 식당 매니저보다는 종업원들이 존중적인 처우에 의해 더 강한 영향을 받는 것으로 나타났다. 이 연구 결과 절차의 효과에 대해서는 식당 매니저들이 종업원들보다 더 중요하게 생각하는 것으로 나타났다. 절차의 효과성에 대한 인식은 식당 종업원들보다 매니저들 사이에서 절차적 공정성 판단과 절차에 대한 지지에 영향을 미치는 것으로 나타났다.

관계 변인의 영향에 대한 잠재적인 한계

네 개의 연구에서 Heuer와 동료들(2007)은 권위자 또는 결정권자의 역할을 맡고 있는 사람이 절차의 공정성을 평가할 때와 절차의 사용을 허용하는 판단을 할 때 결과를 더 중요하게 생각한다는 것을 보여 주었다. 이는 비의사결정자들과는 극명하게 대조되는 것으로서 다수의 절차적 공정성 연구들을 통해 비의사결정자들의 경우 절차를 평가할 때 존중적인 처우를 더 중요하게 생각한다는 것을 보여 주었다. Heuer와 동료들(2007)의 연구 결과와 결정수령자들에 대한 이전의 연구 결과 간의 차이에는 몇 가지 이유들이 존재하고, 이러한 이유들은 집단 가치 모델의 기초가 되는 동기적 가정에 초점을 맞추고 있다.

집단을 보호하려는 책임감

이 장의 도입부에서 설명한 것처럼 집단 가치 모델은 자신이 사회적 집단에 의해 가치 있게 평가되고 존중받고 있다는 생각이 들 때 사람은 그 절차를 공정하다고 판단한다는 것이다(Lind & Tyler, 1988; Tyler & Lind, 1992). 존중적 처우는 누군가의 집단적 지위에 대한 정보를 제공하기에 중요하다. 이러한 동기 분석은 권위자(예: 고용주와 상호작용하는 직원)와 상호작용을 고려하고 사회적 집단을 대표하는 권위자로부터 그들의 집단적 위치에 대한 정보를 찾는 하급자에게는 잘 들어맞는다. 그러나 이 집단 가치적 해석은 하급자와 상호작용하는 권위자에게는 잘 맞지 않는다. 의사결정자 또는 권위자는 자신의 위치(명백히 높다)는 덜 중요하지만 다른 문제에 의해 동기가 부여된다. 특히 집단을 보호하려는 동기는 권위자들(법, 정치 그리고 조직에서의 권위자들을 포함하여)에게는 핵심적인 문제이며 핵심적인 인간의 동기다(Stangor & Leary, 2006). 권위자는 종종 특별하게 자신들의 높은 지위를 사회적 집단을 보호하려는 목적으로 사용한다. 예를 들어, 어느 상급 관리자는 중간급 관리자와는 다른 수준으로 회사 재정에 대한 책임이 있고, 어느 경찰관은 일반 시민과는 다르게 관할권의 안전에 대한 책임이 있다. 이러한 집단 보호와 관련된 문제는 의사결정자와 비의사결정자를 구분 짓는 하나의 특징일 수 있으며, 결과적으로 이 두 집단이 절차적 평가를 하게 만드는 동기의 차이를 만든다.

자격이 있는가

수사관이 용의자를 가혹하게 대우하는 것에 대한 또 다른 설명으로는 수사관이 용의자는 존중할 만한 가치가 없다고 생각할 수 있다는 점이다. 자격에 기반을 둔 이 설명은 연구에 의해서도 입증되었는데, 절차적 공정성 판단에 대한 존중적인 대우의 효과는 자격에 의해 조절되는 것으로 나타났다. 즉, 대우를 받는 대상이 존중할 만한 가치가 있다고 판단되면 존중적인 대우가 절차적 공정성 판단을 증가시켰지만, 대우를 받는 대상이 존중할 만한 가치가 없다고 결정을 내리면 판단에 영향을 미치지 않았다(Heuer et al., 1999). 또한 연구에서 가혹한 신문 기법을 지지하는 일반적인 시민은 응징적인 동기에 의한 것으로 나타났다(Carlsmith & Sood, 2009). 용의자를 존중적인 대우를 할 만한 가치가 없다고 생각하기 때문에 수사관이 강압적인 신문 전략을 사용할 수 있다는 가능성은 Heuer와 동료들(2007)의 연구 1~3의 결과와 일관되며, 의사결정자들은 규범이나 법을 위반한 것이 밝혀진 범죄자에 대한 대우에는 비교적 관심이 없는 것으로 나타났다.

그러나 Heuer와 동료들(2007)의 네 번째 연구에서는 예방적 절차에 대한 상급자와 하급자의 공정성 추론의 차이는 존재했다. 이 연구에서 상급자나 의사결정자들은 절차의 대상자에 의한 범법행위가 제시되지 않았을 경우에는 예방적 절차의 사용 및 공정성을 고려하여 이 경우에는 징벌적 동기는 발생하지 않았다. 결국, 절차적 평가를 위한 존중적인 대우의 중요성에 대해 의사결정자와 결정수령자 간의 차이를 설명하기 위해서는 다른 가능성을 고려해야 한다.

출처와 의사결정자 간의 혼재

자연스러운 환경에서는 일반적으로 의사결정자와 의사결정 수령자 사이에 혼재가 나타나는데, 이를 통해 각각이 절차에 대해 다른 수준의 관심을 보이는 것을 설명할 수 있다. 일반적으로 의사결정자는 행해지는 절차의 대상이기보다는 출처다. 예를 들면, Heuer와 동료들(2007)의 네 번째 연구에서 종업원은 손을 씻는 절차의 대상이다. 그러므로 식당 관리자와 식당 종업원이 이 절차를 평가할 때 식당 관리자는 다른 사람을 존중하는 절차인지 아닌지를 평가해야 하지만, 식당 종업원은 자신을 존중하는 절차인지 아닌지를 평가하게 된다. 이 연구에서 이러한 출처-대상 변인은 조절 효과에 대한 다른 설명을 제시해 준다. 의사결정자는 존중적인 대우에 대해 관심이 적은데, 이는 사람이 다른 사람의 대우를 평가할 때보다 자신이 받는 대우를 평가할 때 존중에 대해 더 큰 관심을 갖기 때문이다. 하지만 Heuer와 동료들(2007)의 연구 설계로는 두 혼재 변인들의 인과관계를 구분할 수 없다. 또한 출처와 의사결정자 간의 혼재와는 별개로 의사결정자의 지위 그 자체가 존중적인 대우에 대한 관심을 줄어들게 하는 것인지를 확인할 수 있는 연구가 필요하다.

신문 상황에서 권위자의 절차적 평가

신문 절차와 관련된 경우에도 절차의 공정성과 수용성을 평가하는 권위자가 결과에 관심이 있다는 증거들이 제시되고 있다. Sivasubramaniam, Heuer, Schmidt와 Silva(2009)는 신문 절차에서의 권위자들(신문 수사관)에게 강압적인 신문 절차에 대한 공정성을 평가하도록 했다. 참가자들은 참여에 대한 대가를 받고 이 연구에 온라인으로 참여했다. 참가자들은 최근에 일어났던 범죄라고 설명된 가상의 신문 기사를 읽었다. 이 내용은 1989년에 있었던 센트럴 파크에서 조깅하던 사람이 잔인하게 공격받고 강간당한 실제 범죄 내용을 수정한 것이었다. 기사 마지막 부분에 남성과 여성 용의자 두 명이 붙잡혔고 신문을 받고 있다는 내용을 읽었다. 그 후 참가자들은 남성이 피해자를 폭행하고 강간하는 동안 망을 보고 있었다는 혐의를 받고 있는 여성 용의자의 신문 내용을 읽었다. 한편, 역할, 절차, 정확성 그리고 확신감이라는 네 개의 변인들이 피험자 간 설계로 신문 절차에 대한 설명에서 조작되었다. 그 내용을 읽으면서 참가자들에게 스스로를 신문을 하는 경찰관(신문자), 남성 용의자가 피해자를 공격하는 동안 망을 보고 있었다는 혐의를 받고 있는 여성 용의자(용의자), 또는 범죄가 발생했을 때 공원에서 일상적으로 조깅을 하던 사람(중립적인 관찰자)이라고 상상하도록 했다. 신문 절차에 대한 조작으로 참가자들은 강압적인 신문 전략을 사용했거나(예: 용의자는 8시간 동안 신문을 받았고, 경찰관은 증거에 대해 거짓말을 했으며 거짓으로 관대한 처벌을 약속했음) 또는 비강압적인 신문 전략을 사용했다는 내용(예: 용의자는 1시간 동안 신문을 받았고 경찰관은 증거에 대해 정직했음)을 들었다. 참가자에게 정확성이 높은 조건에서는 신문자가 사용한 전략으로 인한 거짓 자백 비율이 약 1%이고 정확성이 낮은 조건에서는 신문자가 사용한 전략으로 인한 거짓 자백 비율을 약 20%라고 알려 주었다. 높은 확신감 조건에서 참가자들은 신문자가 용의자가 범인이라고 확신했고, 낮은 확신감 조건에서는 신문자는 용의자가 범인이라고 생각했지만 이에 대해 자신의 명예를 걸지는 않겠다는 말을 들었다. 실험 조작에 대한 확인을 통해 이러한 조작 모두가 성공적이었음이 확인되었고 참가자들은 신문 절차의 공정성, 신문 절차에 대한 만족도, 절차가 공정한 결과를 낳으리라는 기대감, 그리고 신문 결과에 대한 만족도라는 네 가지의 중요한 종속 변인들을 측정하는 설문지에 답했다.

연구 결과는 역할이 절차와 상호작용하여 참가자의 공정성과 만족도 판단에 영향을 미칠 것이라는 예상을 벗어나지 않았으며, 역할과 절차 간의 조작이 네 개의 종속 변인 모두에 영향을 미치는 것으로 나타났다. 용의자와 중립적 관찰자의 경우 절차적 정의에 대한 판단은 절차에 대한 조작에 의해 큰 영향을 받았다. 이들은 강압적인 신문 절차가 비강압적인 절차보다 덜 공정하다고 판단했다. 그러나 절차가 신문자의 절차적 공정성 판단에도 영향을 미쳤지만, 이 집단의 경우 이 영향은 더 약하게 나타났다. 비슷하게, 용의자와 관찰자의 경우 비강압적인 신문 절차와 이에 따른 결과보다 강압적인 신문 절차와 이에 따른 결과에 대한 만족도가 더 낮았지만 신문자의 경우 강압적/비강압적인 신문 기법 절차의 사용과 이에 따른 결과에 대해 동일한 수준의 만족도를 나타냈다. 이 실험 연구 결과는 결국 Heuer와 동료들(2007)의 연구 결과와 동일한 것으로, 신문 절차에서 용의자에 대한 대우가 신문자의 절차적 공정성과 만족도에 대한 판단보다는 용의자와 관찰자의 절차적 공정성과 만족도 판단에 더 중요하다는 것을 보여 주었다.

신문자는 용의자/관찰자와는 분배적인 공정성에 대한 판단에도 차이가 나타난다는 점도 중요하다. 신문자는 강압적인 신문 절차에 의한 결과가 비강압적인 절차에 의한 결과만큼이나 공정하다고 생각하지만 용의자와 관찰자는 강압적인 신문 절차는 결과가 덜 공정하다고 생각했다. 이 결과는 신문자가 단순하게 강압적인 절차와 잠재적으로 불공정한 결과를 사건 해결이나 종결과 같은 다른 중요한 목표와 동일시한다는 의미가 아니다. 오히려 신문자는 강압적인 절차가 공정한 결과를 만들어 낼 것이라고 생각한다는 것을 의미한다.

이 연구가 또 기여하는 부분으로는 용의자와 신문자뿐만 아니라 중립적인 관찰자 입장을 연구한 것이다. 이러한 중립적인 관찰자의 공정성 판단은 의사결정자 사이에서 존중적인 대우에 대한 중요성이 감소된 것에 대한 설명을 제시하는 데 도움이 될 수 있다. 이 장의 앞부분에서 우리는 출처와 의사결정자 간의 혼재를 지적했고, 의사결정자와 결정수령자 간의 영향이 실제로는 출처-대상 효과일지도 모른다는 가설을 언급했다. 이 연구 결과는 용의자(신문의 실제적인 대상)와 관찰자(대상자가 아님) 모두가 신문 절차에서의 존중의 정도에 대해 유사한 반응을 보였다. 이것이 혼재를 모두 구분해 주지는 않지만, 이는 우리가 관찰했던 조절 효과에 대한 적절한 설명으로서의 출처-대상 변인에 반하는 것이다. 그러므로 중립적 관찰자를 포함한 이 연구는 결과적으로 의사결정자와 결정수령자 간의 공정성 판단의 차이를 만들어 내는 근본적인 원리에 대한 중요성을 분명하게 보여 준다. 의사결정자들 사이에서 존중적인 대우에 대해 관심이 낮은 것은 단순하게 대우의 대상이 아니기 때문만이 아니다. 중립적인 관찰자들(대우의 대상이 아닌 사람들)도 대우에 대해 관심이 낮은 것으로 나타났다. 의사결정자들이 절차적 평가에서 대우보다 결과를 더 중요하게 생각하는 근본적인 동기는 적어도 부분적으로는, 의사결정자의 지위이기 때문에 특별하게 나타나는 것으로 보인다.

절차적 공정성과 신문 기법에 대한 연구의 적용

여기에서 설명하는 연구들은 의사결정자와 비의사결정자의 절차적인 평가에 대한 중요한 차이에 대해 설명하고 있는데, 이는 신문 절차에 대한 평가까지 확대된다. 이 절에서는 신문에 대한 연구 및 신문의 실제와 정책에 이러한 차이점들이 갖는 함의를 제시하고자 한다.

신문 연구의 적용

이 장에서 설명한 연구들의 중요한 방법론적 특징으로는 무선 할당을 들 수 있다. 참가자들은 두 가지(Heuer et al., 2007)나 세 가지(Sivasubramaniam et al., 2009) 역할 중 하나에 무선적으로 배치되었고, 이는 상급자와 하급자의 공정성 추론에 차이를 만들어 냈다. 단순히 사람들에게 시나리오에서 의사결정자나 신문 수사관의 관점을 갖도록 하는 것은 절차의 공정성과 이에 따른 결과, 그리고 절차에 대한 사용을 승인할 것인지에 대한 결정이 달라지게 한다. 이는 신문 절차에 대한 연구에 중요하게 기여할 수 있다. 사람들이 권위자나 의사결정자의 역할을 할 때 신문 절차에서 무엇이 공정하고 용인될 수 있는가에 대한 생각이 바뀌게 된다. 앞에서 설명한 연구들은 절차에서 역할의 중요성을 강조하는데, 이는 다수의 경찰관들이 절차적 공정성을 침해하는 절차들을 지지하는 이유를 이해할 수 있게 해 준다. 이 장에서 설명한 연구들은 다양한 사회적 집단을 보호할 책임이 있는 의사결정자가 비의사결정자보다 절차에서의 존중적 대우에 대한 관심은 낮고, 이 절차로 인해 공정하고 정확한 결과를 얻는 데 더 큰 관심을 보인다. 법적 의사결정과 신문 절차를 고려할 때 사람의 역할이나 관점은 그 절차의 공정성을 평가하는 방식에 영향을 미치고, 이는 이러한 절차를 지지하고 절차에 대한 사용을 승인할지 여부를 결정할 때 고려하는 요인들에도 영향을 미친다.

이 연구는 강압적인 신문 절차로 인해 수많은 잘못된 유죄 판결 사례를 알고 있는 법심리학 연구자들에게 한 가지 핵심 요점을 알려 주었다. 의사결정자가 사건 해결이라는 목적을 위해 문제시될 수 있는 있는 절차를 용인하는 것이 아니라는 것이다. 오히려 신문 절차에서 권위자는 용의자나 중립적인 관찰자보다 이러한 절차의 공정성을 다르게 해석한다는 것이다. 따라서 신문 절차에서 의사결정자가 불공정한 절차를 사용한다고 주장하는 것보다는, 법심리학 분야에서 신문에 대한 연구를 통해 의사결정자의 공정성 인식, 즉 다른 사람의 공정성을 인식하는 것보다 결과를 더 중요하게 생각한다는 점을 이해하고 의사결정자의 이러한 신문 절차에 대한 평가를 바꿀 수 있도록 만드는 것이 득이 될 수 있다. 한편, 특정 집단의 행동을 바꾸는 것이 목표일 경우에는 그 행동의 결정 요인을 정확하게 겨냥했을 때 개입이 더 효과적이다(Michie, Johnston, Francis, Hardeman, & Eccles, 2008). 이 장에서 검토한 연구들은 절차가 강압적이거나 비존중적이라는 사실이 다른 사람들보다 의사결정자들에게 덜 중요하다는 것을 보여 주었다. 의사결정자에게 중요한 것은 정확한 결과를 얻거나 만들어 내는 절차의 능력이다. 의사결정자는 이 절차를 사용하는 것이 절차적으로 불공정하다고 확신할 때가 아니라 정당한 결과를 얻는 데 절차가 효과적이지 않다고 확신할 때 그 절차에 대한 사용을 지지하지 않을 것이다. 그러므로 이 장에서 논의된 연구들에 따르면, 신문자가 강압적이거나 불공정한 절차를 사용하는 것을 방지하기 위해 비존중적이거나 부적절한 절차를 사용하는 신문자를 납득시키는 개입에 중점을 두어서는 안 된다. 오히려 의사결정자가 중요하다고 생각하지는 않더라도 절차적 공정성을 침해하지 못하도록 절차적 보호 장치를 만들거나 의사결정자가 강압적인 신문 절차로 인해 불공정한 결과를 얻을 수 있다고 인식할 수 있도록 해야 한다.

신문의 실제와 정책에 대한 적용

이 장의 초반에서 설명했지만, 리드 기법의 신문 단계는 유죄를 추정하는 절차다. 수사관은 잡혀 온 용의자가 죄를 졌고 그로 인해 국민의 안전을 위협한다고 판단하면 신문 단계로 진입하는 것이다. 여기에서 검토된 연구들에 따르면, 이 상황에서 권위자나 의사결정자는 용의자의 발언권, 신문 절차의 중립성, 그리고 수사관의 신뢰성과 같이 절차적 공정성 기준이 중요하다고 생각하기보다는 정당하거나 옳은 결과(이 경우 이미 유죄라고 판단한 용의자의 유죄 판결)를 얻을 수 있다고 생각되는 절차를 사용하고 찬성할 것이다. 리드 신문 절차 상황에서의 정당한 결과는 항상 자백이고, 절차의 공정성 또는 적절성에 대한 수사관들의 판단은 자백을 받아낼 수 있는 능력(예: '옳은' 결과를 얻는 것)이며, 다른 사람들(예: 용의자, 중립적인 관찰자)보다는 절차 그 자체를 위해 다른 것들은 덜 고려할 것이다.

결론

이 장에서는 신문자, 용의자 그리고 관찰자가 경찰 신문 절차의 공정성을 평가하는 방식에 대해 검토했다. 절차적 공정성에 대한 이전 연구들은 다양한 상황과 연구 방법을 사용해 존중적인 대우와 절차에 대한 평가가 얼마나 중요한지 보여 주었다.

의사결정자로서의 신문자

이 장에서 설명한 연구들은 절차적 공정성의 의미와 중요성이 관점에 의해 조절된다는 것을 보여 주었다. 그러나 의사결정자와 의사결정 수령자 간의 차이는 시사하는 바가 크다. 신문 절차에서는 신문자가 의사결정자인 반면, 법적 절차 내에서의 다양한 단계에서는 다른 사람이 의사결정자의 역할을 한다. 이 장에서 검토한 절차적 공정성에 대한 연구는 수사, 신문 또는 재판 과정에서의 어떠한 단계에서든 권위자의 역할을 하는 법 집행자에게 적용할 수 있다. 그리고 사회적인 안녕을 책임져야 하는 법 집행자들 모두 동일하게 결과에 중점을 두는데, 이는 신문자와 같은 위치에 있기 때문이다. 이러한 방식으로, 의사결정자 또는 상급자의 위치는 암시적인 목격자 확인 절차를 사용하게 하거나(제6장 참고) 비의사결정자보다 신뢰할 수 없는 정보원(제10장 참고)이 더 적절하다고 생각하게 만들 수 있다. 공동체를 보호하기 위한 의사결정자의 책임감을 통해 의사결정의 지위는 터널 비전을 갖도록 만들 수 있다(제14장 참고). 유죄 판결 과정의 어느 단계에서든 용의자나 피고인을 유죄라고 생각하는 의사결정자는 공정한 결과에 집중하고 유죄라고 추정되면 결국 공정한 결과는 유죄 판결을 받는 것과 동일하게 된다. 그러므로 사법체계의 모든 단계에서 의사결정자는 자신이 중립적·존중적이라는 것 때문이 아니라 그들이 '공정한' 결과, 즉 유죄 판결을 얻어 냈기 때문에 절차가 공정하고 적합하다고 판단할 것이다.

앞으로의 연구 방향

최근 연구는 의사결정자와 비의사결정자 간에 나타나는 차이에 대한 이유를 파악하는 데 집중되어 있다. 용의자의 자격과 다양한 사회적 집단을 보호하기 위한 의사결정자의 책임감을 포함하여 차이를 만드는 몇 가지의 기제들을 간단하게 이 장에서 설명했다. 그러나 의사결정자와 비의사결정자의 동기에 대한 잠재적인 차이는 여전히 탐구되어야 할 문제로 남아 있다. 예를 들어, 의사결정자는 사회적 집단의 안녕을 보호하기 위한 책임감뿐만 아니라 그들이 내리는 결정으로 인해 사회적 집단에 더 큰 책임이 있는 반면, 비의사결정자는 대부분 익명이고 사회적 집단의 안녕에 영향을 미치지 않는 평가(예: 개인적인 의견들)를 내린다. 최근 연구는 의사결정자가 책임감이 높아지면 공정한 절차를 사용하는 것보다 옳은 결과를 얻는 것에 중점을 두는지를 설명하기 위해 연구가 진행되고 있다.

앞으로는 연구를 통해 절차적 공정성 판단과 의사결정자의 평가를 만들어 내는 동기들을 지속적으로 탐구하는 것이 중요하다. 이로 인해 신문자의 절차적 평가에 대해 좀 더 잘 이해할 수 있을 것이고 이러한 평가를 변화시키는 방법을 밝혀낼 수 있다. 만약 강압적인 신문 절차와 이에 따른 결과가 불공정하다는 것을 사법체계 내의 의사결정자에게 가장 잘 이해시킬 수 있는 방법을 알 수 있다면 강압적인 신문 절차의 사용을 금지할 수 있고, 결국 무고한 용의자에게 사용되는 이러한 강압적인 신문 절차의 위험성을 감소시킬 수 있을 것이다.

★ 참고문헌

Austin, W., Walster, E., & Utne, M. K. (1976). Equity and the law: The effect of a harmdoer's "suffering in the act" on liking and assigned punishment. In L. Berkowitz & E. Walster (Eds.), *Advances in experimental social psychology* (Vol. 9, pp. 163-190). New York, NY: Academic Press.

Blader, S. L., & Tyler, T. R. (2003). A four-component model of procedural justice: Defining the meaning of a "fair" process. *Personality and Social Psychology Bulletin, 29,* 747-758. doi:10.1177/0146167203029006007

Brockner, J., & Wiesenfeld, B. M. (1996). An integrative framework for explaining reactions to decisions: Interactive effects of outcomes and procedures. *Psychological Bulletin, 120,* 189-208. doi:10.1037/0033-2909.120.2.189

Brubacher, M. R., Fondacaro, M. R., Brank, E. M., Brown, V. E., & Miller, S. A. (2009). Procedural justice in resolving family disputes: Implications for childhood bullying. *Psychology, Public Policy, and Law, 15,* 149-167. doi:10.1037/a0016839

Carlsmith, K. M., & Sood, A. M. (2009). The fine line between interrogation and retribution. *Journal of Experimental Social Psychology, 45,* 191-196. doi:10.1016/j.jesp.2008.08.025

Cohen-Charash, Y., & Spector, P. E. (2001). The role of justice in organizations: A meta-analysis. *Organizational Behavior and Human Decision Processes, 86,* 278-321. doi:10.1006/obhd.2001.2958

Cohen-Charash, Y., & Spector, P. E. (2002). Erratum to "The role of justice in organizations: A meta-analysis." *Organizational Behavior and Human Decision Processes, 89,* 1215. doi:10.1016/S0749-5978(02)00040-7

Colquitt, J. A., & Greenberg, J. (2003). Organizational justice: A fair assessment of the state of the literature. In J. Greenberg (Ed.), *Organizational behavior: The state of the science* (2nd ed., pp. 165-210). Mahwah, NJ: Erlbaum.

Davis-Lipman, A., Tyler, T. R., & Andersen, S. M. (2007). Building community one relationship at a time: Consequences for the seeking and acceptance of help. *Social Justice Research, 20,* 181-206. doi:10.1007/s11211-007-0038-8

De Cremer, D. (2004). The influence of accuracy as a function of leader's bias: The role of trustworthiness in the psychology of procedural justice. *Personality and Social Psychology Bulletin, 30,* 293-304. doi:10.1177/0146167203256969

De Cremer, D., & Blader, S. L. (2006). Why do people care about procedural fairness? The importance of belongingness in responding and attending to procedures. *European Journal of Social Psychology, 36,* 211-228. doi:10.1002/ejsp.290

Folger, R. (1977). Distributive and procedural justice: Combined impact of voice and improvement on experienced inequity. *Journal of Personality and Social Psychology, 35,* 108-119. doi:10.1037/0022-3514.35.2.108

Greenberg, J., & Folger, R. (1983). Procedural justice, participation, and the fair process effect in groups and organizations. In P. B. Paulus (Ed.), *Basic group process* (pp. 235-256). New York, NY: Springer.

Heuer, L., Blumenthal, E., Douglas, A., & Weinblatt, T. (1999). A deservingness approach to respect as a relationally based fairness judgment. *Personality and Social Psychology Bulletin, 25,* 1279-1292. doi:10.1177/0146167299258009

Heuer, L., Penrod, S. D., Hafer, C. L., & Cohn, I. (2002). The role of resource and relational concerns for procedural justice. *Personality and Social Psychology Bulletin, 28,* 1468-1482. doi:10.1177/014616702237575

Heuer, L., Penrod, S. D., & Kattan, A. (2007). The role of societal benefits and fairness concerns among decision makers and decision recipients. *Law and Human Behavior, 31,* 573-610. doi:10.1007/s10979-006-9084-2

Houlden, P., LaTour, S., Walker, L., & Thibaut, J. (1978). Preference for modes of dispute resolution as a function of process and decision control. *Journal of Experimental Social Psychology, 14,* 13-30. doi:10.1016/0022-1031(78)90057-4

Inbau, F. E., Reid, J. E., Buckley, J. P., & Jayne, B. C. (2001). *Criminal interrogation and confessions* (4th ed.). Baithersburg, MD: Aspen.

Kassin, S. M., & Fong, C. T. (1999). "I'm innocent!" Effects of training on judgments of truth and deception in the interrogation room. *Law and Human Behavior, 23,* 499-516. doi:10.1023/A:1022330011811

Kassin, S. M., Goldstein, C. J., & Savitsky, K. (2003). Behavioral confirmation in the interrogation room: On the dangers of presuming guilt. *Law and Human Behavior, 27,* 187-203. doi:10.1023/A:1022599230598

Kassin, S. M., & Gudjonsson, G. H. (2006). The psychology of confessions: A review of the literature and issues [Special issue]. *Psychological Science in the Public Interest, 5,* 33-67. doi:10.1111/j.1529-1006.2004.00016.x

Leung, K., Tong, K.-K., & Lind, E. (2007). Realpolitik versus fair process: Moderating effects of group identification on acceptance of political decisions. *Journal of Personality and Social Psychology, 92,* 476-489. doi:10.1037/0022-3514.92.3.476

Lind, E. A., Kanfer, R., & Earley, P. C. (1990). Voice, control, and procedural justice: Instrumental and noninstrumental concerns in fairness judgments. *Journal of Personality and Social Psychology, 59,* 952-959. doi:10.1037/0022-3514.59.5.952

Lind, E. A., & Tyler, T. R. (1988). *The social psychology of procedural justice.* New York, NY: Plenum Press.

Lissak, R. I., & Sheppard, B. H. (1983). Beyond fairness: The criterion problem in research on dispute intervention. *Journal of Applied Social Psychology, 13,* 45-65. doi:10.1111/j.1559-1816.1983.tb00886.x

Meissner, C. A., & Kassin, S. M. (2002). "He's guilty!": Investigator bias in judgments of truth and deception. *Law and Human Behavior, 26,* 469-480. doi:10.1023/A:1020278620751

Michie, S., Johnston, S., Francis, J., Hardeman, W., & Eccles, M. (2008). From theory to intervention: Mapping theoretically derived behavioural determinants to behaviour change techniques. *Applied Psychology, 57,* 660-680. doi:10.1111/j.1464-0597.2008.00341.x

Monahan, J., & Walker, L. (1994). *Social science and law: Cases and materials* (3rd ed.). Mineola, NY: Foundation Press.

Murphy, K. (2005). Regulating more effectively: The relationship between procedural justice, legitimacy, and tax non-compliance. *Journal of Law and Society, 32,* 562-589. doi:10.1111/j.1467-6478.2005.00338.x

Poythress, N. G., Schumacher, J., Wiener, R., & Murrin, M. (1993). Procedural justice judgments of alternative procedures for resolving medical malpractice claims. *Journal of Applied Social Psychology, 23,* 1639-1658. doi:10.1111/j.1559-1816.1993.tb01059.x

Reisig, M. D., Bratton, J., & Gertz, M. G. (2007). The construct validity and refinement of process-based policing measures. *Criminal Justice and Behavior, 34,* 1005-1028. doi:10.1177/0093854807301275

Sivasubramaniam, D., Heuer, L., Schmidt, H., & Silva, H. (2009, March). Authorities' perceptions of fairness as a cause of wrongful conviction. Paper presented at the annual meeting of the American Psychology-Law Society, San Antonio, TX.

Skitka, L. J. (2002). Do the means always justify the ends or do the ends sometimes justify the means? A value model of justice reasoning. *Personality and Social Psychology Bulletin, 28,* 588-597. doi:10.1177/0146167202288003

Skitka, L. J., & Houston, D. A. (2001). When due process is of no consequence: Moral mandates and presumed defendant guilt or innocence. *Social Justice Research, 14,* 305-326. doi:10.1023/A:1014372008257

Skitka, L. J., Winquist, J., & Hutchinson, S. (2003). Are outcome fairness and outcome favorability distinguishable psychological constructs? A meta-analytic review. *Social Justice Research, 16,* 309-341. doi:10.1023/A:1026336131206

Stangor, C., & Leary, S. P. (2006). Intergroup beliefs: Investigations from the social side. In M. Zanna (Ed.), *Advances in experimental social psychology* (Vol. 38, pp. 243-281). San Diego, CA: Elsevier Academic.

Sunshine, J., & Tyler, T. R. (2003). The role of procedural justice and legitimacy in shaping public support for policing. *Law & Society Review, 37,* 513-548. doi:10.1111/1540-5893.3703002

Tajfel, H. (1982). The social psychology of intergroup relations. *Annual Review of Psychology, 33,* 1-39. doi:10.1146/annurev.ps.33.020182.000245

Tajfel, H., & Turner, J. (1986). The social identity theory of intergroup behavior. In S. Worchel (Ed.), *Psychology of intergroup relations* (pp. 7-24). Chicago, IL: Nelson Hall.

Thibaut, J., & Walker, L. (1975). *Procedural justice: A psychological analysis.* Hillsdale, NJ: Erlbaum.

Thibaut, J., & Walker, L. (1978). A theory of procedure. *California Law Review, 66,* 541-566. doi:10.2307/3480099

Tyler, T. R. (1989). The psychology of procedural jsutice: A test of the group-value model. *Journal of Personality and Social Psychology, 57,* 830-838. doi:10.1037/0022-3514.57.5.830

Tyler, T. R. (1990). *Why people obey the law.* New Haven, CT: Yale University Press.

Tyler, T. R. (1994). Psychological models of the justice motive: Antecedents of distributive and procedural justice. *Journal of Personality and Social Psychology, 67,* 850-863. doi:10.1037/0022-3514.67.5.850

Tyler, T. R., & Caine, A. (1981). The influence of outcomes and procedures on satisfaction with formal leaders. *Journal of Personality and Social Psychology, 41,* 642-655. doi:10.1037/0022-3514.41.4.642

Tyler, T. R., Degoey, P., & Smith, H. J. (1996). Understanding why the justice of group procedures matters: A test of the psychological dynamics of the group value model. *Journal of Personality and Social Psychology, 70,* 913-930. doi:10.1037/0022-3514.70.5.913

Tyler, T. R., & Huo, Y. J. (2002). *Trust in the law.* New York, NY: Russell Sage Foundation.

Tyler, T. R., & Lind, E. A. (1992). A relational model of authority in group. In M. P. Zanna (Ed.), *Advances in experimental social psychology* (Vol. 25, pp. 115-192). New York, NY: Academic Press.

Utne, M. K. (1974). *Functions of expressions of liking in response to inequity.* Unpublished master's thesis, University of Wisconsin-Madison, Madison, WI.

van Prooijen, J. W., De Cremer, D., van Beest, I., Ståhl, T., van Dijke, M., & Van Lange, P. A. (2008). The egocentric nature of procedural justice: Social value orientation as moderator of reactions to decision-making procedures. *Journal of Experimental Social Psychology, 44,* 1303-1315. doi:10.1016/j.jesp.2008.05.006

van Prooijen, J. W., van den Bos, K., & Wilke, H. A. (2002). Procedural justice and status: Status salience as antecedent of procedural fairness effects. *Journal of Personality and Social Psychology, 83,* 1353-1361. doi:10.1037/0022-3514.83.6.1353

Walster, E., Berscheid, E., & Walster, G. W. (1976). New directions in equity research. In L. Berkowitz (Ed.), *Advances in experimental social psychology* (Vol. 9, pp. 1-42). New York, NY: Academic Press.

Wenzel, M. (2006). A letter from the tax office: Compliance effects of informational and interpersonal justice. *Social Justice Research, 19,* 345-364. doi:10.1007/s11211-006-0011-y

제3부

목격자

제5장

신뢰할 수 없는 목격자의 기억과 지목

Kathy Pezdek[1)]

어떤 목격자는 범인을 정확하게 지목하며, 또 어떤 목격자는 무고한 사람을 잘못 지목한다. 이 장의 중점은 언제 목격자 지목이 정확 또는 부정확할 가능성이 높은지를 판단하고, 이러한 판단을 내리기 위해 어떠한 방법과 실증적인 증거가 최선의 정보를 제공하는지에 대한 것이다. 비록 대다수의 배심원들과 판사들이 형사 재판에서 목격자 지목이 가장 설득력 있는 증거라고 여기고 있다는 점이 연구에 의해 명백하더라도(제9장 참고; Wells & Olson, 2003), 목격자의 기억을 신뢰할 수 없다는 점을 보여 주는 연구가 증가하고 있다. 예를 들면, 유죄 판결을 받은 후 DNA 검사를 통해 무죄임을 확인받은 사례들을 대상으로 이루어진 법심리학 연구를 통해 239개의 사례들 중에서 175(73%)건은 목격자의 오인 지목과 관련되어 있으며, 이 중 25%는 목격자가 두 명이었고 13%는 세 명 이상의 목격자가 존재한 것으로 나타났다(http://www.innocenceproject.org/understand/Eyewitness-

1) 이 장의 내용을 검토해 준 Iris Blandon-Gitlin, Matthew O'Brian 및 Stacia Stolzenberg에게 감사를 전한다. 이 장에 대한 질문은 이메일 Kathy.Pezdek@cgu.edu로 하길 바란다.

Misidentification.php). 누군가는, 특히 사형을 받을 수 있는 사건의 경우에는 법과학 증거와 재판이 실제로 주의 깊게 진행된다고 주장할 것이다. 그러나 Radelet, Bedau와 Putnam(1992)은 사형 언도가 가능했던 사건들 중에서 잘못된 유죄 판결을 받은 400건의 사례들을 검토하고 “우리의 연구 결과 오판의 가장 큰 원인 두 가지는 검찰 측 증인의 위증과 잘못된 목격자 증언이다.”(p. 18)라고 설명했다. 무고한 사람이 잘못된 유죄 판결을 받은 사례들을 연구한 결과 목격자의 오인 지목이 중요한 역할을 한다는 점은 분명해 보인다.

최근 잘못된 유죄 판결 사례들에 대해 주목하지 않을 수는 없지만, 목격자 기억의 오류는 심리학자들에게 새로운 주제는 아니다(Munsterberg, 1908). 재판에서 심리학자의 역할에 대한 역사는 중요한데, 그 이유는 법적 의사결정 과정에서 과학의 역할에 대한 기본적인 인식이 어떤지 알 수 있기 때문이다. Hugo Munsterberg(1908)는 자신의 저서 『증언대에서(On the Witness Stand)』를 통해 목격자의 지각과 기억을 신뢰할 수 없다는 것을 보여 주는 과학적 연구들을 제시했고, 과학적인 심리학이 법정에 많은 정보를 제공할 수 있다고 주장했다. 변호사들과 법학자들은 법적인 판단이 심리학적인 연구에 의해 영향을 받아야 한다는 Munsterberg의 주장에 분노했다. 예를 들면, 변호사인 Charles C. Moore(1907)는 다음과 같이 적었다.

> 법 전문가들 사이에서 조사가 이루어지는 상황과 조건이 비슷한 경우 실험이 가치가 있다는 것은 잘 알고 있는 사실이다. …목격자의 증언을 평가하기 위해 소위 과학적 실험이라고 부르는 것을 가지고 그(Munsterberg)가 끼여든다고 상상해 보라.(p. 127)

이 장의 주제와 관련하여 Moore의 주된 주장은 과학적인 방법론의 가치와 과학적 실험이 상식보다 더 가치 있는 기여를 할 수 있는가다. 그는 “법정에서 제공되는 증언에 대한 신뢰성과 실제 관련 있는 대부분의 주제에 대해서는 판사가 심리학자보다 월등히 앞서 있다.”(p. 40)라고 주장했다. 20세기 초반의 유명한 법학자이자 증거법 전문가인 John Henry Wigmore도 비슷한 견해를 가지고 있었다. Wigmore(1909)는 목격자에 대한 신뢰성을 평가하기 위해 심리학자들이 사용하는 방법들을 사용하는 것을 반대했다. 비록 오늘날에는 Munsterberg가 목격자 기억에 대한 연구로 많은 찬사를 받고 있지만, Wigmore와 Moore는 그 당시 Munsterberg와의 논쟁에서 승리했다. 1920년대부터 1960년대까지는 목격자 기억 연구가 전혀 이루어지지 않았고, 1990년대까지 법정에서 이 주제에 대한 전문가의 증언은 일반적으로 받아들여지지 않았다.

심리과학적 근거와 목격자 기억 연구에 사용되는 연구 방법

이 장의 목적은 목격자 기억에 대한 연구 방법을 검토하고, 목격자 기억과 지목의 정확성에 영향을 미치는 요인들에 대한 연구 결과를 요약하는 것이다. 이를 위해 우선 언제 목격자 지목이 정확 또는 부정확할 가능성이 높은지를 평가하는 데 과학적 연구가 왜 필요한지에 대해 생각해 봐야 한다. 이러한 내용은 상식적인 것이 아닌가? 사실 판사는 목격자 관련 전문가의 증언을 자주 배제시키는데, 이는 대부분의 증언 내용이 일반적인 상식이며 배심원도 이미 그 내용을 알고 있다고 생각하기 때문이다(Benton, Ross, Bradshaw, Thomas, & Bradshaw, 2006). 그러나 목격자의 신뢰성에 대해 사람들은 다른 '상식적인 가정'을 한다. 게다가, 비록 배심원이 일반적으로 목격자 증거를 특히 중요하게 생각하고 검사는 목격자의 전반적인 정확성에 의존하는 경향이 있지만, 피고인 측 변호인은 목격자의 신뢰성에 대해 의심을 갖는 경향이 있다(개관은 Read & Desmarais, 2009 참고). 그러므로 상식이라고 생각하지 않는 경우, 언제 목격자를 신뢰할 수 있다거나 신뢰하지 못한다는 판단을 내릴 수 있는 객관적인 체계를 갖는 것이 중요하다. 실증적인 과학적 연구는 이에 대한 객관적인 체계를 제시해 준다.

목격자 기억 연구자들에 의해 사용되고 있는 과학적인 연구 방법은 무엇인가?

연구의 대부분은 실험 방법을 사용해 왔으며, 독립 변인들을 조작하여 특정 종속 변인들에 미치는 영향을 연구한다. 또한 대부분은 정확한 지목 비율(예: 적중 비율)과 부정확한 지목 비율(예: 오인 지목 비율)을 연구한다. 비록 과학자들에게는 실험 방법이 중요한 기준이 되지만, 다음의 설명을 이유로, 배심원과 법 전문가에게는 실제 범죄와 실제 목격자와 더욱 직접적으로 관련된 다른 연구 방법이 더 설득력 있다고 생각한다. 이 장은 목격자 기억 연구를 위한 세 가지 연구 방법에 초점을 맞추고 있다. 그것은 (a) 사례 연구, (b) 기록 연구, 그리고 (c) 실험 연구와 실험 결과에 대한 메타분석이다.

사례 연구

사례 연구는 개인이나 한 사건에 대한 깊이 있는 연구를 말한다. 인지심리학자는 사람이 사례 연구를 더 흥미로워하고 과학적인 실험 결과보다 더 기억을 잘한다는 것을 알고 있다. 그러나 사례 연구 방법이 목격자 기억의 신뢰성에 영향을 미치는 요인들에 대한 일반적인 정보를 제공해 줄 수 있는 신뢰할 만한 방법인가? 목격자 기억과 지목에 대해 가장 많이 인용되는 사례 연구 중 하나는 Yuille와 Cutshall(1986)의 연구다. Yuille와 Cutshall은 어느 봄날 오후 브리티시컬럼비아의 버나비에 위치한 총포점 밖에서 일어난 총기 난사 사건의 목격자들의 진술 그대로를 분석했다. 몇 명의 목격자가 지켜보는 앞에서 총포점에 들어간 강도는 주인을 결박하고 돈과 몇 자루의 총을 훔쳤다. 주인은 강도가 도망치자 자신의 결박을 풀고 차량 번호판의 번호를 알아내기 위해 밖으로 달려 나갔다. 그러나 강도는 아직 차에 타지 않은 상태였고, 강도는 주인에게 총 두 발을 쏘았다. 몇 초 후, 가게 주인은 자신의 리볼버로 여섯 발 모두를 발사했고, 그 강도를 죽이게 되었다. 목격자들은 이 사건을 길 위에서 목격했는데, 이들은 바로 옆 건물에 있거나 지나가는 차 안에 있었다. 사건이 일어나고 얼마 안 되어 21명의 목격자들이 경찰에 의해 조사를 받았다. 이 목격자들 중 13명은 4~5개월 후 연구자들과 인터뷰를 진행했다. 이 사건은 연구 목적으로 사용하는 것이 가능했는데, 그 강도는 죽었고, 경찰은 사건을 종료했고, 연구가 사법절차에 영향을 미치지 않았기 때문이다. 또한 많은 목격자들이 사건을 목격했고, 다른 법과학 증거를 통해 진술들에 대한 신뢰성을 평가할 수 있었기 때문이다.

주요 연구 결과로는 목격자의 설명은 매우 정확했고, 5개월이 지나도록 기억의 변화가 적었다는 점이었다(강도를 기억했는지의 여부는 전혀 검증하지 않았기 때문에 이 연구는 목격자 지목과 관련된 연구는 아니다). 그러나 이 결과는 목격자의 기억이 항상 정확하다는 의미는 아니다.

목격자 기억이 언제 더 정확하거나 덜 정확하다는 점을 예측할 수 있는 특정 요인들을 알아내기 위해 이 사례 연구의 결과를 더 세분화하게 되면 큰 도움이 되지 않는다. 예를 들면, 높은 수준의 스트레스가 목격자 기억의 신뢰도를 증가시킬지 아니면 감소시킬지를 이해하는 것은 중요하고, 이에 관한 다수의 연구들이 존재한다(예: Deffenbacher, Bornstein, Penrod, & McCorty, 2004 참고). Yuille와 Cutshall(1986)은 "사건 관련 스트레스에 대한 자기보고는 기억과 관련이 없다."(p. 300)고 주장했고, 검사들은 이 글을 재빨리 인용하여 스트레스가 높은 사건에 대해 보고하는 경우 목격자의 정확성이 더 떨어진다고 볼 수 없다고 주장하기 위해 사용한다. 그러나 Yuille와 Cutshall의 사례 연구에서 높은 수준의 스트레스를 보고한 목격자들은 더 낮은 수준의 스트레스를 보고한 사람들보다 범죄가 발생한 장소에 더 가까이 있었고 사건과 더 많이 관련되어 있었다. 이 연구에서 스트레스와 사건과의 관련성은 혼재되어 있어(즉, 변인들이 함께 변하고 목격자 기억에 함께 영향을 미침), 스트레스가 기억에 미치는 영향에 대한 어떠한 결론도 타당한 것이 아니다.

이와 같은 난제는 사례 연구에 내재되어 있는 방법론적인 문제다. 즉, 혼자 또는 타인과의 상호작용과 같이 특정한 목격자 조건의 효과는 거의 독립시킬 수 없는데, 현실에서 일어나는 사건들은 이러한 조건들이 다른 상황적 요인들과 혼재되어 있기 때문이다. 사례 연구에 대한 다른 문제점은 단일 사건의 경우 오로지 제한적인 조건과 제한된 수의 목격자들만이 관련되어 있다는 점이다. 결국 하나의 사례 연구 결과를 다른 사례에 일반화하는 것은 제한적일 수밖에 없다.

기록 연구

만약 한 사건에 대한 사례 연구로부터 얻은 결론의 가치가 한정적이라면 실제 사건들에 대한 결과들을 조사하는 것으로 그 가치를 더할 수 있다. 그러나 각각의 사건들에 대한 실체적 진실(즉, 가해자가 누구인가를 포함하여 목격된 사건의 사실들)을 알 수 있을 때만 가치가 있는데, 실제 범죄 사건들의 경우 이를 아는 것은 대부분 불가능하다. 이 점을 염두에 두고, Behrman과 Davey(2001)는 캘리포니아주 새크라멘토 경찰의 271건을 '용의자 지목' 확률이 높은가 낮은가에 따라 조건을 분류했다. 이 사건들은 목격자들에 의해 용의자(실제 범인일 수도, 범인이 아닐 수도 있는)가 지목된 사례들이었다. 그러나 실체적 진실이 밝혀진 사건들은 몇 건에 불과했고, 몇 개의 연구 결과들은 다른 연구 결과들과는 모순된 것으로 나타났다. 예를 들어, 사진 라인업에서 동일 인종일 때보다 타 인종(예: 목격자의 인종과 범인의 인종이 다른 경우)인 경우 지목된 용의자들이 더 많았다고 보고했다. 이전에 이루어진 대부분의 실험 연구 결과는 동일 인종보다 타 인종을 지목하는 경우 신뢰성이 떨어진다는 것을 보여 주었다.

비록 현실에서 정확한 목격자 지목 여부를 확인하는 것, 즉 목격자에 의해 지목된 사람이 실제 유죄인지를 판단하는 것은 거의 불가능하지만, 부정확한 목격자 지목을 확인하는 것(또는 지목된 사람이 실제 결백하다는 것을 확인하는 것)은 상대적으로 쉽다. 목격자의 정확성에 대한 몇 건의 기록 연구는 목격자들이 라인업에서 필러(filler: 라인업에서 용의자가 아닌 자리를 채워 주는 사람)를 지목한 사례들에 초점을 맞추었다. 대부분 자리 채우기용으로 서 있던 사람들은 범죄가 일어났던 시간에 구치소에서 복역하고 있었기 때문에 이들 중 한 명을 지목했다는 것은 명백한 오인에 해당된다. 출판된 몇 건의 기록 연구들은 라인업에서 필러를 오인한 패턴을 조사했다. Wright와 McDaid(1996)는 런던에서 이루어진 1,561개의 라인업에 대한 결과를 분석했고, 그 결과 목격자 지목 중 19.9%가 필러인 것으로 나타났다. Behrman과 Davey(2001)의 연구 결과 중 하나는 어느 정도 관련이 있다. 실제로 진행된 라인업 지목에서 24%가 필러를 선택한 것이다. 이 결과는 런던의 119개 라인업을 분석하여 21.6%의 목격자들이 필러를 선택했다는 Valentine, Pickering과 Darling(2003)의 연구 결과와 비슷하다. 비록 실제로 오인이 꽤 흔하게 일어나고 문제를 일으킨다는 점은 필러를 지목한 사례들에 대한 기록 연구를 통해 입증할 수 있다는 점에서는 유용하지만 기록 연구들은 목격자들이 더 정확하거나 덜 정확할 수 있는 조건들을 이해하는 데는 큰 도움은 되지 않는다.

더 유익한 결과를 도출한 다른 기록 연구로는 이 장의 앞부분에서 설명했던 이노센스 프로젝트의 유죄 판결 후 DNA 증거를 통해 무죄를 입증한 사례들에 대한 법과학 연구가 있다. 이 연구를 통해 목격자 지목이 이루어질 것이라는 것뿐만 아니라(무죄를 입증받았던 첫 239건의 사례를 분석했는데, 73%가 목격자 오인과 관련된 것으로 나타났다.) 연구자들이 부정확한 목격자 지목과 관련된 요인들을 파악하기 위해 데이터를 모으고 통계적으로 분석하기 시작했다(Garrett, 2008). 이러한 결과는 실제 사건에서의 목격자 지목의 정확성을 예측하는 데 도움이 될 수 있다.

실험 연구

실험 연구는 다른 가외 변인들의 혼재 효과를 통제한 조건에서 특정한 독립 변인들(예: 노출된 시간, 범죄를 목격하고 라인업 지목까지 지체된 시간, 이전에 범인을 알고 있었는지 여부)이 특정 종속 변인들(예: 범죄자에 대한 정확한 지목, 라인업에서 자리를 채우기 위해 투입된 무죄인 사람에 대한 오인 비율)에 미치는 영향을 평가한다. 또한 실험 연구에서 혼재 효과인 참가자 간의 편차를 줄이기 위해 참가자들을 실험 조건에 무작위로 배치한다. 연구자들이 실험 연구를 진행해야만 인과관계적인 결론을 내릴 수 있고, 인과관계적인 결론은 더욱 정확한 예측을 가능하게 한다. 이것이 실험 방법이 과학의 황금 기준이 되는 이유다.

왜 인과관계적인 결론이 중요한가? 과학의 목적은 변인들 간의 관계를 이해하기 위해 몇 개의 변인들을 사용하여 다른 변인들을 예측하는 것이다. 어떠한 음식 변화가 체중 감소로 이어질지를 예측하는 데 관심이 있다고 가정해 보자. 하나의 연구적 접근 방법으로는 대단위의 비교 문화적 평가를 통해 어떤 문화 집단의 체격이 마른 경향인지 또는 어떤 문화 집단이 그렇지 않은지를 평가하고 난 후 이들 음식의 차이점을 평가하는 것이다. 어느 연구자는 일본인들이 마른 경향이 있고, 다른 문화 집단보다 두부를 상당히 많이 먹는다는 사실을 알아낼지도 모른다. 이는 통제된 상황에서 어떠한 변인도 조작되지 않았기 때문에 상관 연구가 된다. 또 다른 연구적 접근 방법으로는 가설을 검증하는 것인데, 예를 들어 칼로리가 낮은 식사는 더 많은 체중 감소로 이어진다는 가설을 세울 수 있다. 이 방법에서 참가자 중 절반은 무작위로 하나의 처치 집단에 배정되는데, 예를 들면 하루에 2,500칼로리로 음식 섭취를 제한하고 다른 절반은 다른 처치 집단에 무작위로 배정되어 하루에 1,800칼로리로 음식 섭취를 제한한다. 시간이 지나면서 두 집단의 체중 감소는 비교될 것이다. 연구자는 낮은 칼로리 조건에 있는 사람들이 높은 칼로리 조건에 있는 사람들보다 체중이 더 많이 감소한다는 점을 알아낼 것이다. 이 방법들은 실험 연구 설계다.

상관 연구의 결과로 만약 사람들이 두부를 더 많이 먹는다면 몸무게가 감소할 것이라고 할 수 있지만, 이 결론은 틀린 것이다. 일본인들이 마른 이유는 두부를 많이 먹기 때문이라기보다는 칼로리가 낮은 식사를 하기 때문이다. 다시 말하면, 두부를 많이 먹는 것은 체중 감소의 원인이 아니다. 반면에, 실험 연구의 결과는 만약 사람들이 칼로리가 낮은 식사를 한다면 체중이 감소한다는 것이며, 이 결과는 정확한 것이다. 실험 연구 설계에서 가외 변인들은 배제되어 독립 변인(음식)과 종속 변인(몸무게) 간의 인과관계가 성립되었기 때문이다. 인과관계는 예측을 가능케 한다. 이 경우는 칼로리가 낮은 식사는 체중 감소로 이어질 것이라는 예측이 가능하다.

목격자 기억 연구를 진행하는 데 실험 설계를 사용하는 것의 장점은 무엇인가? 다시 말하면, 목격자 기억 연구에서 인과관계적인 결론을 내릴 수 있는지 또는 없는지 여부가 왜 중요한가? 실험 연구를 하지 않으면 어떤 오해를 불러일으킬 수 있는지에 대한 한 가지 좋은 예는 앞에서 설명한 Valentine과 동료들(2003)의 기록 연구다. 연구자들은 런던에서 진행된 119개의 라인업을 분석했고, 타 인종 지목, 무기 초점, 범죄를 목격하고 라인업 지목까지 지체된 시간은 용의자나 필러를 지목하는 비율에 영향을 미치지 않았다고 보고했다. 이러한 결과는 수많은 실험 연구 결과와는 다른 것이다. 이는 실험 연구는 신뢰할 수 없고 기록 연구는 신뢰할 수 있다는 것을 의미하는가? 아마도 그 결론은 아닐 것이다. 오히려 Valentine과 동료들의 결론은 데이터베이스에 포함된 특정 사례들이 다른 가외 변인들과 혼재되어 효과가 상쇄됐기 때문에 이런 결과가 나타났다는 것이다. 예를 들면, 타 인종 사례들에서 선정된 표본에서는 동일 인종 사례들에서보다 목격자가 범인을 더 오랫동안 관찰하는 경향이 있을 수 있다. 다음 절 '목격자 기억에 대한 관련 연구'에서 이 주제에 대한 중요한 연구 결과들을 제시하고 있는데, 이 결과들은 실험 방법을 사용한 연구에서 도출된 것이다.

목격자 기억 연구에서 실험 방법을 사용하는 연구들의 가장 큰 한계점은 생태 타당도다. 즉, 실제 범죄 환경과 목격자 기억 연구의 환경의 차이에서 비롯되며 실험 연구의 결과를 일반화시키기에는 한계가 있을 수밖에 없다는 것이다. 그러나 이 주장은 실험적 검증을 통해 거의 지지받지 못하고 있다. 예를 들어, 대학생을 대상으로 실시한 연구 결과는 일반적인 범죄 피해자에게 일반화시킬 수 없다고 비판한다. 하지만 O'Rourk, Penrod, Cutler와 Stuve(1989)는 18~74세의 대학생들과 대학생이 아닌 표본들을 대상으로 다양한 목격자 관련 요인들의 효과를 비교했다. 연구자들은 참가자 모집단 전체에 걸쳐 일관된 결과를 얻었다. 또한 Bornstein(1999)의 메타분석에서 대학생과 지역사회를 대표하는 시민들을 모의 배심원으로 사용한 26개의 배심원 의사결정 연구들 중 21개의 연구에서 실험 참가자 표본에 대한 주효과가 발견되지 않았고, 효과가 나타난 5개의 연구의 경우 그 차이는 일관되게 나타나지 않았다. 또한 특정한 증언의 효과를 평가하는 데 있어 모의 재판이 실제 재판을 적절하게 반영하지 못할 수 있다는 우려가 있다. 하지만 Pezdek, Avila-Mora와 Sperry(2010)는 재판의 제시 방식에 따라 모의 배심원들의 지각 또는 판결에 차이는 나타나지 않았다고 보고했다. 그러므로 실제 범죄와 일반적인 목격자 기억 연구가 이루어지는 상황은 분명한 차이가 존재하지만, 이 차이들은 조작된 실험 변인들과는 상호작용하지 않을 것으로 보이므로 연구 결과에 대한 일반화는 문제가 없을 것이다.

실험 결과에 대한 메타분석

법심리학 분야의 학자들은 다른 방법론인 메타분석에 대해서도 익숙해져야 한다. 만약 특정 주제에 대한 많은 실험 연구들이 진행되었는데 몇 개의 연구는 강한 효과가, 다른 연구는 약한 효과가, 그리고 또 다른 연구는 효과가 없다는 결과가 나왔다면, (a) 평균적으로 효과가 얼마나 강한지, 그리고 (b) 효과의 강도에는 어떤 부가적인 변인이 관련되어 있는지를 알아보기 위해 전체적인 연구 결과를 모아 통계적인 분석을 실시하는 것이 유용하다. 예를 들어, 타 인종 대 동일 인종 조건에서 목격자 지목의 정확성의 경우에는 수많은 연구들이 진행되었고, 타 인종을 지목하는 경우보다 동일 인종을 지목하는 것이 더 정확하다는 연구 결과에도 불구하고 그 효과는 일관적이지 않다. 모든 연구에 대한 결과를 명확하게 하기 위해서, Meissner와 Brigham(2001)은 타 인종 지목에 대한 39개의 연구를 검토했다. 정확한 지목의 경우, 평균적으로 자신이 목격한 사람에 대해 자신과 '동일한 인종을 지목하는 경우'가 자신과 '다른 인종을 지목하는 경우'보다 정확하게 지목할 확률이 1.4배 더 높았다. 오인 지목의 경우 동일 인종에 비해 다른 인종의 경우 잘못 지목할 가능성이 1.56배 더 높았다. 그러므로 이러한 메타분석은 39개 각각의 연구 결과보다 더 신뢰할 수 있는 결론을 도출할 가능성이 높다. 또한 Meissner와 Brigham은 노출 시간과 같은 특정 요인이 타 인종 효과의 크기에 영향을 미치는 것으로 나타났다.

목격자 기억 요인의 강도를 측정하기 위해 많은 메타분석이 출판되어 왔다. 이 중 몇 개는 '목격자 기억에 대한 관련 연구' 절에서 언급하였다. 더 큰 규모로는 Shapiro와 Penrod(1986)가 그 당시에 출판된 모든 얼굴 식별 연구에 대한 메타분석을 실시한 사례가 있다. 이 분석은 128개의 목격자 지목과 얼굴 식별 연구에 960개의 실험 조건과 16,950명의 실험 참가자들이 포함되었다. 이 분석에서는 각 연구들을 종합하여 각각의 19개의 다른 독립 변인들에 대한 효과의 크기가 측정되었다. 이를 통해 이 변인들 중 어느 변인이 대상(범죄자)에 대한 정확한 적중 비율과 비대상(필러)에 대한 오인 비율을 예측하는 데 중요한가에 대한 결론을 내렸으며, 나아가서는 각각의 변인들에 대한 효과의 크기가 측정되었다.

메타분석을 시행하는 데에는 몇 가지 통계적인 방법들이 있다(이러한 방법에 대해 쉽게 이해할 수 있는 개요는 Cutler & Penrod, 1995 참고). 일반적으로 메타분석은 효과의 크기 분석을 d값(즉, 조건들을 표준편차로 나눈 평균값의 차이)을 사용하여 표현한다. 0.00이라는 d값은 효과가 없다는 뜻이고 0.00보다 큰 절댓값은 다른 조건보다 그 조건에서 차이가 크다는 뜻이다. 비록 메타분석이 단일 연구에서 도출된 결론보다 일반화 가능성이 더 높지만, 메타분석의 값은 궁극적으로 개별 연구들의 타당도에 따라 달라진다는 것을 고려해야 한다.

목격자 기억에 대한 관련 연구

목격자 기억에 관한 연구는 목격자 기억의 정확성에 영향을 미치는 특정한 심리적 요인들 중 한 가지(예: 통계적인 주 효과) 또는 다른 요인들과의 상호작용(예: 통계적인 상호작용)에 집중되어 있다. 비록 대부분의 경우 이러한 요인들의 주 효과가 대부분이지만 이 분석에서 독자들은 어떻게 이러한 요인들이 상호작용할 것인지도 고려하는 것을 권장한다. 목격자 요인은 일반적으로 **평가자 변인**(estimator variables)과 **제도적 변인**(system variable)이라는 두 개의 변인으로 구분한다. 평가자 변인은 형사사법체계가 통제할 수 없는 변인들로 목격자의 특성과 관찰한 사건의 특성을 포함한다. 제도적 변인은 형사사법체계가 통제할 수 있으며 목격자를 어떻게 면담했는지와 어떠한 조건에서 지목이 이루어졌는지와 관련된다. 한편, 목격자 기억의 정확성에 영향을 미치는 요인들과 관련된 연구들에 대해 훌륭한 검토 문헌들이 존재하는데, 이는 Shapiro와 Penrod(1986)의 메타분석, Wells, Memon과 Penrod(2006), 그리고 Wells와 Olson(2003)의 검토 등이다. 이 장의 나머지 부분에서는 이 연구들을 요약하고 이러한 요인들이 가질 수 있는 상호작용적인 영향을 개념화하는 데 초점을 맞추고자 한다. 먼저 배경으로서 이러한 심리적 요인들의 독립적인 영향에 대해 요약하여 제시한다. 하지만 제도적 변인들에 대한 연구가 다른 장(제6장 참고)에서도 다루어졌기 때문에 그 연구들은 여기에 제시하지 않을 것이다.

관찰된 사건의 특성이 되는 평가자 변인

관찰된 사건의 특성이 목격자의 특성보다 목격자 기억에 더 큰 영향을 미친다는 것은 일반적인 사실이다. 시각적 기억이 뛰어난 목격자조차도 만약 범죄자를 열악한 조건에서 보았거나 몇 주 후 또는 몇 달 후에 지목이 이루어졌다면 범죄자에 대한 기억은 손상될 수밖에 없다. 대부분의 목격자 지목은 사진으로 이루어진 라인업에서 이루어지는데, 용의자의 얼굴은 다섯 명의 필러와 함께 제시된다는 점을 주목해야 한다. 그러므로 가장 기본적인 수준에서 목격자의 지목은 얼마나 명확하게 범죄자자의 얼굴을 보았느냐에 의해 영향을 받을 것이다. 이를 기억의 지각 단계라고 부른다. 지각 단계는 주로 목격자가 어떠한 거리와 어떠한 조명 상태에서 범죄자의 얼굴을 얼마나 오랫동안 보았는지에 의해 영향을 받는다.

노출 시간, 거리, 조명

날이 어두워진 후 100미터 정도 떨어진 곳에서 목격하거나 범인 얼굴 뒤쪽에 조명이 있는 경우 자세히 목격하기 힘들다는 것에 반론을 제기하는 사람은 거의 없겠지만, 짧은 노출 시간의 영향은 그리 분명하지 않다. 예를 들어, 만약 목격자의 기억이 카메라처럼 작동한다고 잘못 생각하고 있고 목격자가 누군가를 긴 시간 혹은 짧은 시간 동안 보았다고 추정한다면, 목격자의 '사진'은 여전히 기억 속에 보존될 것이다. 이러한 가정은 정확한 것이 아니다. 목격자에 대한 기억의 노출 시간 효과에 대한 수많은 연구가 존재한다. Shapiro와 Penrod(1986)의 얼굴 인식 연구들에 대한 메타분석에서 얼굴에 대한 노출 시간과 정확하게 얼굴을 확인하는 확률은 선형의 경향성을 보이는 것으로 나타났다. Memon, Hope와 Bull(2003)은 합리적이고 생태적으로 타당한 조건에서 이러한 영향이 나타나는 것을 보여 주었다. 연구자들은 모의 목격자들에게 사실적인 범죄 비디오를 보도록 했는데 범죄자를 12초 또는 45초 동안 볼 수 있었다. 40분 후, 대상-존재 라인업(실제 가해자가 라인업에 존재하는 경우)에서 정확하게 지목하는 확률은 12초보다 45초에서 매우 높게 나타났고 (32% vs. 90%), 대상-부재 라인업(실제 가해자가 라인업에 포함되지 않은 경우)에서 잘못 지목(즉, 오경보)하는 확률은 12초 조건에서 45초 조건보다 매우 높게 나타났다(82% vs. 41%). 그러나 만약 목격자가 총을 쏘던 범인을 45초 동안 관찰했지만 목격자가 해가 진 이후 45미터 떨어져 있던 상태였다면, 이 요인들의 상호작용은 정확한 지목이 이루어질 수 없게 만든다.

무기 초점

무기 초점은 목격자의 주의가 가해자의 얼굴에서 무기로 옮겨 갈 때 이것이 후에 가해자가 정확하게 지목될 가능성을 감소시킨다는 사실을 말한다. 무기는 주의를 분산시키는 데 핵심적으로 작용하며, 결과적으로 가해자의 얼굴에 대한 노출 시간을 감소시킨다. Loftus, Loftus와 & Messo(1987)는 패스트푸드 음식점에서의 사건을 보여 주는 일련의 슬라이드를 볼 때 참가자들의 눈동자 움직임을 기록했다. 슬라이드에 권총이 제시되었을 때, 목격자들의 시선은 총에 더 고정되었고 은행 계좌 수표에서 총으로 대체되었을 때 시선의 고정 시간이 더 길었다. 나중에 목격자의 기억을 12명의 사진 라인업으로 검사했을 때, 목격자들은 수표(.35) 조건보다 총(.15)이 있던 조건에서 가해자를 지목하는 비율이 더 낮았다. 이 효과는 무기 초점과 관련된 19개의 연구에 대한 Steblay(1992)의 메타분석에서도 확인되었다. 이 분석은 무기 초점 효과가 대상-부재 라인업(라인업에 가해자가 없는 경우, 라인업을 채우기 위해 들어간 필러를 지목하는 오경보 비율이 더 높음)과 이 장에서 논의된 요인들과 같이 다른 조건에 의해 기억이 손상되었을 때 더 크다는 것을 보여 주었다. 이는 목격자 요인이 어떻게 상호작용하여 지목의 정확성에 영향을 미치는지 보여 주는 또 하나의 예가 된다.

변장

범죄를 저지를 때 대부분은 모자나 선글라스를 사용하여 변장하려고 한다. 많은 연구에서 비교적 흔한 변장만으로도 목격자 지목의 정확성을 효과적으로 감소시킨다고 보고하고 있다. 한 연구(Cutler, Penrod, & Martens, 1987)에서 비디오를 통해 상점 강도를 목격하게 했고, 강도는 니트 모자를 써서 머리와 머리선을 가리거나 또는 모자를 쓰지 않았다. 비디오로 촬영된 라인업에서 강도가 모자를 착용하지 않았을 때 보다 모자를 착용하였을 때 정확한 지목 비율이 낮은 것으로 나타났다(적중률=.45 대 .27). Shapiro와 Penrod(1986)의 메타분석에서 처음 목격했을 때부터 얼굴에 주었던 변화는 라인업이 제시되었을 때 목격자 지목의 정확성을 감소시킨다('변신'이라고 불렀던 변인). 그러나 얼굴 상단부의 특징을 변장하는 것(즉, 눈, 이마, 머리선)은 얼굴 하단부의 특징을 변장하는 것(즉, 입, 턱, 코)보다 목격자의 기억을 더 손상시키는데, 이는 얼굴 상단부 특징은 얼굴 인식에 더 결정적인 역할을 하는 경향이 있으며 후에 더 잘 인식되기 때문이다(Davies, Shepherd, & Ellis, 1979).

시간 지연

최초 목격자가 누군가를 얼마나 잘 보았는지와 상관없이 정확하게 지목할 수 있는 기회는 시간의 흐름과 함께 사라질 것이다. 이를 알고 있는 경찰관들은 일반적으로 목격자 기억이 보존될 가능성이 높은 기간 동안, 즉 범죄가 일어난 후 몇 시간이나 며칠 안에 용의자를 검거하려고 부지런히 일한다. 수많은 연구 결과가 목격자 기억에 시간 지연이 부정적인 효과가 있음을 보여 주었다. Shapiro와 Penrod(1986)의 메타분석을 통해 시간이 더 지연될수록 정확한 지목은 감소하고 오인 지목은 증가한다는 것을 보여 주었다.

시간 지연과 기억 간의 관계에 대해 잘 알려지지 않은 사실은 '조스트의 법칙(Jost's law)'이라고 알려진 효과다(Britt & Bunch, 1934 참고). 조스트의 법칙에 따르면, 약한 기억은 강한 기억보다 더 빨리 사라진다. 오래된 기억이 새로운 기억보다 더 약하다는 것을 고려해 보면 범죄 이후의 시간은 세부적으로 잘 인식한 얼굴보다 세부적으로 잘 인식하지 못한 얼굴에 대한 목격자의 기억에 더 큰 영향을 미칠 것이다. 이는 목격자 기억에 대한 심리학적인 요인들의 상호작용 효과를 보여 주는 하나의 예가 된다.

목격자의 특징인 평가자 변인

비록 일반적으로 목격자의 특징이 관찰된 사건의 특징보다 목격자 기억에 미치는 영향은 적다 하더라도 목격자의 몇 가지 특징들은 상당히 중요하게 고려해야 할 필요가 있다.

목격자의 자신감

만약 목격자가 지목에 대해서 자신이 있다면, 그 사건은 재판으로 갈 가능성이 높은데, 이는 검사들이 자신 있는 목격자들이 배심원들에게 더 강력하게 작용한다는 것을 알고 있기 때문이다. 그러나 더 자신 있는 목격자가 더 정확한 목격자일까? 정확성-자신감 관계를 살펴본 연구들에 대한 메타분석에서 Sporer, Penrod, Read와 Cutler(1995)는 이 주제에 대한 30개의 연구들에서 정확성과 자신감 간의 관계가 'r=.29'라는 것을 알아냈다. 이 상관계수는 통계적으로 유의미하였지만, 목격자 정확성 변량의 8%만을 설명한 것이다.

하지만 Sporer와 동료들(1995)은 지목을 했던 사람들만으로 분석을 한정시켰을 때는 정확성과 자신감 간의 관계가 더 강하다고 보고했다. 이러한 '선택자들'의 정확성과 자신감 비율은 법심리학적으로도 더 중요한데, 이는 이 사람들이 법정에서 증언할 확률이 높기 때문이고, 이들은 이전 라인업, 현장 대질(show up)[2] 또는 다른 종류의 지목 방법에서 누군가를 선택했을 것이다. 한편, 선택자들 간 정확성과 자신감의 관계는 'r=.41'이었다. 목격자 전문가는 배심단이 .41의 상관계수가 무엇을 의미하는지 이해할 수 있도록 어떻게 도와줄 수 있겠는가? Wells, Olson과 Charman(2002)은 이 상관계수에 대해 생각해 볼 수 있는 하나의 방법이 이 범위의 유사한 상관관계와 비교해 보는 것이라고 설명했다. 미국의 보건사회국(Department of Health and Human Service) 자료에 따르면, 사람의 키와 성별 사이의

2) 현장 대질은 경찰에서 많이 사용하는 지목 절차로서 목격자에게 용의자를 보여 주고 이 용의자에 대해 확인하게 하는 것이다. 통계적으로 이 방법은 진실-거짓 검사와 비슷한데, 추측만으로도 50%의 확률로 정답을 맞힐 수 있기 때문이다. 현장 대질의 장점은 시간적 지연 없이 빠르게 진행할 수 있다는 점이다.

상관계수는 'r=.43'이라고 보고하고 있다. 그러므로 만약 목격자가 약 50%의 정확도로 지목을 한다고 가정한다면 상당히 자신감 있는 오인이 나타날 확률은 키가 큰 여성이나 키가 작은 남성을 만나는 것처럼 일반적인 것이다. 이러한 방법으로 배심단에게 정확도와 자신감의 관계를 제시해 주는 것은 상당히 확신에 찬 목격자에 대한 중요성을 감소시키는 데 도움이 될 것이다.

목격자의 자신감은 변하기 쉽다는 것을 이해하는 것도 중요하다. 일반적으로 목격자의 기억이 시간의 경과와 함께 감소한다면 목격자의 자신감 또한 감소할 것이라는 것을 예상할 수 있다. 그러나 때로는 목격자의 자신감은 시간이 지나면서 증가하는데, 예를 들면, 현장 대질("그 남자가 가해자 같아 보여요.")에서 실시간 라인업("그 남자가 맞는 것 같다. 네, 그 남자가 맞아요.")으로, 또 재판에서의 증언("그 ATM 기에서 나한테 강도짓을 한 사람은 저 남자가 확실하다.")을 할 수 있다. 이러한 경우는 목격자의 기억에 추가적인 무언가가 더 존재한다는 경고의 메시지가 된다. 예를 들어, 목격자에게 반복적으로 질문을 하는 것은 기억의 정확성에 영향을 미치지는 않고 자신감만 부풀린다고 보고되어 왔다(Shaw, 1996). 그리고 만약 지목이 일어난 후(정확하든지 부정확하든지 간에), 좋은 목격자들이라는 피드백을 받게 되면, 그 후의 자신감도 증가할 것이다(제7장 참고; Wells & Bradfield, 1999). 대부분의 목격자가 법정에서 증언을 하게 될 때는 이미 여러 번 질문을 받았고 지속적으로 "맞는 사람을 골랐네요."라는 피드백을 무심코 또는 직접적으로 받았다는 점은 그리 놀라운 일이 아니다. 이는 왜 그렇게 많은 목격자가 배심단 앞에서 자신의 지목에 대해 그렇게 자신감에 차 있는지를 독자적으로 설명해 준다.

타 인종 지목

지목의 정확성과 관련해 가장 강력한 목격자의 특징 중 하나는 목격자와 가해자의 인종 또는 민족이 같거나 다르냐다. 이러한 결과는 이전에 메타분석 부분에서 논의됐던 Meissner와 Brigham(2001)의 메타분석에 따른 것이다. 타 인종 지목 효과는 나이에 상관없이 일관성 있게 나타난다. Pezdek, Blandon-Gitlin과 Moore (2003)는 하루가 지난 후 6명 라인업에서 흑인과 백인을 지목하는 능력을 유치원 아이들, 3학년들, 그리고 젊은 성인들을 대상으로 비교했다. 각 나이 수준에 따라 비슷한 크기의 타 인종 효과가 나타났다.

Meissner와 Brigham(2001)의 타 인종 기억 연구에 대한 메타분석은 타 인종 효과를 조절하는 몇 개의 변인들을 확인했다. 예를 들어, 사람들은 타 인종 효과가 인종적으로 혼합된 지역에 사는 사람들보다는 인종적으로 분리된 지역에 사는 사람들에게서 더 크게 나타나는지를 가끔 알고 싶어 한다. 비록 타 인종 효과는 타 인종에 대한 노출에 의해 어느 정도는 줄어들지만, 타 인종과의 접촉으로 타 인종에 대한 오경보 비율이 줄어드는 효과는 크지 않다. 사람들은 또한 타 인종 효과가 인종에 대한 태도와 관련되어 있는지도 궁금해한다. 인종에 대한 태도가 타 인종을 인지하는 능력에 직접적인 영향을 미친다는 증거는 없다. 하지만 타 인종 효과와 대상 얼굴에 대한 노출 시간은 유의미한 상호작용이 나타난다. Meissner와 Brigham(2001)은 목격 시간이 증가할수록 타 인종 얼굴에 대한 불리한 점은 감소했다고 보고했는데, 즉 목격자가 가해자를 볼 수 있던 시간이 더 길었던 경우에 타 인종 얼굴에 대한 오경보 비율이 감소했다는 것이다. 타 인종 대상 얼굴을 긴 시간 관찰했을 때 타 인종 요인은 오경보 비율에 영향을 덜 미치는 것으로 나타났다. 목격자 지목의 정확성은 다양한 부정적인 목격자 요인들이 함께 나타나는 경우에는 특히나 신뢰할 수 없는데, 이는 목격자 요인들 간의 상호작용을 암시하는 것이므로 이런 결과는 흥미롭다 할 수 있다.

목격자 스트레스

검사가 배심단에게 목격자를 제시할 때 때로는 높은 스트레스로 인해 사건이 일어나는 동안 집중할 수밖에 없으므로 목격자를 신뢰할 수 있다고 주장한다. 역설적으로, 이에 대한 연구 결과는 큰 스트레스 상황에서의 목격자 기억은 신뢰할 수 없다는 명확한 증거를 제시하고 있다. 이 결론은 Deffenbacher와 동료들(2004)의 메타분석에 의한 것이다. 메타분석에는 범죄와 관련된 세부사항에 대한 기억에 미치는 스트레스의 효과를 다룬 36개의 검증과 지목에 미치는 스트레스의 영향에 대한 27개의 검증이 포함되었다. 높은 수준의 스트레스는 기억의 두 가지 종류 모두를 매우 손상시켰고, 스트레스의 효과는 오경보 비율을 증가시키는 것보다는 정확한 지목 비율을 감소시키는 데 더 크게 작용하는 것으로 나타났다.

검사들은 때때로 높은 수준의 스트레스 상황에서의 손상된 기억에 대한 연구 결과는 얼굴 인지 기억에 대한 실험 연구에만 한정될 뿐이고 실제 범죄 상황에서의 높은 스트레스는 관련이 없다고 주장한다. 이는 사실이 아니다. 먼저 Deffenbacher와 동료들(2004)의 메타분석에서, 실험실에서 이루어지는 얼굴 인지 과제보다는 범죄 사건이 실제처럼 가장된 사례에 대한 목격자 지목 연구에서의 스트레스의 효과가 실제로는 더 높았다. 또한 높은 수준의 스트레스가 얼굴 인지 정확성에 미치는 영향에 대한 가장 놀라운 현실적인 연구들 중 한 연구(Morgan et al., 2004)에서 높은 수준의 스트레스는 목격자의 기억을 손상시킨다고 보고했다. 이 연구에는 500명 이상의 현역 군인들이 전쟁포로 교육 프로그램의 일환으로 두 사람에 의해 40분 동안 신문을 당했고 그 두 사람을 알아볼 수 있는지를 검증하는 것이었다. 이들은 수감된 지 12시간 후, 각 참가자들은 (a) 높은 스트레스 신문으로 신체적 대립을 동반한 신문, 그리고 (b) 낮은 스트레스 신문으로 신체적 대립을 동반하지 않는 신문을 모두 경험했다. 각각 다른 사람이 이들을 신문했고, 수면과 음식의 부족으로부터 회복된 지 하루가 지난 후, 각 참가자들은 실제 라인업 또는 사진 라인업을 통해 두 명의 신문자들에 대한 기억을 검사받았다. 그 결과 낮은 스트레스 상황에서보다 높은 스트레스 상황에서 정확한 지목은 더 낮았고 부정확한 지목은 더 높은 것으로 나타났다.

목격자의 취중 상태

알코올은 기억을 포함하여(Parker & Noble, 1997) 인지 기능을 손상시킨다고 알려져 있지만, 과연 알코올이 어떻게 목격자의 기억에 영향을 미칠 수 있는 것일까? 범죄 사건의 목격자가 술에 취한 상태인 경우는 드문 일이 아닌데, 늦은 밤에 일어난 싸움, 좋지 않은 상황으로 변한 마약 거래, 집을 침입한 강도 사건에서 흔히 일어난다. 두 개의 연구 결과, 알코올은 목격자의 기억과 지목에 해가 된다. 이러한 연구들 중 첫 번째는 가해자를 목격한 그때 목격자들은 술에 취해 있거나 술에서 깨어 있었다. 이 연구에서, Read, Yuille와 Tollestrup(1992)은 술에 취하거나 취하지 않은 사람들이 연출된 범죄를 보고 그로부터 1주일 후(술에 취해 있지 않았음) 여섯 명의 라인업을 사용하여 가해자에 대한 기억을 측정했다. 일반적으로 알코올은 대상을 정확하게 지목할 가능성을 감소시켰지만 잘못된 지목 비율에는 영향을 미치지 않았다. 두 번째 연구인 Dysart, Lindsay, MacDonald와 Wicke(2002)에 따르면, 술이 취하지 않은 목격자보다 술에 취한 목격자의 신뢰성이 더 떨어졌는데 특히 사건을 목격했을 때와 지목을 하는 시간 모두 취해 있을 경우에는 신뢰성이 더 떨어졌다. 이러한 상황은, 예를 들어 술에 취한 목격자가 사건을 목격한 후에 짧은 시간 내에 현장 대질이 이루어지는 경우에 발생할 수 있다. 비록 목격자가 대상이 존재하는 현장 대질을 제시한 경우는 혈중 알코올 농도가 대상에 대한 정확한 지목과는 큰 상관이 없었지만, 이러한 조건에서는 대상이 존재하지 않은 현장 대질을 제시한 경우에는 혈중 알코올 농도가 낮은 경우(22%의 오지목)보다 혈중 알코올 농도가 높은 경우(52%의 오지목)에 잘못된 지목 비율이 더욱 높았다. 이 두 편의 연구에 따르면, 한 명에 대한 대질이나 여섯 명의 라인업을 사용했는지, 그리고 지목 시 술에 취해 있었는지 술에 깨어 있었는지에 상관없이 술이 깬 목격자가 술에 취한 목격자보다 더 정확하다는 것은 분명하다. 그러나 추가적인 연구를 통해 알코올이 목격자 기억에 영향을 미치는 원리를 구체화시킬 필요가 있다.

또 다른 연구에서 Assefi와 Garry(2003)는 목격자 기억의 암시성에 대한 알코올의 영향을 측정했다. 참가자들은 일반적인 탄산수를 마셨지만 참가자 절반은 보드카와 탄산수를 섞은 것이라는 말을 듣게 되었다. 이들은 모두 목격자 기억 실험에 참여하게 되었는데, 잘못된 사건 후 정보가 제시되었다. 보드카를 마셨다고 들었던 참가자들은 통제 집단보다 제시된 정보에 의해 더 많이 영향을 받는 것으로 나타났다. 이러한 결과는 단순히 술에 취하지 않았다고 믿는 목격자보다 술에 취했다고 믿는 목격자가 다른 목격자나 경찰관에게 들었던 잘못된 정보에 의해 더 영향을 받을 수 있다는 것을 의미한다.

목격자 기억 요인들의 상호작용 효과

모든 목격자 사례에는 다양한 변인들이 관련되어 있는데, 각각의 변인들은 목격자 기억의 정확성에 단독(즉, 통계적 주 효과)으로 영향을 미치거나 다른 변인들과 상호작용(즉, 통계적 상호작용)하여 영향을 미치기도 한다. 먼저, 함께 작용하는 몇 개의 평가자 변인들(몇 가지는 이 장의 초반부에서 논의하였다)에 대한 상호작용 효과를 생각해 보자. 일반적인 법칙에 따르면, 목격자 지목의 정확성은 다수의 부정적인 목격자 요인들이 공존할 때 신뢰할 수 없다고 생각할 수 있다. 예를 들면, 타 인종 효과에 더해 목격 시간이 상대적으로 짧은 경우 목격자 기억의 정확성에 부정적인 영향을 미친다는 Meissner와 Brigham(2001)의 연구 결과에 대해 논의했다. 만약 목격자가 상대적으로 짧은 시간 동안에 가해자를 목격했다면 정확하게 가해자를 지목할 가능성이 감소하지만, 만약 가해자와 목격자가 다른 인종이라면 특히 더 감소할 것이다. 또한 앞서 논의했던 것처럼, 짧은 시간 동안 목격한 가해자가 3미터가 아닌 30미터 떨어져 있었다면 정확하게 지목할 가능성은 더 낮아진다.

지연 요인은 다른 평가자 변인들과 상호작용한다. 앞서 논의한 바와 같이, 조스트의 법칙을 바탕으로 약한 기억은 강한 기억보다 더 빨리 사라질 것이라고 예상할 수 있다. 그러므로 만약, 예를 들어 목격자가 범죄가 발생한 후 3개월 후에 지목을 해야 한다면 목격자가 동일 인종을 15분 동안 얼굴을 마주하고 대화한 경우보다는 타 인종을 잠깐 동안 본 사람의 기억에 더 부정적인 영향을 미칠 것이다. 다양한 평가자 변인들의 혼합된 영향이 누적되는지(즉, 단순하게 각각의 변인들의 효과에 대한 합) 또는 상호작용하는지(즉, 변인들의 혼합된 효과가 더 복잡한 기능을 가지고 있는지)는 아직 경험적으로 판단되지는 않았다. 그럼에도 불구하고 목격자 지목의 정확성을 예측하는 데 있어서 사건에서 작용하는 모든 심리학적인 요인과 이러한 요인들의 혼합된 효과를 고려하는 것이 중요하다. 목격자 지목의 정확성이 한 가지 요인에 대한 평가로 가능한 경우는 드물 것이다.

그렇다면 평가자 변인과 제도적 변인의 상호작용 효과는 어떠한가? 일반적으로는 목격자의 기억이 약할 때, 제도적 변인은 더 강력한 영향을 미칠 것이다. 개인

병원에서 일하는 두 명의 동료가 점심을 함께 먹고 있는 상황을 생각해 보자. 병원은 휴진 상태였기 때문에 옆방에서 무슨 소리를 들었을 때 누가 그 방에 있는지 알아보기 위해 둘은 그 곳으로 가 보았다. 잘 모르는 남성이 짐을 싸고 있는 것을 보았을 때, 두 사람은 그 남성에게 뭘 하고 있냐고 물었다. 그가 화장실을 찾고 있다고 말하며 그 방을 나갔다. 이들이 경찰을 불렀고, 경찰은 30분 내로 용의자를 체포했다. 함께 서 있던 두 동료가 현장 대질에서 자신 있게 그 피고인을 지목했고, 누군가 "범인을 잡았네요."라고 말하는 것을 들었다. 이러한 상황적 조건에서 두 목격자는 가해자에 대한 강력한 기억을 가졌을 것이라고 예상할 수 있는데, 이는 그 남성과 지척에 있었고, 조명도 좋았으며, 그 남성과 45초 정도 얼굴을 마주 보고 이야기를 했고, 목격자들이 의심스러워하며 주의가 가해자에게 집중됐고, 그 남성을 오직 30분이 지난 후에 지목했기 때문이다. 그러나 목격자들은 각각 따로 질문을 받았어야 했고, "범인을 잡았네요."라는 선입견이 가득한 말을 듣지 말았어야 했다. 그럼에도 불구하고 이러한 목격자들이 가해자의 얼굴에 대해 강력히 지속되는 기억을 가지고 있다고 믿을 수 있는 충분한 이유가 있고, 그 기억은 문제가 있는 제도적 변인들에 의해 영향을 덜 받을 것이다.

목격자 기억에 대한 연구의 적용

목격자 기억과 지목의 정확성에 영향을 미치는 요인들에 대한 심리학적인 연구는 유죄일 가능성이 높은 사람은 유죄 판결을 받을 가능성을 증가시키고 무죄일 가능성이 높은 사람은 무죄 판결을 받을 가능성을 증가시키는 것과 같이 다양하게 사용될 수 있다. 여기서는 적용 가능한 두 가지 방안을 제시하고자 한다. 이러한 연구 결과들이 적용될 수 있는 가장 명확한 방법은 목격자와 관련하여 전문가가 증언을 하는 것이다. 「연방증거법」 제702조에 따르면, 전문가 증인(expert witness)은 교육, 훈련, 기술 또는 경험에 의해 일반적인 지식을 넘어서는 특정 분야의 전문 지식이 있고 배심단에게 도움을 줄 수 있다고 여겨지는 한 분야의 전문가를 말한다. 기본적으로 목격자에 대한 전문가 증인은 피고인 측에 의해 요청되는데 재판 중 검찰 측에서 목격자 증거를 제시하지만 피고인 측에서는 그 증거에 문제가 많다고 주장하는 경우에 사용된다.

목격자에 대한 전문가 증언의 대부분은 미국 캘리포니아 주의 목격자 관련 재판인 국민 대 맥도날드(*People v. McDonald*, 1984)에서 "전형적으로 목격자 지목의 정확성을 손상시킬 수 있는 심리학적인 요인들은, …이 현상은 실험 연구에 의해 지지되고 있다."라고 언급된 내용과 관련되어 있다. 일반적으로 전문가는 목격자 지목의 신뢰성에 영향을 미쳤던 평가자 변인과 제도적 변인들을 제시한다. 어떻게 목격자에 대한 전문가 증인이 변호사와 함께 일하는지, 그리고 어떤 종류의 증언을 제시하는 경향이 있는지에 대한 자세한 논의는 Pedzek(2009)를 참고하기 바란다.

목격자 기억과 지목의 정확성에 대한 연구 결과가 적용될 수 있는 또 다른 방법은 검찰과 피고인 측 변호사들에 대한 평생 교육을 실시하는 것이다. 비록 미국 「수정헌법」 제6조가 모든 형사 피고인에게 재판을 받을 권리를 보장하지만 사실 형사 사건의 대부분은 재판을 거치지 않는다. 약 90%의 형사 사건이 **유죄 협상**(plea bargaining)을 통해 해결되고 이러한 협상이 양측에 정의롭게 적용된다는 확신을 주는 것은 중요하다. 법학자들은 유죄 협상을 하겠다는 변호인의 판단 대부분은 피고인에 대한 증거의 강도에 의해 결정된다고 본다(Burke, 2007; Pritchard, 1986). 즉, 증거가 약한 경우 검사가 유죄 협상을 제의할 가능성이 높고, 증거가 강한 경우 변호인이 유죄 협상을 제의할 가능성이 높다는 것이다. 그러나 목격자 지목과 관련된 사건에서 변호인은 목격자 증거의 강도를 항상 정확하게 평가하지 못하는데, 이는 목격자 기억 연구에 대해 잘 모르기 때문이다. 어떤 요인들이 정확한 또는 부정확한 목격자 지목과 관련되어 있는가를 이해하고 나면, 검찰 측과 변호인 측은 목격자 증거의 강도를 정확하게 구별할 수 있는 가능성이 높아지고 결국 무고한 사람이 유죄 판결을 받을 수 있는 가능성이 있는 사건의 경우 재판까지 진행되지 않을 것이다. 또한 경찰관은 이러한 지식을 수사에 적용시킬 수 있다. 목격자 기억에 대해 더 잘 이해하게 되면 아마도 잘못된 단서를 덜 쫓을 것이고 검사를 위해 더 많은 증거를 수집할 것이다.

결론

목격자 증거는 무고한 사람들에게 잘못된 유죄 판결을 받게 할 수 있는 가장 중요한 원인이 된다. 다행스럽게도, 이 주제와 관련하여 다수의 과학적 연구가 존재하고 연구는 엄격한 과학적인 방법을 사용한다. 이러한 연구가 만약 검찰 측과 변호인 측뿐만 아니라 배심단에게도 효과적으로 전달할 수 있다면 무고한 사람에 대한 유죄 판결 비율을 감소시킬 수 있다. 비록 역사적으로 과학적인 증거를 통해 검사, 변호인와 법 관련 실무자에게 깊은 인상을 남기는 데 어려움을 겪어 왔지만, 지금은 그렇지 않을 것이다. 목격자 기억과 지목에 대한 놀라운 심리학적 연구들은 법정에서 목격자 전문가 증언에 대한 허용성을 증가시켰고, 이 분야에 대한 법 관련 실무자에게 평생 교육의 기회를 제공하게 되었다.

★ 참고문헌

Assefi, S. L., & Garry, M. (2003). Absolut memory distortions: Alcohol placebos influence the misinformation effect. *Psychological Science, 14,* 77–80. doi:10.1111/1467-9280.01422

Behrman, B. W., & Davey, S. L. (2001). Eyewitness identification in actual criminal cases: An archival analysis. *Law and Human Behavior, 25,* 475–491. doi:0147-7307/01/1000-0475

Benton, T. R., Ross, D. F., Bradshaw, E., Thomas, W. N., & Bradshaw, G. S. (2006). Eyewitness memory is still not common sense: Comparing jurors, judges, and law enforcement to eyewitness experts. *Applied Cognitive Psychology, 20,* 115–129. doi:10.1002/acp.1171

Bornstein, B. H. (1999). The ecological validity of jury simulations: Is the jury still out? *Law and Human Behavior, 23,* 75–91. doi:10.1023/A:1022326807441

Britt, S. H., & Bunch, M. E. (1934). Jost's law and retroactive inhibition. *The American Journal of Psychology, 46,* 299–308. doi:10.2307/1416562

Burke, A. S. (2007). Prosecutorial passion, cognitive bias, and plea bargaining. *Marquette Law Review, 91,* 183-212.

Cutler, B. L., & Penrod, S. D. (1995). *Mistaken identification: The eyewitness, psychology, and the law.* Cambridge, MA: Cambridge University Press.

Cutler, B. L., Penrod, S. D., & Martens, T. K. (1987). The reliability of eyewitness identifications: The role of system and estimator variables. *Law and Human Behavior, 11,* 223-258. doi:0147-7307/87/0900-0233

Davies, G. M., Shepherd, J. W., & Ellis, H. D. (1979). Similarity effects in face recognition. *The American Journal of Psychology, 92,* 507-523. doi:10.2307/1421569

Deffenbacher, K. A., Bornstein, B. H., Penrod, S. D., & McCorty, E. K. (2004). A meta-analytic review of the effects of high stress on eyewitness memory. *Law and Human Behavior, 28,* 687-706. doi:10.1007/s10979-004-0565-x

Dysart, J. E., Lindsay, R. C. L., MacDonald, T. K., & Wicke, D. (2002). The intoxicated witness: Effects of alcohol on identification accuracy from showups. *Journal of Applied Psychology, 87,* 170-175. doi:10.1037/0021-9010.87.1.170

Garrett, B. L. (2008, January). Judging innocence. *Columbia Law Review.* Retrieved from http://ssrn.com/abstract=999984

Loftus, E. F., Loftus, G. R., & Messo, J. (1987). Some facts about "weapon focus." *Law and Human Behavior, 11,* 55-62. doi:10.1007/BF01044839

Meissner, C. A., & Brigham, J. C. (2001). Twenty years of investigating the own-race bias in memory for faces: A meta-analytic review. *Psychology, Public Policy, and Law, 7,* 3-5. doi:10.1037/1076-8971.7.1.3

Memon, A., Hope, L., & Bull, R. (2003). Exposure duration: Effects on eyewitness accuracy and confidence. *The British Journal of Psychology, 94,* 339-354. doi:10.1348-000712603767876262

Moore, D. (1907). Yellow psychology. *Law Notes, 11,* 125-127.

Morgan, C. A., III, Hazlett, G., Doran, A., Garrett, S., Hoyt, G., Thomas, P., . . .Southwick, S. M. (2004). Accuracy of eyewitness memory for persons encountered during exposure to highly intense stress. *International Journal of Law and Psychiatry, 27,* 265-279. doi:10.1016/j.ijlp.2004.03.004

Munsterberg, H. (1908). *On the witness stand: Essays on psychology and crime.* Garden City, NY: Doubleday.

O'Rourke, T. E., Penrod, S. D., Cutler, B. L., & Stuve, T. E. (1989). The external validity of eyewitness identification research: Generalizing across subject populations. *Law and Human Behavior, 13,* 385–395. doi:10.1007/BF01056410

Parker, E. S., & Noble, E. P. (1977). Alcohol consumption and cognitive functioning in social drinkers. *Journal of Studies on Alcohol, 38,* 1224–1232.

People v. McDonald, 37 Cal.3d 351, 690 P.2d 709, 716, 208. Cal. Rptr. 236, 245 (1984).

Pezdek, K. (2009). Content, form and ethical issues concerning expert psychological testimony on eyewitness identification. In B. L. Cutler (Ed.), *Expert testimony on the psychology of eyewitness identification* (pp. 29–51). New York, NY: Oxford University Press. doi:10.1093/acprof:oso/9780195331974.003.002

Pezdek, K., Avila-Mora, E., & Sperry, K. (2010). Does trial presentation medium matter in jury simulation research? Evaluating the effectiveness of eyewitness expert testimony. *Applied Cognitive Psychology, 24,* 673–690.

Pezdek, K., Blandon-Gitlin, I., & Moore, C. (2003). Children's face recognition memory: More evidence for the cross-race effect. *Journal of Applied Psychology, 88,* 760–763. doi:10.1037/0021-9010.88.4.760

Pritchard, D. (1986). Homicide and bargained justice: The agenda setting effect of crime news on prosecutors. *Public Opinion Quarterly, 50,* 143–159. doi:10.1086/268971

Radelet, M. L., Bedau, H. A., & Putnam, C. E. (1992). *In spite of innocence: Erroneous convictions in capital cases.* Boston, MA: Northeastern University Press.

Read, J. D., & Desmarais, S. L. (2009). Expert psychology testimony on eyewitness identification: A matter of common sense? In B. L. Cutler (Ed.), *Expert testimony on the psychology of eyewitness identification* (pp. 115–141). Oxford, England: Oxford University Press. doi:10.1093/acprof:oso/9780195331974.003.006

Read, J. D., Yuille, J. C., & Tollestrup, P. (1992). Recollections of a robbery: Effects of arousal and alcohol upon recall and person identification. *Law and Human Behavior, 16,* 425–446. doi:10.1007/BF02352268

Shapiro, P. N., & Penrod, S. (1986). Meta-analysis of facial identification studies. *Psychological Bulletin, 100,* 139–156. doi:10.1037/0033-2909.100.2.139

Shaw, J. S., III. (1996). Increases in eyewitness confidence resulting from postevent questioning. *Journal of Experimental Psychology: Applied, 2,* 126–146. doi:10.1037/1076-898X.2.2.126

Sporer, S. L., Penrod, S., Read, J. D., & Cutler, B. (1995). Choosing, confidence, and accuracy: A meta-analysis of the confidence-accuracy relation in eyewitness identification studies. *Psychological Bulletin, 118,* 315–327. doi:10.1037/0033-2909.118.3.315

Steblay, N. M. (1992). A meta-analytic review of the weapon focus effect. *Law and Human Behavior, 16,* 413–424. doi:10.1007/BF02352267

Valentine, T., Pickering, A., & Darling, S. (2003). Characteristics of eyewitness identification that predict the outcome of real lineups. *Applied Cognitive Psychology, 17,* 969–993. doi:10.1002/acp.939

Wells, G. L., & Bradfield, A. L. (1999). Distortions in eyewitnesses' recollections: Can the postidentification-feedback effect be moderated? *Psychological Science, 10,* 138–144. doi:10.1111/1467-9280.00121

Wells, G. L., Memon, A., & Penrod, S. D. (2006). Eyewitness evidence: Improving its probative value. *Psychological Science in the Public Interest, 7,* 45–75. doi:10.1111/j.1529-1006.2006.00027.x

Wells, G. L., & Olson, E. A. (2003). Eyewitness testimony. *Annual Review of Psychology, 54,* 277–295. doi:10.1146/annurev.psych.54.101601.145028

Wells, G. L., Olson, E. A., & Charman, S. D. (2002). The confidence of eyewitnesses in their identifications from lineups. *Current Directions in Psychological Science, 11,* 151–154. doi:10.1111/1467-8721.00189

Wigmore, J. H. (1909). Professor Munsterburg and the psychology of testimony. *Illinois Law Review, 3,* 399–445.

Wright, D. B., & McDaid, A. T. (1996). Comparing system and estimator variables using data from real lineups. *Applied Cognitive Psychology, 10,* 75–84. doi:10.1002/(SICI)1099-0720(199602)10:1〈75::AID-ACP364〉3.0.CO;2-E

Yuille, J. C., & Cutshall, J. (1986). A case study of eyewitnesses' memory of a crime. *Journal of Applied Psychology, 71,* 291–301. doi:10.1037/0021-9010.71.2.291

제6장

암시적인 목격자 지목 절차

David M. Zimmerman, Jacqueline L. Austin, & Margaret Bull Kovera

1986년 Thomas McGowan은 피해자가 자신을 강간한 남자로 지목했고 성폭행과 절도죄로 유죄 판결을 받았다. 피해자에게는 처음에 McGowan을 포함한 세 명의 필러로 구성된 실시간 라인업을 제공했다. 경찰은 피해자가 라인업에서 아무도 지목하지 못하자, 일곱 장의 사진이 포함된 사진첩을 그녀에게 보여 주었다. McGowan의 사진은 여섯 개의 필러 사진들과 함께 제시되었고, 오직 세 장의 사진에만 범죄가 일어났던 장소인 리처드슨 카운티에서 찍은 것이라 명시되어 있었다. 나머지 네 개의 사진 중 하나는 리처드슨 카운티에서 찍은 사진과 동일하게 컬러 사진이었지만 다른 지역에서 체포된 사람이라고 명시되어 있었고, 나머지 세 장은 흑백 사진이었다. 그 사진들은 피해자에게 동시에 일렬로 제시되었고, 수사관은 그 라인업에 범인이 있을 수도 있고 없을 수 있다는 점을 말해 주지 않았다. 또한 라인업 실시자는 라인업 중에서 누가 용의자인지에 대해 미리 알고 있었다. 피해자는 McGowan이 자신을 강간한 남자가 아니었음에도 라인업에서 그를 범인으로 지목했다. 처음에 그녀는 사진에 있는 남자가 자신을 공격한 사람인지 아닌지에 대해 확실하지 않다고 말했지만, 라인업을 실시한 경찰관이 만약 지목을 할 것이라면 확실해야 한다고 말하자 피해자는 McGowan이 확실한 범인이라고 말했다. McGowan은 23년을 구치소에서 복역한 후에야 DNA 증거 분석을 바탕으로 석방됐다(이 사건에 대한 전체 정보는 http://www.innocentproject.org 또는 http://www.thejust iceproject.org 참고).

암시적인 목격자 지목 절차와 무고한 자에 대한 유죄 판결 간의 연관성

McGowan 사건의 경우 경찰이 목격자 지목 증거를 수집할 때 목격자의 신뢰성을 연구하는 유명한 학자들이 '암시적'이라고 판단한 절차들을 사용했다(Wells et al., 1998). McGowan 사건에서는 피해자에게 라인업에 범인이 있을 수 있거나 없을 수도 있다는 경고를 하지 않았다. 라인업에 범인이 있을 수도 있거나 없을 수도 있다는 것을 목격자에게 경고하지 않은 것을 '편견적 지시'라고 부르는데, 목격자들은 심지어 자신의 기억과 일치하는 사람이 라인업에 없을지라도 암시적으로 범인이 라인업에 반드시 있을 것이라 가정하게 되며, 만약 라인업에 범인이 없다면 경찰이 목격자에게 지목을 요구하지도 않았을 것이라고 생각하게 된다. 더 나아가, 라인업에 범인이 있다는 라인업 실시자의 명백한 암시는 피해자의 이러한 믿음을 강화시킬 것이다(Wells & Quinlivan, 2009). 또한 McGowan 사건에서 라인업의 구성은 일곱 명 중 네 명만이 컬러 사진이었고, 그 컬러 사진 중 오직 세 명의 사진만이 사건과 관련 있는 카운티에서 체포되었다는 것을 보여 주는 팻말을 들고 있어서 피해자의 선택권을 제한시켰다. 연구 결과, 잘못된 라인업 구성(예: 목격자가 제시한 범인 묘사와 일치하지 않는 사람들로 자리를 채우는 것)이 라인업 과정의 암시성을 증가시키고, 결과적으로는 잘못된 지목을 증가시킨다고 보고했다(예: Clark & Tunnicliff, 2001; Wells, Rydell, & Seelau, 1993). McGowan 사건에서 경찰인 라인업 실시자(일반적으로 형사)는 용의자가 누군지 알지 못하도록 하는 이중 은폐(double blind) 라인업 절차를 사용하지 않았다(Wells et al., 1998). McGowan 사건의 라인업 실시자는 라인업에서 누가 용의자인지 알고 있었고, 피해자가 처음 McGowan을 지목하도록 미묘한 신호를 보냈을 것이다. 더욱이 피해자가 지목에 대해 확신이 있어야 한다는 실시자의 의견은 피해자의 지목의 정확성에 대한 자신감을 고양시켰을 것이다.

두 가지의 다른 절차 또한 피해자가 McGowan을 잘못 지목하도록 만들었을 것이다. 경찰은 피해자-목격자에게 사진을 한 장씩 '순차적으로' 제시하지 않고 모든 사진을 '동시에' 제시했고, 목격자는 각각의 라인업 구성원들을 보고 난 후 예/아니요로 결정을 내렸다. 동시적 라인업은 목격자들에게 상대적인 판단을 하도록 만드는데, 이는 범인에 대한 기억과 가장 흡사한 라인업 구성원을 선발하게 한다(Lindsay & Wells, 1985). 반대로, 순차적 절차는 목격자들로 하여금 라인업 구성원들 간의 직접적인 비교는 하지 못하도록 만들고, 범인에 대한 기억과 라인업 구성원들을 각각 비교하도록 만든다. 순차적 라인업은 상대적인 판단을 줄여 주고, 목격자가 라인업에서 누군가를 지목하기 더 어렵기 때문에 오인 지목을 감소시킬 수 있는지 여부에 대해서는 논란이 있지만(Meissner, Tredoux, Parker, & MacLin, 2005), 동시적 절차와 순차적 절차를 비교한 다수의 연구 결과에 의하면, 순차적 절차는 오인 지목을 감소시키기는 하여도 범인을 정확하게 지목하는 비율은 비교적 적은 규모로 감소하는 것으로 나타났다(메타분석적 검토는 Steblay, Dysart, & Wells, in press 참고). 마지막으로, 여러 차례의 라인업에서 McGowan의 모습이 제시된 것 또한 피해자가 오인 지목한 원인이 될 수 있는데, 전이 효과(transference effect)로 알려져 있는 이 상황은 피해자가 이전의 실시간 라인업에서 McGowan을 본 후에 실시된 사진 라인업에서 그를 익숙하게 느꼈을지도 모른다(Deffenbacher, Bornstein, & Penrod, 2006).

McGowan 사건은 라인업을 진행하는 동안에 나타날 수 있는 모든 암시적인 절차를 포함하고 있었으며, 이러한 암시적인 절차는 DNA 증거로 무죄 판결을 받은 사건들에서 흔히 나타난다(http://www.innocenceproject.org). DNA 증거로 무죄 판결을 받은 사건들의 약 75%는 최소 1명의 증인이 오인 지목을 한 것과 관련이 있었고, 만약 암시적인 경찰의 지목 절차가 덜 사용되었더라면 수많은 잘못된 유죄 판결 사례들이 방지될 수 있었을 것이다. 이 장의 나머지 부분에서는 심리과학적 근거, 연구 방법, 그리고 암시적인 목격자 지목 절차와 관련된 연구, 그리고 정책적 영향과 앞으로의 연구 방향에 대해 검토하고자 한다.

암시적인 목격자 지목 절차에 대한 심리과학적 근거

Wells와 Luus(1990)는 다음과 같이 주장했다.

> 사회심리학의 실질적인 이론이 목격자 지목에 대한 연구에 어느 정도의 영향을 미친 것은 사실이지만, 이 분야를 가장 많이 발전시킨 것은 온전한 사회심리학적 실험은 어떻게 구성되는가에 대한 이론이었다(p. 107).

라인업을 실시하는 것은 심리학 실험과 유사한데, 경찰이 실험자라면 라인업 절차를 구성하는 다양한 부분들은 실험의 요소들일 것이다. 목격자들은 연구 참가자들이 되고, 라인업의 구성원들은 실험 자극이며, 목격자에게 제공되는 지시들은 실험 절차이며, 목격자들의 행동들(예: 선택하기, 정확성, 확신)은 종속 변인이 된다. 그리고 경찰들은 설계(예: 용의자와 몇 명의 필러들을 포함하고 있는 라인업)와 절차를 사용해 그들이 검증할 용의자에 대해 가설을 세우는데, 이는 사회심리학자가 자신의 이론들을 검증하는 절차와 동일하다.

실험과 목격자 라인업 절차에 대한 병렬적인 비교, 즉 '라인업은 실험'이라는 비유는 다른 사회심리학적 이론보다 암시적 목격자 라인업 절차 연구에 더 큰 영향을 주었다. 실험 자극은 요구 특성(demand characteristics)[1]을 만들어 낼 수 있기 때문에(즉, 실험의 가설을 참가자들에게 전달) 연구자들은 라인업 구성을 연구했고, 라인

---

1) 요구 특성이란 실험을 실시할 때 실험 참가자가 무의식적으로 실험 진행자가 원하는 방향으로 답을 하거나 행동을 하는 것을 말한다.(역자 주)

업에서 필러들을 구성하는 다양한 방법이 라인업 구성원 중 누가 용의자인지를 목격자에게 암시할 수 있는 가능성이 있는지 연구했다. 라인업 실시자의 지시는 목격자에게 편파적인 정보를 제시할 수 있고, 이는 실험 진행자의 실험 지시가 잠재적인 요구 특성이 될 수 있는 것과 같다. 목격자에게 라인업 구성원들을 보여 주는 다양한 방법은 서로 다른 의사결정 과정에 기여할 수 있다. 마지막으로, 연구 가설을 알고 있는 실험자들이 참가자들에게 가설을 전달하면 참가자들이 고의로 또는 자신도 모르는 사이에 자신의 행동을 바꿔 실험자들의 기대에 순응하는 것(즉, 실험자 기대 효과)과 마찬가지로, 라인업 실시자들은 라인업 구성원들 중에서 누가 용의자인지에 대해 고의로 또는 자신도 모르는 사이에 목격자에게 전달할 수 있다. 그러므로 지목 절차를 실시하는 것과 실험을 실시하는 것에는 많은 유사점이 있으며, 실험의 내적 타당도를 평가하는 원리들은 라인업 절차의 질을 평가하는 데 사용될 수 있다.

암시적인 목격자 지목 절차 연구에 사용되는 연구 방법

연구자들은 목격자와 관련한 현상을 연구하기 위해 두 가지 중 하나의 표준 패러다임을 주로 사용한다. 현장 그리고 실험실 모의 실험 패러다임 모두에서, 참가자들은 계획된 사건 또는 녹화된 영상(예: 수업시간에 일어난 절도와 같은 특이한 상황)을 보고, 후에 그 목격자들은 몇 가지 유형의 지목 절차에 참여한다. 연구자들은 라인업 절차(예: 순차적 대 동시적 라인업, 지시의 종류) 또는 구성(예: 어떻게 필러들이 선택되었는가)과 같은 변인들이 암시성을 증가 또는 감소시키는지를 알아보기 위해 변인들을 조작한다. 하나의 일반적인 조작은 라인업에 실제 범인이 존재하는지 여부다. 범인이 존재하는 경우(대상-존재 라인업), 연구는 범인에 대한 정확한 지목 비율과 두 종류의 실수(필러 지목 또는 범인을 지목하지 못하는 것과 같은 라인업에 대한 부정확한 거부)에 절차적인 변화가 미치는 영향을 대해 알려 준다. 범인을 포함하지 않는 대상-비존재 라인업은 무고한 용의자나 필러들을 잘못 지목하는 것뿐 아니라 라인업에서 정확히 거부하는 비율에 대한 정보도 알 수 있다. 현장 및 실험실 모의 실험의 가장 큰 장점은 엄격한 실험적 통제가 이루어지고 실험자는 누가 범인인지를 분명히 알고 있다는 점이다.

기록 연구의 경우, 연구자들은 실제 범죄를 목격한 목격자들이 지목한 정보를 포함하고 있는 사건 파일들을 연구했다. 이들은 목격자 조건(예: 목격자와 범인의 인종, 무기의 존재), 목격자의 확신과 지목 과정의 특성(예: 라인업 구성원들을 제시하는 방법)에 대한 정보들을 분석했다. 용의자가 실제 범인인지 아닌지를 판단하는 것은 일반적으로 불가능하기 때문에 이러한 연구에서 지목 판단은 일반적으로 목격자가 용의자를 지목했는지, 아니면 필러를 지목했는지, 또는 라인업 자체를 거부했는지(즉, 라인업 구성원을 선택하지 못한 것)로 제한된다. 필러는 범인이 아니기 때문에 이들을 지목한 것은 모두가 아는 실수이지만, 용의자를 지목하는 것은 정확한 결정이 될 수도 있고 실수가 될 수도 있다. 기록 연구를 진행하는 연구자들이 특정한 용의자를 지목한 것이 실수였는지 또는 정확한 지목이었는지의 여부를 추정하기 위해 다른 증거들을 통해 그 지목이 정확한지 여부를 확인하고자 했지만, 용의자를 확인할 만한 DNA 증거가 없는 경우에는 특정 용의자가 실제 범인인지 여부에 대해서는 의문이 남게 된다. 유죄 판결의 경우도 목격자 증거를 바탕으로 잘못된 유죄 판결을 받은 피고인이 존재하기 때문에 특정 용의자라고 해서 유죄의 증거로 사용될 수는 없다.

몇몇 연구자들(예: Mecklenburg, 2006)은 전형적인 현장 및 실험실에서 이루어지는 모의 실험들의 외적 타당도가 부족하다고 주장해 왔다. 더 자세히 설명하면, 이러한 모의 실험이 실제 범죄에서 일어나는 상황들을 적절하게 모방하지 못하여 관찰된 효과에 대한 일반화가 불가능하다고 주장했다. 이 부분에 대해서는 비교적 소수의 기록 연구들이 이루어져 왔는데, 이는 기록 연구 방법을 사용해 정확성에 대한 라인업 절차 효과를 평가하는 것이 어렵기 때문이다. 기록 연구 방법들은 실체적 진실을 수립하는 것이 불가능할 뿐만 아니라 무작위 할당이 불가능하고, 측정되지 않은 절차적 차이들이 미치는 영향을 통제하는 것이 불가능하기 때문에 잘못된 지목에서 지목 절차의 인과적 관계를 수립하는 것이 사실상 불가능하다. 반대로,

실험실 또는 현장에서의 실험적 모의 실험은 지목 절차와 목격자의 정확성 간의 인과 관계에 대한 확실한 추론이 가능하다. 마지막으로, 실험 및 현장 모의 실험에 대한 비판자들은 성공적인 연구자들에 비해 소수이며, 다수의 최고 전문가들도 모의 실험이 일반화할 수 있다는 데 동의하고 있다(Kassin, 2001; 제5장의 목격자 연구에서 사용된 과학적인 방법들에 대한 설명 참고).

암시적인 목격자 지목 절차에 대한 관련 연구

학자들은 목격자 증거를 수집하기 위해 사용되는 목격자 지목 절차의 특성들이 목격자 지목의 정확성에 미치는 영향을 검증하기 위해 다양한 연구 방법을 사용했다. 가장 경험적으로 철저하게 검토가 이루어진 특성들로는 목격자에게 제시되는 라인업 과정에 대한 지침, 라인업 구성(예: 라인업 구성원들이 어떻게 선택되는가), 라인업 구성원들 중 누가 용의자인지에 대해 라인업 실시자가 알고 있는지의 여부, 그리고 라인업 구성원을 목격자에게 제시하는 방법들이 있다.

라인업 지침

비편견적 지침 제시의 중요성은 실험실 모의 실험으로 처음 증명되었는데, 그 실험에서 목격자들은 연출된 공공기물 파손 행위를 보고 범인을 지목해야 했다(Malpass & Devine, 1981). 참가자들은 대상-존재 또는 대상-비존재 라인업을 제시받았으며, 편견적 또는 비편견적 지침을 듣게 되었다. 구체적으로, 비편견적 지침은 범인이 해당 라인업에 없을 수도 있다는 내용을 포함하고 있었고, 반면에 편견적 지침은 라인업 실시자가 해당 라인업에 범인이 있다고 생각한다는 내용을 포함하고 있었으며 증인에게 라인업 구성원 중 누가 범인인지를 라인업 실시자에게 알려 달라고 요청했다. 대체로, 편견적 지침을 받은 참가자들은 해당 라인업이 범인을 포함하고 있는가와 관련 없이 비편견적 지침을 받은 참가자들보다 라인업에서 더 많이 지목하는 경향을 보였다. 이러한 많은 선택 비율은 대상-비존재 라인업에서의 오인 지목 비율을 증가시켰다. 일반적으로 정확한 지목을 하는 횟수에 있어 지침의 종류에 따른 차이는 없는 것으로 나타났다(Malpass & Devine, 1981).

편견적인 경찰의 라인업 지침에 대한 18개의 연구를 대상으로 실시된 메타분석은 이러한 연구 결과를 신뢰할 수 있다는 것을 보여 주었다. 연구 전반에 걸쳐, 목격자들은 편견적 지침이 제시되었을 때 더 높은 선택률을 보였다(Steblay, 1997). 범인이 라인업에 존재할 때, 편견적 지침은 정확한 지목률에 영향을 미치지 않았다. 그러나 편견적 지침이 대상-비존재 라인업에서 제시되었을 때, 선택률이 증가하자 잘못된 지목률도 증가했다(Steblay, 1997). 그러므로 범인이 존재할 때 비편견적 지침을 사용하는 것은 이점이 없었지만, 범인이 존재하지 않을 때 사용하는 것은 이점이 있었다. 경찰들은 라인업이 실시되는 시점에서는 범인을 모르는 경우가 대부분이므로(그렇지 않다면 지목 절차를 실시할 필요가 없으므로), 이러한 결과들은 경찰의 비편견적 지침 사용을 지지하는 것이다.

이 메타분석에 대해 한 비평가는 대상-존재와 대상-비존재 라인업에서 편견적 지침의 효과들이 관찰된 패턴보다는 다른 패턴을 따르는 것이 더 좋기 때문에 Steblay의 분석으로 결론을 이끌어 낸 것은 잘못됐다고 주장했다(Clark, 2005). 대상-비존재 라인업에서의 선택률 증가는 정확한 기각률을 비슷한 수준으로 하락시켜야만 한다. 대상-존재 라인업에서의 선택률 증가는 결과적으로 부정확한 지목의 1/N만큼 증가되어야 한다는 것이다(N은 라인업 구성원의 수). 덧붙여 말하자면, 이러한 효과들은 공정한 라인업을 사용한 경우에나 관찰될 수 있다. 하지만 연구에 따르면, 라인업은 대부분 불공정하게 이루어지고 용의자는 라인업에서 선택될 가능성이 1/N보다 더 높다(Brigham, Meissner, & Wasserman, 1999; Valentine & Heaton, 1999; Wells & Bradfield, 1999). Clark(2005)는 왜 이러한 효과들이 관찰되지 않았는가를 좀 더 이해하기 위해, 메타분석에 포함된 연구들을 재검토했다. 그는 Steblay의 메타분석에 사용된 다수의 연구들에서 천장 효과가 나타났다는 것을 밝혀냈는데, 천장 효과란 방법론적인 산물로서 유의미한 차이의 발견을 제한하거나 차이에 대한 민감성을 감소시키는 것으로 알려져 있다. 그러므로 그는 Steblay의 메타분석 결과를 해석하는 데 있어 주의해야 할 점과 연구자들에게 이러한 방법론적 문제들을 다룰 수 있는 연구가 이루어져야 한다고 설명했다.

일반적으로 학자들은 라인업 실시자가 목격자에게 범인이 라인업에 있거나 없을 수 있다는 것을 알려 주는 비편견적 라인업 지침을 사용할 것을 주장한다(Technical Working Group for Eyewitness Evidence, 1999; Wells et al., 1998). 또한 학자들은 라인업 지침을 향상시키기 위한 다른 권고안들을 제시했다. 예를 들어, 몇몇 학자들은 경찰이 목격자들에게 라인업 실시자들은 누가 용의자인지 모르고 있다는 것을 알려 주어야 한다고 제안했다(Wells et al., 1998). 다른 학자들은 경찰관들이 목격자들에게 범인이 범죄를 저지른 후에 외모를 바꿨을 가능성이 있다는 주의 경고를 제시해야 한다고 제안했는데, 이것은 죄를 지은 사람을 지목하는 것만큼 죄가 없는 용의자들이 선택되지 않는 것도 중요하기 때문이다(Technical Working Group for Eyewitness Evidence, 1999).

비록 라인업 실시자가 용의자가 누구인지 모른다거나 무고한 용의자는 풀려나는 것이 중요하다는 점을 경고해 주는 것에 대한 효과에 대해 학계에 발표된 경험적 증거는 없지만, 범인의 외모가 변했을 수도 있다는 내용을 포함하고 있는 경고의 효과를 검증한 발표된 연구는 존재한다. 자세하게 설명하자면, 연구자들은 범인의 외모가 변했을 수도 있다는 경고가 범인 지목 시에 선택을 감소시킨다는 가설을 검증하려 했는데, 그 이유는 그러한 경고가 목격자로 하여금 범인의 외모에 대한 자신의 기억과 지목을 해야 하는 시점의 범인 외모가 정확하게 일치하지 않을지도 모른다고 생각하게 만들기 때문이다(Charman & Wells, 2007). 이 가설을 시험하기 위해, 참가자들은 네 명의 범죄자들이 입구를 부수고 차고에 들어가는 모의 범죄 비디오를 시청한 후 사진첩에서 누가 범인인지 지목하게 했다. 모든 참가자는 라인업에 범인이 있을 수도 있고 없을 수도 있다는 설명을 들었다. 참가자들 중 절반에게는 범인의 외모가 변했을 수도 있다는 설명이 제시되었다. 참가자들은 네 개의 라인업 중에서 각각 한 명의 범인을 지목했다. 그중 두 개의 라인업은 대상-존재 라인업이었고, 다른 두 개는 대상-비존재 라인업이었다. 참가자들은 범인의 외모가 변했을 수도 있다는 설명을 들은 경우 라인업 구성원 중 한 명을 범인으로 지목하는 가능성이 조금 더 높았다. 이러한 선택률의 증가는 대상-존재 라인업과 대상-비존재 라인업 모두에서 필러를 선택할 확률도 증가시켰다. 그러나 범인의 외모가 변했을 수도 있다는 지침이 대상-존재 라인업에서의 정확한 지목 비율을 증가시키지는 않았다. 더 많은 연구들이 필요하겠지만, 이러한 초기의 연구 결과들에 따르면 범인의 외모가 변했을 수도 있다는 지침은 정확한 지목을 증가시키지는 못하면서 잘못된 지목의 가능성을 증가시키기 때문에 라인업 시행에 있어 필요가 없어 보인다.

라인업 구성

라인업 구성은 증인에게 누가 용의자인지를 알려 주는 데 영향을 미친다. 밝은 피부를 가진 용의자와 검은 피부를 가진 필러들로 구성된 라인업은 목격자에게 용의자가 누구인지 단서를 제공해 주지만(특히 범인의 피부가 밝을 때) 이것은 극단적인 예일 뿐이다. 실제 사건에서 라인업 구성의 공정함에 대해 조사하는 연구자들은 아무것도 모르는 참가자들에게 실제 목격자가 제시한 범인에 대한 묘사를 제공하고, 그 후에 참가자들은 라인업을 보고 범인을 지목했다. 만약 참가자들이 우연보다 더 높은 확률로 용의자를 지목한다면 그 라인업은 암시적이라고 볼 수 있다(Doob & Kirshenbaum, 1973). 이러한 방법론을 사용한 연구들은 경찰이 수사에 사용하는 편견적 라인업에서 참가자들이 우연보다 2배 이상 높은 비율로 용의자를 선택한다는 것을 보여 주었다(Brigham et al., 1999; Py, Demarchi, Ginet, & Wasiak, 2003; Wells & Bradfield, 1999). 요약하자면, 불공정한 라인업은 형사사법현장에서는 드물지 않게 사용된다는 것이다.

목격자가 범인에 대한 기억과의 일치로 용의자를 선택하기보다는 추측 또는 추론으로 용의자를 선택하는 가능성을 줄일 수 있는 라인업 구성 방법이 존재할까? 라인업에서 필러들, 즉 무죄인 라인업 구성원들을 라인업에 제시하는 가장 중요한 목적은 목격자가 추측하여 용의자를 범인으로 지목할 가능성을 감소시키기 위해서다(Wells & Quinlivan, 2009). 더욱이 필러들은 사건에 대한 목격자 기억의 질을 검증해 주는 역할을 하는데, 이것은 라인업에서 목격자가 필러를 선택한다면 그것은 실수이며 범인에 대한 목격자의 기억을 신뢰할 수 없다는 것을 증명하기 때문이다. 라인업을 구성하는 필러들의 질이 어떠한가는 절차의 암시성과 관련되어 있으며, 그것은 결과적으로 대상-비존재 라인업에서 무고한 용의자를 잘못 지목하도록 만들 수 있다. 만약 필러들의 사진이 라벨과 표시 혹은 질에 있어 용의자의 사진과 다르다면(McGowan 지목에 사용된 사진첩의 경우처럼), 이러한 차이는 목격자의 관심을 라인업 구성원들 중 몇 명에게만 집중시키게 만든다. 용의자와 필러들 사진 간의 외적인 차이만이 용의자에게 집중하도록 할 수 있는 것이 아니라, 예를 들어 범인에 대한 목격자가 제시한 설명과 필러들이 일치하지 않을 때와 같이 필러를 선택하는 것도 라인업 구성에서의 선택의 수를 좁힐 수 있다. 증인 정확도에 대한 라인업 구성의 영향성을 검증할 때, 몇몇의 연구자들은 이러한 필러 선택의 문제에 대해 이론적인 주목과 실증적인 노력에 초점을 맞췄다.

범인에 대한 신체적 특징과 일치하지 않는 필러들을 포함하는 라인업은 잘못된 지목을 증가시킬 수 있다. 한 연구에서, 참가자들은 연출된 범죄 장면을 본 후 여섯 장의 사진첩을 보고 범인을 지목했다(Lindsay & Wells, 1980). 대상-존재와 대상-비존재(무고한 용의자가 포함된) 사진 정렬들은 범인에 대한 증인의 설명과 비슷한 필러들('공정한' 라인업) 또는 비슷하지 않은 필러들('공정하지 못한' 라인업)을 포함하고 있었다. 실험 참가자들은 범인에 대한 증인의 설명과 비슷하지 않은 필러들로 채워진 라인업보다는 비슷한 필러들로 채워진 공정한 라인업에서 범인이나 무고한 용의자를 선택하는 가능성이 더 낮았다. 범인을 포함하고 있는 라인업에서보다는 무고한 용의자를 포함하고 있는 라인업에서 지목이 더 크게 감소한 것으로 나타났다.

비슷한 결과는 생태적으로 더 타당한 실험에서 도출되었는데, 그 실험에서 목격자들은 실제 사건에 참여하고 있다고 믿고 있었다(Wells et al., 1993). 목격자들에게 제시된 라인업은 용의자의 외모와 일치하거나 범인에 대한 목격자의 묘사와 일치하는 필러들을 포함하고 있었다. 용의자와 일치하는 필러들보다는 범인에 대한 목격자의 설명과 일치하는 필러들의 경우가 상대적으로 잘못된 지목이 더 낮았다. 더욱이 그 외의 다른 절차상의 안전 장치가 가지는 효과성은 라인업의 구성 여부에 따라 달라진다. 순차적 라인업 제시는 동시적 라인업과는 대조적으로 불공정한 라인업에서만 무고한 용의자에 대한 목격자의 오인 지목을 감소시켰다(Carlson, Gronlund, & Clark, 2008). 이러한 결과들은 특히 몇몇의 관할 구역들이 순차적인 라인업을 반대하고 있는 상황에서, 라인업 구성의 중요성을 강조해 준다.

공정하고 암시적이지 않은 라인업을 보장하기 위해 필러들을 선택하는 가장 좋은 방법은 무엇인가? **용의자와의 일치 기법**(match-to-suspect technique)은 용의자와의 유사점에 기초하여 필러들을 선택하는 것이지만 필러들을 일치시키는 데에 별도의 기준을 마련하고 있지는 않다. 이와는 반대로, **설명과의 일치 전략**(match-to-description strategy)은 목격자의 본래 설명에서 나온 특성을 기초로 필러들을 선택하는 것이다(Luus & Wells, 1991). Luus와 Wells(1991)는 용의자와의 일치 방법은 라인업 구성원들의 외형적 특징이 다양하지 않기 때문에, 범인 지목을 도와줄 수 있는 구별되는 특성을 제시하지 못하고 용의자 복제품들이 라인업을 구성한다고 주장했다. 반대로 필러 선택에 있어 설명과의 일치 방법은, 목격자가 범인에 대해 설명한 특성과 라인업 구성원들이 일치하기는 하지만 목격자의 설명에서 범인에 대해 명확하게 언급하지 못한 특성들이 다양해질 수 있다. 목격자가 언급한 특성들로 필러들을 일치시키는 것은 어느 라인업 구성원이 용의자인지를 추론하는 것을 어렵게 만들 것이다. 라인업 구성원들을 다른 차원에서 다양하게 구성하는 것은 목격자가 몇 개의 특성을 가지고 라인업 구성원들을 구분할 수 있도록 만들어 준다. 설명과의 일치 기법은 이러한 두 가지 특성을 모두 포함하고 있기 때문에 더 정확한 지목을 하게 만들 것이다.

용의자와의 일치 전략과 설명과의 일치 전략 간의 차이점을 검증한 연구들은 상반된 결과를 나타냈다. 연구에서 목격자들은 설명과의 일치 전략, 용의자와의 일치 전략, 또는 설명과의 불일치 방법을 사용하여 구성한 라인업(즉, 필러들이 설명에서 제시된 외적인 특징과 일치하지 않는 경우; Wells, Rydell, & Seelau, 1993)에서 범인 지목을 시도했다. 설명과의 일치 라인업은 잘못된 지목은 최소화시키고 정확한 지목은 최대화시켰다. 이와 비교하여, 용의자와의 일치 라인업은 정확한 지목을 감소시켰고, 설명과의 불일치 라인업은 잘못된 지목을 증가시켰다. 몇몇의 연구들은 용의자와의 일치 라인업이 잘못된 지목을 증가시킨다는 동일한 결과를 도출한 반면에(Clark & Tunnicliff, 2001), 또 다른 연구들은 설명과의 일치 라인업의 장점을 찾는 데에 실패했다(Darling, Valentine, & Memon, 2008; Tunnicliff & Clark, 2000). 설명과의 일치 방법이 일관되게 정확률을 증가시키지는 못했지만, 이 방법은 목격자의 정확률을 감소시키지는 않았으므로, 결과적으로 설명과의 일치 방법은 라인업을 구성하는 데 있어 우선시되어야 하는 전략이다.

그러나 다수의 필러들과 함께 단일-용의자를 제시하는 라인업은 단일-용의자만 제시하는 라인업, 즉 **현장 대질**(show up)보다는 덜 암시적이라는 것이 점점 더 분명해지고 있다. 현장 대질은 어떠한 필러들도 없이 한 명 또는 사진(예외 없이 용의자만)을 목격자에게 보여 주는 절차를 말한다. 라인업처럼 흔하게 연구되는 분야는 아니지만, 현장 대질은 형사사법현장에서는 꽤 흔한 일이다(Steblay, Dysart, Fulero, & Lindsay, 2003). 경찰 조사에서 현장 대질이 빈번하게 사용되고 있기는 하지만, 모든 긍정적 지목 오류가 무고한 용의자에 대한 잘못된 지목을 나타낸다는 점에서 현장 대질은 상당한 문제가 있다. 반면에, 라인업 구성은 용의자와 필러들 사이에서 잘못된 지목을 분배시킴으로써 해당 라인업의 구성이 비편견적이라고 추정하게 만든다. 현장 대질의 경우는 목격자에게 자신이 목격한 범죄에서 혐의를 받고 있는 사람이 누구인지 의심 없이 알 수 있기 때문에 암시적이라고 할 수 있다.

현장 대질과 라인업에 대한 상대적인 암시 정도를 검증한 12개의 연구에 대한 **메타분석**은 현장 대질이 라인업보다 더 암시적이라는 것을 확인했다(Steblay et al., 2003). 대상-존재 지목 절차에서 현장 대질과 라인업은 거의 같은 비율로 정확한 지목을 했다. 목격자들은 라인업보다는 현장 대질에서 긍정적인 지목(즉, 선택)을 할 가능성이 낮기 때문에, 대상이 부재하는 경우에 라인업보다는 현장 대질에서 더 정확한 거부가 일어났다. 무고한 용의자를 잘못 지목하는 비율은 현장 대질과 라인업에서 동일한 것으로 나타났다. 그러나 범인을 매우 닮은 무고한 용의자가 포함된 경우 라인업보다 현장 대질에서 잘못 지목될 확률이 더 높은 것으로 나타났다. 이러한 결과는 필러들이 있는 비암시적인 라인업 지목보다는 현장 대질에서의 증인 지목은 정확성이 떨어지기는 하지만 한두 명의 필러들이 있는 암시적인 라인업 지목보다는 여전히 더 정확할 것이라는 것을 보여 준다(Wells & Quinlivan, 2009).

라인업 실시자가 용의자가 누구인지 알고 있는가

학자들은 목격자의 라인업 지목이 이루어질 때 이중 은폐 절차를 사용할 것을 지지해 왔는데, 이중 은폐 절차는 라인업 실시자가 용의자에 대해 알고 있는 전형적인 단일 은폐 절차와는 대조적인 것이다(Wells et al., 1998). 이러한 권고사항은 연구 가설에 대한 실험 참가자의 지식이 연구 참가자들의 행동에 영향을 미칠 수 있다고 설명하는 실험자 기대 효과에 대한 탄탄한 연구들에 기초한 것이었다(Rosenthal, 1994, 2002; Rosenthal & Rubin, 1978). 실험자가 무의식적으로 자신들의 연구 가설을 실험 참가자에게 전달하는 것처럼, 라인업 실시자도 특정한 라인업 구성원, 즉 용의자가 범인이라는 자신의 가설을 무의식적으로 흘리거나 증인의 반응을 자신의 가설과 일치하는 방향으로 해석하려 할지도 모른다. 몇몇의 연구에서는 용의자의 신원을 라인업 실시자가 알고 있는 것이 목격자 지목의 정확성에 있어서 어떤 영향을 미치는지에 대해서 구체적으로 조사해 왔다(Greathouse & Kovera, 2009; Haw & Fisher, 2004; Phillips, McAuliff, Kovera, & Cutler, 1999; Russano, Kickinson, Greathouse, & Kovera, 2006; 실시자의 피드백이 목격자의 확신에 미치는 영향에 관한 논의는 제7장 참고).

이중 은폐의 실시가 목격자의 정확성에 미치는 영향을 검증한 첫 연구에서, 실시자 역할을 한 실험 참가자들은 목격자들에게 두 명의 범인이 등장하는 연출된 범죄와 함께 각각 한 명의 범인을 찾아내기 위해 두 개의 순차적인 대상-비존재 사진 라인업 혹은 두 개의 동시적 대상-비존재 사진 라인업을 제시했다(Phillips et al., 1999). 실시자는 두 개의 사진 라인업 중에서 하나에 있어서만 용의자가 누구인지 알고 있었다(즉, 단일 은폐 실시). 또한 실시된 라인업의 절반은 관찰자가 함께 참석하여 지목 시도를 관찰하는 피고인 측 변호인을 흉내 냈다. 어떤 사진이 용의자인지 실시자가 아는 것은 실시자가 순차적으로 사진을 제시하고 관찰자가 존재할 경우에 목격자들이 무고한 용의자를 선택할 가능성을 증가시켰다.

몇몇 연구는 이중 은폐 라인업 실시에 대한 효과를 알아내는 데에 실패했다는 점에서(Russano et al., 2006) 볼 때, 단일 은폐 실시자들이 증인의 지목에 영향을 미치는 정도에 조절 변인들이 영향을 미쳤을 가능성이 있다. 예를 들면, 편견적인 라인업 지침은 범인이 있을 것이라고 암시한다. 목격자가 라인업 구성원들 중에서 범인을 쉽게 찾지 못할 때 범인이 있다는 식의 지침을 듣게 되면, 목격자는 어느 라인업 구성원이 용의자인지와 관련하여 단서를 찾으려 할 것이다. 만약 실시자가 용의자의 신원을 알고 있다면, 그들은 그러한 단서들을 제공해 줄 수 있다. 유사하게, 동시적으로 제시되는 라인업의 경우 목격자들이 실시자가 라인업 구성원들에게 하는 행동에 차이가 있다는 것을 알아챌 가능성의 경우도 있다. 그러므로 라인업의 지침과 제시 방법은 실시자의 지식이 미치는 영향을 조절할 수 있는데, 이는 실시자들의 행동적 단서에 영향을 미칠 수 있기 때문이다. 이러한 가설을 검증하기 위해, 실험 참가자인 실시자들 중 절반은 용의자의 신원을 알고 있었고 나머지 반은 모르는 상태에서 증인들에게 대상-비존재 또는 대상-존재 사진 라인업을 제시했다(Greathouse & Kovera, 2009). 실시자들은 편견적 또는 비편견적인 지침을 제시했고, 사진 라인업도 순차적 또는 동시적으로 제시했다. 즉, 실험 결과는 예측했던 조절 패턴을 지지했다. 편견적 지침과 동시적 라인업을 제시받은 증인들은 실시자가 용의자의 신원을 모르고 있는 경우보다 신원을 알고 있는 경우에 용의자를 선택할 가능성이 더 높았다. 나아가, 이중 은폐 라인업에서의 지목은 단일 은폐 라인업에서의 지목보다 용의자에 대한 유죄 여부를 2배 더 많이 판단했다.

한 수사관이 다수의 목격자에게 라인업을 시행하는 경우에는 이중 은폐를 통한 라인업 실시만으로는 실시자의 영향을 최소화시키는 것이 역부족일 수 있다. 한 연구에서, 용의자의 신원을 모르는 실험 참가자이며 라인업 실시자는 실험 공모자에게 대상-비존재 순차적 사진 정렬을 제시했는데 공모자들은 지목에 대한 확신감이 높거나 낮다고 말했다(Douglass, Smith, & Fraser-Thill, 2005). 계속해서, 실시자들은 비디오로 녹화된 범죄를 보았던 목격자들에게 동일한 대상-비존재 사진 라인업을 제시하고 범인이 누구인지 지목하게 했다. 그 결과, 공모자들이 지목에 대해 확신감이 높다고 말한 경우보다는 낮다고 말한 경우에 두 번째 사진 정렬에서 첫 번째 사진과 동일한 사진을 지목할 가능성이 더 높은 것으로 나타났다. 한편, 독립적인 관찰자들은 높은 자신감 조건에서보다 낮은 자신감 조건에서 지목하는 것이 더 어렵다고 평가했다. 이는 실시자들이 높은 자신감 조건에서보다는 낮은 자신감 조건에서 지목이 더 어렵고 목격자들이 도움을 더 필요로 한다고 생각하는 것을 보여준다. 지목의 어려움에 대한 인식의 차이 때문에, 실시자들은 목격자들을 도와주기 위해 두 번째 실시에서 더 많이 신호를 보냈을 가능성이 높다. 비록 이 연구가 동일한 실시자에 의해 진행되는 두 번째 지목에서 다른 목격자의 선택에 실시자의 인식이 이전 목격자가 가지는 확신의 영향이 매개되는가에 대한 직접적인 증거를 제시하지는 못하지만, 이 결과는 이중 은폐를 사용한 실시자라도 수사 과정에서 다수의 라인업 지목을 실시해서는 안 된다는 것을 의미한다.

실시자가 용의자의 신원을 앎으로 인해서 목격자의 행동에 미치는 영향을 줄이는 다른 방법은 지목 과정에서 실시자가 목격자와 갖는 접촉을 최소화하는 것이다. 한 연구에서 단일 은폐 실시자들은 용의자의 지목으로 보상을 받게 되어 있었지만, 실시된 라인업 중 절반은 증인들과 제한된 접촉만을 가졌다(예: 실시자들은 목격자들이 동시적 또는 순차적으로 사진을 보고 있을 때 그 뒤에 서 있었다; Haw & Fisher, 2004). 사진이 동시적으로 제시되었을 때, 목격자들과 많은 접촉이 가능했던 실시자들은 접촉이 제한적이었던 실시자들에 비해 무고한 용의자를 선택할 가능성이 더 높았지만, 순차적으로 제시된 경우에는 접촉 수준이 무고한 용의자를 지목하는 데에 영향을 미치지는 않았다. 유사하게, 접촉 수준은 정확한 지목 비율에 영향을 미치지 않았다.

라인업 실시자가 용의자가 누구인지 아는 것이 목격자 지목의 정확성에 영향을 미치는가에 관해서는 비교적 적은 연구가 이루어졌음을 생각해 볼 때, 이중 은폐 실시에 대한 연구가 더 많이 이루어져야 한다. 현재로는, 순차적보다는 동시적으로 라인업이나 사진 정렬이 이루어질 때 이중 은폐 실시가 더 방어적인 성격을 띠게 된다고 최근의 연구들은 주장하고 있는데, 이는 어느 정도 잘못된 지목률이 순차적 제시로 인해 이미 낮아졌기 때문이다. 더욱이, 이중 은폐 실시는 무고한 용의자들에게 피해를 주지 않는 것이 분명하고, 단일 은폐 절차를 사용하는 것보다 이중 은폐 절차를 사용할 때 두 배 더 제대로 된 지목을 할 수 있게 해 주는 것으로 나타났다(Greathouse & Kovera, 2009).

동시적 라인업 대 순차적 라인업 제시

경찰은 라인업 구성원들이나 사진들을 목격자에게 제시하기 위해서 두 가지 방법 중 하나를 사용할 수 있다. 동시적 방법은 목격자에게 모든 라인업 구성원이나 사진을 동시에 모두 보여 주는 것이고, 순차적 방법은 라인업 구성원들이나 사진들을 한 번에 하나씩 보여 주는 것을 말한다. 순차적으로 라인업 구성원들을 제시하는 방법은 때로는 일반적인 동시적 제시 방법의 변형된 형태와 병행되기도 한다. 순차적 제시에서 목격자는 각각의 라인업 구성원들을 한 번만 볼 수 있게 되어 있지만 가끔 다른 제시에서는 목격자가 라인업 구성원들을 추가적으로 더 볼 수 있도록 해 준다. 순차적 절차에서 두 번째 가능한 변형은 증인의 지목 후에 라인업 구성원들을 그만 보여 줄지 아니면 계속 보여 줄지 여부이며, 이 방법은 여러 명의 라인업 구성원들을 지목할 수 있도록 해 준다. 모든 변형된 형태의 순차적 방법의 경우 목격자는 실시자가 다음 사람이나 다음 사진을 보여 주기 전에 각각의 라인업 구성원이 범인인지 아닌지를 결정해야만 한다(Lindsay, Lea, & Fulford, 1991; Lindsay & Wells, 1985).

전통적으로 수사관들은 동시적 제시를 사용하지만, 연구자들은 이에 대해 부정적인 의견을 가지고 있으며 목격자는 동시적 라인업에서 범인에 대한 기억과 가장 일치하는 사람을 고르기 위해 절대적인 판단을 하기보다는 범인에 대한 자신의 기억과 가장 잘 일치하는 사람이 누구인지 라인업 구성원들을 서로 비교하고 대조할 것이라고 주장한다(Wells, 1984). 경찰은 실제 범인이 라인업에 있는 용의자인지 확신할 수 없기 때문에 이러한 종류의 상대적인 판단은 무고한 용의자의 경우에는 매우 큰 문제가 될 수 있는데, 이는 일치하는 사람이 특별히 범인과 비슷하지 않더라도 목격자가 범인과 가장 일치하는 사람을 지목하도록 유도할 수도 있기 때문이다.

만약 목격자가 라인업 구성원들을 두 번 다시 볼 수 없도록 금지하는 경우에, 순차적 방법의 장점은 라인업 구성원들이 증인의 기억에 남아 있는 범인과 일치할 때만 지목을 하도록 한다는 점이다(Lindsay & Wells, 1985).

순차적 제시가 목격자 지목의 정확성을 증가시키는지를 검증하기 위해, 실험 참가자들은 비디오로 녹화된 연출된 공공 기물 파손 행위를 시청한 후 대상-존재 또는 대상-비존재 라인업에서 범인을 지목했다(Lindsay & Wells, 1985). 라인업 제시 방법으로 목격자들은 동시적 또는 순차적 라인업을 보았다. 순차적 조건의 참가자들은 (a) 각 사진에 제시된 사람이 범인인지의 여부를 즉각적으로 예/아니요로 판단했고, (b) 다른 사진을 보거나 다시 되돌아갈 수 없었고, 그리고 (c) 몇 개의 사진을 보게 될지 알지 못했다. 연구 데이터에 따르면, 범인이 라인업에 포함되어 있는 경우, 지목의 정확성에는 유의미한 차이가 없었다. 하지만 라인업에 범인이 포함되어 있지 않은 경우, 43%의 참가자들이 동시적 라인업에서 잘못된 지목을 했지만, 순차적 라인업에서는 17%만이 잘못된 지목을 하는 것으로 나타났다(Lindsay & Wells, 1985). 이 연구는 '순차적-우월 효과', 즉 순차적 라인업이 잘못된 지목을 감소시키지만 정확한 지목 비율은 거의 또는 전혀 감소시키지 않았음을 보여 주는 첫 연구였다. 다른 연구들은 이러한 연구 결과를 재확인해 왔다(Cutler & Penrod, 1988; Lindsay, Lea & Fulford, 1991; Lindsay, Lea, Nosworthy et al., 1991; Sporer, 1993).

초기의 메타분석은 순차적-우월 효과를 지지했다(Steblay, Dysart, Fulero & Lindsay, 2001). 이 분석에서, 연구자들은 23개의 연구에서의 데이터를 수집하여 지목의 정확성에 순차적 라인업과 동시적 라인업이 미치는 영향을 비교했다. 대상-존재와 대상-비존재 라인업에서의 목격자의 수행에 대한 전체적인 데이터를 살펴보면, 순차적 라인업은 좀 더 정확한 판단(즉, 정확한 배제와 정확한 지목의 결합)을 내리는 데 나은 것으로 나타났다. 한편, 대상-존재와 대상-비존재 라인업 데이터를 구분한다면, 대상-존재 라인업에서 동시적 절차는 순차적 절차보다 더 정확한 지목을 증가시키고 잘못된 지목은 감소시킨다는 점에서는 장점을 가지고 있다. 그러나 대상-비존재 라인업의 경우에는 순차적 라인업 절차에서 정확한 거부는 증가하고 잘못된 지목은 감소했기 때문에 더 나았다. 분석은 순차적 우월 효과가 한 연구실에서만 확인이 되고 출판이 되지 않은 연구들은 순차적 우월 효과를 지지할 가능성이 낮아 잠재적으로 출판 편견(publication bias)이 있음을 시사한다. 이러한 쟁점들과 비교적 적은 양의 연구들을 통해 밝혀진 효과들을 신뢰하기는 어렵다는 이유로, 몇몇 학자들은 다른 이들이 순차적 제시를 요구하기 위한 정책적 개혁을 지지하는 것에 대해 우려를 표시해 왔다(McQuiston & Malpass, 2002; McQuiston-Surrett, Malpass, & Tredoux, 2006).

순차적 제시가 실험실 연구들에서 일관성 있게 긍정적인 결과를 나타내고 있음에도 불구하고, 몇몇의 연구자들은 경찰에게 그 절차를 도입하라고 권고하기를 주저하는데, 이는 순차적 방법이 이중 은폐 절차와 함께 사용되지 않는 이상은 실시자의 편견에 영향을 받을 가능성이 높기 때문이다. 이러한 연구자들은 순차적 제시가 한 번에 오직 한 사람 또는 한 장의 사진만을 제시하기 때문에 실시자가 목격자들이 용의자를 지목하도록 몰아갈 수 있다는 점을 두려워한다(Wells et al., 1998). 이 우려는 용의자가 누구인지에 대해 실시자가 아는 것과 목격자와 실시자 간의 접촉이 많을수록 동시적 라인업에서 잘못된 지목을 증가시킬 수 있다고 밝힌 최근의 연구 결과들과는 차이가 있지만, 연구자들은 이중 은폐 절차가 일반화될 때까지는 특정 방법이 문제를 발생시킬 수도 있기 때문에 이를 권고하는 것을 주저하고 있다(Wells et al., 2000). 더욱이 경찰은 순차적 방법의 사용으로 정확한 지목 비율이 소폭 하락하는 것에 대해 더 많은 우려를 나타내고 있는 것으로 보인다. 그러므로 순차적 제시로 교체하는 것에 대한 정책을 만장일치로 권고하지는 않는다.

학자들이 만장일치로 순차적 제시를 권고하지 않는 또 다른 이유는 순차적 우월 효과의 기반을 이루고 있는 심리학적 기제에 대한 이해가 충분하지 않기 때문이다. 몇몇 학자들은 순차적 우월 효과가 순차적 방법에서 사용되는 절대적 판단 전략 때문이라고 주장한다(Gronlund, 2004; Lindsay, Lea, & Fulford, 1991; Lindsay & Wells, 1985; Wells, 1993). 한편, 또 다른 학자들은 낮아진 반응 기준이 선택의 비율을 감소시키기 때문에 순차적 우월 효과가 나타난다고 주장하면서, 대상-존재 라인업에서 정확한 지목의 수가 감소하는 것에 대해 우려를 나타냈다(Ebbesen & Flowe, 2002).

실제로, 신호 탐지 이론(Signal Detection Theory: SDT)[2)]을 사용한 동시적 제시 대 순차적 제시가 목격자가 채택한 반응 기준에 미치는 영향을 조사한 연구는 지목을 위해 얼굴이 동시적으로 제시되었을 때보다 순차적으로 제시되었을 때 목격자들이 높은 반응 기준을 사용하는 것으로 나타났다(Meissner, Tredoux, Parker, & MacLin, 2005). 무엇보다 순차적 제시가 절대적 판단을 하게 만들기 때문인지 아니면 선택률을 감소시키기 때문에 잘못된 지목의 비율을 감소시키는지 제대로 이해하는 것이 중요한데, 전자는 정확한 지목 비율에 영향을 미치지 않지만 후자는 정확한 지목도 함께 감소시키기 때문이다. 만약 순차적 제시가 정확한 지목률을 유의미하게 감소시킨다면, 순차적 제시를 사용할 것을 권고하는 정책은 수사 기관에서 받아들여지지 않을 가능성이 높다.

용의자의 복수 제시

최근에 이루어진 연구들에 대한 양적 · 질적인 검토는 한 명의 용의자를 다수의 라인업에서 제시하는 것에 대한 암시성을 인식하고 있다고 보고한다(예: Deffenbacher et al., 2006; Wells & Quinlivan, 2009). 목격자의 기억은 사건 이후의 정보에 노출되면 오류를 범할 가능성이 높아지는데(Loftus, 1975; Loftus, Miller & Burns, 1978), 이는 때때로 목격한 사건을 사건 이후의 정보라고 잘못 기억하여 출처를 혼동하는 오류를 범하게 되기 때문이다(Johnson, Hashtroudi, & Lindsay, 1993).

---

2) Green과 Swets(1966)의 신호 탐지 이론은 이전에 경험한 특정한 물건이나 사건과 새로운 물건이나 사건을 어떻게 인식 또는 구별하는지에 대한 모델을 제시했고, 이전의 경험과 새로운 경험에 대한 판단의 종류에 대해 연구한다. 예를 들면, 정확하게 이전 경험으로 인식(정확 반응)할 수 있는 능력과 새로운 경험을 이전 경험으로 잘못 인식(오경보 반응)하는 능력에 대해 연구한다. 이 두 가지의 판단은 두 영역으로 구분된다. 첫째, 식별 정확도(discrimination accuracy)로 신호를 정확하게 탐지하거나 신호가 아닌 것을 정확하게 거부하는 것을 말한다. 둘째, 반응 기준(response criterion)으로 신호가 제시되었다는 것을 알 수 있을 만한 증거의 정도를 말한다. 식별 정확도는 기억이 재현의 질에 영향을 받고 반응 기준은 사회적 또는 설명적인 요인들에 영향을 받는데, 이로 인해 편견적인 방향으로 반응하게 한다. 순차적 라인업에서의 반응 기준이 증가한다는 것은 목격자가 각각 한 명씩 얼굴을 보게 되면 이전에 본 얼굴이라고 판단 내리게 만드는 역치가 증가하여 지목 결정을 할 가능성이 증가한다는 뜻이다.(역자 주)

경찰이 목격자에게 용의자가 포함된 라인업을 제시하고 그 이후에 이루어지는 지목에서 동일한 목격자에게 이전 라인업에 포함됐던 용의자를 포함시킨 다른 라인업을 제시한다면, 목격자는 라인업 용의자를 범인으로 혼동할 가능성이 있다.

용의자를 복수로 제시하는 것이 목격자의 정확성에 미치는 영향을 알아본 초기 연구에서, 실험 참가자들은 수업을 방해하는 실험 공모자를 목격했고, 그 후 일련의 대상-비존재 얼굴 사진을 보거나 또는 사진을 보지 않은 채 해산했다(Gorenstein & Ellsworth, 1980). 이틀 후 실험 참가자들은 여섯 명의 사진첩을 제시받았고 실험 공모자 지목을 시도했다. 목격자들은 범인의 사진을 보지 않은 경우보다 보았던 경우에 지목의 정확성이 떨어지는 것으로 나타났다. 비록 비슷한 체계를 사용한 또 다른 연구도 중간에 실시되는 라인업의 효과가 밝혀졌지만(Brigham & Cairns, 1988), 이 연구들에서는 무고한 용의자를 다수의 라인업에서 제시한 것이 암시적인가에 대한 여부는 밝히지 못했는데, 이는 대상-존재 사진 라인업만을 검증하는 것만으로 잘못된 지목 비율에 미치는 효과를 분석하는 것은 불가능했기 때문이다.

몇몇의 연구들은 무고한 용의자를 여러 번 제시하는 것이 대상-비존재 정렬에서의 오인율에 영향을 미치는지에 대해 검증했다. 한 연구에서, 참가자들이 60초간 대상자의 얼굴을 보았고 1주일 후에 반복 주의 분산 얼굴(Repeated Distractor Face: RDF; Hinz & Pezdek, 2001)[3]을 포함하거나 포함하지 않은 대상-비존재 라인업을 보았다. 이틀 후, 참가자들은 대상자 얼굴과 반복 주의 분산 얼굴을 포함하고 있는 라인업, 반복 주의 분산 얼굴만 포함하고 대상자 얼굴은 포함하지 않은 라인업, 대상자 얼굴만을 포함한 라인업에서 지목을 시도했다. 대상자에 대한 적중률(즉, 정확한 지목)은 라인업에서 반복 주의 분산 얼굴이 포함되지 않았을 때 더 높은 것으로 나타났고, 반복 주의 분산 얼굴에 대한 잘못된 지목은 대상자 얼굴이 포함

3) Hinz와 Pezdek(2001) 연구에서는 절차를 범인 얼굴을 목격할 수 있도록 영상을 보여 주는 제시 단계, 첫 번째 사진 라인업을 제시하는 개입 단계, 두 번째 사진 라인업을 제시하는 검증 단계로 구분하여 진행하며, 반복 주의 분산 얼굴은 필러의 사진으로 개입 단계와 검증 단계에서 반복되어 사용된 얼굴 사진을 말한다.(역자 주)

되지 않은 라인업에서 더 높게 나타났다. 이러한 결과는 무고한 용의자를 여러 번 보게 되면 잘못된 지목의 가능성을 증가시킬 수 있다는 것을 보여 준다. 다른 연구는 이러한 효과가 범인에 대한 기억력이 좋지 않은 경우에 더 많이 나타난다고 설명했다(Pezdek & Blandon-Gitlin, 2005).

Defenbacher와 동료들(2006)의 메타분석은 전이 효과의 가능성을 포함하여 중간에 제시되는 다양한 얼굴 사진들의 효과에 대해 조사했다. "만약 공정하게 제시된 대상-비존재 라인업에서 낯선 필러보다 이전에 대상-비존재 라인업에서 보았던 얼굴을 유의미하게 더 많이 선택한다면"(Deffenbacher et al., 2006, p. 288) 전이 효과가 나타났다고 본다. 비대상자는 특정 사건(예: 범죄)이 일어나는 동안 현장에 있었던 행인이었을 수도 있고, 목격자가 사건이 일어난 후 얼굴 사진들을 검토했을 때 봤을 수도 있다. 전이 효과는 이를 유도한 실험에서 일정하게 발생하는데 효과의 크기도 작거나 중간 수준이었다. 무고한 사람이 특정 사건에서 행인으로 존재했을 때보다 사진을 통해 중간에 제시되었을 때 전이 효과는 두 배가 넘는 것으로 나타났다(Deffenbacher et al., 2006). 더 나아가 이러한 결과는 무고한 용의자를 여러 번 제시하는 것은 목격자가 그 용의자를 잘못 지목할 가능성을 증가시킬 수 있다는 것을 의미한다.

암시적인 목격자 라인업 절차에 대한 연구의 적용

미국 심리학-법 학회(American Psychology-Law Society: APLS)의 집행위원회가 소집한 전문가 패널들은 그 당시 관련 연구들을 바탕으로 목격자 라인업 절차를 개선하기 위한 네 가지 권고사항을 제시했다(Wells et al., 1998). 첫째, 패널들은 경찰이 라인업을 실시할 때 실시자나 목격자가 용의자가 누구인지 알 수 없도록 이중은폐 절차를 사용해야 한다. 둘째, 라인업에서 범인이 있거나 없을 수 있다는 설명과 함께 라인업 실시자도 용의자가 누구인지 모르고 있다는 것을 설명해야 한다. 셋째, 목격자가 제시한 범인에 대한 설명을 바탕으로 라인업을 구성할 때 용의자를 다른 라인업 구성원들보다 두드러지게 해서는 안 된다. 마지막으로, 실시자는 목격자에게 어떠한 피드백을 주기 전에 그들의 지목 직후에 곧바로 목격자의 확신 정도를 기록해야 한다. 이 권고사항에는 순차적 또는 동시적 라인업 사용에 대한 내용은 포함되지 않았는데, 이는 순차적 라인업에서 실시자가 누가 용의자인지 알고 있을 경우 실시자의 암시성이 증가한다는 문제 때문이었다.

미국 심리학-법학회의 전문가 패널들이 라인업 실시에 대한 최선의 방법을 설명한 백서를 제작하고 있었던 비슷한 시기에 미국 국립사법연구원(National Institute of Justice: NIJ)의 원조 아래 법무장관인 Janet Reno는 과학자, 검사, 변호사 그리고 경찰관을 소집해 목격자 증거에 대한 가이드라인을 만들었다(Technical Working Group on Eyewitness Evidence, 1999). 대부분의 가이드라인은 증거에 기반을 두었고, 여기에는 비편견적인 라인업 지시, 범인이 라인업에 있거나 없을 수 있다는 주의와 범인에 대한 목격자의 설명을 근거로 라인업의 필러들을 구성해야 한다는 내용이 포함되었다. 그러나 다른 권고사항들의 경우, 권고사항이 만들어질 당시에는 이를 실증적으로 지지할 수 있는 내용들이 없었다. 예를 들면, 국립사법연구원의 가이드라인에는 수사관이 목격자에게 범인의 외모가 범죄를 저질렀을 때와 바뀌었을 수도 있다는 점과 범죄자를 지목하는 것만큼이나 무고한 용의자는 풀려나야 한다는 중요성에 대한 경고를 제시할 것을 권고했다(Technical Working Groups for Eyewitness Evidence, 1999). 국립사법연구원의 가이드라인이 생겨난 이후, 출판된 한 연구는 범인의 외모의 변화에 대한 지시의 효과를 검증했고 그 연구에서 외모 변화에 대한 지시는 선택의 기준을 낮추어 결과적으로 잘못된 목격자 지목률을 증가시키는 것으로 나타났다(Charman & Wells, 2007).

미국 심리학-법학회 패널들의 권고사항과는 대조적으로 미국 국립사법연구원의 가이드라인은 이중 은폐 절차의 사용은 권고하지 않았고, 실무단에 소속된 연구자들은 미국 국립사법연구원의 가이드라인의 많은 결점에 대해 지적했다(Wells et al., 2000). 미국 심리학-법학회의 백서에 제시된 가장 좋은 방법과 마찬가지로 순차적 라인업을 사용하는 것이 잘못된 지목을 감소시킨다는 연구 결과가 있었음에도, 국립사법연구원의 가이드라인은 동시적 라인업 절차를 넘어서서 순차적 라인업을 사용할 것을 권하지는 않았다. 지금까지, 아홉 개의 주에서 목격자 라인업 절차에 대한 개혁이 이루어졌고, 몇몇 주(예: 뉴저지, 노스캐롤라이나)는 라인업 절차 사용에 대한 개혁 명령이 이루어졌다.

결론

목격자 지목 절차에 대한 실험 연구의 결과들은 잘못된 지목을 줄일 수 있는 정책적 변화의 필요성을 보여 주고 있으며, 이는 아마도 잘못된 유죄 판결을 감소시킬 수 있을 것이다(목격자 증언에 대한 믿음으로 인해 어떻게 잘못된 지목이 잘못된 유죄 판결을 이끌어 내는지에 관한 논의는 제9장 참고). 편견적인 지시는 범인-비존재 라인업에서 잘못된 지목의 가능성을 증가시키기 때문에, 목격자에게 제시되는 지시에는 라인업에 범인이 없을 수도 있다는 경고가 포함되어야 한다(Clark, 2005; Steblay, 1997; Wells & Quinlivan, 2009). 라인업은 또한 용의자가 직접적으로 과도하게 주목받지 않도록 적절한 필러들을 포함하고 있어야 하고, 가능하다면 직접적인 현장 대질(show up)은 피해야 한다(Lindsay & Wells, 1980; Steblay et al., 2003; Wells et al., 1993, 1998). 이중 은폐 라인업 실시는 목격자의 지목 정확성을 증가시킨다(Greathouse & Kovera, 2009). 순차적 우월 효과의 정도와 종류를 둘러싼 논란에도 불구하고, 순차적 라인업 제시가 무고한 용의자에 대한 잘못된 지목을 감소시킨다는 신뢰할 만한 증거가 존재한다(Stablay et al., in press, 2001). 마지막으로, 동일한 목격자에게 반복적으로 용의자를 제시하는 것은 목격자가 무고한 용의자를 잘못 지목할 가능성을 증가시키기 때문에 피해야만 한다(Deffencacher et al., 2006; Hinz & Pezdek, 2001; Pezdek & Blandon-Gitlin, 2005).

이러한 결과들은 대부분의 경우 목격자 모의 실험 체계를 사용한 실험 연구에 기반하고 있다. 암시적인 라인업 절차에 대해 논리적으로 타당한 현장 연구들은 거의 없다. 현장 연구들은 몇 가지 절차들이 필러들을 지목할 가능성을 증가시킨다고 했는데(예: Slater, 1994; Wright & McDaid, 1996; Wright & Skagerberg, 2007), 이에 대한 문제는 알려지기는 했지만 만약 용의자와 범인이 실제 동일 인물이라는 점을 확인할 수 있는 범죄 사실 또는 DNA로 용의자가 범인인지 아닌지를 알 수 있지 않는 이상 잘못된 지목률은 알 수 없다. 한 현장 연구에서는 280개의 순차적이며 이중 은폐 실시로 제시되는 라인업에서 206명의 목격자들이 어떤 판단을 내렸는지 조사했다(Klobuchar, Steblay, & Caligiuri, 2006). 해당 연구는 제시 방법이나 이중 은폐 절차의 효과에 대한 평가는 제시하지 않았지만, 반복적인 순차적 라인업을 보는 것은 암시적이며, 사진 정렬을 한 번 본 사람들이(3%) 세 번 보거나(29%) 두 번 본 사람들(13%)보다 필러들을 더 적게 지목한다는 것을 밝혀냈다. 일리노이 주에서 이루어진 다른 현장 연구(Mecklenberg, 2006)는 이중 은폐 순차적 라인업과 단일 은폐 동시적 라인업을 비교했다. 비록 목격자들은 이중 은폐 순차적 라인업보다는 단일 은폐 동시적 라인업에서 용의자를 지목할 가능성이 더 높았지만, 이 연구의 결과는 제시 방법과 실시자의 용의자에 대한 지식을 조작하는 데 있어 혼재가 되어 있기 때문에 대체로 신뢰할 수는 없다(Schacter et al., 2008). 더욱이 일리노이 주 데이터에 대한 최근 분석에 따르면, 비무작위적으로 사람들을 실험 집단에 배치한 것은 은폐를 사용하지 않은 동시적 라인업 조건에서 지목을 했던 사람들이 선호할 만한 조건을 만들어 냈다고 지적했다. 예를 들면, 은폐를 사용하지 않는 동시적 라인업 조건에서의 목격자들은 이중 은폐 순차적 조건의 목격자들보다 용의자에 대해 알고 있을 확률이 더 높았다(Stablay, 2010). 하지만 수사 기관은 이러한 덜 암시적인 절차를 폭넓게 적용하기 전에 라인업의 암시성을 해결하기 위해 제기된 방안들(예: 순차적 제시와 이중-은폐 실시)의 효과를 보여 줄 수 있는 현장 데이터를 보고 싶어할 것이다.

✱ 참고문헌

Brigham, J. C., & Cairns, D. (1988). The effect of mugshot inspections on eyewitness identification accuracy. *Journal of Applied Social Psychology, 18,* 1394-1410. doi:10.1111/j.1559-1816.1988.tb01214.x

Brigham, J. C., Meissner, C. A., & Wasserman, A. W. (1999). Applied issues in the construction and expert assessment of photo lineups. *Applied Cognitive Psychology, 13,* S73-S92. doi:10.1002/(SICI)1099-0720(199911)13:1+〈S73::AID-ACP631〉3.3.CO;2-W

Carlson, C. A., Gronlund, S. D., & Clark, S. E. (2008). Lineup composition, suspect position, and the sequential lineup advantage. *Journal of Experimental Psychology: Applied, 14,* 118-128. doi:10.1037/1076-898X.14.2.118

Charman, S. D., & Wells, G. L. (2007). Eyewitness lineups: Is the appearance change instruction a good idea? *Law and Human Behavior, 31,* 3-22. doi:10.1007/s10979-006-9006-3

Clark, S. E. (2005). A re-examination of the effect of biased lineup instructions in eyewitness identification. *Law and Human Behavior, 29,* 575-604. doi:10.1007/s10979-005-7121-1

Clark, S. E., & Tunnicliff, J. L. (2001). Selecting lineup foils in eyewitness identification experiments: Experimental control and real-world simulation. *Law and Human Behavior, 25,* 199-216. doi:10.1023/A:1010753809988

Cutler, B. L., & Penrod, S. D. (1988). Improving the reliability of eyewitness identification: Lineup construction and presentation. *Journal of Applied Psychology, 73, 2,* 281-290.

Cutler, B. L., & Penrod, S. D. (1995). *Mistaken identifications: The eyewitness, psychology, and the law.* New York, NY: Cambridge University Press.

Darling, S., Valentine, T., & Memom, A. (2008). Selection of lineup foils in operational contexts. *Applied Cognitive Psychology, 22,* 159-169. doi:10.1002/acp.1366

Deffenbacher, K. A., Bornstein, B. H., & Penrod, S. H. (2006). Mugshot exposure effects: Retroactive interference, mugshot commitment, source confusion, and unconscious transference. *Law and Human Behavior, 30,* 287-307. doi:10.1007/s10979-006-9008-1

Doob, A. N., & Kirshenbaum, H. M. (1973). Bias in police lineups-partial remembering. *Journal of Police Science and Administration, 1,* 287-293.

Douglass, A. B., Smith, C., & Fraser-Thill, R. (2005). A problem with double-blind photospread procedures: Photospread administrators use one eyewitness's confidence to influence the identification of another eyewitness. *Law and Human Behavior, 29,* 543-562. doi:10.1007/s10979-005-6830-9

Ebbesen, E. E., & Flowe, H. D. (2002). *Simultaneous v. sequential lineups: What do we really know?* Unpublished manuscript, University of California, San Diego. Retrieved from http://www.psy.ucsd.edu/~eebbesen/SimSeq.htm

Gorenstein, G. W., & Ellsworth, P. C. (1980). Effect of choosing an incorrect photograph on a later identification by and eyewitness. *Journal of Applied Psychology, 65,* 616-622. doi:10.1037/0021-9010.65.5.616

Greathouse, S. M., & Kovera, M. B. (2009). Instruction bias and lineup presentation moderate the effects of administrator knowledge on eyewitness identification. *Law and Human Behavior, 33,* 70-82. doi:10.1007/s10979-008-9136-x

Gronlund, S. D. (2004). Sequential lineups: Shift in decision criterion or decision strategy? *Journal of Applied Psychology, 89,* 362-368. doi:10.1037/0021-9010.89.2.362

Haw, R. M., & Fisher, R. P. (2004). Effects administrator-witness contact on eyewitness identification accuracy. *Journal of Applied Psychology, 89,* 1106-1112. doi:10.1037/0021-9010.89.6.1106.

Hinz, T., & Pezdek, K. (2001). The effect of exposure to multiple lineups on face identification accuracy. *Law and Human Behavior, 25,* 185-198. doi:10.1023/A:1005697431830

Johnson, M. K., Hashtroudi, S., & Lindsay, D. S. (1993). Source monitoring. *Psychological Bulletin, 114,* 3-28. doi:10.1037/0033-2909.114.1.3

Klobuchar, A., Steblay, N., & Caligiuri, H. L. (2006). Symposium: Reforming eyewitness identification: Convicting the guilty, protecting the innocent: Improving eyewitness identifications: Hennepin County's blind sequential lineup pilot project. *Cardoza Public Law, Policy, and Ethics Journal, 4,* 381-413.

Lindsay, R. C. L., Lea, J. A., & Fulford, J. A. (1991). Sequential lineup presentation: Technique matters. *Journal of Applied Psychology, 76,* 741-745. doi:10.1037/0021-9010.76.5.741

Lindsay, R. C. L., Lea, J. A., Nosworthy, G. J., Fulford, J. A., Hector, J., LeVan, V., & Seabrook, C. (1991). Biased lineups: Sequential presentation reduces the problem. *Journal of Applied Psychology, 76,* 796-802. doi:10.1037/0021-9010.76.6.796

Lindsay, R. C. L., & Wells, G. L. (1980). What price justice? Exploring the relationship between lineup fairness and identification accuracy. *Law and Human Behavior, 4,* 303-313. doi:10.1007/BF01040622

Lindsay, R. C. L., & Wells, G. L. (1985). Improving eyewitness identifications from lineups:

Simultaneous versus sequential lineup presentation. *Journal of Applied Psychology, 70,* 556-564. doi:10.1037/0021-9010.70.3.556

Loftus, E. F. (1975). Leading question and the eyewitness report. *Cognitive Psychology, 7,* 560-572. doi:10.1016/0010-0285(75)90023-7

Loftus, E. F., Miller, D. G., & Burns, H. J. (1978). Semantic integration of visual information into visual memory. *Journal of Experimental Psychology: Human Learning and Memory, 4,* 19-31. doi:10.1037/0278-7393.4.1.19

Luss, C. A. E., & Wells, G. L. (1991). Eyewitness identification and the selection of distracters for lineups. *Law and Human Behavior, 15,* 43-57. doi:10.1007/BF01044829

Malpass, R. S., & Devine, P. G. (1981). Eyewitness identification: Lineup instructions and the absence of the offender. *Journal of Applied Psychology, 66,* 482-489. doi:10.1037/0021-9010.66.4.482

McQuiston, D. E., & Malpass, R. S. (2002). Validity of the mockwitness paradigm: Testing the assumptions. *Law and Human Behavior, 26,* 439-453. doi:10.1023/A:1016383305868

McQuiston-Surrett, D., Malpass, R. S., & Tredoux, C. G. (2006). Sequential vs. simultaneous lineups: A review of methods, data, and theory. *Psychology, Public Policy, and Law, 12,* 137-169. doi:10.1037/1076-8971.12.2.137

Mecklenburg, S. H. (2006). *Report to the legislature of the state of Illinois: The Illinois pilot program on double-blind, sequential lineup procedures.* Retrieved from http://www.psychology.iastate.edu/faculty/gwells/Illinois_Report.pdf

Meissner, C. A., Tredoux, C. G., Parker, J. F., & MacLin, O. H. (2005). Eyewitness decisions in simultaneous and sequential lineups: A dual-process signal detection theory analysis. *Memory & Cognition, 33,* 783-792.

Penrod, S. D., & Kovera, M. B. (2009). Recent developments in North American identification science and practice. In R. Bull, T. Valentine, & T. Williamson (Eds.), *Handbook of psychology of investigative interviewing: Current developments and future directions* (pp. 257-283). Chichester, England: Wiley-Blackwell. doi:10.1002/9780470747599.ch15

Pezdek, K., & Blandon-Gitlin. (2005). When is an intervening lineup most likely to affect eyewitness identification accuracy? *Legal and Criminological Psychology, 10,* 247-263. doi:10.1348/135532505X49846

Phillips, M. R., McAuliff, B. D., Kovera, M. B., & Cutler, B. L. (1999). Double-blind photoarray administration as a safeguard against investigator bias. *Journal of Applied Psychology, 84,* 940-951. doi:10.1037/0021-9010.84.6.940

Py, J., Demarchi, S., Ginet, M., & Wasiak, L. (2003). *"Who is the suspect?" A complimentary instruction standard to the standard mock witness paradigm.* Paper presented at the American Psychology-Law Society and European Association of Psychology and Law Conference, Edinburgh, Scotland.

Rosenthal, R. (1994). Interpersonal expectancy effects: A 30-year perspective. *Current Directions in Psychological Science, 3,* 176-179. doi:10.1111/1467-8721.ep10770698

Rosenthal, R. (2002). Covert communication in classrooms, clinics, courtrooms, and cubicles. *American Psychologist, 57,* 839-849. doi:10.1037/0003-066X.57.11.839

Rosenthal, R., & Rubin, D. B. (1978). Interpersonal expectancy effects: The first 345 studies. *The Behavioral and Brain Sciences, 1,* 377-386. doi:10.1017/S0140525X00075506

Russano, M. B., Dickinson, J. J., Greathouse, S. M., & Kovera, M. B. (2006). Why don't you take another look at number three: Investigator knowledge and its effects on eyewitness confidence and identification decisions. *Cardoza Public Law, Policy, and Ethics Journal, 4,* 355-379.

Slater, A. (1994). *Identification parades: A scientific evaluation.* London, England: Police Research Group, Home Office.

Sporer, S. L. (1993). Eyewitness identification accuracy, confidence, and decision times in simultaneous and sequential lineups. *Journal of Applied Psychology, 78,* 22-33. doi:10.1037/0021-9010.78.1.22

Steblay, N. M. (1997). Social influence in eyewitness recall: A meta-analytic review of lineup instructions effects. *Law and Human Behavior, 21,* 283-297. doi:10.1023/A:1024890732059

Steblay, N. M. (2011). What we know now: The Evanston Illinois field lineups. *Law and Human Behavior, 35,* 1-12. doi:10.1007/s10979-009-9207-7

Steblay, N., Dysart, J., Fulero, S., & Lindsay, R. C. L. (2001). Eyewitness accuracy rates in sequential and simultaneous lineup presentations: A meta-analytic comparison. *Law and Human Behavior, 25,* 459-473. doi:10.1023/A:1012888715007

Steblay, N., Dysart, J., Fulero, S., & Lindsay, R. C. L. (2003). Eyewitness accuracy rates in police showup and lineup presentations: A meta-analytic comparison. *Law and Human Behavior, 27,* 523-540. doi:10.1023/A:1025438223608

Steblay, N. K., Dysart, J. E., & Wells, G. L. (in press). Seventy-two tests of the sequential lineup superiority effect: A meta-analysis and policy discussion. *Psychology, Public Policy, and Law.*

Technical Working Group for Eyewitness Evidence. (1999). *Eyewitness evidence: A guide for law enforcement (NCJ 178240).* Washington, DC: National Institute of Justice, U.S. Department of Justice.

Tunnicliff, J. L., & Clark, S. (2000). Foils for identification lineups: Matching suspects or descriptions? *Law and Human Behavior, 24,* 231-258. doi:10.1023/A:1005463020252

Valentine, T., & Heaton, P. (1999). An evaluation of the fairness of police lineups and video identifications. *Applied Cognitive Psychology, 13,* S59-S72. doi:10.1002/(SICI)1099-0720(199911)13:1+〈S59::AID-ACP679〉3.0.CO;2-Y

Wells, G. L. (1984). The psychology of lineup identifications. *Journal of Applied Social Psychology, 14,* 89-103. doi:10.1111/j.1559-1816.1984.tb02223.x

Wells, G. L. (1993). What do we know about eyewitness identification. *American Psychologist, 48,* 553-571. doi:10.1037/0003-066X.48.5.553

Wells, G. L., & Bradfield, A. L. (1999). Measuring the goodness of lineups: Parameter estimation, question effects, and limits to the mock witness paradigm. *Applied Cognitive Psychology, 13,* S27-S39. doi:10.1002/(SICI)1099-0720(199911)13:1+〈S27::AID-ACP635〉3.3.CO;2-D

Wells, G. L., & Luus, C. E. (1990). Police lineups as experiments: Social methodology as a framework for properly conducted lineups. *Personality and Social Psychology Bulletin, 16, 1,* 106-117.

Wells, G. L., Malpass, R. S., Lindsay, R. C. L., Fisher, R. P., Turtle, J. W., & Fulero, S. M. (2000). From the lab to the police station: A successful application of eyewitness research. *American Psychologist, 55,* 581-598. doi:10.1037/0003-066X.55.6.581

Wells, G. L., Small, M., Penrod, S., Malpass, R. S., Fulero, S. M., & Brimacombe, C. A. E. (1998). Eyewitness identification procedures: Recommendations for lineups and photospreads. *Law and Human Behavior, 22,* 603-647. doi:10.1023/A:1025750605807

Wells, G. L., & Quinlivan, D. S. (2009). Suggestive eyewitness identification procedures and the Supreme Court's reliability test in light of eyewitness science: 30 years later. *Law and Human Behavior, 33,* 1-24. doi:10.1007/s10979-008-9130-3

Wells, G. L., Rydell, S. M., & Seelau, E. P. (1993). The selection of distracters for eyewitness lineups. *Journal of Applied Psychology, 78,* 835-844. doi:10.1037/0021-9010.78.5.835

Wright, D. B., & McDaid, A. T. (1996). Comparing system and estimator variables using data from real lineups. *Applied Cognitive Psychology, 10,* 75-84. doi:10.1002/(SICI)1099-0720(199602)10:1〈75::AID-ACP364〉3.0.CO;2-E

Wright, D. B., & Skagerberg, E. M. (2007). Post-identification feedback affects real eyewitnesses. *Psychological Science, 18,* 172-178. doi:10.1111/j.1467-9280.2007.01868.x

제7장

목격자 확신감의 순응성

Amy Bradfield Douglass & Afton Pavletic

확실성에 대한 주관적인 느낌이 진실을 위한 객관적 기준이 될 수는 없다.

- Munsterberg(1908, p. 49)

목격자가 잘못된 지목을 했다고 상상해 보자. 실수임에도 불구하고, 그 여성은 자신의 증언을 확신에 차서 배심원들에게 전한다. 그녀는 자신이 범인을 지목했다는 것이 '확실'하며 범죄의 세부 내용에 대해 '100% 확신'한다고 말한다. 반대 신문 동안에는 높은 확신을 유지하며 지목이나 사건의 세부사항에 대한 어떠한 의심도 인정하지 않는다. 유죄 판결을 피하기 위해서 무고한 피고인은 배심원들에게 목격자가 틀렸다는 것을 납득시켜야만 한다. 그러기 위해서는 피고인은 배심원들에게 기억의 정확성을 판단하기 위해 확신감을 사용하려는 자연적인 생각을 무시할 것을 요구해야만 한다(예: Culter, Penrod, & Dexter, 1990). 안타깝게도 이 방법은 다수의 무고한 피고인들이 극복할 수 없었고, 다음과 같은 복잡한 딜레마에 빠지게 만든다. 목격자가 그렇게 확신하고 있음에도 불구하고 어떻게 틀릴 수가 있는가?

부정확하지만 강한 확신을 가진 목격자와 같이 모순된 경우는 얼마나 확신하는지 말할 때의 역동적인 특성에 의해 드러나게 된다. 이들은 판단을 내리거나 세부사항에 대해 설명을 하고 난 이후 한참이 지나고 나서야 확신감이 변화한다. 심리학 연구자들은 이 현상을 확신감의 순응성이라고 한다. 확신감의 순응성은 지목 판단과 범죄의 세부사항 모두에 대해 확신하는 상황에서 발생한다. 이는 최근 확신에 대한 보고(즉, "지목에 대해 지금 얼마나 확신하고 있습니까?")와 회상적인 확신에 대한 보고(즉, "당신이 지목했을 때 얼마나 확신했습니까?")라는 상황에서 일어난다. 판사, 배심원 그리고 피고인과 관련해 가장 큰 문제는 정확성에 대한 변화는 없지만 확신감에 대한 변화가 일어난다는 점이다.

심리과학자들은 확신감의 순응성을 거의 만장일치로 문제라고 인식하고 있다. 목격자 전문가들에 대한 설문조사에서 95%가 정확성과는 개별적으로 확신감이 조작될 수 있다는 것에 동의했다. 설문조사에 포함된 30개의 문항 중에서 확신감 조작 관련 문항은 동의 비율이 가장 높은 항목들에 포함되어 있었는데, 목격자가 법정에서 증언할지 여부에 라인업 지시가 영향을 미친다는 점과 질문 방법에 따라 목격자의 답변에 영향을 미친다는 항목 다음으로 동의 비율이 높았다(Kassins, Tubb, Hosch, & Memon, 2001). *Manson v. Braithwaite* (1977) 재판에 대해 Marshall 대법관이 반대 의견에서 언급한 것처럼, 최소한 몇 명의 미국 대법원 판사들은 확신감이 시간이 지남에 따라 변화할 수 있다는 점은 인정하고 있다(이 사건에 대한 훌륭한 분석은 제8장 참고; Wells & Quinlivan, 2009).

DNA를 통해 무죄 판결을 받은 사건들에서 확신감의 순응성에 대한 예를 찾는 것은 쉽다. 예를 들면, 1999년 Ryan Matthews는 목격자가 편의점 총기 사건의 범인으로 그를 지목한 후 살인죄로 유죄 판결을 받았다(http://www.innocenceproject.org). 비록 처음에는 Matthews가 사형 선고를 받았지만 결국 2004년에 풀려났다. Matthews 사건에 대한 사후 분석에 따르면, 목격자 한 명의 확신감에 중요한 변화가 있었다는 것이 밝혀졌다. 첫 번째 지목에서 그 여성 목격자는 '망설'였지만 재판에서는 Matthews가 '명백한' 범인이라고 증언했다. 유죄를 증명할 수 있는 다른 증거가 없었다는 점을 고려하면 확신에 찬 목격자의 진술이 Matthews의 유죄 판결에 큰 영향을 미쳤을 것이다.

다른 사건에서는 목격자가 Earl Charles를 잘못 지목했는데, 정확한 사람을 지목했다는 확신감을 "얼굴에 총을 겨눈 사람의 얼굴은 절대 잊을 수 없다."(Radelet, Bedau, & Putnam, 1992, p. 240)고 표현했다. 이러한 사건들은 한 가지 문제만 있었던 것은 아니다(Doyle, 2005).

목격자가 높은 확신감을 갖는 이유에 대한 설명 중 하나는 목격자는 확신감이 높을수록 더 신뢰할 만하게 보인다는 것을 알기 때문에 전략적으로 자신의 확신감을 부풀린다는 것이다. 목격자가 때로는 더 신뢰할 만하게 보이기 위해 법정에서 거짓 증언을 하는 것에 대해서는 이의는 없지만(예: 제10장 참고), 이 장에서 우리의 주된 관심사는 가장 높은 확신감을 갖고 있는 목격자가 잘못된 지목이나 범죄의 세부사항에 대해 잘못된 진술을 한다는 점이다. 비록 여기서 목격자 확신감의 순응성에 대한 원인을 간단하게 다뤘지만, 대부분의 관련 연구들은 실제 목격자의 실수에 초점을 맞추고 있다. 실제 목격자의 오류에 초점을 맞추면서, 근본적으로 지목을 결정하거나 범죄의 세부사항에 대한 진술이 매우 부정확함에도 불구하고 높은 확신감을 가지고 증언할 수 있는지 보여 주는 연구를 본다. 또한 연구하는 데 사용된 기초적인 연구 방법과 확신감에 대한 순응성을 방지(또는 가끔은 판단을 뒤바꿀 수 있는)하기 위해 사용 가능한 몇 가지 전략들에 대해 살펴보자고 한다.

확신감의 순응성에 의해 발생하는 문제들은 '확신감'을 'DNA 증거'로 바꾼다면 매우 명확해진다. 용의자의 DNA와 범인의 DNA가 50% 일치한다는 범죄 현장 분석 결과가 있다고 가정해 보자. 시간은 흐르고, 재판 전에 그 분석은 동일한 방법을 사용해 재분석이 실시되고 90%가 일치한다는 새로운 결과를 도출한다. 재판에서 법과학 전문가는 90%의 일치에 대해서 증언한다. 배심원들은 50%가 일치한다는 이전 결과에 대해서는 전혀 듣지 못한다. 이 시나리오에서 90%의 일치에 대한 증언은 불완전하고 지나치게 확신하는 증거를 배심원들에게 제시하는 것이다. 피고인과 범인 간의 일치 정도는 증거 분석을 위해 정확하게 동일한 방법이 사용됐다면 분석 결과는 변하지 말아야 한다. 피고인에게 불리한 DNA 증거에 대한 자의적인 변화는 사실 판단자들에게도 즉시 문제시될 것이다. 불행하게도 확신감의 변화로 인해 발생하는 문제는 다음의 두 가지다. 첫째, 배심원들은 초기의 확신감에 대한 의견은 거의 들을 수 없다. 배심원들이 듣는 것은 모두 목격자의 확신감에 대한 증언이다. 둘째, 판사들과 배심원들은 확신감이 증가했다는 점을 보여 주어도 이를 무시하는 경향이 있다(예: Bradfield & McQuiston, 2004).

기억 증거와 다른 법과학 증거 간의 차이는 법심리학의 초기 학자인 Hugo Munsterberg에 의해 논의됐다. Munsterberg(1908)는 『증언대에서(On the Witness Stand)』를 통해 사법체계에 심리학을 적용시켜야 한다고 주장했다. Munsterberg는 수사에서 법과학 증거는 자연스럽게 조심히 다뤄지지만 기억 증거는 좀 더 가볍게 다뤄진다고 생각했다.

> 살인자의 셔츠에 묻은 혈액이 사람의 것인지 아니면 동물의 것인지에 대해서는 어느 배심원도 자신의 일반적인 생각을 따를 것이라고 생각하지 않는다. 하지만 배심원들은 목격자의 기억이 이전 경험을 객관적으로 재생산한 것인지 아니면 연상과 암시에 의해 혼합된 것인지에 대해서는 개인적으로 판단할 것으로 예상된다(Munsterberg, 1908, p. 45).

이 장의 후반부는 기억 증거, 특히 확신감 판단과 관련되어 있기 때문에 매우 조심하게 다루어야 한다는 Munsterberg의 주장을 지지하기 위한 연구들에 대해 설명할 것이다.

목격자 확신감은 형사사법체계 내에 존재하는 세 범주의 사람들, 즉 배심원, 다른 목격자 그리고 수사관에게 영향을 미친다. 첫 번째 범주인 배심원의 경우, 확신감에 대한 주장은 목격자에 대한 평가에 사용된다. 한 연구에서 배심원들은 범인의 변장과 목격된 사건과 지목 사이에 얼마나 많은 시간이 흘렀는가와 같이 목격자의 정확성에 대한 중요한 단서들은 무시했다. 그 대신 오로지 목격자가 얼마나 확신하는지에만 중점을 두었다(Cutler et al., 1990). 배심원은 직관적으로 높은 확신은 정확성을 판단할 수 있는 적절한 정보라고 생각하는데, 미국 대법원도 목격자를 판단하기 위해 사용할 것을 권고했다(예: *Neil v. Biggers*, 1972).

두 번째 범주의 경우, 확신감은 다른 목격자의 기억에 영향을 미친다. 이에 대한 가장 좋은 예로 한 연구에서 참가자들이 홀로 범죄를 목격한 후에 그 내용을 다른 목격자인 파트너와 논의하게 했다(Wright, Self, & Justice, 2000). 연구자들은 그 사건에서 공범의 존재를 조작했다. 즉, 한 조가 된 구성원 중 한 명은 공범을 봤고, 다른 구성원은 보지 못했다. 그럼에도 불구하고 19개의 조 중에 15개의 조가 공범이 존재하는지에 대한 의견 일치가 이루어졌다. 파트너들은 어떻게 누구의 의견이 신뢰할 수 있다고 판단했을까? 정답은 확신이었다. 공범이 있었는지 없었는지에 대해 더 확신에 찬 목격자는 파트너가 자신의 의견을 받아들이도록 설득한 것으로 나타났다.

마지막으로, 수사관 역시 목격자의 확신을 이용한다. 가장 초기에는 최소한 목격자가 자신의 지목에 대해 얼마나 확신하는가에 따라 용의자를 체포할지 판단한다(예: Boyce, Lindsay, & Brimacombe, 2008). 좀 더 암시적인 수준에서 목격자의 확신은 다른 목격자를 대하는 수사관의 행동에도 변화를 줄 수 있다. 한 연구에서 연구 참가자인 수사관은 확신감이 높거나 낮은 실험 공모자인 목격자에게 대상-비존재 사진첩을 보여 줬다(실험 공모자는 항상 동일한 무고한 용의자를 지목했다). 그 후 수사관은 실제 목격자에게 동일한 사진첩을 제시했다. 공모자의 확신감이 높았던 경우보다 낮았던 경우 수사관들은 실제 목격자들로부터 무고한 용의자에 대한 지목을 더 많이 받아 냈다(Douglass, Smith, & Fraser-Thill, 2005). 이 연구는 목격자의 확신이 이후의 목격자에 대한 수사관의 행동을 바꿀 수 있음을 보여 주는데, 이는 무고한 용의자에 대한 지목 가능성을 증가시키기까지 한다.

배심단의 평의, 공동 목격자에 대한 논의, 그리고 수사관의 결정에서의 확신감의 역할은 당연하다고 볼 수 있는데, 이는 다양한 상황에서 확신이 정확성에 대한 단서를 제공할 수 있기 때문이다. 실제로 라인업 사진과 목격자의 기억 간의 일치와 같이 내적 단서로부터 목격자의 확신이 나온 것이라면(예: Bradfield, Wells, & Olson, 2002; Leippe, Eisenstadt, & Rauch, 2009), 확신과 정확성은 중요한 관계가 있다. 무고한 용의자의 경우에 문제는 확신이 정확성에 대한 불완전한 단서라는 데 있다. 확신과 정확성 사이의 높은 상관관계에도 불구하고 높은 확신은 목격자의 정확성과 전적으로 관련 없는 외재적인 변인들에 의해 거의 모든 부분이 영향을 받을 수 있다. 이러한 목격자를 평가하는 사람들은 정확성에 대한 단서로 확신이 쓸모없다는 것을 모른다는 점을 이해하는 것이 중요하다. 이러한 목격자는 무고한 용의자에게는 큰 문제가 되는데, 외부의 영향이 없었다면 이들은 확신할 수 없다고 진술할 것이었고 결국 사실 판단자가 무죄를 선고할 수 있도록 만드는 게 더 쉬워질 수 있기 때문이다.

확신감의 순응성 효과에 대한 과학적 근거

확신감에 대한 순응성과 관련해 명확하게 설명하기 이전에는 심리과학자들은 확신을 단순한 인지 과정의 결과물로 봤는데, 목격자의 확신은 (a) 지목한 사진이 목격자들의 기억과 일치하는 정도[즉, 에크포릭 유사성(ecphoric similarity)[1]; Tulving, 198)], 또는 (b) 진술하는 세부사항이 생각나게 하는 용이성(예: Shaw & McClure, 1996)에 의해 결정된다고 생각했다. 그러나 심리과학자들은 반복적으로 입증된 확신감의 순응성을 두고 목격자 확신감에 대한 판단을 이해하기 위해 다른 연구들을 고려해야 한다는 점을 깨닫게 되었다.

또한 추론 과정에 대한 연구들이 중요한 기초가 되었는데, 예를 들면 자기인지(self-perception)를 들 수 있다(Bem, 1967). 만약 지목을 잘했다는 확인적인 피드백이 기억이 좋다는 의미라면, 목격자는 긍정적인 피드백에 대해서만 높은 확신을 보여야 할 것이라고 추정할 수 있다. 이러한 관점에 따르면, 확신에 대한 의견은 자극과 기억 간의 일치 또는 기억 인출의 용이성보다는 어느 수준의 확신이 적절한가에 대한 목격자의 판단을 보여 주는 것이다. 이 관점을 지지해 주는 한 연구는 목격한 사건에 대한 세부적인 기억에 대해 긍정적인 피드백을 제시한 후에 참가자들의 지목이 이루어졌다. 기억 시험에서 목격자들 중 상위 10%에 드는 점수에 해당한다고 들었던 목격자들은 어떠한 정보도 듣지 못했거나, 하위 20% 정도에 해당한다고 들었던 목격자들

---

1) Tulving(1981)에 따르면 에크포릭 유사성은 기억 검사의 문항과 기억에 남아 있는 일화 정보 간의 유사성을 말하며, 이는 기억 검사 문항에 대한 에크포릭 유사성이라고 정의했다.(역자 주)

에 비해 지목에 대해 더 높은 확신감을 가지고 있었다(Leippe et al., 2009).

참가자들이 피드백을 받고 나서 그들이 지목을 했을 때 얼마나 확신했는지 기억해 보라고 요구하는 지목 후 피드백 패러다임은 추론 과정에 대한 가정을 잘 보여준다. 그 시점에서 목격자들은 이미 받은 결과 정보라는 렌즈를 통해 확신을 판단한다(예: Wells & Bradfield, 1998). 피드백을 받기 전에 확신감에 대해 생각해 보거나 또는 얼마나 확신하는지를 말하는 경우에는 이러한 추론 과정을 거치지 않아도 되는데, 피드백이 제시되기 전에 자신이 얼마나 확신하고 있는지를 기억하고 있기 때문이다(예: Neuschatz et al., 2007; Wells & Bradfield, 1999). 그러나 이러한 '예방 접종'은 일시적일 뿐이다. 첫 확신에 대한 의견과 피드백 사이에 1주일의 지연이 있는 경우에는 첫 확신에 대한 의견을 제공하지 않은 목격자들과 마찬가지로 그들의 의견은 잘 변하는 것으로 나타났다(Quinlivan et al., 2009).

또한 사회적 영향에 대한 기초 연구는 확신감 순응성의 토대를 제공해 준다. 예를 들어, 몇몇의 목격자들의 경우 다른 공동 목격자의 판단에 대한 즉각적인 반응으로 확신감을 바꿀 가능성이 있다. 이러한 경우, 목격자의 목표가 정확성인가(즉, 정보적 영향) 아니면 다른 사람들과의 조화를 위해서인가(즉, 규범적인 영향; Deutsch & Gerard, 1995)라는 질문을 하게 된다. 목격자로서의 어려움과 중요성은 어떤 동기가 우선될 것인가에 따라 결정될 수 있다. Asch(1955)의 고전적인 순응 실험을 흉내 낸 연구에서, Baron, Vandello와 Brunsman(1996)은 과업이 중요하지만 어려울 때 쉽게 순응한다는 것을 보여 주었다. 과업이 중요하지만 쉬운 경우에는 순응성은 크게 감소하는 것으로 나타났다. 과업이 중요하지 않을 때 어려움은 순응에 영향을 미치지 않았다. 이 연구는 확신감 제시에 대한 동기를 강조하고 있다. 후에 논의될 것이지만, 공개적 또는 사적인 장소에서 확신의 수준이 다르다는 Shaw와 동료들의 연구 또한 목격자가 확신감을 진술할 때 다른 동기가 될 수 있음을 보여 준다(예: Shaw, Appio, Zerr, & Pontoski, 2007; Shaw, Zerr, & Woythaler, 2001).

확신감의 순응성에 대한 연구는 다양한 기초 연구 분야에 대한 이해를 통해 가장 잘 설명할 수 있다. 한 가지 예로, 목격자가 수사관으로부터 피드백을 받고 제시된 사진이 본인에게 얼마나 익숙한가에 대한 판단을 내리기 위해서 피드백 정보를 사용하는 상황을 생각해 보자. 이 경우 사회적인 요인(예: 지목 후 피드백)이 왜곡된 인지 과정(예: 거짓된 익숙함을 바탕으로 확신감에 대한 의견을 만들어 제시하는 것)을 유발하는 것이다.

확신감의 순응성 연구에 사용되는 연구 방법

확신감의 순응성에 대한 대부분의 연구들은 기본적인 실험 패러다임을 사용한다. 그 패러다임의 초기에 참가자들은 실제 벌어지는 모의 범죄나 비디오로 녹화된 사건을 목격하게 된다. 일반적으로 참가자들은 앞으로 누군가를 지목해야 한다는 것을 모른다(한 예외로 Douglass, Brewer, & Semmler, 2009 참고). 사건이 끝난 후, 참가자들은 전형적으로 대상-비존재 사진 라인업을 보게 되는데 실제 범인은 제시되지 않는다(예외적으로 Bradfield et al., 2002 참고). 이 연구를 설계하는 데 있어 심리학자들은 빡빡하게 통제된 실험(예: Luus & Wells, 1994)과 현장 연구(예: Wright & Skagerberg, 2007)의 사이에서 실험의 내적·외적 타당도의 타협점을 저울질하게 된다.

어느 과학 분야나 마찬가지로, 다양한 실험에서 결과가 항상 일관되게 나타나지는 않는다. 이러한 불일치에 대한 한 가지 예로, '정확한 지목 대 부정확한 지목'에서의 확신감의 순응성을 측정했던 두 개의 연구가 존재한다. 한 연구에서는 정확하게 지목한 경우에는 확신감은 변하지 않았지만 부정확하게 지목한 경우에는 확신감을 부풀리기 쉬웠다(Bradfield et al., 2002). 유사한 방법론을 사용한 다른 연구에서는 정확하고 부정확한 지목 모두에서 확신감이 동등하게 변화할 가능성이 있다는 것을 보여 주었다(Semmler, Brewer, & Wells, 2004). Semmler와 동료들(2004)의 연구에서 논의된 것처럼, 이러한 차이는 참가자들에게 제시된 자극의 차이에 따른 것일 가능성이 있다. 비록 실험실 연구의 생태 타당도를 확장시키는 데 다양한 자극은 중요한 부분이기는 하지만 이는 전체적인 결과를 이해하는 데 복잡하게 작용할 수 있다.

확신감의 순응성에 대한 관련 연구

이 절에서는 진술 상황, 수사관 그리고 공동 목격자와 같이 목격자의 확신감 진술에 영향을 미치는 변인들을 논의하고자 한다. '진술 상황'은 목격자가 확신 판단을 진술하는 환경을 말한다. 다른 연구 참가자들 앞에서 확신의 정도에 대해 공개적으로 말해야 하는 목격자들의 경우 익명으로 확신하는 정도를 작성해서 제출하는 목격자들에 비해 더 높은 확신감을 보고했다. 이 효과는 정확성 수준이 두 집단에서 유사한 경우에도 발생한다(Shaw et al., 2001). 흥미롭게도 이 패턴은 예외적으로 공동 목격자가 존재할 때 발생한다. 만약 다른 목격자들이 정확성에 이의를 제기할 수 있다면, 공개적인 확신감은 개인의 확신감보다 더 낮아진다. 반대로, 만약 다른 목격자들이 정확성에 이의를 제기할 수 없다면(예: 그들이 동일한 사람들의 얼굴을 보지 않은 경우), 공개적인 확신감은 개인적인 확신감보다 더 높아진다(Shaw et al., 2007). 다시 말하지만, 이러한 차이는 공개적 · 개인적인 확신감 진술 집단에서 정확성이 비슷하게 나타남에도 불구하고 발생한다는 점이다.

목격자의 확신감 진술에 영향을 미치는 두 번째 변인은 수사관들이다. 목격자로부터 정보를 수집하는 것과 같이 가장 기본적인 업무를 수행하는 수사관들이 확신 진술에 영향을 미칠 수 있다. 한 연구에서 목격자들은 인지적 · 표준적 조사를 받거나 또는 조사를 받지 않았다. 그 후 모든 목격자가 기억력 검사를 받고 자신의 답변을 얼마나 확신하는지를 평가하도록 했다. 그 결과, 조사를 받은 집단은 통제 집단에 비해 더 높은 확신감이 있는 것으로 나타났다. 세 실험 집단에서 정확성 수준이 동일함에도 불구하고 확신 수준은 과장된 것으로 나타났던 것이다(Granhag, Jonsson, & Allwood, 2004). Granhag와 동료들(2004)은 반복적인 답변이 확신감을 높이는 데 책임이 있다고 주장했다. 이 주장은 범죄의 세부 내용에 대해 반복적으로 질문을 받은 목격자가 진술한 내용의 정확성이 동일한 수준에 머물러 있음에도 불구하고 시간이 지나면서 증가된 확신감을 보인다는 다른 연구 결과와도 일맥상통한다(예: Shaw & McClure, 1996).

수사관은 때때로 목격자가 목격한 내용 그 이상을 묻는 경우도 있다. 가끔 수사관은 목격자가 재판에서 증언할 수 있도록 준비시킨다. 만약 그 준비에 목격자에게 동기를 부여하는 것도 포함하고 있다면 확신감에 대한 변화가 나타날 수 있다. 한 연구에서, 동기는 몇몇의 목격자들에게 정확성에 대한 포상이 있다고 말해 주는 것으로 조작되었다. 이 내용을 들은 목격자들은 포상이 없던 집단보다 더 높은 확신감을 나타냈다. 그러나 두 집단 간 목격자들이 실제 진술한 내용의 정확성은 동일했다(Shaw & Zerr, 2003).

목격자 확신에 대한 수사관의 영향은 심지어 수사관이 목격자에게 일련의 사진들을 보여 주는 것만으로도 측정할 수 있다. 예를 들어, 한 실험에서 수사관 역할을 맡은 실험 참가자들이 목격자에게 대상-비존재 사진첩을 보여 주기 전에 누가 용의자인지 미리 알려 주었다. 목격자가 '정확한' 사진을 지목하여 수사관의 기대에 부홍한 경우에는 목격자의 확신감은 통제 조건(수사관이 누가 용의자인지 모르는 경우)에 비해 더 높았다. 반대로, 목격자가 수사관이 용의자라고 생각했던 사진과 다른 사진을 지목한 경우에는 그 목격자의 확신감은 통제 집단에 비해 감소된 것으로 나타났다(Garrioch & Brimacombe, 2001). 이러한 효과는 Garrioch와 Brimacombe(2001)의 연구에서 100%의 수사관들이 목격자들에게 어떠한 피드백도 제공하지 않았다고 보고했음에도 불구하고 나타났다.

마지막으로, 범죄가 공공장소에서 일어났을 때 사건을 접한 다수의 목격자들이 존재하는 경우가 있다. 이 상황에서 범인의 외모와 사건의 세부 내용에 대한 목격자들 간의 대화는 오고갈 수밖에 없다. 영국의 실제 목격자들에 대한 자료에 따르면, 동일한 사건에 대해 최소한 다른 사람과 함께 사건을 목격하고 그 사건에 대해 대화를 나누는 것은 매우 흔한 일이다. 60명의 실제 목격자들 중에서 88%가 다른 사람과 함께 사건을 목격했다고 보고했다. 평균적으로 이 목격자들은 약 4명의 다른 사람들과 사건을 목격했던 것이다(Shagerberg & Wright, 2008). 그러나 실제 범죄 상황에서 무슨 일이 일어났는지 또는 공동 목격자들이 무엇을 논의했는지에 대해 알 수는 없기 때문에 연구자들은 실제 공동 목격자들이 서로에게 얼마나 영향을 미치는지에 대해 정확하게 판단할 수 없다(공동 목격자에 대한 더 유용하고 종합적인 논의는 Wright, Memon, Skagerberg, & Gabbert, 2009 참고).

공동 목격자 정보에 대한 확신감의 순응성과 관련한 첫 실증적인 검증은 Luus과 Wells(1994)에 의해 이루어졌다. 연구자들은 목격자들을 두 명씩 짝을 지어 실제 상황과 동일하게 연출된 범죄를 목격하게 했다. 범죄가 발생한 후, 목격자들은 각각 대상-비존재 라인업을 보고 지목했다. 그 후 이들은 무작위로 공동 목격자의 판단에 대한 정보를 듣게 되는 집단에 배정됐다. 중요한 독립 변인은 목격자의 확신이었다. 목격자들이 무작위로 조건에 배정되기 때문에 모든 조건에서의 확신감의 평균은 동일해야 한다. 그러나 대조적으로 공동 목격자의 판단에 대한 정보에 따라 확신감의 수준은 매우 다양하게 나타났다.

공동 목격자에 대해 여덟 가지 종류의 조작이 이루어졌다. 한 가지 예외를 제외하고는 공동 목격자가 없는 통제 집단에 비해 실험 조작이 반복될수록 목격자의 확신은 매우 달라졌다. 공동 목격자들이 자신과 동일한 사람 또는 엉뚱한 사람을 지목했다고 들은 목격자들은 확신감이 증가했지만, 공동 목격자가 다른 사람이지만 타당한 사람을 지목하였다고 들은 목격자들은 확신감이 낮아졌다. Luus와 Wells(1994)의 연구에서 목격자들은 자신의 판단이 정확했는지 여부에 대해서는 알 수 없었다는 점은 중요한데, 이는 공동 목격자가 동일한 사람을 지목했다고 하더라도 목격자 자신의 지목이 정확하였다는 것을 의미하지는 않기 때문이다. 그럼에도 불구하고 연구 참가자들은 공동 목격자의 정보를 자신들의 판단을 확인(또는 틀렸다는 것을 확인)하는 증거로 사용하고 이에 따라 확신감을 조정한다(또한 Semmler et al., 2004 참고).

공동 목격자의 확인에 대한 반응으로 확신이 증가했을 때 목격자들은 확신감을 단지 적절하게 조절하는 것일까? 결과적으로 볼 때, 목격자들은 외부 정보에 대해 맹목적으로 확신감을 조정하지는 않는다. 한 연구에서, 목격자의 확신감은 아동 표본의 97%가 동일한 사람을 지목했다는 정보에 의해 영향을 받지는 않았다(Skagerberg & Wright, 2009). 이 목격자들은 오직 아동 표본의 4%만이 동일한 지목을 했다는 말을 들은 목격자들과 확신감에서 차이가 없었다. 합리적인 조정이 이루어지는 다른 경우는 목격자들이 지목한 사람으로부터 자백을 얻었다는 말을 들은 경우에는 확신감이 증가했고, 지목했던 사람이 범죄를 저질렀다는 것을 부인한다는 말을 들은 목격자들은 확신이 감소했다(Hasel & Kassin, 2009).

어느 정도의 목격자 행동은 합리적으로 설명이 가능함에도 불구하고 확신감의 변화에 대해서는 설명이 모두 합리적이지만은 않다. 첫째, 공동 목격자의 정보의 경우, 공동 목격자의 정보에 오류가 있었다고 밝혀지면 목격자들은 확신감을 다시 조정하지 못한다(Luus & Wells, 1994). 둘째, 후에 논의할 것인데, 지목 이후에 지목이 정확했는지 아니면 잘못 지목했는지와 같은 피드백은 확신감에 대한 회상적인 진술에서 대칭적인 조정이 일어나지 않는다("처음 지목을 했을 때 얼마나 확신했다고 기억하십니까?"). 즉, 목격자들의 진술은 지목이 부정확했다는 피드백보다 정확하다는 피드백의 영향에 더 민감하다(Douglass & Steblay, 2006).

회상적인 확신감 진술의 순응성은 Wells와 Bradfield(1998)의 간단한 연구를 통해 처음 검증됐다. 실험에서 목격자들은 비디오 영상을 시청했고, 대상-비존재 사진첩을 바탕으로 지목이 이루어졌고, 이루어진 지목에 대한 세 가지 종류의 피드백 중 하나를 받았다. 몇 명의 목격자들은 긍정적인 피드백을 들었다(예: "좋아요, 당신은 용의자를 지목했습니다"). 다른 목격자들은 부정적인 피드백을 들었다[예: "실제 용의자는 x번(목격자에 의해 지목되지 않은 사진)이었습니다"]. 마지막 목격자 집단은 지목의 정확성에 대해 어떠한 정보도 듣지 않았다. 그런 다음, 목격자들은 그들의 기억에 대해 질문을 받았다. 첫 번째 질문은 지목을 했을 때 얼마나 확신했다고 기억하는지 여부였다. 이 질문은 피드백이 제시되기 전, 즉 지목이 정확했는지 아니면 틀렸는지를 알기 전의 상태를 회상하도록 요구했다는 점이 중요하다. 결과적으로 피드백은 목격자의 기억을 예측한 방향으로 매우 극적으로 왜곡하는 것으로 나타났다.

통제 조건과 비교했을 때 긍정적인 피드백은 지목을 했을 당시 자신이 얼마나 확신하였는가에 대한 기억 자체를 부풀리는 것으로 나타났다. 긍정적인 피드백으로 인한 확신감의 증가는 1998년에 실시된 지목 후 피드백에 대한 실험 이후에 광범위하게 검증되어 왔다. 이후에 실시된 다양한 실험을 통해 지속적으로 그 효과가 관찰되었다. 효과가 다양한 실험들은 전문 증인(傳聞 證人, earwitness; Quinlivan et al., 2009), 실제 사건의 목격자들(Douglass et al., 2009; Wright & Skagerberg, 2007), 그리고 목격자에게 라인업에 범인이 없을 수도 있다고 알려 주는 비편견적 지시문(설시)을 사용한 경우였다(Semmler et al., 2004). 실험 참가자들이 피드백을 받기 전에 자신의 확신감에 대해 개인적으로 생각만 했을 때 순응성 효과는 쉽게 제거될 수 있다. 목격자가 확신의 정도를 판단하기 위한 추론 과정을 거칠 필요가 없기 때문에 이러한 예방책이 가능한 것으로 보인다. 이는 단순히 피드백을 받기 전에 본인이 생각했던 판단을 회상하기 때문이다(Wells & Bradfield, 1999).

확신감의 순응성에 대한 연구의 적용

확신감의 순응성에 대한 연구로부터 제시할 수 있는 가장 확실한 방법은 확신감 판단에 대해 즉시 물어보는 것이다. 이 방법의 장점은 두 가지다. 첫 번째 장점은, 확신감을 말하라는 이 단순 행위는 목격자들을 외부적인 변인들에 의한 영향으로부터 지킬 수 있기 때문이다(예: Neuschatz et al., 2007; Wells & Bradfield, 1999). 예를 들면, 즉각적으로 확신감을 진술함에도 불구하고 반복적으로 질문하기(Shaw & McClure, 1996)와 같은 다른 요인들이 순응성에 영향을 미치므로 이는 만병통치약은 아니다. 즉각적인 확신감을 진술받는 것에 대한 두 번째 장점은, 법정에서 확신감 증가에 대한 문제 제기가 이루어질 수 있기 때문이다. 비록 모의 배심원들이 확신감이 증가한 목격자들을 자동적으로 신뢰하지 않는 것은 아니지만(예: Bradfield & McQuiston, 2004), 변호인 측이 목격자에게 이의제기를 할 수 있는 방법이 있다는 것은 피고인에게 더 이롭게 작용할 수 있다.

심리학 연구자들은 확신감의 순응성에 대한 연구를 적용할 수 있는 중요한 기회가 있었다. 두 사건에 대해 미국 대법원은 목격자의 확신감을 목격자 지목의 정확성을 판단하는 중요한 요소 중 하나라고 설명했다(*Manson v. Braithwaite*, 1997; *Neil v. Biggers*, 1972). 수십 년에 걸친 심리학 연구와 DNA 분석을 통해 밝혀진 250건 이상의 잘못된 유죄 판결 사례들을 통해 확신감을 강조하는 것이 비참한 결과를 초래할 수 있다는 것을 보여 주고 있음에도 불구하고, 대법원은 이 권고사항에 대해 다시 논의하지 않고 있다. 더 큰 문제는 쉽게 왜곡될 수 있는 확신감을 진술하는 것은 다른 증언에 대한 판단에 영향을 미친다는 점이다. 한 연구에서 확신감이 높은 목격자를 평가한 실험 참가자들은 범죄자에 대한 설명이 제시되지 않았음에도 불구하고 목격자들이 좋은 정보를 제공했다고 판단했다(Bradfield & Wells, 2000). 대법원에서는 목격자가 제공한 내용의 질 또한 목격자 정확성을 판단하는 도구로 사용할 것을 제시하고 있어 이러한 2차적인 영향은 걱정스럽기만 하다.

정확성에 대한 단서로 확신감을 사용하라는 대법원의 권고는 오인하는 상황(예: 만약 지목 후 피드백이 제시된다면)을 해결하는 데 도움이 되지 못한다. 이는 무고한 피고인의 관점에서도 문제가 되지만, 무고한 '용의자'의 관점에서 보면 더욱 심각한 문제가 될 수밖에 없다. *Biggers* 판결에서 대법원은 암시적인 절차(예: 현장 대질)에 대해 다섯 가지 기준에 대한 수용 역치를 넘는 경우에는 지목 증거를 재판에서 배제시킬 수 없다고 명시했다. 그 다섯 가지 기준들은 목격자의 확신감, 시각이 얼마나 좋았는가, 얼마나 주의를 집중하고 있었다고 진술했는가, 사건과 목격자의 지목 사이에 얼마나 많은 시간이 지났는가, 그리고 목격자의 묘사가 피고인의 외모와 얼마나 일치하는가다. 지목 절차의 암시성을 평가하기 위한 이와 같은 타당성 기준은, 예를 들어 편견적인 라인업과 같이 절차 자체가 진술 내용에 영향을 미치는 경우에는 사실상 사용할 수 없다(제8장 참고; Wells & Quinlivan, 2009).

항소 또는 대법원 재판에서 심리과학을 참조하고자 하는 판사를 위한 초석을 마련하는 것 이상으로 심리과학자가 재판에서 특정한 역할을 맡기도 한다. 전문가는 무고한 피고인이 유죄 판결을 피할 수 있는 마지막 기회가 된다. 불행하게도 이 방법은 효과가 없는데, 그 이유는 배심단이 이러한 전문가의 증언을 완벽히 무시하기 때문이다. 한 연구에서, 배심원들은 확신감이 정확성에 대한 완벽한 단서가 아니라는 정보를 명확하게 제시받았지만, 확신감이 낮은 목격자보다 확신감이 높은 목격자가 더 정확하다고 판단했다(Fox & Walters, 1986). 전문가 증언이 곤경에 빠진 무고한 피고인을 도와줄 수 있다고 하더라도 이는 변화를 위한 약간의 발전적인 접근일 뿐이다. 무고한 피고인을 보호할 수 있는 더 좋은 방법은 경찰관들에게 최대한 빨리 확신감에 대한 진술을 받으라고 하는 것이다.

결론

공동 목격자 간의 대화와 수사관의 피드백과 같은 자연스러운 사람 간의 상호작용은 목격자의 지목과 범죄에 대한 세부사항에 대한 기억이 정확하지 않음에도 불구하고 목격자가 높은 확신감을 갖도록 영향을 미칠 수 있다. 목격자의 확신감에 영향을 미친다고 알려진 대부분의 변인들은 통제하기 어렵다. 목격자는 종종 수사관에게 자신의 지목이 정확했는지를 물어보는데, 대부분의 경우 지목 후 피드백이 제시될 것이라고 예측할 수 있다(예: Wells & Bradfield, 1998). 실제 범죄가 일어나는 상황에서 공동 목격자 간의 대화를 방지하는 것은 아주 불가능하지는 않지만 어려운 일이다. 때로는 경찰관이 공동 목격자들 간에 대화가 끝난 후에 범죄 현장에 도착하게 된다. 다른 경우에는 공동 목격자들이 이미 아는 사이와 같이 특정한 관계이기 때문에 경찰이 금지함에도 불구하고 지목이나 범죄에 대해 논의한다. 증언을 연습하는 것(예: Wells, Ferguson, & Lindsay, 1981)처럼 인위적으로 확신감을 부풀리는 다른 절차들은 반대 신문을 생각해야 하는 목격자에게는 단지 합리적인 제안일 뿐이다.

확신감의 순응성에 대해 아직까지 답을 얻지 못한 문제들이 존재한다. 하나는 확신감에 대한 진술이 긍정적인 피드백보다 부정적인 피드백에 영향을 덜 받는다는 점이다. 현재까지의 연구들은 이 질문에 대한 상반되는 정보를 제시해 준다. 지목 후 피드백 효과에 대한 메타분석에서 긍정적인 피드백 조건과 통제 조건과의 비교가 이루어진 11개의 연구에서 확신감 진술에 대한 강력한 효과가 나타났다(평균 Cohen's d = .79). 그리고 부정적인 피드백 조건과 통제 조건을 비교한 세 개의 연구의 경우 효과의 크기는 긍정적인 피드백 조건과 통제조건 간의 효과보다 매우 작은 것으로 나타났다(d = .21; Douglass & Steblay, 2006). 반대로, Luus와 Wells(1994)는 긍적적인 공동 목격자 정보(예: 공동 목격자가 본인과 동일한 사람을 지목했다는 말을 듣는 것)가 확신감을 증가시키는 것보다 부정적인 공동 목격자 정보(예: 공동 목격자가 라인업에 '없다'고 말했다는 것을 듣는 것)가 목격자의 확신감을 더 감소시킨다는 것을 밝혀냈다. 언제 그리고 왜 부정적인 정보가 목격자에 영향을 덜 미치는지를 이해하는 것은 목격자의 기억이 어떻게 작동하는지에 대한 이해를 높이고 외부 영향으로부터 목격자를 보호하는 중요한 해결책을 제시할 수 있을 것이다.

일반적으로, 외부의 영향을 받지 않고 목격자가 확신감을 진술할 수 있는 방법을 찾는 것은 매우 유용할 것이다. 하지만 이러한 외부 영향은 라인업 실시자의 일반적인 평가나 공동 목격자와의 대화와 같이 매우 빠르게 나타나기 때문에 더 유용한 해결법은 외부적인 영향이 있고 난 후에 실제적인 확신감을 알아내는 방법을 찾는 것이다. 실험을 통해 실험자가 이상하다고 생각된 경우에는—이상하다는 정보가 피드백을 받고 난 이후에 제시되었음에도 불구하고—목격자들이 피드백 영향을 받지 않고 확신감을 진술할 수 있다는 점을 보여 주었는데, 이는 오염되지 않은 확신감을 진술할 수 있는 경우가 존재한다는 것을 암시한다(Neuschatz et al., 2007).

몇 십 년간 이루어진 연구의 대부분은 언제 그리고 어떻게 확신감이 지목 또는 진술의 정확성과 관련되어 있는지에 초점이 맞추어졌다. 새롭게 진행되는 연구들은 단지 정확성뿐만 아니라 목격자의 확신감 진술과 기억 과정을 연결시켜 목격자의 확신감 진술에 대한 이해를 확장시키고 있다. 목격자의 확신은 목격한 사건에 대한 질문에 매끄러운(예: 매우 자세한) 답변과 대략적인 답변을 제공할지를 결정해 주는 중요한 요인이다(예: Weber & Brewer, 2008). 매끄러운 답변에서의 확신은 정확 또는 부정확한 답변을 구분하는 데 특히 도움이 된다. 이것이 매끄러운 답변에서의 확신이 대략적인 답변에서의 확신만큼 유연하지 않다는 것을 의미하는가? 만약 수사관이 어려운(즉, 자세한) 질문으로 인터뷰를 시작한다면 비록 정확성이 변함없이 동일하더라도 목격자는 사건에 대한 기억이 좋지 않다고 생각하여 이후 답변에서 확신감이 떨어질 것인가? 만약 수사관이 쉬운(즉, 대략적인) 질문으로 인터뷰를 시작한다면 비록 정확성은 떨어지더라도 목격자의 확신은 증가할 것인가? 이러한 질문에 대한 답은 어떻게 확신과 기억 과정이 상호작용하는지에 대한 중요한 정보를 제공할 수 있다.

연구가 되지 않은 하나의 변인으로 범죄의 본질이 목격자 확신감의 순응성에 미치는 영향에 대한 것이 있다. 어떤 목격자는 범죄자를 지목하라고 요청받을 것을 알고 있다. 예를 들면, 은행 강도 목격자는 경찰이 범죄자를 지목할 것을 요청할 것이라는 것을 알고 있다. 어떤 목격자는 경찰이 찾아오기 전까지 범죄를 목격했다는 사실을 알지 못하기도 한다. 예를 들면, 위조된 수표를 받은 편의점 직원은 경찰이 지목을 요청할 때까지 범죄를 인지하지 못할 수 있다. 이러한 차이는 목격자 관련 연구에서 체계적으로 연구되지는 않았다. 확신감의 순응성에 대한 연구에서 목격자 역할을 해야 하는 실험 참가자들은 지목을 해야 한다는 사실에 대해 갑작스럽게 알게 된다(예: Luus & Wells, 1994; Wells & Bradfield, 1998). 다른 목격 참가자들의 경우 사진첩에서 얼굴을 지목하도록 요청받을 것이라고 알려 준다(예: Douglass et al., 2009). 아직까지 목격자가 누군가를 지목해야 한다는 정보를 조작하여 이러한 정보가 확신감의 순응성 효과를 조절하는지를 검증한 연구는 없었다. 이러한 연구는 실제 목격자들이 이러한 상황 속에서 범인을 목격하기 때문에 유용한 정보를 제공할 수 있다(Valentine, Pickering, & Darling, 2003).

무고한 피고인은 유죄 판결을 피하기 위해 사용할 수 있는 무기가 많지 않다. 확신에 찬 목격자는 그나마 어려운 일을 불가능하게 만들어 버린다. 목격자의 확신을 증가시키는 데 책임이 있는 변인들이 다양하다는 점을 고려해 볼 때 Munsterberg(1908)의 놀라운 통찰은 여전히 적용할 수 있다.

> …전 세계적으로 수많은 장소에 존재하는 수많은 법정에서 목격자들은 매일 진실과 거짓을 혼합하고 기억과 환상, 지식과 암시, 경험과 잘못된 결론을 조합하여 … 주장한다.

교육은 판사, 경찰 그리고 배심원에게 왜곡된 확신감 진술에 부적절하게 의존하는 문제를 어느 정도 완화시킬 수 있다. 그러나 왜곡된 확신감의 영향을 완벽하게 제거할 수 있는 유일한 해결책은 두 가지다. 첫째, 지목이 이루어지거나 범죄를 신고한 직후에 확신감에 대한 정보를 확보하는 것이다. 따라서 지목 과정 또는 목격자에 대한 조사를 녹화하는 것은 확신감에 대한 어떠한 내용이든 재판 중에 녹화물로 제공할 수 있다. 둘째, 재판에서는 차후에 이루어진 확신감 진술의 내용은 제시되지 말아야 한다. 왜냐하면 최초의 확신감과 차후의 확신감에는 차이가 존재하는데, 이는 판사나 배심원과 같은 사실 판단자들이 증가된 확신감을 적절하게 무시할 수 있다는 점을 실증적으로 보여 주지 못했기 때문이다(예: Bradfield & McQuiston, 2004). 무고한 피고인을 보호하기 위해서는 어떠한 외부 변인들이 영향을 미치기 이전에 미리 확신감에 대해 기록해 놓지 않는 한 목격자가 법정에서 증언을 할 때 확신감에 대해서는 증언하지 못하도록 금지시켜야 한다. 이는 과격한 해결책이다. 그러나 전문가들은 필적 분석과 같이 타당하지 않은 과학적 증거는 법정에서 금지되어야 한다는 점에 동의할 것이다. 심지어 우연히 만들어진 확신감은 필적 분석과 같은 비과학적인 증거보다 더 심각한 영향을 미친다. 변조된 확신감은 매우 귀중한 증거의 왜곡을 의미하고 무고한 피고인에게 비참한 결과를 가져다주기 때문이다.

★ 참고문헌

Asch, S. E. (1955). Opinions and social pressure. *Scientific American, 193*(5), 31-35. doi:10.1038/scientificamerican1155-31

Baron, R. S., Vandello, J. A., & Brunsman, B. (1996). The forgotten variable in conformity research: Impact of task importance on social influence. *Journal of Personality and Social Psychology, 71,* 915-927. doi:10.1037/0022-3514.71.5.915

Bem, D. J. (1967). Self-perception: An alternative interpretation of cognitive dissonance phenomena. *Psychological Review, 74,* 183-200. doi:10.1037/h0024835

Boyce, M. A., Lindsay, S. D., & Brimacombe, C. A. E. (2008). Investigating investigators: Examining the impact of eyewitness identification evidence on student-investigators. *Law and Human Behavior, 32,* 439-453. doi:10.1007/s10979-007-9125-5

Bradfield, A. L., & McQuiston, D. E. (2004). When does evidence of eyewitness confidence inflation affect judgments in a criminal trial? *Law and Human Behavior, 28,* 369-387. doi:10.1023/B:LAHU.0000039331.54147.ff

Bradfield, A. L., & Wells, G. L. (2000). The perceived validity of eyewitness identification testimony: A test of the five Biggers criteria. *Law and Human Behavior, 24,* 581-594. doi:10.1023/A:1005523129437

Bradfield, A. L., Wells, G. L., & Olson, E. A. (2002). The damaging effect of confirming feedback on the relation between eyewitness certainty and identification accuracy. *Journal of Applied Psychology, 87,* 112-120. doi:10.1037/0021-9010.87.1.112

Cutler, B. L., Penrod, S. D., & Dexter, H. R. (1990). Juror sensitivity to eyewitness identification evidence. *Law and Human Behavior, 14,* 185-191. doi:10.1007/BF01062972

Deutsch, M., & Gerard, H. B. (1955). A study of normative and informational social influences upon individual judgment. *Journal of Abnormal and Social Psychology, 51,* 629-636. doi:10.1037/h0046408

Douglass, A. B., Brewer, N., & Semmler, C. (2009). Moderators of post-identification feedback effects on eyewitnesses' memory reports. *Legal and Criminological Psychology, 15,* 279-292. DOI:10.1348/135532509X446337

Douglass, A. B., Smith, C., & Fraser-Thill, R. (2005). A problem with double-blind photospread procedures: Photospread administrators use one eyewitness's confidence to influence the identification of another eyewitness. *Law and Human Behavior, 29,* 543-562. doi:10.1007/s10979-005-6830-9

Douglass, A. B., & Steblay, N. (2006). Memory distortion in eyewitnesses: A meta-analysis of the post-identification feedback effect. *Applied Cognitive Psychology, 20,* 859-869. doi:10.1002/acp.1237

Fox, S. G., & Walters, H. A. (1986). The impact of general versus specific expert testimony and eyewitness confidence upon mock juror judgment. *Law and Human Behavior, 10,* 215-228. doi:10.1007/BF01046211

Garrioch, L., & Brimacombe, C. A. E. (2001). Lineup administrators' expectations: Their impact on eyewitness confidence. *Law and Human Behavior, 25,* 299-314. doi:10.1023/A:1010750028643

Granhag, P. A., Jonsson, A., & Allwood, C. M. (2004). The cognitive interview and its effect on witnesses' confidence. *Psychology, Crime & Law, 10,* 37-52. doi:10.1080/1068316021000030577

Hasel, L. E., & Kassin, S. M. (2009). On the presumption of evidentiary independence: Can confessions corrupt eyewitness identifications? *Psychological Science, 20,* 122-126. doi:10.1111/j.1467-9280.2008.02262.x

Innocence Project. *Know the cases: Ryan Matthews*. Retrieved from http://www.innocenceproject.org/Content/206.php

Kassin, S. M., Tubb, V. A., Hosch, H. M., & Memon, A. (2001). On the "general acceptance" of eyewitness testimony research: A new survey of the experts. *American Psychologist, 56,* 405-416. doi:10.1037/0003-066X.56.5.405

Leippe, M. R., Eisenstadt, D., & Rauch, S. M. (2009). Cueing confidence in eyewitness identifications: Influence of biased lineup instructions and pre-identification memory feedback under varying lineup conditions. *Law and Human Behavior, 33,* 194-212. doi:10.1007/s10979-008-9135-y

Luus, C. A. E., & Wells, G. L. (1994). The malleability of eyewitness confidence: Co-witness and perseverance effects. *Journal of Applied Psychology, 79,* 714-723. doi:10.1037/0021-9010.79.5.714

Manson v. Braithwaite, 432 U.S. 98 (1977).

Munsterberg, H. (1908). *On the witness stand: Essays on psychology and crime*. New York, NY: The McClure Company.

Neil v. Biggers, 409 U.S. 188 (1972).

Neuschatz, J. S., Lawson, D. S., Fairless, A. H., Powers, R. A., Neuschatz, J. S., Goodsell, C. A., & Toglia, M. P. (2007). The mitigating effects of suspicion on post-identification feedback and on retrospective eyewitness memory. *Law and Human Behavior, 31,* 231-247. doi:10.1007/s10979-006-9047-7

Quinlivan, D. S., Neuschatz, J. S., Jimenez, A., Cling, A. D., Douglass, A. B., & Goodsell, C. A. (2009). Do prophylactics prevent inflation? Post-identification feedback and the effectiveness of procedures to protect against confidence-inflation in ear-witnesses. *Law and Human Behavior, 33,* 111-121. doi:10.1007/s10979-008-9132-1

Radelet, M. L., Bedau, H. A., & Putnam, C. E. (1992). *In spite of innocence: Erroneous convictions in capital cases*. Boston, MA: Northeastern University Press.

Semmler, C., Brewer, N., & Wells, G. L. (2004). Effects of postidentification feedback on eyewitness identification and nonidentification confidence. *Journal of Applied Psychology, 89,* 334-346. doi:10.1037/0021-9010.89.2.334

Shaw, J. S., III, Appio, L. M., Zerr, T. K., & Pontoski, K. E. (2007). Public eyewitness confidence can be influenced by the presence of other witnesses. *Law and Human Behavior, 31,* 629-652. doi:10.1007/s10979-006-9080-6

Shaw, J. S., III, & McClure, K. A. (1996). Repeated postevent questioning can lead to elevated levels of eyewitness confidence. *Law and Human Behavior, 20,* 629-653. doi:10.1007/BF01499235

Shaw, J. S., III, & Zerr, T. K., (2003). Extra effort during memory retrieval may be associated with increases in eyewitness confidence. *Law and Human Behavior, 27,* 315-329. doi:10.1023/A:1023487908640

Shaw, J. S., III, Zerr, T. K., & Woythaler, K. A. (2001). Public eyewitness confidence ratings can differ from those held privately. *Law and Human Behavior, 25,* 141-154. doi:10.1023/A:1005641314083

Skagerberg, E. M., & Wright, D. B. (2008). The co-witness misinformation effect: Memory blends or memory compliance? *Memory, 16,* 436-442. doi:10.1080/09658210802019696

Skagerberg, E. M., & Wright, D. B. (2009). Susceptibility to postidentification feedback is affected by source credibility. *Applied Cognitive Psychology, 23,* 506-523. doi:10.1002/acp.1470

Tulving, E. (1981). Similarity relations in recognition. *Journal of Verbal Learning and Verbal Behavior, 20,* 479-496. doi:10.1016/S0022-5371(81)90129-8

Valentine, T., Pickering, A., & Darling, S. (2003). Characteristics of eyewitness identification that predict the outcome of real lineups. *Applied Cognitive Psychology, 17,* 969-993. doi:10.1002/acp.939

Weber, N., & Brewer, N. (2008). Eyewitness recall: Regulation of grain size and the role of confidence. *Journal of Experimental Psychology: Applied, 14,* 50-60. doi:10.1037/1076-898X.14.1.50

Wells, G. L., & Bradfield, A. L. (1998). "Good, you identified the suspect": Feedback to eyewitnesses distorts their reports of the witnessing experience. *Journal of Applied Psychology, 83,* 360-376. doi:10.1037/0021-9010.83.3.360.

Wells, G. L., & Bradfield, A. L. (1999). Distortions in eyewitnesses' recollections: Can the postidentification-feedback effect be moderated? *Psychological Science, 10,* 138-144. doi:10.1111/1467-9280.00121

Wells, G. L., Ferguson, T. J., & Lindsay, R. C. L. (1981). The tractability of eyewitness confidence and its implications for triers of fact. *Journal of Applied Psychology, 66,* 688-696. doi:10.1037/0021-9010.66.6.688

Wells, G. L., & Quinlivan, D. S. (2009). Suggestive eyewitness identification procedures and the Supreme Court's reliability test in light of eyewitness science: 30 years later.

Law and Human Behavior, 33, 1-24. doi:10.1007/s10979-008-9130-3

Wright, D. B., Memon, A., Skagerberg, E. M., & Gabbert, F. (2009). When eyewitnesses talk. *Current Directions in Psychological Science, 18,* 174-178. doi:10.1111/j.1467-8721.2009.01631.x

Wright, D. B., Self, G., & Justice, C. (2000). Memory conformity: Exploring misinformation effects when presented by another person. *The British Journal of Psychology, 91,* 189-202. doi:10.1348-000712600161781

Wright, D. B., & Skagerberg, E. M. (2007). Post-identification feedback affects real eyewitnesses. *Psychological Science, 18,* 172-178. doi:10.1111/j.1467-9280.2007.01868.x

제8장

암시적인 목격자의 지목에 대한 배제 신청은 왜 실패하는가

Gary L. Wells, Sarah M. Greathouse, & Laura Smalarz

미국 사법체계에서 잘못된 목격자 지목에 근거한 부당한 유죄 판결에 대항하기 위한 안전 장치 중 하나는 피고인 측이 암시적인 목격자 지목 증거에 대해 배제 신청을 하는 것이다. 그러나 사전 심리에서 목격자 지목 증거에 대한 배제 신청은 일상적으로 제기되지만 거의 성공하지 못하며, 심지어는 지목 절차가 매우 암시적일 때도 마찬가지다. 잘못된 지목에 의해 부당하게 유죄 판결을 받았지만 DNA 증거로 무죄를 확인받은 사례들(266개의 사건이 공개되었음, http://www.innocenceproject.org/ 참고)에서도 증거 배제 신청을 했지만 증거 배제는 이루어지지 않았다.

이 장에서는 왜 목격자 지목 증거가 좀처럼 배제되지 않는지에 대한 몇 가지 이유에 대해 설명할 것이다. 이러한 이유로는 (a) 배제 신청을 결정하는 데 사용되는 판례법의 문제점, (b) 암시적인 절차의 위력을 과소평가하고 목격자의 신뢰성을 과대평가하는 사법체계의 경향성, (c) 피해자들이 가해자를 지목할 수 있는 권리를 부정하는 것에 대한 큰 불안감, (d) 법정에서 발생하는 잘못된 이분법(배제한다 대

배제하지 않는다)의 함정, 그리고 (e) 피고인 측 변호인들이 제대로 일을 하지 않아 비효율적인 '표준 문안'만을 사용해 배제 신청을 하는 경향 등이 있다.

이 여섯 가지의 문제점을 전체적으로 고려해 보면, 우리의 질문은 "왜 목격자 지목 증거에 대한 배제 신청 절차들은 거의 매번 실패하는가?"에서 "왜 그들은 성공하지 못하는가?"로 변할 것이다. 우리의 목적은 비난이 아니다. 하지만 형사사법체계 통제 내의 영역에서 중요한 변화가 없는 한 잘못된 유죄 판결에 대한 안전 장치로서의 배제 신청을 낙관적으로 바라볼 수만은 없다. 반대로 이러한 문제들을 수정할 수 있는 핵심적인 방안들은 두 가지 중요한 효과를 거둘 수 있다. 첫 번째 효과는 증거를 배제시키기 위한 심리가 이루어질 때 신뢰할 수 없는 지목 증거를 제거하는 것이다. 첫 번째 효과와 관련된 두 번째 효과는 이러한 변화들로 인해 (a) 배제의 가능성을 피하기 위해 암시적인 절차들을 없애도록 경찰을 장려하고, (b) 전문가 증언을 허용하는 타당한 이유가 되고, (c) 지목 증거의 영향을 감소시키기 위해 배심원 지시문을 제시하도록 할 수 있다.

지목 증거 배제 신청을 할 수 있는 권리에 대한 대략적인 역사

지난 50년 동안 법조계는 목격자 지목의 취약성에 대해 매우 잘 인식해 오고 있다. 이 문제를 논의하려는 첫 사법적인 시도들 중 하나는 1967년에 있던 일련의 재판들(*United States v. Wade*, *Gilbert v. California*, *Stovall v. Denno*)에 의해서인데, 이를 위해 재판 전에 이루어진 지목에 대한 신뢰성을 증가시키기 위해 다양한 방안들을 시행했다. 지목 증거 배제 신청을 할 권리는 오늘날에도 여전히 사용하고 있는 안전 장치다. 그러나 목격자 증거가 배제되어야 하는지 여부를 결정할 수 있는 요인들에 대한 법령은 시간이 지나면서 변화해 왔다. 1972년 전에는 재판에서 불필요하게 암시적인 목격자 지목 절차를 사용하는 것에 대해 목격자 증거를 배제시키는 것이 정당하다는 배제 원칙이 존재했다. 이러한 암시적인 절차들은 라인업을 사용할 수 있음에도 불구하고 현장 대질을 사용하고, 용의자가 두드러지는 라인업을 실시하고, 목격자에게 라인업에 범인이 없을 수도 있다는 점을 말하지 않고, 라인업을 실시하기 전에 용의자의 사진을 보여 주고, 목격자에게 선택이 옳다고 말해 주거나 두 번째 라인업을 실시할 때 용의자만을 동일한 인물로 배치하는 것을 포함한다. 심리학적 연구들은 이러한 문제들이 목격자 지목의 정확성에 미치는 파괴적인 영향과 이 영향들이 어떻게 잘못된 유죄 판결로 이끄는지에 대해 설명해 왔다 (제6장 참고).

재판에서 지목 증거에 대한 허용성을 판단하는 새로운 기준은 1972년 대법원의 *Neil v. Biggers* 판결에서 시작됐다. 신뢰성 또는 전체적 접근이라 불리는 새로운 접근법은 목격자 증거의 배제가 오로지 그 절차가 불필요한 암시성을 포함하느냐에 기반을 두는 것이 아니라 그러한 지목에도 불구하고 신뢰할 수 있는가에 기반하고 있다. 이러한 접근은 1977년의 *Manson v. Braithwaite* 판결에서 확정되고 재차 지지되었으며, 오늘날 법정에서 증거 배제 신청을 평가하는 데 사용된다. 배제에 대한 평가는 두 가지 요소로 구성된다. 첫 구성 요소는 그 지목 절차가 불필요하게 암시적이었는가를 결정하는 것이다. 만약 암시적이지 않았다면, 법정에 증거로 허용될 것이다. 만약 그 절차가 암시적이었다면, 암시적인 절차의 왜곡적인 영향은 그 지목이 신뢰할 수 있는지를 평가하는 다섯 가지 기준에 무게를 두고 판단된다. 그 기준은 목격자가 범죄자를 볼 수 있는 기회, 범인에 대한 목격자 설명의 정확성, 범죄와 재판 전에 이루어진 지목 간의 경과 시간, 그리고 지목 당시의 표현한 확신감의 수준을 포함한다. 법원이 암시적인 절차가 '바로잡을 수 없는 오지목 가능성이 높다.'고 판단한 경우에는 증거 배제 신청이 인정된다.

MANSON 판결의 문제점

우리는 신뢰할 수 없는 목격자 지목에 대한 증거 배제 신청이 왜 실패하는가에 대한 분석을 *Manson* 판결[1]의 법적 구조에 대한 분석으로 시작할 것이다. 미국 대법원에 의해 *Manson*이 결정됐을 때, 목격자 지목에 대한 과학적인 연구는 존재하지 않았다. 그러므로 목격자 지목 증거 허용을 위한 *Manson* 검증은 오직 당시 대법원의 상식에만 기반을 두고 있다. 또한 사실상 *Manson*의 배후에는 상식이 존재한다. 대법원은 목격자 지목에서 암시의 존재만으로 자동적으로 배제시킬 수 없다고 판단했다. 무엇보다도 중요한 쟁점은 신뢰성이다. 또한 만약 명확하게 지목을 신뢰할 수 있다면 대상이 되는 사건에서 암시성은 문제되지 않을 것이다. 오늘날 목격자를 연구하는 과학자들은 이러한 종류의 추론적 변형, 다시 말하면 만약 기억이 충분히 강하다면 암시가 목격자에게 영향을 미치지 않아야 한다는 점에 동의한다. 암시적인 절차를 사용하여 누군가가 자신의 배우자를 잘못 지목하는 데 사용되었다는 극단적인 예를 생각해 보자. 극단적으로, 강한 기억들은 암시적인 절차를 실제로 뛰어넘을 수 있다. 결국 배제 판단을 할 때 일련의 신뢰성 요인들을 대상으로 암시성을 평가하는 것 자체는 잘못된 생각은 아니다.

그러나 신뢰성을 평가하기 위해 사용되는 *Manson* 기준을 고려해 보면 문제점이 드러난다. 법원이 다섯 가지 기준을 제시한 것을 기억해 보자. 즉, (a) 범죄가 일어나는 동안 목격자의 시야는 얼마나 좋았는가? (b) 목격자는 범인에게 얼마나 주목할 수 있었는가? (c) 지목했을 때 목격자가 얼마나 확신했는가? (d) 범인에 대한 목격자의 설명은 얼마나 좋았는가? (e) 목격과 지목 사이에 얼마나 많은 시간이 흘렀는가? 이제부터 이 기준들을 '시야' '주목' '확신' '묘사' 그리고 '지연'으로 명명할

1) *Manson*(판결)의 문제점에 대한 분석은 Wells와 Quinlivan(2009)에서 논의되었다. 또한 *Mason v. Braithwaite*(1977)의 반대 의견은 Marshall 판사에 의해 작성되었고, 오늘날에도 아직까지 읽을 만한 가치가 있다. Marshall 판사의 의견이 다수 의견이었다면 미국에서 목격자 지목 증거에 대한 법적인 대우가 지난 33년간 어떻게 달라졌을지 짐작해 보는 것만으로도 흥미로울 것이다.

것이다. 또한 이를 종합해서 이 기준들을 *Manson*의 신뢰성 기준이라고 부를 것이다.

이러한 기준에 대해 가장 먼저 알아야 할 점은 다섯 가지 기준 중에서 세 가지는 목격자 자신이 진술한다는 점이다. 사실상 시야, 주목 그리고 확실성에 대해서 목격자를 '점수' 매길 수 있는 유일한 방법은 목격자에게 직접 물어보는 것이다. 이는 목격자에게 자신의 신뢰성을 평가하도록 물어봐야 하는 이상한 상황을 만들어 낸다. 비록 시야에 대한 목격자의 진술이 객관적인 측정과 반대되는 상황이 있지만(예: 목격자는 9미터 떨어져 있었다고 주장하지만 범죄 현장 재현을 통해 거리가 30미터 정도였다는 것이 증명되었을 때) 좋은 시야를 확보하고 있었는지와 얼굴의 세부사항을 파악할 수 있는지에 대해 단순히 목격자에게 질문하는 것으로 전반적으로 시야가 평가된다. 유사하게, 주목과 확실성은 절대로 객관적인 측정과 비교될 수 없는 주관적인 판단이다.

시야, 주목 그리고 정확성에 대한 사람들의 추정에는 몇 가지 문제가 존재한다(제5장 참고). 예를 들면, 사람은 목격한 시간을 과대평가하는데, 특히 목격한 시간이 짧을 때 더 그렇다(이에 대한 심도 있는 논의는 Wells & Quinlivan, 2009 참고). 하지만 이러한 세 가지 자기보고 변인들에 대한 주요 문제는, 연구에 따르면 확실하게 그리고 반복적으로, 목격자의 답변은 이전의 암시에 강하게 영향을 받는다는 것이다(제7장 참고). 예를 들어, 지목 후 피드백 효과를 생각해 보자. 지목 후 피드백 효과에 대한 연구들에서, 조작된 범죄를 목격한 목격자들은 라인업에서 지목을 하고 난 후 긍정적인 피드백(예: "잘하셨어요. 용의자를 지목하셨군요.")을 받거나 어떠한 피드백도 받지 않도록 무작위로 배정되었다. 최초의 지목 후 피드백 효과에 대한 실험(Wells & Bradfield, 1998)에서 지목을 했던 목격자들 모두는 잘못 지목했는데 대상-비존재 라인업을 실시했기 때문이다. 그 후 목격자들은 배제 심리(또는 이후 재판에서)에서나 나올 수 있는 질문들을 받았다. 그 질문들은 시야("범인을 얼마나 잘 볼 수 있었는가?" "범인 얼굴의 세부사항을 얼마나 파악할 수 있었는가?"), 주목("범인의 얼굴에 얼마나 주목할 수 있었는가?"), 그리고 확실성("지목했을 당시, 실제 범인을 지목했다고 얼마나 확신했는가?")을 포함했다. 연구 결과는 긍정적인 피드백이 목격자가 시야가 얼마나 좋았고, 범인 얼굴의 세부사항을 얼마나 잘 파악할 수 있었으며, 범죄가 발생하는 동안 얼마나 범인에게 집중했고, 그리고 지목했던 당시에 얼마나 확신하고 있었는지에 대한 기억을 매우 부풀린다는 것을 보여 주었다. 이러한 부풀려진 답변들은 왜곡된 것이라는 점을 아는 것은 중요한데, 무엇보다 그 피드백은 지목이 이루어지기 전까지 제시되지 않으며, 무작위로 배정되어서 두 집단 간의 정확성 또는 부정확성은 동일했고, 주목도 동일하게 이루어졌으며, 동일한 시야를 가지고 있었기 때문이다. 지목 후 피드백 효과가 처음으로 입증(Wells & Bradfield, 1998)된 후에도 이 효과는 연구를 통해 지속적으로 재현되고 있다(제7장 참고).

지목 후 피드백 효과는 *Manson* 판결에 대한 두 가지의 평가 구조에 심각한 문제를 제기한다. *Manson* 판결에서 첫 번째 평가는 암시가 있었는지 여부다. 만약 암시가 있었다면 *Manson* 준거에 목격자가 어느 정도에 해당되는지 평가하게 된다. 만약 목격자가 *Manson* 준거에 대해 어느 정도 좋은 점수를 받는다면 지목 증언은 허용된다. 물론 문제는 *Manson* 준거에 대한 목격자의 점수가 암시적인 절차 그 자체로 인해 부풀려진다는 점이다. 이는 몇 가지 말도 안 되는 결과를 양산해 낸다. 예를 들어, 암시가 없었던 경우, 목격자는 확실하다고 주장하지 않을지도 모르고, 시야가 좋았다고 말하지 않을 수도 있으며, 상당히 주의를 집중하였다고 말하지 않을지도 모른다. 그러므로 암시적인 절차가 있었을 때, 확실성, 시야 그리고 주의 집중에 대한 준거들이 어떻게 신뢰성을 평가할 수 있는가? 평가는 불가능하다. 사실 세 가지 중요한 *Manson* 준거에 대한 목격자의 입장은 암시가 일어났다는 사실과 혼재되어 나타난다.

이제 다른 두 가지 *Manson* 준거인 지연과 묘사에 대해 생각해 보자. 목격한 사건과 지목 사이의 시간을 말하는 지연은 범죄가 일어난 시간을 알고 있고 지목이 실시된 시간을 알게 되면 객관적으로 측정할 수 있는 부분이다. 암시적 절차들은 지연 변수를 왜곡할 수 없다. 게다가 사건 목격과 이후의 지목 사이의 경과 시간은 정확한 지목과는 부적 상관관계이고 잘못된 지목과는 양적 상관관계라는 실증적인 증거가 분명히 존재한다(Cutler & Penrod, 1995; Shapiro & Penrod, 1986 참고). 하지만 시간의 흐름 그 자체에 대한 근시적인 초점은 잘못된 것이므로 충분한 증거들을 통해 단지 시간의 흐름보다는 시간이 흐르는 동안 무슨 일이 일어나는가가 더 중요하다. 목격자를 연구하는 연구자들은 목격자가 시간이 경과하는 동안 경험한 일들이 매우 강한 영향을 미친다는 것을 입증했다. Elizabeth Loftus(1979)의 주요 연구와 비슷한 연구를 진행하는 다수의 연구자들은 기억 파지 간격(memory retention interval)[2] 동안 일어나는 사건의 효과를 연구하여 이에 대한 중요성을 보여 주었다(Wells & Loftus, 2003 참고). 이 연구는 목격한 사건과 지목 사이에 경과한 시간의 양이 그 자체로는 그 지목의 신뢰성을 가늠할 수 있는 결정적인 정보가 아니라는 것을 보여 준다.

묘사 준거는 이론적으로는 자기보고이기보다는 객관적인 준거에 해당된다. 묘사하는 내용이 목격자로부터 얻어지는 것이고 목격자의 설명에 의존하는 것이 사실일지라도, 묘사는 지목 전에 이루어지며 외적으로 판단되는 준거 수준(예: 피의자와의 유사성)과 부합될 필요가 있다. 그러나 정확성, 시야 그리고 주의 집중과 마찬가지로, 지목이 이루어진 후에 범인에 대한 설명이 이루어진다면 묘사도 변할 가능성이 있다. 다시 말하면, 배제 심리에서 제시된 설명은 라인업이나 심리를 위해 법원에서 피의자를 봤던 경우라면 피의자와 비슷할 것이다. 사실, 많은 재판에서 목격자에게 더 자세히 설명하라거나 배제 심리에서 설명을 수정하는 것을 허락하는 실수를 저질러 왔고 그 후에는 수정된 또는 정교해진 설명을 이용해 목격자가 제대로 묘사했다고 주장한다. *Manson* 판결에서 묘사에 대한 준거는 목격자의 첫 묘사(지목이 이루어지기 전)를 말한다고 정확하게 설명하고 있음에 불구하고 이런 일들이 발생한다. 그러나 묘사의 완전성 또는 지목된 사람과의 일치도(유사성 또는 적합성)로 측정되는 것과 상관없이 지목 이전에 제공된 설명도 지목의 정확성과 상관관계가 낮거나 없는 경향이 있다(Pigott & Brigham, 1985; Wells, 1985). 게다가 목격자들은 범인에 대한 기억과 가장 닮은 사람을 선택하는 경향이 있고(Wells, 1984), 만약 라인업에서 자리를 채우기 위한 필러들보다 라인업 실시 이전의 설명과 더 잘 맞는다면 기꺼이 무고한 사람을 지목할 것이다(예: Lindsay & Wells, 1980; Wells,

2) 기억 파지 간격은 목격한 사건과 그 사건에 대한 기억을 떠올리는 사이의 시간 간격을 말한다.(역자 주)

Rydell, & Seelau, 1993). 다시 말하자면, 오인이 일어나는 경우는, 목격자의 라인업 실시 이전에 받은 범인에 대한 설명과 일치하는 라인업 구성원이 존재하는 경우다. 이 이유로, 지목된 누군가와 설명이 잘 들어맞는다는 것은 그 설명과 잘 들어맞는 누군가를 지목하는 목격자의 경향성에 불과할지도 모른다. 또한 만약에 라인업이 제대로 구성이 되었다면, 모든 라인업 구성원은 이미 설명과 잘 들어맞는 구성원들로 채워져야만 한다(Wells, Rydell, & Seelau, 1993).

Manson 준거에 대한 또 다른 문제는 이 요인들이 어떻게 증거 배제 판단에 사용되는가에 관한 것이다. 대법원은 '상황의 총체성' 외에는 어떠한 분명한 판단 원칙도 제시하지 않았다. 법원은, 예를 들어 이러한 다섯 가지 준거 중 하나가 다른 준거들보다 더 중요하다거나 목격자가 다섯 가지 중 네 개의 기준에 대해서는 높은 점수를 받을 필요가 있다고 설명하지 않았고, 목격자가 이 준거들 중 어느 한 준거에 대해 얼마나 점수를 잘 받아야 하는지도 명시하지 않았다. 이 글을 쓰고 있는 현재, 미국에서 목격자 지목 증거 배제 신청에 대한 체계적인 연구는 존재하지 않는다. 그럼에도 불구하고 한 가지는 꽤 명확하다. 그것은 목격자는 이 준거들 중 하나 이상의 준거에 대해 매우 낮은 점수를 받을 수 있고, 판사는 여전히 증거로 인정된다고 판단할 것이라는 사실이다. 만약 특정한 패턴이 존재하고 목격자가 매우 확신하지 않는다면, *Manson* 준거에 매우 낮은 점수를 받을 수 있다. 목격 이후의 시간 변인에 대해서도 생각해 보자. Biggers는 범죄가 일어난 지 7개월 후에 현장 대질 절차를 사용하여 지목되었다. 그럼에도 불구하고, 그 목격자는 확신했으며 그 지목은 증거로 받아들여졌다(*Neil v. Biggers*, 1972). 시야 변인을 생각해 보자. 1997년에 발생한 한 사건에서, 최소한 30미터 정도 인간의 시각 체계의 한계를 넘어서 137미터 정도 떨어져 있던 누군가의 높은 확신의 지목 증언을 바탕으로 한 남성은 살인죄로 유죄 판결을 받았다(G. R. Loftus & Harley, 2005). 주목 요인을 생각해 보자. *State v. Ledbetter*(1981) 재판에서 법원은 심지어 '무심히 본 것'으로도 충분하고 목격자의 높은 확신감은 지목 증거의 허용을 정당화할 수 있다고 판시했다. 이러한 사건들에서, '상황의 총체성'은 주로 목격자가 확실하다는 것을 의미하는 것처럼 보인다.

요약하면, *Manson v. Braithwaite*(1977)는 목격자 지목 증거의 배제 신청에 대해 어떻게 근거를 제시하고 결정할지에 대한 법원의 의사결정 구조를 정한 것이다. 그 구조는 거의 35년이 지난 후에도 변하지 않았다. 반면에, 지난 15년간 DNA 검사를 통해 잘못된 유죄 판결의 75% 이상이 잘못된 지목 증언에 의한 것임이 밝혀졌다. 지목 증거의 배제는 거의 일어나지 않는데, 심지어 가장 지독히 암시적인 절차들도 마찬가지다. *Manson* 사건에 대한 우리의 분석은 그 이유에 대해 많은 것을 알려 준다. 다섯 가지의 *Manson* 준거 중 세 가지는 객관적인 요인들과 비교해 입증할 수 없는 목격자로부터의 자기보고식 진술이고, 이러한 세 가지 요인 각각은 암시적인 절차에 의해 확신감이 부풀려질 수 있다. 암시적인 절차가 있었을 때 *Manson* 준거가 주로 이용된다는 점을 고려하면 다섯 가지 준거 중 세 가지에 대해서는 암시에 의해 부풀려진다는 것은 실제로 당연하고 결과적으로 이 세 가지 준거는 혼재되어 사용된다. 또한 암시적인 절차가 없었다고 하더라도 다섯 가지 준거 중 어느 것도 목격자 지목의 정확성과의 상관관계가 높지 않다. 게다가 법원은 준거들 중에서 가장 영향받기 쉬운 목격자의 확신성을 제외하고는 다른 준거들에 대해서는 신경 쓰지 않는 것 같다. 결론적으로, 증거 배제 신청이 실패하는 주된 이유는 배제 심리를 통제하는 판례인 *Manson v. Braithwaite*(1977) 자체가 목격자를 거의 대부분 허용할 것이기 때문이다.

목격자의 과대평가된 신뢰성

암시적인 목격자의 지목 증거 배제 신청이 실패하는 또 다른 이유는 판사가 암시적인 절차의 영향을 과소평가하기 때문이다. 넓은 관점에서 이는 심리과학자에게는 놀라운 일이 아니다. 사회심리학에서 밝혀진 일반 원칙 중 하나는, 사람은 상황이 생각과 행동에 미치는 영향을 과소평가한다는 점인데, 그러한 현상은 근본 귀인 오류가 된다. 판사가 이러한 경향이 없을 것이라고 생각할 이유가 없다. 또한 많은 판사가 목격자가 잘못 지목한다는 것을 생각하지 못하거나 이런 일들은 너무나도 있을 수 없다고 생각해 이런 사례를 만날 수 있다는 사실을 고려하지 않기 때문이라고 생각하지 않고서는 왜 배제 신청이 실패하는가에 대한 의문을 해소할 수 없다.

일반적으로 증거 배제 신청과 배제 심리는 비교적 개별적인 사건에서 다뤄지고 판례에 기반한 법적 주장과 밀접하게 관련된다(예: *Manson* 판결). 배제 신청과 심리는 판사에게 목격자의 신뢰성 문제를 가르쳐 주기 위한 방법으로 만들어진 것이 아니다. 배제 심리는 판사를 교육시킬 기회가 될 수 있고, 그래야 한다고 믿는다. 다음은 모든 판사가 알아야만 하는 세 가지 결과에 대해 설명할 것이다.

오류를 보여 주는 기록 연구

우선, 실제 사건들에서 실시된 수많은 라인업들을 살펴본 6개의 출판된 연구들(Behrman & Davey, 2001; Behrman, & Richard, 2005; Slater, 1994; Valentine, Pickering, & Darling, 2003; Wright & McDaid, 1996; Wright & Skagerberg, 2007)이 존재한다. 이 연구들은 특정 기간 내에 실시된 모든 라인업을 포함한 기록 연구들이다(경찰, 검찰 또는 피고인 측 변호인, 또는 연구자들이 연구하기 위한 사례들만 포함된 것이 아니다). 문제는 이러한 심각한 범죄에 얼마나 자주 목격자들(피해자 또는 행인이든)이 용의자, 라인업의 빈자리를 채우기 위해 동원된 무고한 필러를 지목하거나, 아무도 지목하지 않는지 여부다. 목격자가 용의자를 지목할 때, 그 지목이 정확한지 아닌지 여부는 절대로 확신할 수 없다. 목격자가 아무도 지목하지 않을 때, 범인이 그 라인업에 없기 때문인지 아니면 목격자가 지목을 하지 못할 정도로 자신이 없기 때문인지 알 수 없다. 하지만 라인업을 채우기 위해 동원된 무고한 필러를 고를 때, 그 목격자가 오인 지목했다는 것을 알 수 있다.[3] 〈표 8-1〉은 중요한 기록 연

---

3) 이러한 무고한 필러 지목은 실제 사례들에 의해 '묻히게' 된다. 예를 들면, 만약 용의자가 기소되지 않는다면, 라인업이 이루어졌는지 여부를 확인할 기록을 찾을 수 있는 방법이 없다. 대부분의 형사는 목격자가 아무도 지목하지 않았거나 무고한 필러를 지목했는지 여부를 기록하지 않고 목격자가 용의자를 지목하는 데 실패했다는 정도만 기록한다(Behrman & Devey, 2001). 용의자를 지목하지 못한 목격자는 거의 법정에 서지 않는다. 무고한 필러를 지목한 비율과 같이 중요한 통계를 찾을 수 있는 유일한 방법은 이와 같은 기록 연구를 통해서다.

구들의 결과를 정리한 것이다. 눈에 띄는 첫 번째 내용은 연구 결과들 간의 일관성이다. Berhman과 Davey(2001)가 북부 캘리포니아의 자료를 분석했고 Wright와 Skagerberg(2007)는 영국의 자료를 분석했는데, 이들의 결과는 오직 몇 퍼센트 정도만 차이 날 뿐이다. 이러한 이유를 기반으로 하여 우리의 분석은 전체 평균에 초점을 맞출 것이다. 우리의 목적을 위해, 라인업을 본 다섯 명 중 한 명(21%)의 목격자들마다 라인업을 채우기 위해 동원된 무고한 필러를 지목했다는 점을 중요하게 거론하고자 한다. 더욱이 아무도 지목하지 않은 목격자를 제외하면, 세 명 중 한 명(33%)은 무고한 필러를 지목했다! 모든 판사는 이 결과를 알고 있어야 한다. 중한 형사 사건의 실제 목격자들을 대상으로 도출된 이 결과는, 오인 지목의 가능성이 그리 낮지만은 않다는 것을 명확하게 보여 준다. 또한 실제 비율은 세 명 중 한 명이 지목하는 비율보다 더 높을 수밖에 없는데, 이는 용의자를 지목한 경우도 정확한 지목이라고 볼 수 없기 때문이다.

〈표 8-1〉 실제 사건에서의 라인업에서 용의자 지목, 무고한 필러 지목, 그리고 지목하지 않은 비율에 대한 출판된 기록 연구

연구	무고한 필러(%)	용의자(%)	지목하지 않음(%)	용의자를 지목하지 않은 경우(%)
Behrman & Davey (2001)	24	50	26	32
Behrman & Richards (2005)	15	52	33	22
Slater (1994)	22	42	36	34
Valentine et al. (2003)	21	41	39	34
Wright & McDaid (1996)	20	39	41	34
Wright & Skagerberg (2007)	21	58	21	27
평균	21	47	33	31

문제를 과소평가하게 만드는 다시 무죄를 받은 사건

두 번째로 중요한 내용은 DNA 증거를 바탕으로 무죄를 받은 사건을 기초로 한다. 이 글을 쓰고 있는 현재, 미국 법원에서 266명이 부당하게 유죄 판결을 받았고, 이 중에서 203건은 잘못된 목격자 지목에 의해서였다(Innocence Project, 2010).[4] 몇몇 비판가들은 미국에서 매년 유죄 판결을 받는 많은 수의 사람들과 비교하면 266건은 적다고 주장한다. 이는 사실이지만, 266이라는 숫자는 몇 가지 이유로 실제 숫자에 비해 매우 과소평가된 것이다. 첫째, 이는 배심원들에 의해 유죄 판결을 받았고 어떠한 이유로 생물학적인 증거가 보존된 '운이 좋은 몇 개의 사례'라는 것을 명심해야만 한다. 수감자들의 '잘못된 지목이었다'는 주장들 중에서 대다수의 경우 생물학적 증거는 수집되지 않았거나 제대로 수집되지 않았고, 질이 떨어지거나 잃어버려졌거나 손상되었다. 하지만 더 큰 요인이 존재한다. 생물학적인 증거가 존재하여 분석이 가능한 경우라도 DNA 검사만 가능하다는 것이다. 사실상 모든 DNA 증거로 무죄 판결을 받은 사례들은 성폭행 사건들이었다. 이는 성폭행 목격자들이 나쁜 목격자라는 뜻이 아니다. 사실상, 이들은 가장 신뢰할 수 있는 목격자들에 속하는데, 이들은 다른 대부분의 목격자들보다 범인을 더 가까이, 그리고 더 오래 볼 수 있기 때문이다. 하지만 성폭행 사건은 강도나 대부분의 다른 범죄와는 달리 보통 정액이나 과학 수사의 DNA 분석 기법을 사용해 분석이 가능하고 생물학적으로 추적 가능한 물질(예: 뿌리가 남아 있는 음모)을 남긴다. 이 시점에서 우리의 최적의 추정으로는 라인업의 5% 미만이 성폭행 사건 또는 DNA 증거가 존재할 가능성이 있는 사건들이라는 점이다. 이 추정은 203에 20을 곱해야 하고 이는 미국에서 오지목에 의해 잘못 수감된 사람들이 최소한의 추정으로 4,060이라는 수가 산출된다.[5] 또한 이는 매우 보수적인 추정인데, 이는 203 자체는 오직 증

---

4) DNA 증거를 바탕으로 무죄가 확정된 인원은 2018년 4월 현재 354명이고, 잘못된 목격자 지목에 의한 유죄 판결의 수도 과거 통계인 203건보다 더 많을 것이다.(역자 주)

5) 지목의 1/20만이 DNA 증거가 있을 가능성이라고 가정했다. 만약 목격자들이 DNA가 있는 범죄(성폭행)보다 DNA가 없는 범죄(예: 강도)에서 더 신뢰적이라면 현재 DNA에 근거한 266건의 무죄 사례들은 오지목의 1/20가 된다.

거가 보존되고 본인이 무죄라는 주장이 검증된 DNA가 존재하는 사건들의 일부이기 때문이다.

유죄 인정 효과에 따라 승산이 달라진다

기록 연구들에 따르면, 범죄로 기소된 경우의 80~90%는 유죄를 인정한다(Cole, 1986). 우리의 목적을 위해 유죄 인정을 80%로 추정하자(우리의 주장은 90%일 때 더 강력하다). 또한 유죄를 인정한 사람들이 사실상 유죄라고 가정해 보자.[6] 다시 말하면, 라인업에서 잘못 지목된 모든 무고한 용의자가 죄를 인정하기보다는 재판에서 싸우고, 지목 증거 배제 신청을 함으로써 자신의 권리를 행사한다고 가정해 보자. 이는 잘못 지목된 무고한 피고인들은 100% 모두 증거 배제 심리를 할 것이지만, 정확히 지목된 유죄인 피고인 중에는 20%만이 증거 배제 심리를 할 것이라는 것을 의미한다. 유죄를 인정하는 것과 무죄를 주장하는 이러한 기저율의 차이는 '유죄 인정 효과'(Charman & Wells, 2007; Wells, Memon, & Penrod, 2006)라고 불리는 것을 만들어 내고, 이는 판사들이 배제 심리 중 접하게 되는 잘못된 지목 비율에 큰 영향을 미치게 된다. 예를 들면, 목격자들의 5%가 라인업에서 무고한 용의자를 지목하고, 50%가 유죄인 용의자를 지목하며, 15%가 무고한 필러를 지목하고, 30%가 아무도 지목하지 않는다고 가정해 보자. 아무도 지목하지 않거나 무고한 필러가 지목되었을 때는 증거 배제 심리는 이루어지지 않는다. 유죄인 용의자가 지목되는 경우, 이들의 80%가 자신의 죄를 인정하고, 이는 오직 10%(50% 중 20%)만이 유죄 판결을 받지 않기 위해 재판을 통해 다투려 하고 배제 심리가 열리게 된다. 또한 이전에 제시했던 가정에 의하면 무고한 용의자들의 5% 모두가 유죄 판결을 받지 않기 위해 재판을 통해 다투려 하고 증거 배제 심리가 열리게 된다. 이 의미는 라인업의 오직 15%만이 증거 배제 심리가 열린다는 뜻이며, 이들의 1/3이 무고한 용의자들이라는 것을 의미한다. 이는 판사가 증거 배제 심리 중 잘못 지목한 사례들을 볼

---

6) Kassin과 Gudjonsson(2004) 연구 및 다른 거짓 자백 연구자들이 중요하게 제기한 무죄인 사람들이지만, 유죄를 인정하는 사례들을 부인한다는 것으로 해석되기를 바라지 않는다.

기회가 매우 또는 천문학적으로 낮다고 예상하는 것과는 큰 차이를 보이는 것이다. 물론 이러한 분석은 많은 가정들에 의해 도출된 것이다. 예를 들면, 무고한 용의자를 지목하는 비율이 5%라고 가정했다. 물론 우리는 이러한 숫자를 실제로 확인할 길이 없지만 다수의 학자들이 이보다 더 높은 비율을 주장했다. 또한 라인업으로부터 지목된 무고한 용의자들이 실제로 기소된다고 가정했다. 몇 개의 사례들 중에는 라인업 후에 찾아낸 무죄를 입증하는 증거가 있을 것이다. 우리의 요점은 증거 배제 심리 중 잘못 지목한 사건들은 극히 낮다고 생각하는 경향이 있는 판사들은 유죄 인정 효과와 우리가 알고 있는 다른 것들(예: DNA 분석을 통해 사면된 사례들이나 무고한 필러 식별률에 대한 기록 연구들)에 대해 유의하여 생각해 볼 필요가 있다는 것이다. 물론, 잘못 지목한 목격자들의 경우 *Manson* 요인들에 높은 점수를 받는 경향이 있다고 예상할 수 있는데, 특히 식별 절차가 암시와 관련된 경우에 그럴 것이다.

피해자의 범인 지목 '권리' 거부하기

지금까지 살펴본 증거 배제 신청이 왜 실패하는가에 대한 논의는 판례의 문제점(*Manson* 판례)과 목격자의 오인 지목 경향성에 대한 인식의 부족에 초점을 맞추었다. 그러나 목격자의 증언을 거부할 만한 근본적이고 납득할 만한 이유가 있다고 생각한다. 무엇보다 목격자의 정직성은 문제가 되지 않는데, 이는 거짓말을 하지 않기 때문이다. 그들은 자신이 아는 것에 대해 진실을 말한다. 다수의 목격자들이 피해자이면서 목격자인 경우를 생각해 보자. 성폭행 피해자 본인이 강간범이라고 지목한 내용은 재판에서 증거로 사용되지 못하고 재판 중 그를 지목할 수도 없는데, 그 이유는 경찰에서 범인에 대해 설명한 내용과 일치하지 않은 무고한 필러를 사용한 매우 암시적인 지목 절차였기 때문이라고 설명해야 한다고 상상해 보자. 피해자 인권 단체뿐만 아니라 다른 사람들(이 장의 집필자들을 포함)은 이러한 판단을 내리는 데 큰 어려움이 있을 것이다. 이런 경우 대중과 언론은 이 판단에 대해 판사에게 등을 돌릴 것이다. 〈폭스 뉴스(Fox News)〉와 Bill O'Reilly[7]는 이 사건을 전 국민이 알 수 있도록 만들 것이다. 그 판사는 다음 출마[8]에 대해서는 생각하지도 못할 것이다. 이와 같은 가정은 어느 정도 과장됐지만, 피해자-목격자의 지목 증언은 고사하고 피고인 관련 증거를 배제시키는 일은 많은 대중에게 범죄를 봐주는 좌파적 음모라고 생각하게 만든다. 판사가 어떤 주장을 하든지 간에 이들은 사회 및 정치에서 제외될 수 없다. 이는 더욱 실질적인 해결책을 고려할 필요가 있다고 믿는 중요한 이유이며, 다음 절 '배제 대 배제시키지 않음이라는 잘못된 이분법'에서 논의할 것이다.

겉으로 보기에는 문제가 많은 지목을 배제시키는 진보적인 판단과 판사에게는 쉬운 대안이 될 수 있는 '증거력에 맡기자.'라는 판결을 비교해 보자. 이는 판사가 지목의 문제점을 인정하지만 배심단이 지목 증거에 얼마나 많은 무게를 둘 것인가를 판단하도록 맡겨 보자라는 것과 같다. 이 경우 판사는 증언을 허용하고 배심단이 지목에 대한 신뢰성을 판단할 수 있다는 자신감을 보여 주는 것이다. 목격자 지목 증언을 판단할 수 있는 배심원들의 능력에 대한 문제점은 제9장을 참고하라. 증거력에 맡기자는 결정은 결정이라고 할 수 없고, 이를 남용하는 것은 근본적인 안전 장치를 없애는 것이다.

배제 대 배제시키지 않음이라는 잘못된 이분법

잘못된 지목 증거가 재판에 허용되는 가장 큰 요인 중 하나는 배제에 대한 문제를 이분법적으로 완전히 인정 또는 모두 배제로 보기 때문이다. 그러나 *Manson* 또는 다른 판례들에서도 이를 요구하지 않는다. 앞부분에서 언급한 것처럼, 지목

---

7) 폭스는 미국의 대표적인 보수 언론매체이며, Bill O'Reilly는 정치 평론가로 자신의 이름을 건 쇼를 진행하고 있으며, 이 쇼는 〈폭스 뉴스〉 채널를 통해 방영되고 있다. 또한 그는 보수적인 평론가로 알려져 있다.(역자 주)

8) 미국의 경우 판사는 선거를 통해 선출된다.(역자 주)

절차가 얼마나 암시적이었든, 그리고 목격자가 얼마나 믿을 수 없었든 간에 상관없이 판사에게 증거에 대한 전체적인 배제는 사용하지 않을 정도의 극단적인 선택이 된다. 더구나 대부분의 경우 전체적인 배제는 현명하지 못한 결정으로 문제 자체가 중요하긴 하지만, 목격자가 정말로 신뢰할 수 없다고 가정할 만한 정도는 아니기 때문이다.

두 가지의 예를 들어 보자. 처음에는 목격자가 범인에 대해 백인 남성이고 20대 초반에 짧고 어두운 색의 머리, 수염은 없고 중간 정도의 체구였다고 설명했다. 그 후 라인업을 오랫동안 살펴본 후에 용의자를 지목했다고 하자. 선택한 즉시 수사관이 "아주 좋아요! 잘했어요. 그 사람이 맞습니다."라고 무심결에 말했다고 하자. 그 이후 목격자는 계속 확신한다고 주장한다. 이 경우에는 피드백이 큰 문제가 된다. 목격자가 지목을 할 때까지 오랜 시간이 걸렸고 이는 불확실하다는 의미이지만, 현재는 확신한다고 주장하고 있다. 이 피드백은 과거와 현재의 확실성을 증가시키고, 이 확실성은 배제 심리에서 가장 중요한 기준이 될 뿐만 아니라 배심단이 목격자를 신뢰할지 여부를 판단하는 기준이 된다. 동시에 피드백 자체가 지목 증언 전체를 배제시키기에는 충분하지는 않다. 이 이유로 이분법적으로 접근하자면, 그 증언은 단순히 허용될 것이다. 그러나 한 가지 대안이 존재한다. 특히, 목격자의 확실성은 오염됐기 때문에 배제 심리에서 목격자의 확실성은 신뢰 여부를 판단할 수 있는 요건이 될 수 없다. 이는 검찰 측에 다른 신뢰할 수 있는 기준들을 바탕으로 신뢰 여부를 설명하도록 더 많은 부담을 주게 될 것이다. 또한 판사는 목격자의 확신성에 대해 재판에서 증언할 수 없도록 지시할 수 있다. 다시 말하면, 지목 증언이 허용되더라도 제한적으로 허용되는 것이다.

두 번째 예로, 앞서 언급한 모든 내용이 동일하지만 마지막의 피드백이 없었다고 가정해 보자. 그 대신, 지목 후 수사관이 목격자에게 용의자의 가슴에 있는 흉터 사진을 보여 주며, "당신은 셔츠를 입지 않은 그를 봤지만 흉터에 대해서는 전혀 언급하지 않았습니다. 이게 문제가 될 수도 있습니다."라고 말했다. 그 후 목격자가 흉터를 포함해 용의자에 대한 설명을 제공했다. 이 경우에는 라인업 자체에 문제가 없었다고 가정하면, 라인업 지목 자체는 문제가 되지 않는다. 그러나 목격자에게 흉터 사진을 보여 주었다는 사실이 상당히 암시적이며 문제가 될 수 있다. 결국, 배제 심리 중 판사는 목격자는 증언할 수 있지만 그 흉터에 대해서는 언급할 수 없다고 지시할 것이다. 반대로 피고인 측은 재판에서 그 목격자가 처음 설명할 때 흉터에 대한 언급이 없었다고 주장하는 것이 받아들여질 것이다.

우리의 논점은 배제 또는 허용한다는 이분법이 잘못되었다는 것이다. 사건에 맞는 대안들이 존재하며 암시적인 절차가 영향을 미쳤을 만한 부분에 대한 증언을 제한할 수 있기 때문이다. 하지만 이러한 이분법적인 생각으로부터 탈피하는 데 실패한 것은 판사뿐만이 아니다. 사실, 피고인 측 변호인은 유해 증거 배제 청구(전체를 배제시키기보다 제한하는 신청)를 판사가 결정할 수 있도록 의미 있는 반응을 만들어 내야 하는 책임이 있다. 다른 해결책으로 피고인 측 변호인이 전체 배제만큼은 아니지만, 판사의 지시문, 전문가 증언, 또는 둘 다를 요청할 수 있다. 배제 심리에서 얻을 수 있는 것이 증언의 배제 아니면 증언의 허용과 같이 두 가지 결과뿐이라고 생각하는 것은 근시적이고 제한적인 생각이다. 결과적으로 증거 배제 신청이 실패하는 이유 중 하나는 변호인 측의 신청이 판사에게 문제가 되는 증언을 해결할 수 있는 다양한 선택권을 제시하기보다는 모두 아니면 실패(배제시키거나 허용되거나)라는 접근을 취하기 때문이다.

피고인 측 변호인이 배제 심리에서 얼마나 제대로 또는 형편없이 준비했는지에 대해 검토해 본 연구는 없는 것으로 안다. 이러한 연구는 아직 진행되지 않은 것으로 보인다. 결국 문제에 대한 해결책은 우리의 느낌에 기반을 둘 수밖에 없다. 그러나 목격자 지목 증거 배제 심리에서 피고인 측 변호인이 매우 형편없이 일하는 경우가 드물지 않다고 생각한다. 왜냐하면 지속적으로 되풀이되는 문제점들이 있기 때문이다. 첫째, 많은 피고인 측 변호인이 인터넷에서 다운받지 않은 것처럼 보이기 위해 약간 수정을 가한 표준 신청서를 사용한다. 대부분의 경우 상상하기 힘든 만큼 사건이 많은 국선 변호인의 경우에는 효과적인 증거 배제 신청서를 준비하기 위해서는 너무나 많은 시간이 필요하다. 또한 목격자 지목에 대한 배제 신청에 대해서는 패배자적인 태도를 보인다. 경험이 많은 변호인의 경우에는 지목 증거를 배제시키기 위해 수많은 시간과 노력을 들였지만, 판사는 그 증언을 허용해 왔다. 왜 실패할 무언가에 그렇게 많은 시간과 노력을 들이겠는가? 변호인은 증거 배제 신청을 해야만 하는데, 신청을 하지 않는다면 이들은 제대로 일을 안 한 것이 된다. 그러나 변호인이 지목 증거를 배제시키지 못하게 될 것이라면, 무슨 보상이 있어서 수많은 시간과 에너지를 쏟아 암시적인 절차를 조사하고 자세한 배제 신청서를 작성하겠는가? 지금처럼, 실제로 아무것도 없다. 하지만 이상적으로는 변호인은 지목이 이루어지기 전과 후에 지목의 신뢰성에 영향을 미친 요인들에 대해 철저한 조사를 실시해야 한다.

예를 들면, 변호인들은 가능하면 119 신고 전화의 내용을 검토해야 하는데, 여기에는 대부분의 경우 가해자에 대한 설명이 포함되어 있기 때문이다. 경찰의 초기 수사 보고서에서도 가해자에 대한 다른 설명도 볼 수 있다. 추후에 제공된 설명이나 묘사 또는 목격자가 배제 심리 중에 설명하는 것이 아니라, 초기에 제공된 설명이나 묘사들을 배제 심리 과정에서 사용하는 것이 매우 중요하다. 검찰 측은 후에 얻어진 설명과 묘사를 더 선호하는데, 이는 피고인과 상당히 비슷해지기 때문이다. 피고인 측 변호인은 이러한 일이 절대 일어나지 않도록 해야 하는데, *Manson* 판결문에도 신뢰성을 판단하기 위해서는 가해자에 대한 최초의 설명이어야 한다는 점을 분명히 제시하고 있다. 그러나 피고인 측 변호인이 최초의 설명에 대해 알지 못한다면 승산은 없다. 배제 심리가 이루어지기 전에 범죄 현장을 방문한다면 무엇인가를 찾을 수도 있을 것이다. 범죄 현장에서 불빛의 상태와 거리 등을 측정할 수 있을 것이다. 만약 목격자가 4.5미터 정도의 거리에서 목격했다고 주장하지만 물리적으로 15미터 정도 떨어져 있었다면 이는 직접적으로 *Manson* 기준 중 한 가지(목격을 할 수 있었던 상황)에 해당된다. 더구나 경찰 수사 보고서를 주의 깊게 검토해 보면 목격자가 지목할 당시 확신의 정도에 대해 파악할 수 있을지도 모른다. 흥미로운 점은 경찰의 수사 보고서에는 지목 당시의 목격자의 확신 정도에 대해서는 전혀 언급이 없고 '목격자가 3번을 지목했다.'는 정도만 설명되어 있는 것이 매우 흔하다는 점이다. 이 역시 중요한데, 이는 심리 중에 목격자가 지목 이후에 무슨 말을 들었거나 목격자에 대해 무슨 말을 들었는지 등과 같이 중요한 질문을 해야 한다는 뜻이 함축되어 있기 때문이다. 대부분의 목격자들은 목격자의 확신성을 증가시키는 효과를 가진 무엇인가(예: 사건 담당 형사가 이 남자가 맞다고 말했거나, 검사가 목격자에게 이 남자를 체포할 수 있도록 도와줘서 고맙다는 말을 들었거나)를 들었다고 인정할 것이다. 이때 피고인 측 변호인은 지목할 당시 목격자의 확신성에 대한 내용이 없다는 의미는 목격자의 신뢰성을 판단하기 위해 목격자의 확신성을 사용할 수 없다는 주장을 할 수 있도록 준비되어 있어야 한다. 만약 지목 증거가 배제되지 않는다면, 목격자의 확신 정도가 오염되었기 때문에 재판에서 확신 정도에 대해 진술하는 것을 허용하지 말아야 한다는 점을 주장할 수 있는 또 다른 기회이기도 하다. 그러나 불확실성에 대한 최초의 진술과 관련된 기록은 거의 제공되지 않으며, 결과적으로 목격자의 지목 이후에 부풀려진 확실성이 배제 심리와 재판 모두에서 일반적으로 사용된다.

다수의 피고인 측 변호인들이 증거 배제 신청이 거부될 때까지 기다리다가 전문가가 법정에서 증언하는 것에 대해 고려하기 시작한다. 배제 심리는 재판에 전문가를 허용할 수 있도록 만들 수 있는 최고의 장소와 시간을 제공한다. 핵심은 배제 심리에 전문가가 증언하도록 만드는 것이다. 재판에 목격자 관련 전문가를 허용하는 것보다는 배제 심리에 목격자 관련 전문가를 허용하는 것이 더 쉽다. 무엇보다 재판에서 목격자 관련 전문가를 허용하지 않는 주된 주장 중 하나는 배심단에게 너무 많은 영향(또는 배심단의 영역을 침범하거나 배심단에게 선입견을 줄 수 있음)을 미칠지도 모른다는 것이다. 그러나 배제 심리 중에는 배심단이 없고 판사만 있다. 왜 판사도 전문가의 의견을 듣는 것을 두려워하는가? 일단 배제 심리에 허용되고 좋은 전문가가 증언하면 증거가 배제되는 확률이 높아질 것이다. 그러나 판사가 목격자 증거를 허용한다고 판결할지라도, 배제 심리 중 전문가 증언이 사용된 경우에는 재판에서도 전문가가 허용될 가능성이 높아진다. 여기에는 두 가지 이유가 있다. 첫째, 다수의 판사들이 목격자 관련 전문가 증언을 들어 본 경험은 없지만 일단 듣게 되면, 허용과 관련해 왜 그렇게 많은 논란이 있었는지 의아해한다. 목격자 관련 전문가의 증언을 듣게 되면 판사는 전문가가 합리적이고 상식이 아닌 내용에 대해 충분한 근거를 제시하고 배심단의 영역을 침범하지 않는다는 것을 알게 된다. 또한 판사가 목격자 지목 증거를 허용한다고 판단했다면(즉, 배제 신청이 실패한 경우), 이때 피고인 측 변호인은 일종의 '위로'의 의미로 목격자 전문가를 허용해 달라고 요청할 수 있다.

핵심은 배제 심리를 형식적으로 다루지 말아야 한다는 점이다. 사실상 피고인 측 변호인은 배제 심리 이전에는 많은 것을 알 수 없다. 대부분은 심리가 이루어지기 전에는 목격자나 담당 수사관을 만날 수 있는 기회가 없기 때문에 결과적으로 목격자나 수사관이 많은 질문에 어떻게 답할지 모른다. Loftus, Doyle과 Dysart (2008)의 저서에 따르면, 증거 배제 신청과 배제 심리를 하는 가장 중요한 이유 중 하나는 증거 개시(discovery)가 목적이다. 배제 심리에서 증거가 완벽하게 배제되어야만 성공적이라고 생각하지 않아도 된다. 그저 증언의 한 부분이 배제될 수도 있다(예: 목격자가 확실성에 대한 증언을 금지하거나 피고인의 특징에 대해 알고 있는 지금 목격자가 처음으로 가해자에 대해 언급했던 묘사와 설명을 수정하는 것을 금지하는 것). 또한 배제 심리에서 재판에 전문가가 허용될 수 있도록 만들 수도 있는 것이다.

결론

이 장에서는 왜 암시적이고 신뢰할 수 없는 목격자 지목에 대한 증거 배제 신청이 일반적으로 실패하는가에 대해 거시적인 관점에서 살펴보려 했다. 이는 잘못된 유죄 판결을 방지할 수 있는 근본적인 안전 장치로 여겨지기 때문에 매우 중요한 문제다. 한편, 배제 신청은 유죄 판결을 받은 이후에 DNA 검사에 근거해 무죄 판결을 받은 193명에게는 도움을 주지 못했다(DNA 증거가 고려되지 않은 사건의 비율을 고려해 보면 잘못된 지목으로 잘못된 유죄 판결을 받은 사건은 적어도 최소 3,840명으로 추정됨). DNA 검사를 통해 무죄를 확인받은 사건들 중에서 지목 증거에 대한 배제가 실패한 사례들은 John Briscoe도 포함되어 있는데, 실시간으로 이루어진 라인업에서 그는 오렌지색 구치소 복을 입고 있었지만 라인업의 자리를 채우기 위한 무고한 필러들은 일상복을 입고 있었다. 만약 이 라인업에 대한 배제 신청이 실패하게 되면, 무엇인가가 잘못된 것이다. 목격자가 '신뢰성 검사'를 통과하는 한 터무니없이 암시적인 절차들을 허용하는 판례(*Manson v. Braithwaite*, 1977)의 구조에 문제가 있다. 이 검사는 암시적인 절차 자체의 왜곡된 방법에 영향을 받는다. 그러나 잘못된 지목을 걸러 내려는 증거 배제 심리의 실패는 암시적인 절차의 힘을 과소평가하고 목격자의 지목 신뢰성을 과대평가하는 판사의 경향성에 영향을 받기도 한다. 이러한 경향성은 사법부 밖에도 비슷하지만, 배제 심리를 결정하는 것은 판사다. 판사는 매우 어려운 위치에 있다. 그러나 피해자이며 목격자가 가해자의 정체에 대해 증언할 수 있는 기회를 배제시키는 것에 대한 큰 불쾌감에 대해 논의했다. 또한 증거 배제 신청에 대해 모두 배제 또는 모두 허용으로만 생각하는 것에 대한 문제점도 논의했다. 어느 정도는 *Manson* 판례의 설명이 이분법적인 배제-허용 접근 방식에 대한 비난을 받아야 하는데, 판례에는 전체 배제가 아닌 다른 해결책들, 즉 증언 내용에 한계를 두거나, 배심원들에게 강력한 주의를 주는 지시문을 제시하거나 목격자 관련 전문가 증언을 허용하는 것에 대해서는 어떠한 언급도 없기 때문이다. 마지막으로, 피고인 측 변호인도 배제 심리에서 좋은 결과를 이끌어 내지 못하는 것에 대한 책임이 없다고 보기 어렵다. 어느 정도는 목격자 지목 증거에 대한 배제 신청이 실패함으로 인해 가망이 없다는 절망스러움이 수년 전에 시작됐다. 그러나 최근에 목격자 지목과 관련한 강력한 과학적 연구 결과와 다수의 잘못된 지목 사례들을 사용해 무고한 피고인에게 더욱 효과적인 배제 심리가 이루어질 수 있도록 도움을 줘야만 한다. 완전 배제가 아니더라도 배제 심리에 목격자 전문가에 대한 활용과 유해 증거 배제 청구가 배제 심리에서 어느 정도의 성공을 달성할 수 있도록 도움이 될 수 있다.

마지막으로, 암시적인 목격자의 지목 증거를 일상적으로 배제시키지 못해 발생하는 가장 큰 문제들 중 하나는 암시적인 지목 절차가 지속적으로 발생한다는 점이다. 사실, *Manson* 판례에 대해 과도하게 관대한 입장인 법 집행자들이 암시적인 절차를 사용하지 못하게 하는 것이 아니라 오히려 암시적인 목격자 지목 절차의 사용을 장려한다는 설득력 있는 의견이 제시됐다(Wells & Quinlivan, 2009). 암시적인 목격자 지목 절차는 목격자에게 원하는 사람을 지목하게 만들 뿐만 아니라(제6장 참고) 목격자를 판사와 배심단에게 더욱 신뢰할 수 있도록 만든다(목격자의 확신성 부풀리기, 좋은 시야를 주장하기, 주의 깊게 보았다고 주장하기; 제7장과 제9장 참고). 만일 암시적인 절차의 사용이 증거로서 배제되지 못한다면, 법 집행자에게는 피해야 하는 무엇인가라기보다는 지목을 이끌어 내고 믿을 수 있는 목격자를 만들어 내는 것에 대한 전략적인 도구로 보일 수밖에 없다.

★ 참고문헌

Behrman, B. W., & Davey, S. L. (2001). Eyewitness identification in actual criminal cases: An archival analysis. *Law and Human Behavior, 25,* 475–491. doi:10.1023/A:1012840831846

Behrman, B. W., & Richards, R. E. (2005). Suspect/foil identification in actual crimes and in the laboratory: A reality monitoring analysis. *Law and Human Behavior, 29,* 279–301. doi:10.1007/s10979-005-3617-y

Charman, S. D., & Wells, G. L. (2007). Applied lineup theory. In R. C. L. Lindsay, D. F. Ross, J. D. Read, & M. P. Toglia (Eds.), *Handbook of eyewitness psychology: Memory for people* (pp. 219–254). Mahwah, NJ: Erlbaum.

Cole, G. F. (1986). *The American system of criminal justice* (4th ed.). Monterey, CA: Brooks/Cole.

Cutler, B. L., & Penrod, S. D. (1995). *Mistaken identification: The eyewitness, psychology, and the law.* New York, NY: Cambridge University Press.

Gilbert v. California, 388 U.S. 263 (1967).

Innocence Project. (2010). http://www.innocenceproject.org/?gclid=CNPCp6bjq6cCFcbc4AodlSxTCg

Kassin, S. M., & Gudjonsson, G. H. (2004). The psychology of confessions: A review of the literature and issues. *Psychological Science in the Public Interest, 5,* 33–67. doi:10.1111/j.1529-1006.2004.00016.x

Lindsay, R. C. L., & Wells, G. L. (1980). What price justice? Exploring the relationship between lineup fairness and identification accuracy. *Law and Human Behavior, 4,* 303–313. doi:10.1007/BF01040622

Loftus, E. F. (1979). *Eyewitness testimony.* Cambridge, MA: Harvard University Press.

Loftus, E. F., Doyle, J. M., & Dysart, J. E. (2008). *Eyewitness testimony: Civil and criminal.* Charlottesville, VA: Lexis Law Publishing. Loftus, G. R., & Harley, E. M. (2005). Why is it easier to identify someone close than far away? *Psychonomic Bulletin & Review, 12,* 43-65. Retrieved from http://pbr.psychonomic-journals.org/

Loftus, G. R., & Harley, E. M. (2005). Why is it easier to identify someone close than far away? *Psychonomic Bulletin & Review, 12,* 43-65. Retrieved from http://pbr.psychonomic-journals.org/

Manson v. Braithwaite, 432 U.S. 98 (1977).

Neil v. Biggers, 409 U.S. 188 (1972).

Pigott, M. A., & Brigham, J. C. (1985). Relationship between accuracy of prior description and facial recognition. *Journal of Applied Psychology, 70,* 547-555. doi:10.1037/0021-9010.70.3.547

Shaprio, P. N., & Penrod, S. (1986). Meta-analysis of facial identification studies. *Psychological Bulletin, 100,* 139-156. doi:10.1037/0033-2909.100.2.139

Slater, A. (1994). Identification parades: A scientific evaluation. *Police Research Award Scheme.* London, England: Police Research Group, Home Office.

State v. Ledbetter, 441, A.2d 595, Connecticut (1981).

Stovall v. Denno, 388 U.S. 293 (1967).

United States v. Wade, 388 U.S. 218 (1967).

Valentine, T., Pickering, A., & Darling, S. (2003). Characteristics of eyewitness identification that predict the outcome of real lineups. *Applied Cognitive Psychology, 17,* 969-993. doi:10.1002/acp.939

Wells, G. L. (1984). The psychology of lineup identifications. *Journal of Applied Social Psychology, 14,* 89-103. doi:10.1111/j.1559-1816.1984.tb02223.x

Wells, G. L. (1985). Verbal descriptions of faces from memory: Are they diagnostic of identification accuracy? *Journal of Applied Psychology, 70,* 619-626. doi:10.1037/0021-9010.70.4.619

Wells, G. L., & Bradfield, A. L. (1998). "Good, you identified the suspect": Feedback to eyewitnesses distorts their reports of the witnessing experience. *Journal of Applied Psychology, 83,* 360-376. doi:10.1037/0021-9010.83.3.360

Wells, G. L., & Loftus, E. F. (2003). Eyewitness memory for people and events. In A.

Goldstein (Ed.), *Comprehensive handbook of psychology: Forensic psychology* (Vol. 11, pp. 149–160). New York, NY: Wiley.

Wells, G. L., Memon, A., & Penrod, S. (2006). Eyewitness evidence: Improving its probative value. *Psychological Science in the Public Interest, 7,* 45–75. doi:10.1111/j.1529-1006.2006.00027.x

Wells, G. L., & Quinlivan, D. S. (2009). Suggestive eyewitness identification procedures and the Supreme Court's reliability test in light of eyewitness science: 30 years later. *Law and Human Behavior, 33,* 1–24. doi:10.1007/s10979-008-9130-3

Wells, G. L., Rydell, S. M., & Seelau, E. P. (1993). On the selection of distractors for eyewitness lineups. *Journal of Applied Psychology, 78,* 835–844. doi:10.1038/0021-9010.78.5.835

Wright, D. B., & McDaid, A. T. (1996). Comparing system and estimator variables using datafrom real lineups. *Applied Cognitive Psychology, 10,* 75–84. doi:10.1002/(SICI)1099-0720(199602)10:1〈75::AID-ACP364〉3.0.CO;2-E

Wright, D. B., & Skagerberg, E. M. (2007). Post-identification feedback affects real eyewitness. *Psychological Science, 18,* 172–178. doi:10.1111/j.1467-9280.2007.01868.x

제9장

목격자에 대한 배심원의 신뢰[1)]

Carolyn Semmler, Neil Brewer, & Amy Bradfield Douglass

매일, 전 세계 모든 관할 구역 내의 경찰과 법원은 목격자에 대한 신뢰성을 평가한다. 몇 가지 종류의 증거들은 목격자 증거만큼 배심단에게 설득력 있는 증거이고, 판사에 의해서도 인정되고 있다(Devlin, 1976). 문제는 이러한 평가가 정확하고 효과적으로 이루어져야 범죄 피해자와 피고인 그리고 지역사회가 사법체계에 대해 신뢰할 수 있다는 점이다. 불행하게도, 목격자 증거를 바탕으로 유죄 판결을 받고 난 후에 DNA 증거로 인해 무죄가 입증된 많은 사람들이 있다는 사실 때문에 평가의 정확성에 대한 의문이 제기되고 있다. 목격자가 사건의 세부사항에 대해 설명하고 가해자의 특징을 설명하며, 라인업을 실시할 때 "저 남자예요!"라고 지목하는 것을 볼 때 배심원이 목격자를 믿게 되는 것은 특별히 놀라운 일은 아니다. 그러나 배심원이 문제가 많은 목격자를 신뢰하는 것은 목격자 증언에 의존하는 모든 법적인 절차의 공정성과 효율성에 중대한 문제점이 있다는 것을 말해 준

1) 이 장은 Australian Research Council Grants DP1093210과 DP1092507, 그리고 National Science Foundation Grand 0921193의 지원을 받았다.

다. 부정확한 목격자를 너무 신뢰하는 문제점은 30년간 이루어진 실증적인 검증의 대상이 됐다. 이는 1979년 오판의 원인을 조사하고 사법체계에서의 목격자 증언의 위험성을 조사하기 위해 실시한 Wells, Lindsay와 Ferguson(1979)의 초기 연구의 초점이 됐다. 그러나 현재 목격자 증언 관련 연구들은 오판 비율을 감소시키기 위해 재판의 절차보다는 목격자 지목 절차에 대한 검증에 중점을 두는 경험적 연구들이 더 많이 수행된다는 점은 흥미롭다. 배심원이 목격자 증거를 정확하게 평가할 수 있는 방법을 향상시키는 것에 대한 충분한 이해가 없는 한 잘못된 유무죄 판결의 빈도를 줄이기 위한 지목 절차를 개혁하는 효과가 완전히 현실화되는 것은 불가능하기 때문에 이는 매우 중요한 부분이다(Cutler, Penrod, & Dexter, 1989). 배심원은 법정에서 제시되는 증거와 기억이 어떻게 작용하는지에 대한 상식적인 이해를 바탕으로 피고인이 실제 범인인지, 그리고 검찰 측의 기소가 합리적인 의심을 넘어서 증명된 것인지에 대한 평가를 해야만 한다. 비록 겉으로 보기에는 증인의 진술이 신뢰할 수 있는지, 그리고 죄가 증명되었는지를 판단하는 일이 간단하게 보일 수 있지만, 배심원은 특히 지목의 정확성을 평가해야 하는 상황에서 목격자의 증언을 바탕으로 잘못된 판단에 이르는 경우도 있다는 점을 실증 연구를 통해 보여 주었다(Wells et al., 1979). 비록 이런 연구의 주된 메시지는 수년간 바뀌지 않고 있지만, 언제 목격자를 믿을 수 있을지 또는 없을지에 대한 지식이 좀 더 많이 축적됐다. 지식의 대부분은 반직관적이며 이러한 지식이 어떻게 형성되었고 법정에서 내리는 판단은 어떤 의미로 해석될 수 있는지에 대해 명확하고 설득력 있게 설명할 수 있는 심리학자들의 능력에 의해 사법체계에 미칠 영향력이 결정될 것이다. 그러나 목격자의 기억 연구 결과에 대한 지식을 전문가의 증언을 통해 배심원에게 전달한다고 해서 판단의 오류를 막을 수는 없다. 사실은 목격자 증거와 관련하여 배심원의 의사결정을 향상시키기 위해서는 새로운 접근이 필요하다. 이는 (a) 배심원이 목격자의 기억의 정확성을 추론할 때 사용되는 단서들, 그리고 (b) 목격자 지목 증거의 정확성을 판단하는 상황에서 논의되지 않은 판단과 의사결정을 향상시킬 수 있는 심리적인 절차에 대해 알려진 것을 논의하는 것이다.

이번 장에서는 첫째, 영국, 호주 및 미국의 사법체계에서 법원이 배심원에게 목격자 증언을 어떻게 평가하기를 바라는지에 대해 논의하고자 한다. 둘째, 목격자 진술과 지목 판단의 정확성을 판단하기 위해 사용되는 개발된 방법들을 논의하고 비판하고자 한다. 셋째, 배심원이 목격자 증언의 정확성을 평가하기 위해 실제 사용하는 단서들과 기억의 정확성 관련 지표들에 대한 과학적인 연구 결과들이 법적인 규준의 기저를 이루고 있는 추론들과 비교하여 얼마나 일치하는지 살펴보고자 한다. 넷째, 목격자의 기억을 평가할 때 목격자에 의해 발생하는 오류들을 방지하기 위한 법적인 보호 장치가 얼마나 효과적인지 논의하고자 한다. 마지막으로, 목격자 증언에 대한 배심원 판단의 정확성을 향상시키기 위해 이해하고 있어야 하는 핵심적인 요인들에 대해 살펴보고자 한다.

법정은 배심원이 목격자 증언을 어떻게 평가하기를 원하는가

미국, 영국 및 호주의 법원들은 대부분 상식적 또는 직관적으로 목격자의 기억과 그 기억이 어떻게 기능하는지에 대한 가정을 한다. 영국과 미국의 경우, 이러한 가정들은 목격자 증거에 대한 판결문과 재판 막바지에 판사가 배심원들에게 제공하는 지시문을 통해 알 수 있다. 모든 사법권 내에서는 지목 증거를 평가하기 위한 구체적인 규준들이 제시되어 있다. 그러나 사건을 목격한 목격자와 관련자들을 평가하기 위한 규준들은 덜 구체적이다. 그 평가 규준들은 심리학자들이 판사들과 배심원들을 대상으로 목격자 증언에 대한 지식을 다양하게 조사하여 부분적으로나마 알려지게 됐다(Benton, Ross, Bradshaw, Thomas, & Bradshaw, 2006). 이 절에서는 최근에 이루어진 조사의 결론에 대해 방법론적인 측면에서 간략하게 검토한다.

지목의 정확성 평가하기

미국 대법원 판결(*Manson v. Braithwaite*, 1977)에는 지목 증거의 신뢰성을 평가하기 위해 다섯 가지 기준을 사용할 수 있다고 명시했는데, 이는 (a) 목격자가 범인을 대면하는 동안 볼 수 있었던 기회(시야), (b) 목격자가 범인을 얼마나 주의 깊게 보았다고 진술했는지(주의 집중), (c) 목격자가 범인의 외모에 대해 설명할 때 목격자가 제공하였던 세부사항의 정도와 그 내용이 용의자나 피고인의 외모와 일치하는지 여부(세부사항), (d) 해당 사건과 가해자의 지목하려는 시도 사이에 흐른 시간의 양(시간), (e) 지목 과정에서 목격자가 표현한 확실성의 정도(확실성)다. 영국에서는 이러한 기준들은 *R v. Turnbull*(1976) 판례와 경찰이 지목 절차를 평가할 때 사용하는「경찰과 형사 증거법」의 법규 D항(1984)에 제시되어 있다. 기준들은 목격자가 범인을 볼 수 있었던 시간의 길이, 목격자와 범인 간의 거리, 범행 시각 때의 가시성, 목격자가 목격 중 방해될 만한 것이 있었는지 여부, 목격자가 그 사건을 기억할 만한 이유가 있었는지 여부, 목격자가 범인을 다시 마주치게 됐을 때 그 범인을 알아볼 수 있을지 여부들을 포함한다.

호주의 법에는 비슷한 기준이 존재하지만, 최고 법원 수준에서 지목 증거에 대해 일관성 있게 인용된 사례는 없다. 가장 많이 인용되는 두 개의 판결은 *Alexander v. The Queen*(1981)과 *Domican v. The Queen*(1992)이다. 두 판례 모두 목격자와 가해자 간의 거리, 목격자가 가해자를 목격할 수 있었던 시간, 범행과 지목 사이에 시간 간격, 범행이 있기 전에 목격자가 가해자를 알고 있었는지 여부들을 배심원들이 고려해야 하는 요인들이라고 판시했다. 대부분의 호주 판사들은 사건이 지목 증거를 포함하는 경우 배심원들에게 *Domican* 지시문을 제시할 것이다. 특히, 배심원들에게 지목의 확신성이 지목의 정확성을 나타내는 것이 아니라는 점과 배심원들은 거리, 시야의 질, 범행과 지목 간의 시간 간격을 주목해야 한다는 점을 경고할 것이다. 이러한 세 사법권에서 거리, 목격의 시간, 목격에서 지목이 이루어지기까지 걸린 시간은 중요한 요인인데, 거리는 자극의 세부사항을 지각하는 능력에 영향을 미친다는 점, 무엇인가를 더 오래 볼 수 있다는 점은 후에 기억할 수 있는 능력을 향상시킨다는 점, 그리고 기억은 시간이 갈수록 희미해진다는 점은 일반적인 생각들을 의미하는 것이다. 이러한 가정들 중 어떤 것도 기본적인 기억과 지각에 대한 연구 결과와 차이는 없다. 물론 지목의 정확성과 목격의 거리(Lindsay, Semmler,

Weber, Brewer, & Lindsay, 2008), 노출 시간(Memon, Hope, & Bull, 2003) 그리고 파지 간격(Sauer, Brewer, Zweck, & Weber, 2010) 간의 예측된 관계를 확인한 연구들이 수행되었다. 그러나 이러한 요인들에 대해서만 초점을 맞추는 것은 목격자의 지목 결정에 영향을 미친다고 알려져 있는 다른 요인들, 즉 타 인종 효과, 스트레스, 목격자가 라인업을 보기 전에 듣게 되는 지시들, 라인업의 구성과 제시 방법 및 방식, 지목이 이루어진 후 목격자가 받게 되는 정보의 영향 등을 간과하게 된다(제5장과 제6장 참고; Brewer & Palmer, 2010).

간과하는 다른 요인들로는 지목 증거의 정확성을 평가하는 법정의 기준이 자기보고에 기초하고 있다는 점인데, 대부분의 경우 기억의 정확성과는 전혀 관계없는 요인들에 큰 영향을 받는다는 문제가 있다(자기보고의 문제점에 대한 논의는 제7장 참고). 지금까지 이루어진 수많은 실험 연구와 현장 연구를 통해 지목 증거가 목격자에게 제공되는 피드백 정보에 의해 상당히 왜곡될 수 있다는 것을 보여 주었다(제7장 참고; Semmler, Brewer, & Wells, 2004; Wells & Bradfield, 1998). 목격의 질에 대한 추정, 지목이 얼마나 쉬웠는지, 목격자가 가해자에게 주의 집중한 정도, 목격 시간, 가해자로부터의 거리를 포함하는 거의 모든 주관적인 보고는 목격자에게 제공된 피드백에 영향을 받으며 지목 결정에 영향을 미치게 된다(제7장 참고; Douglass, Brewer, & Semmler, 2010; Wells & Bradfield, 1998). 배심원이 목격자 증언이 피드백에 의해 영향을 받았을 때를 발견할 수 있는지에 대한 여부는 이후에 논의할 것이다.

물론, 배심원이 평가해야 하는 증거는 목격자가 라인업에서 지목한 증거만이 아니다. 배심원은 범인에 대해 직접적으로 평가하도록 요구받을 수 있다. 최근에는 CCTV 장면이나 보안 및 경비 비디오 장면을 배심원에게 제시하고 이러한 장면과 배심원 앞에 서 있는 피고인과 비교하여 외모가 비슷한 정도를 판단하여 동일인인지 확인하도록 요청받을 수 있다(*R v. Hien Puoc Tang*, 2007 참고). 이러한 절차는 익숙하지 않은 얼굴을 보고 일치 정도를 확인해야 하기 때문에 이때 일어나는 오류로 인해 오판의 가능성이 높아질 수 있다. Davis와 Valentine(2009)은 실험 참가자들에게 고화질의 비디오에 찍힌 친숙하지 않은 사람을 실제 '피고인'과 매칭해 보라고 했다. 그 비디오는 40초간 한 사람의 얼굴과 몸을 여러 각도에서 보여 줬다. 지목을 해야 하는 대상의 절반은 비디오 속의 인물이 아니었다. 실험 결과, 전반적인 오류 발생률은 약 20%였다(22%는 대상을 포함한 경우, 17%는 대상을 포함하지 않는 경우였다). 이는 참가자 5명 중 1명은 범인의 얼굴을 기억하거나 시간적인 압박이 없는 최적의 조건에서 실수를 저지른다는 것이다. 비디오 장면은 세 번 또는 참가자들이 결정을 내릴 때까지 연속적으로 재생할 수 있었다. 오류 발생률은 실험에 등장한 배우에 따라 상당히 다양했다. Davis와 Thasen(2000)은 거짓 경보 발생률과 오류 발생률이 60%에서 65%로 매우 비슷하다는 것을 발견했다. 이러한 연구들은 법원이 배심원의 능력을 과대평가를 하고 배심단에게 CCTV에 찍힌 개인이 피고인이 맞는지에 대판 평가를 하라고 요구하는 경우에 오판 위험성이 어느 정도 증가할 수 있다는 것을 보여 준다.

증언의 정확성 평가

증언(지목 증거와는 구별되는)의 정확성 평가를 위해 법원이 권고한 기준은 판결에 의해 명확하게 제시되지는 않았지만, 증거를 제시한 후나 최후 변론 후에 판사가 배심원들에게 제공하는 지시문들을 조심스럽게 읽어 보면 알 수 있다. 또한 판사들과 배심원들을 대상으로 진행한 조사를 통해서도 기준들이 명백히 드러난다. 사법권을 막론하고 두 가지의 기준이 가장 많이 적용되는데, 첫 번째는 목격자 진술의 일관성과 목격자 진술의 세부적인 정도이고, 두 번째는 보강 증거(또는 목격자 간의 의견 일치)다. 이러한 요인들을 일관성이라는 큰 주제로 다루고자 한다. 마지막으로, 판사는 확실성에만 의존하는 것을 방지하기 위해 목격자의 증언에 대한 확실성에 대해 언급하기도 한다.

미국에서는 배심원에게 제공되는 표준 지시문에는 목격자 진술의 일관성에 대해 주의를 기울여야 한다는 점을 지적하고 있다. 예를 들면, 미국에서 사용되는 연방 배심원 표준 지시문에는 목격자가 증인석에서 모순되게 증언했는지에 대해 주의 깊게 관찰하라고 지시하며, 만약 증인이 현재 증언하는 내용과 비교하여 이전에 말했던 내용, 행동, 또는 무엇인가 말하지 않았거나 행동하지 않은 내용이 일치하지 않는다면 이는 '비일관적이다'라고 설명한다(6번째 순회 재판소의 형사 배심 표준 지시문, NO. 107, 2005, Fisher, Brewer, & Mitchell, 2009에서 재인용). 이러한 지시문들은 법원이 비일관성은 사건에 대한 기억이 없거나 목격자가 정직하지 않다고 가정한다는 것을 의미한다. 비슷하게, 호주 법정에서 판사는 재판 종결 시에 『벤치 북』[2] 을 따르는데, 여기에도 중립적인 목격자의 비일관성은 기억이 좋지 않다는 것을 반영한다고 설명한다. 호주 고등 법원 판사의 인용구를 통해 일반적으로 비일관적인 증언은 전반적인 신뢰성 부족을 의미한다는 것을 알 수 있다. "목격자를 반박하는 전체적인 목적은 비일관적인 진술을 토대로 목격자가 신뢰하기 어렵다는 점을 보여 주기 위한 것이다."(*Driscoll v. The Queen*, 1977) 이에 대해 좀 더 설명하기 위해, 변호사가 반대 신문 시 목격자가 비일관적인 진술을 했다는 것을 증명하기 위해 반드시 따라야 하는 절차적 사항들이 무엇인지 「남호주 증거법(South Australian Uniform Evidence Act, 1929)」와 「뉴사우스웨일스 증거법(New South Wales Evidence Act, 1995)」을 살펴보자. 이와 같은 법령에 제시된 절차들은 호주 형법이 증언의 비일관성을 입증하는 것이 배심원에게 제시할 수 있는 매우 강력하고 간접적인 증거의 한 부분으로 여긴다는 점을 보여 준다.

마지막으로, 설문조사에 따르면 모의 배심원은 증언의 비일관성이 다른 증언의 내용도 부정확함을 드러내는 것이라고 생각했다(Brewer, Potter, Fisher, Bond & Luszcz, 1999). 목격자의 증언의 신뢰성을 알 수 있는 다른 단서는 증언에 포함된 세부사항의 정도다. 매우 세부적인 진술, 즉 다른 증인들이 제시한 사건의 순서와 일관된 순서로 제시되거나 물적 증거에 의해 입증되는 증언들은 세부사항이 부족한 진술보다는 매우 설득력이 높다. 목격자 증언의 정확성을 평가할 때 세부사항이 포함되었는지 여부가 중요하다는 점을 지적하는 사례는 단지 하나만이 아니다. 대신, 판사가 배심원에게 제시하는 지시문을 자세히 읽어 보면, 한 사건에 대한 매우 세부적인 설명은 목격자가 좋은 기억력을 가지고 있다고 강하게 추정한다는 것을 알

2) 벤치 북은 판사에게 제공되는 책으로 법적 절차에 대한 설명이 제공되어 있다.(역자 주)

수 있다. 게다가 미국과 노르웨이 판사들을 대상으로 진행된 설문조사에서 대부분은 "목격자가 범죄에 대한 사소한 세부사항을 기억하는 능력은 범죄 가해자 지목의 정확성에 대한 지표"(Magnussen et al., 2008, p. 179)라고 생각한다고 보고했다. 또한 테네시 주의 잠재적 배심원들을 대상으로 목격자 관련 연구에 대한 지식을 조사한 Benton과 동료들(2006)의 연구 결과에 따르면, 그 권할 내의 일반적인 배심원들은 세부사항이 정확성을 나타낸다고 가정하는 것으로 나타났다.

목격자에 대한 믿음과 관련된 연구에 사용되는 연구 방법

이 절에서는 배심원이 목격자 증언을 어떻게 평가하는지에 대해 연구하는 방법과 이러한 방법들의 장단점을 개괄적으로 설명하고자 한다. 배심원들이 목격자 증언에 대해 가지고 있는 생각을 연구하는 방법은 크게 세 가지로 구분할 수 있는데, 그것은 (a) 배심원들에 대한 설문조사(실제 배심원과 잠재적 배심원 둘 다), (b) 모의 목격자 또는 모의재판 방법, (c) 실제 목격자 연구 방법이다. 설문조사 연구는 일반적으로 연구자, 경찰, 변호사, 그리고 배심원으로 선정될 수 있는 사람들에게 그들이 생각하는 목격자 지목의 정확성에 영향을 미치는 다양한 요인들과 정확성을 보여 주는 행동적 요인을 알아보는 것이다. 대부분의 이러한 조사 연구들은 사법체계 내에서 이러한 증거들의 증명력에 대한 판단을 내려야 하는 사람들이 지목의 정확성에 영향을 미치는 요인들에 대한 연구 결과를 얼마나 잘 이해하고 있는지에 중점을 두고 있다. 어떤 설문조사 연구들은 판사들에게 사법체계 내의 다른 집단들의 지식 수준을 추정해 보라는 것이었다(예: Stinson, Devenport, Cutler, & Kravitz, 1997). 연구 결과, 일반인과 전문적인 법적 지식을 가진 사람들(예: 법대 학생, 변호사, 판사)은 (a) 확신감은 정확성을 나타내는 좋은 지표이고, (b) 목격자의 일관성은 모든 목격자의 증언에 대한 신뢰성을 예측할 것이며, (c) 목격자 증언에서 제공된 세부사항의 수준이 정확성을 나타낸다고 생각했다. 또한 배심원들과 배심원으로 선정될 수 있는 일반인들의 경우 특정한 절차와 면담 기법이 정확성과 확신감에 미치는 효과에 대한 지식이 대부분 부족하다는 것을 보여 주었다(Devenport, Penrod, & Cutler, 1997). 이러한 설문조사는 목격자 증언에 대해 법적 판단자의 지식 수준을 가늠하는 데 유용할 수 있지만, 실제 배심원이 목격자가 정확한지 여부를 어떻게 판단하는가는 알 수 없다. 많은 연구들(예: Cutler, Dexter & Penrod, 1990; Leippe, Eisenstadt, Rauch, & Seib, 2004)은 모의 목격자 또는 모의재판 방법을 사용해 배심원들이 어떻게 증언의 정확성을 평가하는지를 이해하고자 했다. 이러한 연구 방법들에서 실제 재판 과정을 반영하는 정도는 매우 다양했다. 연속선상에서 그럴듯함의 가장 낮은 수준의 연구들은 대학생들에게 재판의 개요를 설명한 녹음을 들려주거나 또는 서면으로 읽게 했다. 연구에서는 목격 조건(예: Bradfield & Wells, 2000), 확신감(예: Bradfield & McQuiston, 2004), 또는 보고된 세부사항의 비일관성(예: Brewer & Burke, 2002)과 같은 목격자의 특징들을 조작했다. 이 방법을 사용하여 연구자들은 실험 자료를 쉽게 만들고 변인들을 정확하게 조작할 수 있었다. 예를 들면, Cutler, Dexter와 Penrod(1990)는 학부생들에게 술을 파는 상점에 침입했던 무장 강도에 대한 모의재판 비디오를 보여 주었는데, 검찰 측과 변호인 측의 모두 진술, 4~5명의 목격자 증언, 반대 신문, 양측의 최후 변론, 그리고 판사의 모범 배심원 지시문이 포함됐다. 비디오 녹화에는 재판의 사실성을 위해 현역 변호사들이 변호인의 역할을 수행했다. 결과적으로 이러한 연구들은 내적 타당도가 높은데, 이는 실험 조작을 통해 명확한 인과관계를 알아볼 수 있다. 녹화된 재판 연구의 또 다른 장점은 배심원 자격이 있는 성인들(예: Cutler et al., 1990)을 대상으로 연구했다는 점이다.

한편, 배심단 대상 모의 실험 연구에 대해 많은 비판들이 제기되었다(관련된 문제에 대한 좋은 논의는 Kerr & Bray, 2005 참고). 첫 번째는, 배심원 자격이 있는 성인이 아닌 대학생들을 포함시켰다는 것이다. 그러나 대학생 참가자들과 배심원 자격이 있는 성인 참가자들을 비교했지만 두 집단 간의 큰 차이는 발견하지 못했는데(예: Cutler et al., 1990), 이는 대학생들로부터 얻어진 결과가 배심원들에게도 일반화될 수 있다는 것을 의미한다. 두 번째는, 실제 재판 동안 배심원이 경험하는 것과 비교하여 복잡성과 정보의 양이 부족하다는 것이다. 세 번째는 배심원들 간에 평의가 대부분은 이루어지지 않는다는 점이다. 배심원 평의를 포함시킨 경우(예: Maass, Brigham, & West, 1985), 목격자 지목 증언의 영향은 배심원 평의 후 더 강력했다(즉, 생각의 양극화). 이러한 연구들은 실제 변호사를 사용했다면 목격자에 대해 좀 더 효과적인 반대 신문이 이루어졌을 것이라는 점에서 비판을 받는다. 네 번째는 모의재판 방법들은 실험 자극의 가변성이 부족하다는 단점이다(이 문제에 대한 논의는 Wells & Windschitl, 1999 참고). 좀 더 자세히 설명하면, 모의재판의 대부분은 사건의 세부사항에 대한 다른 증거들은 제시하지 않고 오로지 단 한 명의 증언을 제시하는데, 이는 결과적으로 실제 재판에서의 효과나 절차를 대표하기보다는 특정한 재판 증거에 대한 수행 수준과 효과를 나타낸다는 것을 보여 준다. 이 문제를 확인하기 위해 Wells, Lindsay와 Ferguson(1979)은 '세 단계 패러다임'을 개발했다.

목격자(일반적으로 학부생)가 범죄 상황(비디오나 연출된)을 목격하고, 그 조사를 받고 난 후 이러한 절차와 조사에 대한 녹화물을 바탕으로 목격자 지목(지목의 정확성과 함께)이 이루어진다. 즉, 다른 참가자가 녹화된 진술과 지목 절차를 보고 목격자의 정확성을 판단하게 한다. 여기서의 장점은 객관적인 수준의 정확성이 존재하기 때문에 모의 배심원의 응답이 신호 탐지 방식으로 분류될 수 있다는 점이다(전체 논의는 Martire & Kemp, 2009 참고). 그러나 이러한 패러다임을 사용한 연구들에서 모든 목격자가 두 번째 단계를 거친 것이 아니었고, 오직 매우 확신감 있거나 매우 자신이 없어 하는 목격자들이 사용됐다. 배심원들이 보는 목격자들의 대표성을 위해 목격자 증언에 대한 정확한 사례를 수집하는 것이 필요하다. 모의 배심원 연구에서와 같이 연구자에 의해 상상으로 만들어진 하나의 증언 샘플에 의존하는 것은 실제 배심원이 목격자의 정확성을 평가하는 능력을 과대 또는 과소 평가할 수 있다.

배심원은 목격자 증거를 평가하기 위해 무엇을 사용하는가, 그리고 제대로 사용하는가

배심원은 목격자가 정확한지 여부를 평가하기 위해 상식을 사용한다. 수많은 실증적 증거에 따르면, 배심원은 다양한 생각과 단서에 의존하기 때문에 항상 목격자 진술의 정확성을 예측할 수 없다. 이 절에서는 단서들이 언제 정확성을 예측할 수 있는지에 대한 연구를 살펴보고, 만약 이러한 단서들이 정확성을 예측하지 못한다면 우선 지목 증거를 평가하는 것에 초점을 맞춘 다음에 목격자의 세부적인 사건에 대한 기억을 살펴보도록 할 것이다.

목격자 지목의 정확성을 평가할 때, 배심원은 좀 더 정확성과 관련 있는 다른 정보가 있음에도 불구하고 법정에서 목격자의 확신감 표현을 기준으로 삼는다. 예를 들면, 목격한 상황에서 오류 가능성을 암시하는 다른 요인, 즉 사람들에게 변장을 한 범인을 봤다는 목격자에 대해 알려 주어도 확신감이 높은 목격자를 믿는 것으로 나타났다. 이러한 패턴은 대학생과 배심원 자격이 있는 참가자 모두에게서 관찰됐다(Cutler et al., 1990). 확신감을 정확성의 기준으로 사용하는 이러한 경향성은 심지어 확신감은 조심스럽게 사용해야 한다는 강력한 권고에도 불구하고 계속됐다. 한 연구에서 참가자들은 "목격자의 확신감이 목격자 증언의 정확성과 관련이 없거나 관련성이 매우 적다는 것을 보여 주는 많은 연구"가 있으며 "매우 확신감이 높다고 할지라도 확신감이 높은 목격자가 틀리거나, 모두 틀리는 경우는 흔히 일어나는 일이다."라는 내용의 전문가 증언을 들었다(Fox & Walters, 1986, p. 220). 그럼에도 불구하고, 이러한 경고를 받은 참가자들은 여전히 매우 확신감 있는 목격자들을 확신감이 낮은 목격자들보다 더 정확할 것이라고 평가했다.

심리학자들은 확신감과 정확성은 항상 높은 상관관계에 있지 않다는 것을 알고 있지만(제7장 참고), 순진한 배심원이 확신감을 정확성의 단서로 사용하는 것은 합리적인 전략이다. 그러나 사실 판단자는 목격자의 확신감이 외부적인 변인에 의해 시간이 지남에 따라 높아질 수 있거나 부풀려질 수 있다는 증거를 두고도 적절하게 평가하는 것이 불가능하다. 일반적으로 부풀려진 확신감은 지목 후의 피드백(예: 제7장; Wells & Bradfield, 1998), 다른 목격자의 정보(예: Luus & Wells, 1994), 또는 목격자에게 반복 질문하기(예: Shaw & McClure, 1996)로부터 발생한다. 또한 재판 준비 절차의 부작용이기도 하다(Wells, Ferguson, & Lindsay, 1981). 이러한 상황에서는 목격자의 확신감은 지목의 정확성이 바뀌지 않더라도 증가한다. 그 결과 매우 확신감 있지만 부정확한 목격자가 되는 것이다. 시간이 지남에 따라 확신감에 차이가 발생하면 확신감이 부풀려졌다는 것을 의미하며, 사실 판단자는 목격자의 높은 확신감은 무시하고 만약 이전(낮은)의 확신감에 대한 진술이 존재한다면 이를 바탕으로 목격자를 평가해야 한다.

부풀려진 확신감에 대한 반응을 조사하기 위한 첫 연구에서 Bradfield와 McQuiston(2004)은 연구 참가자들에게 목격자의 부풀려진 확신감이 조작된 재판 내용을 제시했다. 참가자들에게는 다음 세 가지 내용 중 하나의 재판 내용이 제시됐다. 첫 번째는 목격자가 지목이 이루어졌을 때도 높은 확신감을 보였고 재판에서도 비슷한 확신감을 보였다. 두 번째는 단순하게 부풀려진 조건으로, 목격자는 지목이 이루어졌을 때는 매우 낮은 확신감을 보였지만 재판에서는 매우 확신했다. 세 번째는 목격자의 부풀려진 확신감은 변호인 측에 의해 이의 제기를 받았다. 유죄는 통제 조건과 단순하게 부풀려진 조건에서 비슷한 것으로 나타났다.

이 주제에 대한 두 번째 연구에서, 사람들은 목격자가 '깨달음'에 대해 설명하는 경우에는 확신감 증거를 무시했는데, 그 내용은 다음과 같다.

> 나는 지목이 이루어지는 당시 긴장되어 있었고 머리가 맑지 않았다. 지금은 진정된 상태고 그 강도 사건에 대한 세부사항에 대해 좀 더 확신할 수 있는데, 라인업에서 피해자를 폭행하고 강도 행위를 한 사람을 골랐다는 점에 대해서는 확신할 수 있다(Jones, Williams, & Brewer, 2008, p. 173).

이와 반대로, 증인들이 자신을 신뢰하도록 만들기 위해 확신감을 부풀렸다고 주장하는 경우에는 피고인의 유죄 판결 비율이 감소했다. 증인의 평가에 과장된 확신감이 미치는 영향에 대한 마지막 연구는 이러한 영향이 강하게 나타난다는 것을 보여 주었다. 이 연구(Douglass & Jones, 2011)에서 참가자 몇 명은 지목 절차를 녹화한 영상에서와 동일한 목격자가 재판에서 증언하는 모습을 통해 목격자의 확신감에 대해 알게 됐다. 목격자 지목 절차와 재판까지 증인의 확신감이 명확하게 증가했음에도 불구하고 피고인의 유죄에 대한 평가는 통제 조건(확신감이 증가하지 않은 경우)과 동일했다. 참가자들이 재판 내용을 주의 깊게 보게 하기 위한 동기를 부여하기 위해 지시문을 제시한 경우에도 동일한 패턴을 보였다. 종합해 보면, 이러한 연구들은 배심원의 판단에 확신감이 매우 중요한 역할을 한다는 것을 보여 주고 있으며, 배심원이 확신감 관련 단서를 항상 적절하게 사용할 수 없다는 것을 보여 준다.

Bradfield와 Wells(2000)는 증인의 확신감과 증언의 정확성을 평가할 수 있는 주의, 시각, 거리 차이와 목격 시간과 같은 다른 기준들과의 2차적인 효과를 보여 주었다. 예를 들면, 목격자가 주의를 얼마나 많이 집중하였는지에 대한 내용은 증인이 더 좋은 시각과 명확한 설명이라는 기준에 대해 언급하지 않았음에도 불구하고 배심원은 증인이 더 좋은 시각을 갖고 있었고 명확하게 설명했다고 인식하도록 만든다. 증인의 높은 확신감은 배심원에게 증인이 범인에게 좀 더 주의를 집중했다고 인식하도록 만든다. 이러한 효과는 확신감에 대한 전반적인 인상이 형성되고 나면, 배심원의 마음에는 전반적인 인상에 맞추어 증거들의 다른 면들이 왜곡될 수 있다는 것을 보여 준다(제7장 참고). 이 연구는 실제 증인들은 확신하지만 제대로 주목하지 않았다고 말할 가능성이 낮기 때문에 실제 증인들이 이러한 기준들을 어떻게 사용하는지를 알 수 있는 대표적인 연구들은 아니다. 그러나 배심원들이 증인에 대한 신뢰성을 형성하는 과정과 순서들을 결정하기 위해서 이러한 변인들 간의 상관관계를 연구해야 함을 보여 준다.

배심원은 증인이 목격한 사람과 사건에 대한 증언을 평가해야만 한다. 다수의 실험 연구 결과에 따르면, 모의 배심원들이 검찰 측으로부터 일관성 있는 증언을 들었을 때보다 비일관적인 증언을 듣는 경우 증인에 대한 신뢰성이 낮아졌고 피고인이 실제 범죄를 저지를 확률을 낮게 평가했으며 무죄 판결을 선고할 가능성이 높은 것으로 나타났다(Berman & Cutler, 1996; Brewer & Burke, 2002; Semmler & Brewer, 2002). 즉, 재판 전의 증언과 재판에서의 증언 간의 비일관성은 배심원의 판단에 큰 영향을 미친다. 증언의 비일관성에 대해 중요하지만 아직 연구가 되지 않은 부분은 비일관성이 재판 중에 어떻게 발생하며 이것이 목격자의 신뢰성 인식에 어떻게 영향을 미칠 것인가 하는 부분이다(Berman & Cutler, 1996). 실제 재판에서 발생하는 비일관성의 대부분은 변호인에 의해 강조된다. 그러나 배심원이 추론할 수도 있고 평의 과정에서 좀 더 드러날 수도 있다. 변호인에 의해 추론된 경우보다 이러한 비일관성은 배심원에게 더 큰 영향을 미칠 것인가?

Brewer와 Burke(2002)는 목격자의 확신감과 비교해 비일관성이 얼마나 중요한지에 대해 연구했다. 연구자들은 모의 배심원들에게 무장 강도 사건을 제시하면서 매우 일관적 또는 매우 비일관적인 진술을 제시했고, 여기에 검찰 측 증인의 증언이 확신감이 매우 높거나 매우 낮도록 조작했다. 연구자들은 특히 피고인에 대한 지목과 관련된 확신감이, 그리고 증인 진술의 일관성보다는 증인의 신뢰성 평가가 판결에 매우 큰 영향을 미쳤다고 보고했는데, 이는 배심원이 사건의 세부사항에 대해 때로는 잘못 기억할 수는 있지만 확신감 있는 지목의 경우 자신을 폭행하고 강도한 누군가의 얼굴은 잊을 수 없을 것이라고 생각한다는 것을 보여 준다.

목격자의 비일관적인 진술은 다른 증언도 믿을 수 없다는 것을 의미하는가? 다수의 연구에 따르면, 비일관성은 전반적인 증인의 정확성과는 관련이 없다. Fisher, Brewer와 Mitchell(2009)은 증인들에게 범죄를 목격하게 하고 사건의 세부사항에 대한 기억을 면대면 면담 또는 서면 조사를 실시하여 측정했고, 일부는 일정한 시간 후, 즉 30분에서 몇 주 후로 다양하게 재면담을 실시했다. 증인들의 진술들을 비교해 이를 일관적임, 모순됨, 연상됨(두 번째 또는 나중의 면담을 통해 받은 증인의 진술에 새로운 내용이 포함된 경우), 또는 잊어버림(첫 면담에서 진술했던 내용을 두 번째 면담에서 진술하지 않은 경우)으로 구분했다. 전반적인 정확성과 일관성의 관계를 볼 때, 이러한 연구 결과는 특정 사실에 대한 모순된 사실이 존재하지만 이는 특정 사실 수준에서의 모순이며, 더 많이 모순된 진술을 했던 증인은 적게 모순된 진술을 했던 경우와 비슷한 수준으로 정확성을 평가했다. 비슷하게, 증인들의 진술에 연상된 세부사항이 포함되어 있는 경우(즉, 이전 면담에서 전혀 언급되지 않았던 사항이 두 번째 면담에서 제시된 경우)는 전반적인 정확성을 예측하지는 않았다. 이 두 가지 결과는 법정과 변호사들의 추론과 상반되는 것이며, 배심원이 목격자의 신뢰성과 신빙성을 평가하는 데 사용한다.

Bell과 Loftus(1989)는 배심원의 목격자 진술에 대한 다른 측면인 세부사항 수준의 영향을 조사했다. 연구 참가자들은 형사 재판에 대한 다양한 설명을 읽었다. 설명에는 검찰 측 증인과 변호인 측 증인의 세부사항의 정도가 높음에서 낮음까지 조작됐다. 세부사항의 정도는 증인의 진술이 사건의 요지만 제시되거나 사건의 세부사항이 제시되도록 조작했다. 검찰 측 증언이 매우 구체적이고 변호인 측 증언도 매우 구체적인 경우 32%의 배심원들이 유죄 판결을 내렸다. 그리고 검찰 측 증언은 구체적이지 않았지만 변호인 측 증언이 구체적인 경우에는 13%만이 유죄 판결을 내렸다. 세부사항의 내용이 범인의 행동과의 관련성과는 상관없이 최종 판결에는 영향을 미치지 않았다.

세부사항은 목격자 진술의 정확성을 나타내는 좋은 척도인가? Weber와 Brewer(2008)는 목격자들 간의 높은 구체성(자세한)과 낮은 구체성(대략적)의 진술을 만들어 내는 인지적 구조를 조사했다. 일반적으로 연구는 목격자들이 제시한 답변의 구체성 수준은 정보의 정확성과 상충적 관계에 있다는 것을 보여 주었다. 자세한 답변(예: 범인이 남색 스웨터를 입었고 앞에 아디다스 로고가 있었다는 설명)은 경찰에게 더 도움이 되지만, 대략적인 답변(예: 어두운 색 상의)에 비해 부정확할 확률이 높다. 이러한 상충적 관계는 (a) 목격자 진술의 선택권(즉, 잘 모르는 것에 대해서 말하지 않을 수 있었는지, 아니면 모두 진술해야 했는지), (b) 질문의 형식(기억해 내기 또는 인식해 알아보기), 그리고 (c) 정확성과 관련해 증인이 얻는 이점(예: 자신의 진술만이 증언으로 사용될 것이고 경찰의 유일한 증거인 경우 또는 경찰이 CCTV를 확보했고 10명의 증인 중 한 명인 경우)과 같은 요인들에 의해 결정된다. 즉, 배심원이 간단하고 빠른 추론을 통해 세부사항이 많을수록 좋다고 생각하는 경우, 증인의 실제 기억의 정확성에 대한 인상을 형성하지 못할 가능성이 높다. 배심원은 경찰이 증인을 어떻게 면담했는지에 대해 자세히 살펴보아야 하는데, 이는 구체성이 낮거나 높은 진술이 정확한지 파악할 수 있기 때문이다.

요약하자면, 목격자 증거를 평가할 때 배심원이 오판을 할 수 있는 다양한 측면이 존재한다는 것이다. 정확성에 대한 행동 및 증언 단서를 제대로 구분하지 못하고 이러한 단서들을 잘못 통합하거나 가중치를 잘못 부여하는 경우에는 증인의 지목 또는 사건에 대한 정확한 판단과 관련하여 오류가 발생할 수 있다.

이러한 연구들은 목격자의 정확성에 관련되어 있다고 생각되는 요인들이 신뢰성 판단에 어떻게 영향을 미치는지에 대해 보여 주었다. 그러나 연구들은 배심원들이 정확하게 지목한 증인과 부정확하게 지목한 증인을 구분할 수 있는지 여부에 대해서는 검증하지 않았다. 이 문제에는 실제 목격자 패러다임을 사용해 연구를 진행할 수 있다.

Wells와 동료들(1979)은 처음으로 배심원의 과제는 신호 탐지 문제라고 주장하며 실제 정확한 또는 부정확한 증인을 다른 증언과 재판 절차와 같은 다른 '잡음'으로부터 구분하는 것이라고 설명했다. 신호 탐지 측면에서 보면, 배심원은 실제 정확한 지목을 정확한 지목이라고 판단(적중)할 수 있고, 실제 부정확한 지목을 부정확한 지목이라고 판단(정기각)할 수 있고, 실제 부정확한 지목을 정확하다고 잘못 판단(오경보)할 수 있거나, 실제 정확한 지목을 부정확하다고 잘못 판단(오거부)할 수 있다. 신호 탐지 이론의 장점은 두 개의 측정치를 제시한다는 점으로 (a) 관찰자가 신호(이 경우에는 정확한 증인)와 잡음(다른 증거 또는 오해할 수 있는 확신감 수준)을 변별할 수 있는 능력, 그리고 (b) "예."(증인이 정확합니다) 또는 "아니요."(증인은 부정확합니다)라고 답변할 수 있는 편견의 정도다. 신호 탐지 측면에서 이러한 측정치는 민감도(또는 변별력)와 편견으로 불린다. 실제 목격자들을 사용하여 모의 배심원들의 정확성을 측정한 초기 연구들에서 배심원들은 부정확한 목격자를 정확한 목격자라고 믿는 확률은 비슷한 것으로 나타났다(Lindsay, Wells, & O'Connor, 1989). 실제 목격자를 사용해 연구를 실시한 Wells, Lindsay와 Ferguson(1979)에 따르면, 모의 배심원들은 변별력 또는 민감도에서 부족한 모습을 보였는데, 이는 신호와 잡음을 잘 구분하지 못한다는 것을 말한다. 모의 배심원의 생각에 가장 큰 영향을 미치는 요인은 확신감이었다.

변호사들은 이 실험 방식을 비판했는데, 모의 배심원들이 4학년 학부생과 대학원생들로 일정한 질문에 답을 하는 형태였다(Lindsay et al., 1989, p. 334 참고). 후에 이 실험은 캐나다 온타리오 주 킹스턴의 변호사들(경력자와 비경력자)이 배심원 역할을 맡아 재실험이 실시되었다. 결과는 명확했는데, 경험이 많은 변호사도 부정확한 목격자를 잘 구분하지 못했다. 경험이 없는 변호사들과 별반 다르지 않았는데, 이는 모의 배심원 연구에서 배심원들의 목격자 정확성 판단에 대한 오류율을 과대평가하지 않는다는 것을 의미한다. 또한 Lindsay, Wells와 Rumpel(1981)은 배심원들은 기억의 질에 해가 되는 변인들에 민감하게 반응하지 않았는데, 이는 목격한 상황이 좋거나, 중간 정도이거나, 나쁘냐에 따라 지목의 정확성 판단이 바뀌어야 하지만 이를 증언의 정확성에 대한 의견에 반영하지 않는다는 것을 보여 주었다. 이러한 연구들이 오래전에 실시되었지만 좀 더 최근에 이루어진 연구(예: Martire & Kemp, 2009)에서도 모의 배심원들의 정확한 판단율이 매우 낮으며 모의 배심원의 수행에 있어 좀 더 정제된 신호 탐지 측정치가 필요한 것으로 나타났다.

목격자를 신뢰하는 심리과학적 근거

배심원은 왜 부정확한 증인을 믿는 것일까? 이에 대한 답은 목격자 증언의 정확성을 평가하기 위해 심리적 과정에 대한 과학적 이론의 검증과 발전에서 찾을 수 있다.

연구 영역에서 사용되고 있는 연구 설계와 방법론은 일반적으로 연구를 이끄는 이론적 틀에 의해 형성된다. 그러나 목격자에 대한 배심원의 의견을 조사하는 연구들은 주도적인(또한 통합적인) 이론적 틀에 의해 형성되지 않았다. 이 절에서는 배심원의 판단을 이해하고 개선할 수 있는 기본적인 사회심리학적 · 인지심리학적 이론들의 잠재적인 적용 방안에 대해 논의하며, 결과적으로 앞으로의 연구에 대한 통합적인 틀을 제시하고자 한다.

배심원이 목격자 기억의 정확성에 대한 의견을 어떻게 형성하는지에 대한 총체적인 이해는 기억이 어떻게 작용하는지, 타인에 대한 의견을 어떻게 형성하는지, 우리의 기억이 어떻게 작용하는지에 대한 직감적인 생각 등을 총체적으로 고려해야 한다. 최근 몇 년 동안 인간 간의 메타 인지에 대한 관심이 커지고 있다(이에 대한 논의는 Jost, Kruglansi, & Nelson, 1998 참고). 이번 장에서 논의된 연구들이 메타 인지 관련 이론들과는 직접적으로 연관되지는 않지만, 배심원의 과제를 쉽게 말하면, 타인 기억의 정확성을 추론하는 문제, 즉 대인 관계적 메타 인지로 보는 것이 더 이로울 것이다.

목격자 기억의 정확성에 대한 배심원의 부정확한 평가는 배심원에게 이전부터 존재한 기억의 신뢰성에 대한 선입견과 더불어 타인 행동의 원인을 추론할 때 자신의 행동을 기초로 추론하는 것에서 출발한다(Leippe, 1995). 우리는 타인이 제시한 기억 진술의 정확성을 평가할 때 객관적인 정보를 통해 확인할 수 있는 기회가 거의 없고 일반적으로 무엇을 기억하는지에 대해 질문하는 것은 사회적인 규범이 용납하지 않는다. 결국 대인 관계 판단 상황에서 우리는 진실 편견적 성향을 가지고 있다(Vrij, 2000). 모의 배심원 연구를 진행한 Loftus(1974)는 간단한 재판 요약문에 검찰 측 증인 한 명이 추가되는 경우 유죄 판결 비율이 18%에서 72%로 증가한다는 것을 보여 주었다. 이후에 이루어진 많은 연구들이 비슷한 결과를 얻었으며, 참가자들에게 연출된 범죄(또는 다른 사건)를 제시한 연구에 대한 설명을 읽고 각 재판당 목격자들 중에서 정확히 지목한 비율을 추정하게 했다. 이러한 연구들은 사람들은 목격자가 정확하게 범인을 지목하는 비율을 일관적으로 과대평가한다는 것을 보여 주었다(Brigham & Bothwell, 1983; Kassin, 1979; Wells, 1984에서 재인용). 이 재판들은 실제와는 다르고 모의 증인을 평가한 것이지만 목격자의 정확성 판단에 후한 점수를 주는 것은 목격자 기억에 대해 긍정적인 선입견 때문일 수 있다(Leippe, 1995). 이러한 시각, 즉 목격자 기억에 대한 긍정적인 편견은, 배심원들이 어떻게 증거를 취합하는가에 대한 연구에 따르면, 초기에 특정 판결을 기대하는 것 자체가 이후에 제시되는 증언을 왜곡할 수 있다(Carlson & Russo, 2001). 그러므로 재판 초기에 목격자를 제시하는 것은 사건을 원하는 방향으로 몰고 갈 수 있다는 것이다. 요약하면, 연구들에 따르면, 다른 정보가 없는 경우, 배심원이 목격자의 정확성에 대해 기본적으로 가지고 있는 기대치가 있으며, 이는 거짓 기억 또는 부정확한 지목 판단과는 다르다는 것이다.

이는 배심원의 효과적인 목격자 증거에 대한 평가를 신뢰한다는 점만의 문제가 아니다. 목격자의 기억에 문제가 있다는 것이 증명되지 않는다면, 목격자의 증언은 목격자 기억의 질을 대변하는 것이지 목격자가 어떤 질문을 받았는지와 관련된 것이 아니다. 또한 만약 라인업을 제시받았다면, 목격자의 잘못된 제보가 배심원의 마음에 중요하게 자리 잡고 잘못된 믿음을 줄 것이다. 이러한 가정은 근본 귀인 오류의 구체적인 예로 설명될 수 있는데, 이는 사람은 행동의 원인을 상황적 요인에 의한 것이기보다는 개인 내부에 있다고 생각하는 일반적인 경향성을 말한다(Ross, 1977). 대부분의 판단 상황에서는 사람이 (상황에 비해) 더 두드러지기 때문에 근본 귀인 오류를 범한다고 생각된다. 나아가 귀인 과정이 자동적으로 이루어진다는 것은 귀인 오류를 바로잡기 위해서는 의식적인 노력이 필요하다는 것을 의미한다(Gilbert, 1989). 이러한 오류를 줄이기 위한 성공적인 개입이 되려면 짧은 시간에 생성되는 귀인을 바로잡기 위한 노력에 집중해야 하며, 경찰이 목격자 증거를 수집하기 위해 사용한 방법들에 대한 중요성을 부각시켜야 한다.

배심원의 의사결정에 목격자의 확신감이 지속적으로 미치는 영향은 배심원이 확신감을 휴리스틱(heuristic, 직관적)으로 사용하기 때문이라고 생각했다. 확신감은 사람이 자신의 기억에 대한 정확성을 감시하고 통제하는 기본적인 방법(Koriat & Goldsmith, 1994)이고, 다른 사람이 제공하는 정보의 정확성을 평가하는 데 기본적인 휴리스틱으로 사용한다(Price & Stone, 2004). 이러한 결과를 토대로, 배심원의 판단 정확성은 확신감에 대한 행동적 지표의 도움을 받을 것이다("저 남자가 확실해요."라는 명시적인 진술과 말의 빠름, 억양과 높이와 같은 확신감에 대한 비언어적인 지표). 나아가 근본 귀인 오류의 작용을 볼 때, 확신감은 다른 목격자로부터의 긍정적인 피드백과 같은 어떠한 외부의 사회적인 영향보다 기억의 정확성에 귀인할 것이다. 판단과 의사결정 분야에는 확신감과 정확성의 관계를 발전시키려는 목적을 갖고 있는 문헌들이 다수 존재한다. Brewer, Keast와 Rishworth(2002)는 이러한 접근을 확신감과 목격자 지목의 정확성의 관계에 성공적으로 적용시켰다. 과도한 확신감을 감소시키는 데 도움이 된 성공적인 조작은 '가설 반증(hypothesis disconfirmation)'으로, 이것은 목격자에게 자신의 판단이 틀렸을 수도 있다는 점에 대한 이유를 생각하도록 하는 것이다. 그러나 이러한 접근은 목격자 증언의 평가에 대한 배심원의 확신감과 증언에 대한 판단 정확성 간의 관계를 개선시키려는 연구에서는 아직 이루어지지 않았다. 목격자가 왜 틀렸을 것이라고 생각하는지에 대한 이유를 말하도록 하는 것이 배심원의 과도한 확신감을 줄일 수 있을 것인가? 실제 목격자 패러다임을 개발한 Wells(1984)와 이를 개선한 Martire와 Kemp(2009)는 이러한 가능성들을 탐구하는 데 필요한 기본적인 연구들을 제시했다.

목격자에 대한 믿음과 관련된 연구

이 절에서는 배심원 판단의 정확성을 증가시키기 위한 연구 및 평가적 접근에 대해 알아보고자 한다. 주된 초점은 배심원 판단의 정확성을 증가시키기 위한 전문가의 심리학적 증언의 효과에 대한 것이다. 모의 배심원을 대상으로 이루어지는 재판에서 전문가 증언의 종류와 시기가 미치는 영향을 포함해 전문가 증거의 연구에 대해 살펴본다. 또한 배심원 지시문과 반대 신문과 같이 전통적인 보호 장치의 효과에 대해서도 논의한다. 배심원 선정 과정에 대한 내용은 Leippe(1995) 논문에서 검토하였으므로 여기서는 다루지 않을 것이다.

법적인 보호 장치에 대한 연구들을 검토하기 전에 우리가 무엇을 향상시키길 원하는지 생각해 보자. 어떠한 개입도 배심원의 의사결정을 향상시키는 것을 목표로 해야만 하는가? 또는 배심원이 평결에 이르는 과정을 변화시키기는 것이 아니라 단순한 교육적인 개입과 같은 역할이어야만 하는가? 법에서의 심리과학의 역할에 대한 논의는 진행 중이며, 여기서는 검토하지 않을 것이다. 전문가 증언의 사용과 관련된 폭넓은 법적인 문제들과 배심원의 의사결정을 향상시키기 위한 다른 개입들에 대해 이해하길 원한다면 Cutler(2009)가 편집한 책을 추천한다. 여러 연구자들은 배심원의 목격자 증거에 대한 민감성을 향상시키는 개입에 대해 논쟁했다. 앞서 논의한 대로, 민감성은 목격자의 정확성을 유추할 수 있는 올바르고 적절한 단서를 사용하는 배심원의 능력을 말한다. '민감성'을 증가시킴으로써 무고한 자에 대한 유죄 판결이 줄어들고 유죄인 자에 대한 유죄 판결이 늘어나게 될 것을 기대할 수 있다. 반대로, '회의적인 태도' 또는 '편견'은 목격자가 정확하다고 판단하기 전에 더 많은 증거나 확실성이 필요하게 된다(즉, 배심원이 잘못된 단서를 지속적으로 사용할지라도 증언을 받아들이기 위해서는 개인적으로 더 높은 확실성을 요구하는 것이다; Leippe, Eisenstadt, Rauch, & Seib, 2004; Martire & Kemp, 2009). 회의적인 시각만을 증가시키기 위해서 조치를 취하는 것은 민감성을 증가시키기 위한 노력보다는 비효과적인데, 이는 유죄인 자들에 대한 유죄 판결의 비율을 유지하는 데 거의 기여하지 않기 때문이다.

증인의 신뢰에 대한 일반적인 지시문, 인간의 기억이 어떻게 작용하는가에 대한 일반적인 정보, 이 사건에서 어떠한 요인들이 중요한 것인지에 대한 세부적인 증언, 기억의 정확성에 영향을 미치는 다양한 요인들에 대한 증언과 의견 증언과 같은 다양한 종류의 전문가 증언이 존재한다. 전문가 증언은 또한 증거와 검찰 측 목격자 모두와 충돌할 수 있다. Cutler, Penrod와 Dexter(1989)는 전문가 증언이 배심원에게 세 가지 종류의 영향을 미친다고 주장했는데, 그것은 배심원을 혼란스럽게 하고, 배심원의 민감성을 증가시키거나, 또는 배심원을 회의적이게 만든다는 것이다. 몇몇 연구들(예: Cutler, Penrod, & Dexter, 1989)은 전문가 증언의 제시가 배심원이 정확한 증인과 부정확한 증인을 구별할 수 있는 능력을 상당히 향상시킨다고 보고하는데, 이는 민감성의 향상을 말한다. 그러나 다른 연구에서는 전문가 증언이 배심원을 목격자의 증언에 대해 회의적으로 만들고(Leippe et al., 2004; Wells, 1984), 목격자에 대한 믿음이 감소하고 증언에 기초한 유죄 판결이 감소한다고 보기도 한다. Leippe(1995)는 연구들에 대한 검토를 통해 대부분의 전문가 증언의 영향은 배심원들을 회의적으로 만드는 데 있다고 제안했다.

전문가 증언의 영향은 증언이 어느 시기에 이루어지느냐에 따라 달라질 수 있다. 전문가 증언은 목격자 증언(과 다른 증거들)이 제시된 이전 또는 이후에 제시될 수 있고, 호주나 영국의 법원의 몇몇 사례의 경우에는 배심원 선정 과정에서나 공판 전 심리에서만 제공되기도 한다. Leippe와 동료들(2004)은 재판 모의 실험에서 목격자 전문가 증언의 영향을 연구했는데, 그들은 동일한 실험에서 목격자 증거가 제시되기 이전과 이후에 이루어진 전문가 증언의 영향을 직접적으로 비교했다. 또한 검찰 측의 주장이 강하거나 약한 사건의 영향도 함께 연구했다. 대부분의 북아메리카 지역의 재판에는 목격자가 증언을 하고 난 후와 검찰 측이 모든 증거를 제시하고 난 후 재판 말미에 목격자 전문가 증언이 제시된다. 그 이유는 목격자 전문가 증언의 대부분은 피고인 측에서 제시하고 피고인 측의 증거 제시는 검찰 측 증거가 모두 제시된 후에나 이루어지기 때문이다. 증거가 제시되기 이전에 제시되는 경우와 비교해 보면 이 경우에는 비교적 최신 효과의 장점을 누릴 수 있다. 증언이 늦게 제시되는 경우에는 다른 증거에 비해 기억에 남아 있을 가능성이 높은데, 배심원들이 평의할 때, 특히 사건이 복잡하고 지루하며, 배심원의 이해도가 떨어지거나 배심원이 좀 더 휴리스틱(덜 체계적인) 과정에 빠질 때에는 도움이 될 수 있다(Brewer & Hupfeld, 2004; Brewer & Williams, 2005). 그 대신 일반적으로 목격자 전문가 증언이 증거 이후에 제시되는 경우에는 배심원이 이미 사건에 대한 내용을 확정 지었거나 범죄에 대한 견해가 형성된 후에는 설득력이 떨어질 수 있다. 목격자는 이미 증언을 마쳤기 때문에 배심원은 목격자의 정확성을 판단하기 위해 목격자가 증언할 때 어떠한 단서들을 사용해야 하는지에 대해 배운 내용을 적용할 수 없게 된다(Leippe, 1995). 요약하자면, 증거 제시 이후에 제공되는 전문가 증언은 목격자 증언의 신뢰성에 대한 회의성 또는 민감성을 강화시키지 못할 가능성이 높다. 전문가 증언의 시기의 영향에 대한 두 개의 연구에서 Leippe와 동료들(2004)은 전문가 증언이 증거 후에 제시되고 판사가 재판 내용을 요약하면서 전문가 증언 내용에 대한 기억을 상기시켜 주는 경우 배심원들의 회의감이 증가한다는 것을 나타났다. 한편, 전문가 증언이 증거가 제시되기 전에 제시된 다른 조건의 경우에는 배심원들의 판단에는 거의 영향이 없는 것으로 나타났다.

호주나 영국의 법정에서는 일반적으로는 전문가 증언이 제시되지 않는다. 배심원은 판사의 지시문을 통해 목격자의 기억 관련 과학적 연구들에 대한 설명을 듣게 될 가능성이 높다. 이 두 국가에서는 판사가 관련된 법에 대해 설명만 하는 것이 아니라 재판에 제시된 증거에 대해서도 논의하고 증거들이 피고인에게 제시된 각각의 혐의와 입증 기준에 어떻게 관련되어 있는지 설명한다. 판사의 지시문이 배심원의 의사결정과 목격자 증언에 미치는 영향에 대한 연구는 비교적 많지 않다. Martire와 Kemp(2009)는 실제 목격자 패러다임을 사용해 다양한 종류의 전문가 증언(일치하는 전문가 증언, 불일치하는 전문가 증언, 전문가 증언이 제시되지 않은 통제 집단)과 판사의 지시문(목격자 지목에 대한 기본적인 뉴사우스웨일스 주[3] 의 지시문)의 영향을 알아보았다. 일치하는 증언이 제시된 조건에서 전문가는 목격자의 확신감이 정확성의 좋은 지표라고 설명했다. 불일치하는 증언이 제시된 조건의 경우, 전문가는 목격자의 확신감은 목격자 기억에 대한 좋은 지표가 아니라고 증언했다. 이 연구에서는 전문가 증언의 영향을 평가하기 위해 신호 탐지를 측정했는데, 그 결과 목격자의 정확성을 알려 주는 신호에 대한 민감성 또는 증언이 유죄나 무죄를 지지한다고 생각하는 경향성 내지는 편향성에 전문가의 증언은 거의 영향이 없는 것으로 나타났다. 더욱 중요한 점은 이 연구에서 사용한 연구방법이 확신감-정확성 관계에 대한 지식이 모의 배심원들의 판단을 바꿀 수 있을 것인가를 검증했다는 점이다. 연구 결과 지식 자체와 배심원들에게 오판의 가능성에 대해 주의를 환기시킨 판사의 지시문은 판단의 정확성을 높이지 못했다.

요약하자면, 대부분의 접근들은 모의 배심원의 임무 수행(목격자 증언의 정확성을 더 잘 구분한다고 정의한다면)에 별다른 영향을 끼치지 못했다. 잘못된 유죄 판결을 줄이기 위한 전문가 증언이 갖는 의의는 지식 전달만으로 충분히 판결에 영향을 미칠 수 있다고 가정하는 것이다. 이것이 왜 문제가 되는가에 대한 몇 가지 이유가 있다. 첫째, 배심원들의 민감성을 증가시키기 위한 전문가 증언의 영향력이 뒤죽박죽이라는 점을 제쳐 두고라도(Leippe, 1995), 정확성과 목격자의 증언을 바탕으로 유죄 판결을 내리려는 의향성 간의 관계를 검증한 실증 연구들에서 관계가 매우 작거나 유의미한 관계가 나타나지 않는다는 것이다. 예를 들면, Magnussen, Melinder, Stridbeck과 Raja(2010)의 연구 결과, 일반적으로 목격자 관련 지식이 많다는 점과 목격자 증언에 대한 비판적인 평가와는 관련이 없는 것으로 나타났다. 둘째, 배심

3) 호주 남동부에 위치한 주이며, 주도는 시드니다.(역자 주)

원이 목격자의 증언을 평가하는 과정이 일상에서 다른 사람의 기억력에 대한 정확성을 추정하는 방법과 크게 다르지 않다는 것이다. 이는 자동적으로 이루어지고, 많이 실습된 상태인 데다가 배심원의 인식 과정 밖에서 작동된다. 이러한 과정을 바꾸는 것은 이전에 알던 것보다 더욱 어렵고 좀 더 이론에 근거한 방법들에 의해 영향을 받을 수 있다.

목격자에 대한 믿음과 관련된 연구의 적용

Loftus와 Ketchum(1991)은 목격자에 대한 믿음이 모순되는 증거가 제시되었음에도 불구하고 얼마나 집요하게 유지되는가를 몇 개의 실제 오판 사례들을 통해 보여 주었다.

Goodman과 Loftus(1992)가 보여 주었듯이, 이러한 실제 사례들은 "판단이 잘못됐다는 명백하고 반박의 여지가 없는 증거가 있음에도 불구하고 목격자의 잘못된 기억에 대해 헌신적이고 애착적인 모습을 보여 준다"(p. 268).

현재 부정확한 지목과 거짓 증언을 양산해 내는 절차를 사용하는 경찰(제6장 참고)이나 목격자의 증언에 얼마나 많은 무게를 둘 것인지에 대한 전문가 증언에 반응하지 않는 배심원에 의해 발생한 잘못된 오판의 문제점은 충분히 논의되지 않았다. Leippe(1994)는 전문가 증언에 의해 목격자에 대한 의심이 증가하는 것은 대부분의 연구가 전문가 증언의 영향을 검증하기 위해 설계되었다는 점을 감안하면 그리 놀랍지만은 않다. 그러나 Leippe는 배심원에게 목격자의 증언이 정확하다는 것을 알려 주는 요인들에 재초점을 맞추는 것이 가장 좋은 방법이라고 주장했다. 이 방법의 가장 큰 효용성은 배심원이 확신감과 관련된 단서들을 다시 재고하도록 만드는 데 있다. 목격자 기억에 대한 연구 결과 확신감과 정확성은 관련이 없다는 의견이 지배적이다(즉, 피드백이 제시된 경우, 재판을 위해 목격자를 준비시켰을 경우, 반대신문이 제시되었을 경우, 한 명의 목격자가 다른 목격자와 접촉이 있었을 경우, 라인업을 실시하는 사람이 라인업에서 용의자가 누구인지 알고 있는 경우). 이러한 요인들이 발생하지 않았고 목격자의 최초 증언(즉, 확신감에 대한 평가)이 제대로 보존되고 있는 경우, 배심원이 목격자의 확신감을 고려하는 것은 매우 좋은 것이다(Brewer & Wells, 2006와 비교). Leippe(1994)는 또한 전문가 증언이 어떤 요인이 정확성과 관련 없는지에 초점을 맞추게 되면 배심원에게 적절한 신호에 좀 더 예민하게 반응할 가능성이 있다고 주장했다. 이러한 주장에도 불구하고, 전문가 증언의 영향, 즉 무엇으로 정확성을 판단할 수 있고 없는지를 비교한 연구는 많지 않다. 요약하면, 전문가 증언은 배심원에게 어떠한 내용의 증언이 자신들에게 도움을 줄 수 있는지에 대한 지식을 제공해야 한다는 것이다. 또한 지식을 제공하는 것이면 충분한지, 또는 목격자 증언을 평가할 수 있는 특정한 훈련이 필요한지에 대해 고려해 봐야 할 것이다.

결론

수년 동안 심리학자들은 목격자 증거와 관련된 문제들에 대해 연구하고 이를 증명해 왔으며, 재판에서 목격자의 기억이 믿을 만한가에 대한 전문가 증언이 포함되어야 한다고 강력하게 주장해 왔다. 연구 결과들과 사례 연구들은 배심원에게는 정확한 목격자 증언, 비정확한 목격자 증언, 또는 지목 판단을 구분해 낼 수 있는 지식이 없다는 것을 보여 준다. 배심원은 직관적으로는 그럴듯한 확신감, 세부사항 그리고 일관성에 의존하지만, 이것들이 기억의 정확성을 말하지는 않는다. 또한 목격자가 진술하는 내용에 상황의 힘이 큰 영향을 미치는지에 대해서도 모르고 있다. 부정확한 목격자의 증언에 대한 법적인 안전 장치도 목격자 증언에 의한 잘못된 유죄 판결이 감소할 것이라는 확신을 제시하지 못한다. 목격자로부터 정확한 진술을 받기 위한 최선의 기법이 무엇인지에 관한 수사관에 대한 교육은 많이 발전했지만(제6장 참고), 배심원에 대한 교육은 그렇게 발전하지 못했다. 이러한 상황이 개선되지 않는다면 오판 사례는 지속적으로 발생할 것이다. '똑똑한' CCTV와 얼굴 인식 시스템과 같은 새로운 기술의 출현으로 배심원에게는 지목에 대한 강력한 증거를 제시해 주어 설득력은 높아질 수 있지만 오류는 계속 발생할 것이라는 점이 더 큰 문제다.

결론적으로, 배심원이 실수할 수 있고 법적 보호 장치가 배심원의 판단 정확성을 극적으로 증가시키지 못한다는 것을 알고 있다. 배심원이 언제 잘못 판단하는지 이해하기 위해 이론을 바탕으로 한 접근 방법이 필요하다. 이것이 가능해지면, 사법 체계의 통제하에 있는 오류들에 대해서는 감소시킬 수 있는 방법들을 개발하고 검증할 수 있을 것이다.

★ 참고문헌

Alexander v. The Queen, HCA 17; 145 CLR 395 (1981).

Bell, B. E., & Loftus, E. F. (1989). Trivial persuasion in the courtroom: The power of (a few) minor details. *Journal of Personality and Social Psychology, 56,* 669-679. doi:10.1037/0022-3514.56.5.669

Benton, T. R., Ross, D. F., Bradshaw, E., Thomas, W. N., & Bradshaw, G. S. (2006). Eyewitness memory is still not common sense: Comparing jurors, judges and law enforcement to eyewitness experts. *Applied Cognitive Psychology, 20,* 115-129. doi:10.1002/acp.1171

Berman, G. L., & Cutler, B. L. (1996). Effects of inconsistencies in eyewitness testimony on mock juror decision making. *Journal of Applied Psychology, 81,* 170-177. doi:10.1037/0021-9010.81.2.170

Bradfield, A., & McQuiston, D. E. (2004). When does evidence of eyewitness confidence inflation affect judgments in a criminal trial? *Law and Human Behavior, 28,* 369-387. doi:10.1023/B:LAHU.0000039331.54147.ff

Bradfield, A. L., & Wells, G. L. (2000). The perceived validity of eyewitness identification testimony: A test of the five Biggers criteria. *Law and Human Behavior, 24,* 581-594. doi:10.1023/A:1005523129437

Brewer, N., & Burke, A. (2002). Effects of testimonial inconsistencies and eyewitness confidence on mock-juror judgments. *Law and Human Behavior, 26,* 353-364. doi:10.1023/A:1015380522722

Brewer, N., & Hupfeld, R. M. (2004). Effects of testimonial inconsistencies and witness group identity on mock-juror judgments. *Journal of Applied Social Psychology,*

34, 493-513. doi:10.1111/j.1559-1816.2004.tb02558.x

Brewer, N., Keast, A., & Rishworth, A. (2002). The confidence-accuracy relationship in eyewitness identification: The effects of reflection and disconfirmation on correlation and calibration. *Journal of Experimental Psychology: Applied, 8,* 44-56. doi:10.1037/1076-898X.8.1.44

Brewer, N., & Palmer, M. (2010). Eyewitness identification tests. *Legal and Criminological Psychology, 15,* 77-96. doi:10.1348/135532509X414765

Brewer, N., Potter, R., Fisher, R. P., Bond, N., & Luszcz, M. (1999). Beliefs and data on the relationship between consistency and accuracy of eyewitness testimony. *Applied Cognitive Psychology, 13,* 297-313. doi:10.1002/(SICI)1099-0720(199908)13:4〈297::AID-ACP578〉3.0.CO;2-S

Brewer, N., & Wells, G. L. (2006). The confidence-accuracy relationship in eyewitness identification: Effects of lineup instructions, foil similarity, and target-absent base rates. *Journal of Experimental Psychology: Applied, 12,* 11-30. doi:10.1037/1076-898X.12.1.11

Brewer, N., & Williams, K. D. (2005). *Psychology and law: An empirical perspective.* New York, NY: Guilford Press.

Brigham, J. C., & Bothwell, R. K. (1983). The ability of prospective jurors to estimate the accuracy of eyewitness identifications. *Law and Human Behavior, 7,* 19-30. doi:10.1007/BF01045284

Carlson, K. A., & Russo, J. E. (2001). Biased interpretation of evidence by mock jurors. *Journal of Experimental Psychology: Applied, 7,* 91-103. doi:10.1037/1076-898X.7.2.91

Cutler, B. L. (2009). *Expert testimony on the psychology of eyewitness identification.* New York, NY: Oxford University Press.

Cutler, B. L., Dexter, H. R., & Penrod, S. D. (1989). Expert testimony and jury decision making: An empirical analysis. *Behavioral Sciences & the Law, 7,* 215-225. doi:10.1002/bsl.2370070206

Cutler, B. L., Dexter, H. R., & Penrod, S. D. (1990). Nonadversarial methods for sensitizing jurors to eyewitness evidence. *Journal of Applied Social Psychology, 20,* 1197-1207. doi:10.1111/j.1559-1816.1990.tb00400.x

Cutler, B. L., Penrod, S. D., & Dexter, H. R. (1989). The eyewitness, the expert psychologist, and the jury. *Law and Human Behavior, 13,* 311-332. doi:10.1007/

BF01067032

Davies, G., & Thasen, S. (2000). Closed-circuit television: How effective an identification aid? *The British Journal of Psychology, 91,* 411-426. doi:10.1348/000712600161907

Davis, J., & Valentine, T. (2009). CCTV on trial: Matching video images with the defendant in the doc. *Applied Cognitive Psychology, 23,* 482-505. doi:10.1002/acp.1490

Devenport, J. L., Penrod, S. D., & Cutler, B. L. (1997). Eyewitness identification evidence: evaluating commonsense evaluations. *Psychology, Public Policy, and Law, 3,* 338-361. doi:10.1037/1076-8971.3.2-3.338

Devlin, L. (1976). *Report to the Secretary of State for the Home Department of the Departmental Committee on Evidence of Identification in Criminal Cases.* London, England: Her Majesty's Stationery Office.

Domican v. The Queen (1992) HCA 13; (1992) 173 CLR 555.

Douglass, A. B., Brewer, N., & Semmler, C. (2010). Moderators of post-identification feedback effects on eyewitnesses' memory reports. *Legal and Criminological Psychology, 15,* 279-292. doi:10.1348/135532509X446337

Douglass, A. B., & Jones, E. (2011). *Evaluations of confidence inflation in eyewitnesses: Does it matter how the original confidence statement is preserved?* Manuscript in preparation.

Driscoll v. The Queen HCA 43; 137 CLR 517 (1977).

Fisher, R., Brewer, N., & Mitchell, G. (2000). The relation between consistency and accuracy of witness testimony: Legal versus cognitive explanations. In R. Bull, T. Valentine, & T. Williamson (Eds.), *Handbook of psychology of investigative interviewing: Current developments and future directions* (pp. 121-136). Chichester, England: Wiley. doi:10.1002/9780470747599.ch8

Goodman, J., & Loftus, E. F. (1992). Judgment and memory: The role of expert psychological testimony on eyewitness accuracy. In P. Suedfeld & P. E. Tetlock (Eds.), *Psychology and social policy* (pp. 267-282). New York, NY: Hemisphere.

Jones, E. E., Williams, K. D., & Brewer, N. (2008). "I had a confidence epiphany!": Obstacles to combating post-identification confidence inflation. *Law and Human Behavior, 32,* 164-176. doi:10.1007/s10979-007-9101-0

Jost, J. T., Kruglanski, A. W., & Nelson, T. O. (1998). Social metacognition: An expansionist review. *Personality and Social Psychology Review, 2,* 137-154. doi:10.1207/s15327957pspr0202_6

Koriat, A., & Goldsmith, M. (1994). Memory in naturalistic and laboratory contexts: distinguishing the accuracy-oriented and quantity-oriented approaches to memory assessment. *Journal of Experimental Psychology: General, 123,* 297-315. doi:10.1037/0096-3445.123.3.297

Leippe, M. R. (1994). The appraisal of eyewitness testimony. In D. F. Ross, J. D. Read, & M. P. Toglia (Eds.), *Adult eyewitness testimony: Current trends and developments* (pp. 385-418). New York, NY: Cambridge University Press.

Leippe, M. R. (1995). The case for expert testimony about eyewitness memory. *Psychology, Public Policy, and Law, 1,* 909-959. doi:10.1037/1076-8971.1.4.909

Leippe, M. R., Eisenstadt, D., Rauch, S. M., & Seib, H. M. (2004). Timing of eyewitness expert testimony, jurors' need for cognition, and case strength as determinants of trial verdicts. *Journal of Applied Psychology, 89,* 524-541. doi:10.1037/0021-9010.89.3.524

Lindsay, R. C. L., Semmler, C., Weber, N., Brewer, N., & Lindsay, M. L. (2008). How variations in distance affect eyewitness reports and identification accuracy. *Law and Human Behavior, 32,* 526-535. doi:10.1007/s10979-008-9128-x

Lindsay, R. C. L., Wells, G., & O'Connor, F. (1989). Mock-juror belief of accurate and inaccurate witnesses. *Law and Human Behavior, 13,* 333-339. doi:10.1007/BF01067033

Lindsay, R. C. L., Wells, G. L., & Rumpel, C. (1981). Can people detect eyewitness identification accuracy within and across situations? *Journal of Applied Psychology, 66,* 79-89. doi:10.1037/0021-9010.66.1.79

Loftus, E. F. (1974). Reconstructing memory: The incredible witness. *Psychology Today, 8,* 116-119.

Luus, C. A. E., & Wells, G. L. (1994). The malleability of eyewitness confidence: Co-witness and perseverance effects. *Journal of Applied Psychology, 79,* 714-723. doi:10.1037/0021-9010.79.5.714

Maass, A., Brigham, J. C., & West, S. G. (1985). Testifying on eyewitness reliability: Expert advice is not always persuasive. *Journal of Applied Social Psychology, 15,* 207-229. doi:10.1111/j.1559-1816.1985.tb00897.x

Magnussen, S., Melinder, A., Stridbeck, U., & Raja, A. Q. (2010). Beliefs about factors affecting the reliability of eyewitness testimony: A comparison of judges, jurors and the general public. *Applied Cognitive Psychology, 24,* 122-133. doi:10.1002/

acp.1550

Magnussen, S., Wise, R. A., Raja, A. Q., Safer, M. A., Pawlenko, N., & Stridbeck, U. (2008). What judges know about eyewitness testimony: A comparison of Norwegian and US judges. *Psychology, Crime & Law, 14,* 177-188. doi:10.1080/10683160701580099

Manson vs. Braithwatie, 432 U.S. 98 (1977).

Martire, K. A., & Kemp, R. I. (2009). The impact of eyewitness expert evidence and judicial instruction on juror ability to evaluate eyewitness testimony. *Law and Human Behavior, 33,* 225-236. doi:10.1007/s10979-008-9134-z

Memon, A., Hope, L., & Bull, R. (2003). Exposure duration: Effects on eyewitness accuracy and confidence. *The British Journal of Psychology, 94,* 339-354. doi:10.1348/000712603767876262

New South Wales Evidence Act. (1995). Division 5, Section 43. Retrieved from http://portsea.austlii.edu.au/cgi-pit/maketoc.py?skel=/home/www/pit/xml/nsw/act/nswA1995-25_skel.xml&date=

Police and Criminal Evidence Act. (1984). Code D. Retrieved from http://police.homeoffice.gov.uk/publications/operational-policing/2008_PACE_Code_D_(final).html

Price, P. C., & Stone, E. R. (2004). Intuitive evaluation of likelihood judgment producers: Evidence for a confidence heuristic. *Journal of Behavioral Decision Making, 17,* 39-57. doi:10.1002/bdm.460

R v. Turnbull and Others, 3 All E.R. 549 (1976).

R v. Hien Puoc Tang, NSWCCA 167 (2006).

Sauer, J., Brewer, N., Zweck, T., & Weber, N. (2010). The effect of retention interval on the confidence-accuracy relationship for eyewitness identification. *Law and Human Behavior, 34,* 337-347. doi:10.1007/s10979-009-9192-x

Semmler, C., & Brewer, N. (2002). Effects of mood and emotion on juror processing and judgments. *Behavioral Sciences & the Law, 20,* 423-436. doi:10.1002/bsl.502

Semmler, C., Brewer, N., & Wells, G. L. (2004). Effects of postidentification feedback on eyewitness identification and nonidentification confidence. *Journal of Applied Psychology, 89,* 334-346. doi:10.1037/0021-9010.89.2.334

Shaw, J. S., III, & McClure, K. A. (1996). Repeated postevent questioning can lead to elevated levels of eyewitness confidence. *Law and Human Behavior, 20,* 629-653. doi:10.1007/BF01499235

South Australian Uniform Evidence Act. (1929). Part 2, Section 28. Retrieved from http://portsea.austlii.edu.au/cgi-pit/maketoc.py?skel=/home/www/pit/xml/sa/act/saA1929-1907_skel.xml&date=

Stinson, V., Devenport, J. L., Cutler, B. L., & Kravitz, D. A. (1997). How effective is the motion-to-suppress-safeguard? Judges' perceptions of the suggestiveness and fairness of biased lineup procedures. *Journal of Applied Psychology, 82,* 211-220. doi:10.1037/0021-9010.82.2.211

Vrij, A. (2000). *Detecting lies and deceit.* West Sussex, England: Wiley.

Weber, N., & Brewer, N. (2008). Eyewitness recall: Regulation of grain size and the role of confidence. *Journal of Experimental Psychology: Applied, 14,* 50-60. doi:10.1037/1076-898X.14.1.50

Wells, G. L. (1984). How adequate is human intuition for judging eyewitness testimony. In G. L. Wells & E. L. Loftus (Eds.), *Eyewitness testimony: Psychological perspectives* (pp. 256-272). New York, NY: Cambridge University Press.

Wells, G. L., & Bradfield, A. L. (1998). "Good you identified the suspect": Feedback to eyewitnesses distorts their reports of the witnessing experience. *Journal of Applied Psychology, 83,* 360-376. doi:10.1037/0021-9010.83.3.360

Wells, G. L., Ferguson, T. J., & Lindsay, R. C. L. (1981). The tractability of eyewitness confidence and its implications for triers of fact. *Journal of Applied Psychology, 66,* 688-696. doi:10.1037/0021-9010.66.6.688

Wells, G. L., Lindsay, R., & Ferguson, T. J. (1979). Accuracy, confidence, and juror perceptions in eyewitness identification. *Journal of Applied Psychology, 64,* 440-448. doi:10.1037/0021-9010.64.4.440

Wells, G. L., & Windschitl, P. D. (1999). Stimulus sampling and social psychological experimentation. *Personality and Social Psychology Bulletin, 25,* 1115-1125. doi:10.1177/01461672992512005

제4부

재판 증언자

제10장 신뢰할 수 없는 제보자의 증언

제11장 알리바이 증인

제12장 법과학적 증거의 문제점에 대한 심리학적 관점

제10장

신뢰할 수 없는 제보자의 증언

Jeffrey S. Neuschatx, Nicholaos Jones, Stacy A. Wetmore, & Joy McClung

오판 방지를 위한 워킹 그룹(Working Group on the Prevention of Miscarriages of Justic, 2009)이 발간한 『검찰위원회 보고서(The Prosecutors Committee Report)』에서는 수감되어 있는 동안 피고인으로부터 외부에서 발생한 범죄와 관련해 한 가지 이상의 진술을 들었다고 주장하는 사람을 **구치소 제보자**라고 정의했다. 가장 익숙한 종류의 자백으로는 자신이 범죄를 저질렀다고 인정하여 진술하는 것으로, 이것을 '1차 자백'이라고 한다. 그러나 이 장에서는 구치소 제보자에 의한 '2차 자백'에 초점을 맞출 것이다. 2차 자백은 1차 자백과는 달리 누군가가 직접적으로 죄를 인정하는 것이 아니라 다른 사람이 죄를 인정한 것을 듣고 이에 대해 진술한 것을 말한다. 우리는 2차 자백을 누군가(용의자) 범죄에 대해 자백하는 것을 들었던 제3자가 이에 대해 신고하는 것으로 정의한다.

Neuschatz, Lawson, Swanner, Meissner와 Neuschatz(2008)는 1차 자백의 설득력과 관련된 실험 연구 결과와 일관성 있게 2차 자백도 매우 설득력 있다는 것을 보여 주었다. 그러나 실제로는 사형 선고가 가능한 재판에서 잘못된 판결의 가장 큰 원인은 구치소 제보자의 거짓 진술인 것으로 나타났다(Warden, 2004). 제보자 진술의 위험성이 알려져 있음에도 불구하고 검사는 유인책을 제시하고 유죄 증거를 얻기 위해 종종 구치소 제보자들을 사용한다. 미국 대법원은 물물교환과도 같은 구치소 제보자의 진술은 매우 신뢰성이 떨어지고 유인책 자체가 제보자가 증거를 조작하려는 동기를 제공한다고 보았다. 그러나 대법원은 피고인을 보호하기 위한 충분한 보호 장치가 존재한다고 주장한다(*Giglio v. United States*, 1972).

이 장의 목적은 다음과 같이 네 가지다. 첫째, 제보자를 사용해 온 관례에 대한 간단한 역사와 잘못된 유죄 판결과 관련된 데이터 및 중요한 사례들을 제시하고, 유명 제보자들에 대한 검토를 통해 구치소 제보자 진술과 관련된 문제점들을 제시하고자 한다. 둘째, 제보자 진술 연구에 도움이 될 수 있는 기본적인 연구 방법을 제시하고자 한다. 셋째, 제보자 진술에 대한 지금까지의 심리학적 연구를 검토하고자 한다. 마지막으로, 제보자 진술에 대한 법적인 개혁의 필요성과 심리학적 연구를 바탕으로 이에 대한 효용성에 대해 논의하고자 한다.

잘못된 유죄 판결과 제보자 진술 간의 관계

제보자 진술은 최소 4세기 전, 아테네 정부가 반역 음모를 폭로하기 위해 사용했다[예: 투키디데스(Thukydides)의 『펠로폰네소스 전쟁의 역사(History of the Pelopnnesian War)』의 제18장 참고). 고대 그리스 형법 체계에서 반역죄는 처형으로 다스렸지만, 반역자가 다른 반역자에 대한 정보를 제공하는 경우에는 추방과 같은 좀 더 가벼운 처벌을 받는 것이 가능했다. 중세 밀고자 체계도 비슷했다(Bloom, 2002). 밀고자 체계(1275년경)에서는 중범죄 또는 반역죄를 저지른 사람은 누구라도 다른 사람에 대한 정보를 제공할 수 있었다. 만약 밀고자이자 제보자인 경우 중범죄로 유죄 판결을 받으면 사형을 받지만, 국가가 그의 진술을 받아들이는 경우 밀고자의 기록은 삭제되고 사형보다는 추방과 같은 가벼운 형벌을 받고 거짓 밀고의 경우에는 사형을 당했다. 고대 그리스와 같이 사형이 이미 확정된 경우 밀고자가 되는 것에 대해서는 다른 형벌은 부과되지 않았다.

고대와 중세의 제보자를 다루는 방법들은 신뢰할 수 없는 진술을 방지하는 데 효과적이지 못했다. 사형 선고를 받은 경우에는 정부에 정보를 제공하는 것이 정보의 진위 여부와는 상관없이 생존의 기회를 높일 수 있는 유일한 방법이었다. 이것이 제보자 진술의 역사에서 볼 수 있는 일반적인 내용이었다. 거짓 진술에 대한 형벌은 이미 밀고자가 받은 사형보다 심각하지 않았는데 사형 집행은 한 번만 가능하기 때문이다. 그러므로 거짓 정보 제공에 대한 위험은 없고 오직 잠재적인 보수만 있을 뿐이다.

제보자의 진술을 이용하는 체계에서 제보자만이 비윤리적인 행위의 근원이 되는 것은 아니다. 캘리포니아 주에서 한 검사는 Ginger Fleischli를 살해한 혐의로 Thomas Thompson과 David Leitch를 기소했다(Call, 2001). Thompson의 재판에서 그 검사는 두 명의 구치소 제보자를 통해 Thompson이 Fleischli를 강간하고 살해했다고 주장했다. Thompson은 사형을 선고받았다. Leitch의 재판에서 이 검사는 네 명의 구치소 제보자들을 통해 Leitch가 복수를 위해 전 아내였던 Fleischli의 살인을 계획했고 Thompson은 공범이라고 증언하게 했다. 두 명의 구치소 제보자들의 진술은 일관성이 없었지만 Thompson에게 새로운 재판은 전혀 허락되지 않았으며 결국 그는 1998년 7월에 사형에 처해졌다.

현재의 형사사법체계에서 구치소 제보자들을 사용하는 것과 관련하여 잘못된 유죄 판결 센터(Center for Wrongful Conviction)는 1973년부터 2004년 사이에 사형수였지만 무죄가 밝혀져 풀려난 111명의 사례들을 살펴보았다. 그 결과 45.9%가 제보자의 잘못된 증언이 있었음을 발견했다. 미국에서의 사형이 가능한 중대한 사건들의 경우 잘못된 유죄 판결 사례들 중에서 잘못된 제보자의 증언이 가장 큰 원인 중 하나인 것으로 나타났다(Warden, 2004).

이노센스 프로젝트(2009)에 따르면, 미국에서 성폭행으로 유죄 판결을 받은 후 DNA 분석을 통해 무죄가 입증된 244건의 사례들 중 16%는 구치소 제보자의 증언을 포함하고 있었다. 잘못된 유죄 판결을 받게 된 재판에서 대부분의 경우 증언하는 조건으로 보상을 제시해 이루어진 제보자의 증언이 중요한 유죄 증거로 사용됐던 것이다. 보상은 대부분이 돈이나 감형이었다. 특히, 보상에 대한 내용은 배심원에게는 알리지 않는다. 더불어 제보자로 인해 유죄 판결을 받았지만 DNA 증거 분석을 통해 풀려난 사례들은 두 가지의 중요한 사실을 알려 준다. 첫째, 제보자는 일상적으로 증언대에서 거짓말을 한다는 것이다. 둘째, 가끔은 제보자가 거짓말을 한다는 것을 알고 있을지라도 검사는 제보자를 다양한 방법으로 사용한다는 점이다. 제보자가 돈을 받거나 구치소에서 풀려나는 조건, 또는 우연히 들은 자백이나 개인적으로 범죄를 목격한 것을 유죄 증거로 증언한 다양한 사례들로 인해 잘못된 유죄 판결을 받는다. 보상을 대가로 거짓 증언을 하는 경우는 대부분 간절한 수감자의 유일한 수단이 된다. 제보자로서 증언하는 것이 구치소 수감자들에게만 제공되는 유일한 선택권이 아니라 기소를 피하길 원하는 사람들에게도 유일한 선택권이 될 수 있다.

구치소 제보자들의 증언에 대한 통계치는 잘못된 제보자 증언에 대한 수치를 과소평가하는 것이라고 알려져 있는데, 이는 유죄 판결을 받았지만 무죄가 확인되어 풀려난 사건들만을 포함하고 있기 때문이다. 예를 들면, DNA 검사가 유죄 판결을 받은 시점에는 사용이 불가능했을 수 있고, 이전 사건에 있어서 DNA 증거를 새로운 사실을 보여 주기 위해 사용할 수는 없었던 경우다. 그러므로 거짓 제보자의 증언으로 인해 정확하게 얼마나 많은 사람들이 잘못된 유죄 판결이나 사형 선고를 받았는지 알 수 없다. 하지만 Marshall, Warden, Geraghty와 Van Zandt(2005)의 연구에 의하면 최소한 제보자의 거짓 증언으로 인해 부당하게 사형 선고를 받은 사람은 51명이다. 이는 앞으로의 잘못된 유죄 판결을 방지하고 제보자의 증언을 어떻게 잘 규제할 것인지를 이해하기 위해 제보자의 증언에 대한 과학적 연구가 왜 중요한지 충분히 보여 주고 있는 사례다.

사례와 제보자

미국에서 처음으로 기록된 구치소 제보자 사건은 1819년 버몬트 주의 맨체스터에서 일어났다. Jesse와 Stephen Boorn 형제는 자신들의 매형인 Russell Colvin을 살해했다는 혐의를 받았다. 매형을 별로 좋아하지 않는다는 사실을 숨기지도 않았던 Boorn 형제는 매형이 행방불명되자 범인으로 의심받았다. 살해되었다는 추정 후 Jesse는 운이 나쁘게도 위조범인 Silas Merill과 한 방에 수감되었다. Merill은 Jesse가 자신에게 자백했다고 증언했다. Merill의 증언을 바탕으로 형제는 사형을 선고받았으나, Colvin이 뉴저지 주에 살아 있다는 것이 확인되어 교수형으로부터 구제되었다.

이 사건 이후, 신뢰할 수 없는 제보자의 증언과 관련된 많은 사례들이 있어 왔는데, 여기서는 세 개의 사례만 언급하도록 한다. Thomas Sophonow의 사례는 재판 중 구치소 제보자의 증언을 사용하는 것이 얼마나 위험한 것인지를 보여 준다. Sonya Singleton의 사례를 통해 제보자 증언을 사용하는 것과 관련된 몇 가지의 법적인 쟁점들을 소개할 것이다. 마지막으로, Leslie Vernon White의 이야기는 현재 신뢰할 수 없는 제보자에 대항할 수 있는 안전 장치들이 얼마나 불충분한지를 분명하게 보여 준다.

Thomas Sophonow 사례

1981년 12월 캐나다 마니토바 주의 위니펙에 있는 아이디얼 도넛 가게의 종업원이었던 Barbara Stoppel은 화장실에서 목이 졸려 사망한 채로 발견되었다. Sophonow는 살인이 일어났던 시각 근처에 있었을 것으로 추정되면서 유력한 용의자가 되었고, 목격자가 묘사한 용의자와 외모도 일치하였다. Sophonow는 Stoppel의 살인한 혐의로 기소되어 재판을 받았고, 유죄의 증거로는 다양한 목격자들의 지목, Sophonow가 경찰서에서 보여 준 도넛 가게의 자물쇠를 열기 위해 손을 돌리는 행동, 그리고 세 명의 구치소 제보자들의 증언이었다. 단, Sophonow가 범죄와 관련되어 있다는 어떠한 물리적 증거도 존재하지 않았다.

Sophonow를 상대로 증거를 제시한 세 명의 구치소 제보자들은 Thomas Cheng, Adrian McQuade와 Douglas Martin이었다. Cheng은 Sophonow가 자신에게 자백을 했고 증언을 대가로 어떠한 보상도 받지 않았다고 증언했다. 그의 주장은 이후에 거짓으로 드러났는데, 증언에 대한 대가는 저지른 범죄에 대해 기소하지 않겠다는 것이었다. McQuade와 Martin 역시 Sophonow가 자백을 했다고 증언했다. 피고인 측 변호인이 모르는 사이에, Martin은 다른 여러 사건에서 제보자 역할을 했고 이전에 위증에 대해 유죄 판결을 받았었다. 그리고 McQuade의 증언에 대한 신뢰성에 큰 문제가 제기되었다. Sophonow는 1985년 마니토바 항소 법원에 의해 무죄가 입증되기 전까지 세 번의 재판을 받고 거의 4년 동안 구치소에 수감되었다. Sophonow의 사건과 비슷한 사건들에 의해 마니토바 주 정부는 2001년에 은퇴한 대법원 판사였던 Peter Cory가 작성한 보고서를 출간했는데, 내용은 구치소 제보자를 이용하는 데 따르는 43개의 권고사항을 담고 있다.

Sonya Singleton 사례

Sonya Singleton의 사건은 미국의 제보자 증언의 관리와 증언에 대한 보상 제안을 극적으로 변화시켰다. Singleton은 돈 세탁과 코카인 유통을 공모해 유죄 판결을 받았다. 주요 증거는 Napoleon Douglas의 증언이었다. 공모자로 유죄 선고를 받은 Douglas는 이미 미시시피 주에서 복역 중이었다. 증언에 대한 보상으로 검사들이 다른 범죄에 대해 그를 기소하지 않을 것이며 판사와 가석방 위원회에 이러한 사실을 알리겠다고 약속했다. 그의 형량은 15년에서 5년으로 줄었으며 미시시피에서 복역한 기간과 동시에 복역하는 것으로 인정되었다. 항소심에서 Singleton의 변호인은 증언의 대가로 보상을 제시하는 것을 금지하는 미국 연방 규정 제18조의 201(C)(2)항을 위반했기 때문에 Douglas의 증언이 재판에서 배제되어야 한다고 주장했다. Douglas의 증언에 대한 배제 요청으로 증언의 대가로 보상을 제시하는 것에 대한 합법성과 관련하여 두 개의 법원 판결을 이끌어 냈다(*United States v. Singleton*, 1998, 1999).

1998년 여름, 판사 세 명으로 이루어진 제10번째 연방 순회 항소법원 재판부는 공동 피고인에게 불리한 증언을 하는 것을 대가로 낮은 형량을 받는 목격자의 증언은 연방정부 「뇌물수수법」을 위반하는 것이며 재판에 허용되지 않아야 한다고 판시했다(*United States v. Singleton*, 1998). 그러나 이 판결은 오래가지 못했다. 1999년 1월 제10번째 연방 순회 항소법원의 전체 재판부는 9대 3으로 세 명의 판사의 판결을 기각시켰다. 법원은 판결문에서 이전의 판결이 “명백히 불합리하다.”고 판시했다. 그런데 *Singleton 2* 판결로 제보자들에게 보상을 제공하는 것이 거짓말을 유도할 수 있다는 의구심에도 불구하고 미국에서 법적으로 인정되고 있다.

Leslie Vernon White 사례

Leslie Vernon White는 인생의 대부분을 형사사법체계 내에서 지내 왔다. 그는 여덟 살을 시작으로 긴 범죄 경력으로 감옥으로 입소와 출소를 반복했다. 결국 White가 형사사법체계에 대해 매우 익숙한 것은 놀라운 일도 아니었고, 자신의 이익에 맞게 제도를 사용하는 방법을 알고 있었다. White는 1980년대부터 동료 수감자들과 함께 자신의 조기 석방을 보장해 줄 수 있는 정보를 제공해 왔다. 1990년 White는 〈60분(60 Minutes)〉[1] 에 출연하여 자신의 자유를 물물교환 삼아 그럴듯한 2차 자백을 얻어 낸 방법들에 대해 인터뷰했다. White는 인터뷰 중 LA 경찰관이라고 속여 형사사법절차와 관련된 다양한 주 정부 기관에 전화해 동료 수감자가 저질렀다고 추정되는 범죄에 대한 정보에 대해 질문했다. 정보를 얻은 후, White는 동료 수감자와 동일한 장소에 있도록 배치되어 2차 자백을 얻기 위한 상황을 만들어 냈다. 재판에서 White는 구치소에서 피고인을 만났으며 사건과 직접적으로 관련된 사람들만 알고 있을 만한 사실을 자신이 알고 있다고 주장할 수 있었다(Bloom, 2002). 특히, 그 내용 자체는 사실이었지만 어떻게 그 내용을 습득했는지에 대한 설명은 사실이 아니었다.

White의 〈60분〉 인터뷰와 『로스앤젤레스 타임스』의 다수의 기사들로 인해, White가 형사사법체계에 미친 영향을 조사하기 위해 로스앤젤레스 카운티의 대배심이 소집되었고 검사, 변호인, 구치소 관리자들을 포함하여 다른 관련자들이 어떻게 제보자를 도와주었는지에 대해 조사가 시작되었다. 대배심은 체계 내부 깊숙이 부패가 만연해 있고 증언에 대한 대가로 제시되는 보상이 제보자가 재판에서 거짓말을 하는 데 결정적인 역할을 한다는 것을 발견했다(Los Angeles County Grand

1) 〈60분〉은 미국 뉴스 시사 프로그램이다.(역자 주)

Jury, 1990). 대배심의 조사에 White가 협력한 결과, White는 사건과 관련하여 위증으로 유죄 판결을 받은 처음이자 마지막 구치소 정보원이 되었다. 더욱이 로스앤젤레스 지방 검사는 면책권을 주는 조건으로 White가 사형선고가 가능했던 재판을 포함해 모든 사건에 대해 자신의 위증을 실토하게 했다. 현재, 그 지방 검사 사무실은 면책권을 사용하기를 거부하고 있다.

제보자 연구에 사용되는 연구 방법

제보자 증언에 대한 심리학적 연구는 실험 통제와 생태 타당도 사이의 균형을 찾아야 한다. 실험 조건을 통제하는 것과 덜 통제된 실험의 결과를 일반화시키는 것에는 장단점이 존재한다. 독립 변인과 외재 변인에 대한 엄격한 실험 통제는 실험의 결과를 좀 더 현실적인 상황에 적용시키는 것과는 부적 상관관계에 있다. 여기서는 다양한 조건하에 증언이 제시되었을 때 배심원이 어떻게 증인의 증언에 반응하는지에 대한 실험 연구들의 장단점에 대해 논의하고자 한다. 구치소 제보자의 증언에 특별한 주의를 기울이겠지만, 장단점은 배심원의 의사결정 연구에서는 공통적으로 존재한다.

일반적인 배심원 모의 실험 절차에서, 참가자들은 재판의 일부분을 시청하거나 읽게 된다. 그 후, 홀로 또는 집단 평의를 통해 피고인의 유무죄를 판단한다. 판결에 이르고 난 뒤, 재판의 다양한 부분에 대해 답변하게 된다. Bornstein(1999)은 113개의 배심 모의 실험 연구를 표본 삼아 조사했다. 이러한 연구들의 65%는 참가자로 대학생을, 55%는 요약문이나 인쇄물의 형태로 재판 내용이 제시되었으며, 참가자들은 집단 평의보다는 개인으로 유무죄를 판단 내린 것으로 나타났다.

모의 배심단 실험 연구 방법에는 몇 가지 장단점이 존재한다. 그중 하나는 재판이 제시된 방법이다. 모의 배심단 연구는 대부분 비디오 녹화물(Hosch, Beck, & McIntyre, 1980; Miller, 1976; Williams et al., 1975) 또는 서면(Bermant, McGuire, McKinley, & Salo, 1974; Juhnke et al., 1979)으로 제시된다. 비디오 녹화물은 종종 변호인, 피고인, 증인 등을 연기하는 실제 배우들이 등장한다. 그러나 대부분의 경우에는 학생들이 이러한 역할을 맡는다. 서면은 실제 재판에 대한 짧은 요약문 또는 재판에서의 좀 더 긴 대본 형식을 사용한다.

서면으로 제시되는 대본 형식은 연구의 목적에 맞게 비교적 쉽고 싸게 만들 수 있고 조작할 수 있으며 제한된 자원(예: 연구비)으로도 만들어 내기가 쉽다. 그러나 실제 재판에서의 배심원은 사건과 사람들로부터 보거나 듣기 때문에 참가자들에게 서면으로 제시하는 것은 현실적인 모의 실험을 제공하는 것이 불가능하다. 즉, 참가자들은 재판을 보는 것과 관련된 다양한 상황과 정서적인 단서들을 경험하지 못한다. 이러한 현실성 부족은 판결과 일반화에 영향을 미칠 수 있다(Bornstein, 1999). 서면 재판을 제시하는 연구들은 약간의 비용만으로도 그 결과를 실제 재판에 적용할 수 있을 정도로 실험 조건을 통제한다. 서면 제시와는 반대로, 비디오 재판은 실제 재판과 비슷하게 제시된다. 비디오 형식은 참가자들에게 재판을 좀 더 현실적으로 만들기 때문에 이러한 형식을 사용한 실험 결과는 실제 재판에 잘 일반화시킬 수 있다. 그러나 다양한 실험 조건에 대한 다양한 비디오를 제작하는 것은 비싸고 시간이 많이 걸린다(Borstein, 1999).

모의 배심단 실험을 위해 참가자를 선발하는 것에도 장단점이 따른다. 대부분의 심리학 연구와 마찬가지로 이런 연구에서도 모의 배심단으로 대학생들을 사용한다(Bornstein, 1999). 대부분의 연구는 학계에서 이루어지므로 지역사회 주민보다 대학생을 참가자로 구하기 쉽다. 또한 이들 학생에게 돈보다는 수업에서의 학점을 제공할 수 있기 때문에 보상을 제공하기 쉽고 짧은 시간 안에 상대적으로 많은 표본을 확보할 수 있다. 학생 표본이 비용 면에서 효율적이라 해도 배심원으로 선정이 가능한 일반인의 모집단과는 차이가 존재한다. 학생 표본과는 다르게 배심단은 다양한 나이, 교육, 경제적 배경을 가진 사람들을 포함하기 때문이다. 이러한 차이는 학생을 참가자로 사용한 연구의 외적 타당도에 막대한 영향을 미칠 수 있다. 이 점은 모의 배심단 실험 연구에서 특히 중요한데, 대학생은 실제 배심원이 되는 경우가 상대적으로 드물기 때문이다(Bray & Kerr, 1982). 몇 개의 실험 연구들((Berman & Cutler, 1996; Crowley, O'Callaghan, & Ball, 1994; Finkel & Duff, 1991; Fulero & Finkle, 1991; Neuschatz et al., 2008; Schuller & Hastings, 1996)은 학부생 모의 배심원들의 판결과 지역사회 주민들의 판결을 비교했다. 대부분의 연구들에서 참가자 유형에 따른 판결에는 차이가 없는 것으로 드러났지만(Crowley et al., 1994; Finkel & Duff, 1991; Fulero & Finkel, 1991), 몇 개의 연구에서는 학생 배심원들이 지역사회 주민 표본보다 좀 더 관대한 것으로 나타났다(Berman & Cutler, 1996; Bornstein, 1999; Schuller & Hastings, 1996). 이 문제는 피고인이 유죄일 경우에만 해당된다.

세 번째 장단점은 참가자들이 판결을 내리는 과정과 관련되어 있다. 대학생 배심원들은 전통적으로 개인이 판결을 내리지만, 실제 재판에서는 집단으로 이루어지는 평의가 일반적이다(Bornstein, 1999). 개인적인 판결과 집단의 판결은 여러 가지 면에 있어서 차이가 있다. 사회심리학에서 말하는 사회적 태만에 대한 문헌에 따르면, 개인의 성과가 관찰되지 않는 경우에는 개인적으로 과제를 수행할 때에 비해 집단으로 과제를 수행할 때 덜 노력한다(Jackson & Harkins, 1985). 게다가 모의 배심원들이 개인적으로 판결을 내릴 때 집단 평의에서 받을 수 있는 압력으로부터는 자유로울 수 있으나 본인 자신의 편견으로부터 영향을 받을 수밖에 없는데, 특히 동일한 정보를 다양하게 해석하는 것이 어려울 수 있다. 재판의 초기 단계에서 배심원들은 자신들이 듣게 되는 증언들을 통해 이야기를 구성한다. 배심원들은 재판 동안에 듣게 되는 추가적인 정보를 본인이 만들어 낸 이야기에 흡수시키거나, 정보가 자신의 이야기와 반대되는 경우는 왜 이야기와 다른지에 대해 설명하려 한다(Ellsworth, 1989). 결과적으로 실험 상황은 집단 평의보다는 개인을 대해 실험을 실시하는 것이 더 쉽다는 장점이 있지만, 실제 재판에서 배심원이 들이는 노력의 양도 다르고, 집단 평의에서 다양한 관점에 노출될 때 경험하게 되는 피드백 효과는 기대하기 어렵다. 배심원들이 평의 이전에 판결에 대한 명확한 선호도가 없는 경우가 집단 평의의 경우가 좀 더 관대한 판결을 내린다는 점을 연구 결과를 통해 보여 주었다(Davis, Kerr, Stasser, Meek, & Holt, 1997; Kerr, 1981, 1982; Kerr, Nerenz, & Herrick, 1979; MacCoun, 1984). 또한 배심원들이 평의 전에 다소 유죄 판결을 선호할 때에도 집단 평의 과정에서 관용적인 모습이 나타났다(Tanford & Penrod, 1986).

배심원 모의 실험 연구에서 방법론적인 장단점에는 실험 참가자의 표본 선정, 재판의 구성, 평의 과정이 포함되는지 여부 등이 해당된다. 배심원의 의사결정에 대한 연구 분야는 복잡하지만, 논의를 통해 연구 결과의 생태 타당도를 높이기 위해서는 더 많은 자원과 시간이 필요하다는 것을 보여 주었다.

제보자 증언 연구의 심리과학적 근거

구치소 제보자 연구는 응용심리학인 사회심리학 · 인지심리학 분야에 그 기반을 두고 있다. 근본적 귀인 오류, 거짓말 탐지, 판단, 그리고 배심원의 의사결정 연구들은 사회심리학과 인지심리학에 그 뿌리를 두고 있다. 여기서는 이러한 기초적인 연구에 대해 설명하고, 다음에서는 제보자 증언과의 관계에 대해 설명하고자 한다.

배심단의 의사결정

Hastie(1993)에 따르면, 배심단의 의사결정 모델은 '수학적 모델'과 '설명에 기초한 접근'이라는 두 범주로 구분된다. 수학적 모델은 배심원의 역할을 연속적인 암산으로 개념화한다. 이 모델의 어려운 점은 예측의 범위를 제한하는 것인데, 이는 재판에서의 증거를 별개의 단위로 특징짓는다는 것이다(Hastie, 1993; Kerr, 1993). 설명에 기초한 접근은 배심원들이 어떻게 재판 증거들을 정리하고, 이해하며, 앞뒤가 맞는지 판단하는 데 초점을 맞춘다. 이러한 접근의 장점은 배심원 각각의 태도와 믿음이 어떻게 증거 처리와 의사결정에 영향을 미치는지 설명할 수 있다는 점이다(Hastie, 1993; Pennington & Hastie, 1986).

배심단의 의사결정에 대한 가장 종합적인 설명에 기초한 접근은 Pennington과 Hastie(1986)의 이야기 모델이다. 이 모델은 의사결정을 이야기로 구성하기, 판결에 대한 대안을 제시하기, 그리고 의사결정하기의 세 가지 과제로 구분된다. 첫 번째 과제는 증거들을 모아 하나의 이야기로 구성하거나 또는 하나의 이야기를 만들어 내는 것이다. Pennington과 Hastie에 따르면, 배심원은 재판에서 제시된 증거와 개인의 지식, 그리고 추정을 사용해 사건에 대한 완전한 이야기를 구성한다. 개인적 지식과 추정은 어떻게 배심원 개인의 독특한 경험을 배심원 의사결정 과정에 고려하게 되는지 설명하며, 배심원 개인이 증거를 다르게 해석할 수 있고 다른 이야기를 만들어 낼 수 있는 여지를 제공한다.

배심원은 사건에 대해 다양하게 상충되는 설명을 만들어 낼 수도 있다. 이야기 모델에 따르면, 배심원은 어떠한 설명이 가장 수용 가능한지를 결정하는 준거로 '범위' '일관성' 그리고 '독특성'을 사용한다. 범위는 하나의 이야기가 증거들을 얼마나 잘 수용할 수 있는가를 말한다. 일관성은 이야기의 타당성 정도, 내적 일관성(이야기의 내용 간에 모순점이 없는 것) 그리고 완성도를 말한다. 만약 한 배심원의 이야기가 재판에서 제시된 모든 증거를 모두 수용하고 일관성이 있다면, 그 배심원은 그 이야기에 높은 확신을 가질 수 있다. 다양한 이야기가 일관성도 있고 모든 사실을 수용할 수 있다면, 배심원들은 자신들의 이야기에 대한 확신이 낮을 수밖에 없는데, 이는 이야기의 독특성이 부족하기 때문이다. 사실 관계 패턴에 한 가지 이상의 해석이 가능하게 되면, 어떠한 설명을 받아들여야 할지 판단하기 어렵다.

모든 증거가 제시되고 배심원들이 자신들의 이야기를 구성하게 되면 배심원들은 각 판결에 대한 의미와 자신들이 내릴 수 있는 판단이 무엇인지 알게 된다. 이야기 모델에 따르면, 각각의 배심원은 다양한 판결 선택권을 고려해 판결을 내리게 된다. Pennington과 Hastie에 따르면, 각각의 배심원은 자신이 만들어 낸 이야기에 가장 잘 들어맞는 판결을 내린다. Pennington과 Hastie(1992)는 실험 참가자들이 이야기를 만들어 내기 쉽도록 증거들이 제시되면 증거우위의 증명(preponderance of evidence)에 부합하는 판결을 내리게 된다는 것을 보여 주었다. 또한 이야기 모델은 살인(Pennington & Hastie, 1992), 강간(Olsen-Fulero & Fulero, 1997) 그리고 성희롱(Huntley & Costanzo, 2003)을 포함하는 다양한 사건에서 배심원의 판단을 설명하는 데 효과적이다.

근본적 귀인 오류

근본적 귀인 오류(L. Ross, 1997)에 따르면, 인간의 행동은 기질적 또는 상황적 요인 중 하나(또는 둘 모두의 조합)로 설명할 수 있다. 기질에 기반한 설명은 인간의 행동을 개인의 독특한 성격적 특성에 귀인한다. 이와 반대로, 상황에 기반한 설명은 개인이 처해 있는 상황적 특성에 귀인한다. 다른 사람의 행동을 판단할 때, 사람들은 그 사람의 성격에 귀인하고 상황적인 제약을 무시하는 경향이 있다. 이는 근본적 귀인 오류 또는 대응 편향이라고 알려져 있다. 예를 들면, 고속도로에서 정말 느리게 운전하는 운전자 뒤를 따라가고 있다고 생각해 보자. 사실 속력이 느린 것은 자동차 자체의 기계적인 결함 때문일 수 있지만, 누군가는 운전자가 무능하거나 배려심이 없다고 생각한다(그렇지 않고는 왜 그렇게 느리게 운전하겠는가?). 근본적 귀인 오류는 행동(느리게 운전)을 상황(기계적인 오류)이 아닌 그 사람의 성격(배려심 없는 운전자) 탓을 하는 것을 말한다.

Gilbert와 Malone(1995)은 왜 사람들이 근본적인 귀인 오류를 저지르는지에 대해 몇 가지의 이유를 제시했는데, 그것은 '부족한 성향' '상황에 대한 오해' 그리고 '상황적 제약의 최소화'라고 보았다. 부족한 성향은 삶에 대한 통제력을 가지려는 목적으로 근본적 귀인 오류를 저지르는 경향성을 말한다. 이 성향은 다른 사람에게 일어난 일은 운이 좋기 때문이라기보다는 행위의 결과라고 생각하도록 만들며, 결과적으로 더 나은 성격과 판단력을 가졌기 때문에 유사한 상황에서도 나쁜 결과가 일어나지 않을 것이라고 믿고 공포와 우울의 감정을 다스린다. 근본적인 귀인 오류를 저지르는 또 다른 이유는 상황의 힘을 과소평가하기 때문이다. 사람들은 행동에 영향을 주는 상황적인 제약이 존재한다는 점을 깨닫지 못한다(차에 기계적인 오류가 있는 것처럼). 성향과는 달리 이러한 제약을 발견하는 것은 더 어렵다(만약 문제를 눈으로 확인할 수 없다면 기계적인 오류에 대해 아는 것은 불가능할 것이다). 더구나 사람들은 상황적인 제약이 있다는 것을 깨닫게 되더라도 행동에 영향을 미치는 상황의 힘을 과소평가하는 경향이 있다. 마지막으로, 사람들은 자연스럽게, 의식적인 노력 없이 근본적 귀인 오류를 저지르는데, 이는 이 오류가 자동적으로 일어나기 때문이다(Gilbert & Malone, 1995).

제보자 증언에 대한 관련 연구

제보자 증언에 대한 연구는 초기 단계에 있기 때문에, 이 분야와 관련하여 출판된 심리학 분야의 연구들도 매우 적다. 현존하는 연구들은 다섯 가지의 주제를 다루고 있다. 즉, (a) 증인에게 보상을 제공하게 되면 거짓 증언을 하게 만드는가, (b) 배심원이 이러한 동기를 어느 정도 탐지할 수 있는가, 그리고 거짓 증언을 어느 정도 탐지할 수 있는가, (c) 협력적인 증언에 의존하는 사건에서 증인이 구치소 제보자 또는 공범이라는 점, 그리고 목격자가 증언을 대가로 보상을 받았는지 여부를 아는 것이 유죄 판단에 영향을 미치는가, (d) 구치소 제보자가 했던 증언 전력을 제공하는 것이 배심원의 판단에 영향을 미치거나 제보자의 신뢰성에 대한 배심원의 인식에 영향을 미치는가, 그리고 (e) 피고인 측이 제보자나 공범으로부터의 자백은 신뢰할 수 없다는 내용으로 전문가 증언이 제시된 경우 유죄 판결에 영향을 미치는가다.

거짓말에 대한 동기로 작용하는 보상

검찰 측에서 증언하는 제보자는 2차 자백을 제공하기 위한 동기로 작용하는 보상을 받을 수 있다. 이러한 보상은 일반적으로 징역형을 줄여 주거나 공소를 취하하는 형식을 띤다. Bruggeman와 Hart(1996)는 종교계 고등학교, 또는 일반 고등학교를 다니고 있는 학생 표본 중에서 보상을 위해 거짓말을 한 경우를 조사했다. Bruggeman과 Hart는 도덕적 추론 수준을 측정하기 위해 도덕 판단력 검사(Defining Issues Test)를 실시했는데, 신앙이 깊은 학생들은 일반 학생들에 비해 도덕적 추론 수준에 차이가 없는 것으로 나타났다. 한편, 보상이 거짓말의 동기로 작용하는지 여부를 평가하기 위해서 연구자들은 서클 검사(circle test)를 사용했다. 이 검사는 10개의 원에 1번부터 10번까지 숫자가 무작위로 적혀 있고 참가자들은 잠시 원들을 살펴보고 번호를 기억해야 하는 과제였다. 그 즉시 학생들은 숫자는 없고 동일한 원들이 제시된 카드에 숫자들을 채워 넣는 과제를 수행했다. 각각의 참가자들은 적당한 원에 정확한 숫자를 채워 넣는 과제를 수행했는데, 연구자는 학생들에게 그 검사에서 일정 수준의 정확성을 보인 학생들에게는 보상으로 그 학기 성적에 추가 점수를 주겠다고 했다. 그러나 그 수준이 너무 높아 그 수준에 도달하는 것은 거의 불가능했다. 또한 참가자들에게 서클 검사지는 걷지는 않지만 10번의 서클 검사 후 맞춘 숫자만 연구자에게 제출하면 된다고 말했다. 이 방식에 따르면, 교사 학생이 사실을 말하는지 여부는 알 수 없었다.

Bruggeman과 Hart(1996)는 '거짓말쟁이'를 추가 점수를 얻는 데 필요한 정확성을 달성한 사람이라고 정의했다. 두 집단 모두 높은 수준의 거짓말쟁이들이 나타났는데, 종교계 학교의 학생들은 70%였고 일반학교에서는 79%가 거짓말을 했다. 이 결과는 익명성과 보상이 혼합된 경우 고등학생들에게 거짓말을 유도한다는 점을 보여 준다. Bruggeman과 Hart(1996)의 연구가 학생들이 추가 점수를 받기 위해 선뜻 거짓말을 했다는 점을 보여 주었고, 이는 범죄자가 감형을 받기 위해 거짓말을 할 것이라는 점을 보여 준다.

Swanner, Beike와 Cole(2010)은 보상이 2차 자백을 조작하려는 동기에 영향을 미치는지 검증했다. 이들은 Kassin과 Kiechel(1996)이 최초로 사용한 컴퓨터 정지 패러다임을 변형했다. 이 패러다임을 사용한 Kassin과 Kiechel은 적절한 사회적인 압력은 사람들로 하여금 하지도 않은 일을 했다고 인정하게 만든다는 것을 보여 주었다. 연구에서는 참가자들이 타자를 치는 과제를 빠르게 또는 느린 속도로 수행하도록 하고 자판의 '알트(Alt)' 키가 컴퓨터를 정지시키고 모든 데이터를 삭제시키기 때문에 건드리지 말라고 지시했다. 그러나 컴퓨터는 타자를 치는 과제를 수행하는 도중에 자동적으로 꺼지도록 프로그램 되어 있었다. 참가자들은 고장의 원인이 우연히 알트 키를 눌렀기 때문이라고 믿도록 유도됐다. 연구 참가자들 중 거의 70%가 알트 키를 눌렀다고 인정하여 자백서에 서명했고, 28%는 심지어 알트 키를 눌렀다고 기억했고 9%는 자세한 내용을 지어내기도 했다.

Kassin과 Kiechel(1996)은 거짓 자백을 연구하기 위해 이러한 패러다임을 사용했지만, Swanner와 동료들(2010)은 패러다임을 조작해 2차 거짓 자백에 관한 연구를 실시했다. 이들은 참가자들에게 읽어 주는 사람 또는 타자 치는 사람의 역할을 할당했다. 읽어 주는 사람이 일련의 숫자를 읽어 주면, 타자 치는 사람은 컴퓨터 프로그램에 그 숫자를 치는 것이었다(이 장의 목적을 위해, 읽어 주는 사람이 제보자 역할이기 때문에 여기에 주목하자). 읽어 주는 사람과 타자 치는 사람 모두 '탭(Tab)' 키를 누르면 컴퓨터가 꺼지기 때문에 치지 말라는 주의를 받았다. 60초 후, 컴퓨터는 꺼졌고, 연구자는 각각의 참가자들을 개별적으로 신문했다. 읽어 주는 사람들 중 몇 명에게는 타자 치는 사람이 탭 키를 쳤다고 자백했다는 거짓 증거를 제공했고 몇몇에게는 타자 치는 사람에게 불리한 증거를 제공해 주는 조건으로 보상(추가적인 실험 참여 점수)을 제시했다.

Swanner와 동료들(2010)은 읽어 주는 사람들의 79%가 타자 치는 사람이 금지된 키를 쳐서 프로그램이 꺼졌다는 점을 인정하는 서류에 서명할 용의가 있다고 보고했다. 잘못을 인정하는 비율은 타자 치는 사람보다 읽어 주는 사람이 더 많았는데, 타자 치는 사람의 52%만이 탭 키를 쳤다고 인정했다. 거짓 증거를 제공한 경우 읽어 주는 사람의 인정 비율을 거의 100%까지 증가시켰다. 결과적으로 읽어 주는 사람들에게 거짓말에 대한 최소한의 보상(두 번째 실험에 참여하지 않아도 모든 실험 점수를 받을 수 있다는 점)이 타자 치는 사람에게 불리한 거짓 정보를 제공하려는 동기를 부여하는 데 충분했다.

자백과 거짓말 탐지

자백에 대한 심리학적 연구들은 모의 배심원들이 자백 증거를 적절하게 평가하는 능력에 대해 매우 절망적인 의견을 제시한다. 연구들에 따르면, 모의 배심원들은 본질적으로 강압적인 다양한 형태의 자백 증언에 대해 둔감할 뿐만 아니라 판결을 결정하는 데 자백 증언에 너무 많은 무게를 두고 있다. Kassin과 동료들(Kassin & Gudjonsson, 2004 참고)은 사법적 의사결정에서 강압적인 자백의 설득적 효과를 명백하게 보여 주었다. 예를 들면, Kassin과 Sukel(1997)은 실험 참가자들에게 높은 압력 상태에서의 자백(용의자가 고통스러워했고 수사관은 총을 휘둘렀다), 낮은 압력 상태에서의 자백(용의자는 정신적 · 신체적으로 스트레스를 받는 수사 상황에서 자백), 또는 자백이 없는 재판 내용을 평가했다. 연구자들은 강압적인 자백이 제시된 경우 모의 배심원들은 자백을 받았을 때의 강압적인 수준과 상관없이 자백이 제시되지 않은 통제 조건보다 더 많이 유죄 판단을 했다. 또한 높은 압력 조건의 참가자들은 자백이 제시되지 않은 통제 조건보다 더 많은 유죄 판결을 내렸음에도 불구하고 자백은 비자발적으로 이루어졌고 자신들의 판결에 영향을 미치지 않았다고 답변했다.

배심원은 종종 목격자의 동기에 대한 모든 정보가 없는 채 목격자 증언의 진실성에 대한 판단을 해야 하는 어려움에 처한다. 배심원이 강압의 수준에는 둔감하다는 사실은 당황스러운 일인데, 이것이 제보자의 2차 자백으로부터 나온 증언을 일반화시키는 경우에 특히 그렇다. 만약 배심원이 강압적인 상황에서 얻어진 자백이라는 사실을 알지만 이를 무시할 수 없다면, 강압(암시적인 거래)이 드러나지 않는 경우도 별로 다르지 않을 것이다.

Kassin과 Gudjonsson(2004)은 배심원의 자백 증거에 대한 무비판적인 검토를 근본적 귀인 오류로 설명했다. 이는 배심원이 유죄 협상 또는 매수한 증언들을 수용할 것이라고 예상하는 것에도 적용할 수 있다. 근본적 귀인 오류는 다른 사람의 행동에 대해 상황적인 요인은 감안하지 않고 기질적인 요인으로 해석하는 경향성이라는 점을 상기해 보라(Gilbert, Pelham, & Krull, 1988; Krull & Drill, 1996; L.Ross, 1997). 예를 들면, 배심원은 공범과 구치소 제보자의 증언은 보상을 받기 위해서라기보다는 자신의 죄를 뉘우치려고 증언을 하는 것이라고 생각할 것이다. 이러한 귀인은 배심원이 그 증언을 액면 그대로 받아들이도록 할 것이며 목격자의 실제 동기는 무시할 것이다.

배심원들은 거짓 자백에 부적절하게 신뢰할 뿐만 아니라 자백의 신뢰성과 자백의 자발성이나 강압성을 감지해 내는 능력이 형편없다(Kassin & Gudjonsson, 2004). 일단 자백 증거가 재판에 제시되고 자백의 진실성과 증인의 신뢰성을 판단하는 것이 배심원의 책무라는 점을 생각해 보면 이는 문제가 된다. Lassiter, Clark, Daniels와 Soinski(2004)는 Kassin과 Kiechel(1996)의 컴퓨터 정지 패러다임을 수정해 진실 또는 거짓 자백을 비디오로 녹화했으며 이를 이용하여 배심원들의 성향을 실험적으로 보여 주었다. 그 비디오 녹화물은 두 번째 연구에서 실험 자극으로 사용되었는데, 새로운 실험 참가자들은 첫 번째 연구의 실험 참가자들로부터 얻어진 자백 비디오를 보고 자백의 진실성을 평가했다. 연구 결과, 참가자들은 자백을 우연 수준으로만 정확하게 구분한다는 점을 밝혀냈다. 참가자들은 상황을 고려하지 않고 액면 그대로 자백을 받아들이는 근본적 귀인 오류를 범했다(Kassin & Gudjonsson, 2004).

배심원의 판단에 증언의 출처와 제보자의 보상이 미치는 효과

증언의 출처와 증인의 보상 내용을 알려주는 것이 배심원의 판단에 미치는 효과를 검증하기 위해 Neuschatz와 동료들(2008)은 피고인과 함께 수감되었을 때 들었던 자백 정보를 제공한 구치소 제보자 또는 범죄와 관련되어 있어 정보를 제공한 경우로 2차 자백의 출처를 조작하였다. 또한 이 증인들이 증언을 하는 대가로 보상(5년의 형량을 줄여 줌)을 받는지 여부를 조작했다. 이러한 조건은 2차 자백이 없는 조건, 보상이 없는 통제 조건과 비교되었다. 종합적으로 2차 자백에 대한 증언의 대가로 보상이 제시되었는지 여부는 유죄 판단에 영향을 미치지 않았다. 결과적으로 연구 참가자들은 증언의 출처 또는 증인의 잠재적 동기와는 상관없이 보상 자체를 2차 자백 증언의 타당성을 의심해야 하는 이유로 생각하지 않았다.

Neuschatz와 동료들(2008)은 참가자들이 피해자 가족들을 본 이후에 기분이 좋지 않아 피고인으로부터 우연히 들었던 정보를 제공해야겠다고 생각한 것과 같이 구치소 제보자 증언의 숭고한 이유에 귀인할 것이라는 가설을 세워 배심원의 판단에 대한 근본적 귀인 오류를 사용하여 보상의 무의 효과(null effect)[2] 를 설명했다. 이는 제보자가 증언할지 여부를 결정하는 데 개인적인 보상의 영향을 중요시하지 않을 것처럼 보인다. 하지만 이전 연구들에 따르면, 보상은 제보자에게 매우 중요한 동기로 작용한다.

이러한 결과에 대한 대안적인 설명은 협조적인 증인의 증언이 배심원이 증거

2) 무의 효과는 종속 변인이 독립 변인에 영향을 받지 않는다는 의미로서 무의 결과(null result)와 동일한 의미다.(역자 주)

에 대해 만들어 낸 이야기와 일관성이 있는 경우에 해당된다. Neuschatz와 동료들(2008)은 목격자가 특정한 증거에 대해 증언을 하는 경우 이야기 모델은 증인으로부터 제시된 증언과 배심원의 이야기가 일관성이 있는 경우에는 배심원의 판결에 영향을 미치지 않는다고 예측했다. 무의 결과에 대한 유사한 설명은 Neuschatz와 동료들(2008)의 연구에서 중점적으로 다루어졌는데, 줄거리에 들어맞기보다는 증거들이 쟁점에 초점을 맞춰 제시될 때 배심원들은 증인의 신뢰성에 영향을 받지 않을 가능성이 높다고 보고했다.

증언 이력 드러내기가 배심원 판단에 미치는 효과

Neuschatz와 Wilkinson(2009)은 구치소 제보자의 증언 이력에 대한 정보, 즉 증인이 다른 사건에서도 제보자로 여러 번 증언을 했다는 점을 알려 주는 것이 배심원의 판결 또는 제보자의 신뢰성에 대한 배심원의 인식에 영향을 미치는지 검증했다. 연구자들은 연구 참가자들에게 피고인이 자신의 죄를 자백한 내용을 들었다고 주장하는 구치소 제보자의 증언이 주요 증거로 제시된 살인 범죄에 대한 재판 내용을 읽게 했다. 반대 신문 중 변호인이 제보자에게 이전 재판에서 보상을 대가로 구치소에서 자백을 들었다고 얼마나 많이 증언했는지 물었다. 제보자는 조건에 따라 증언을 0번, 5번 또는 20번을 했다고 답변했고, 매번 보상을 받았다고 증언했다. 증인의 이전 증언 경력을 제공하는 것은 배심원에게 다른 동기가 있을 것이라는 내용을 알려 주며 제보자의 신뢰성에 대한 의심을 하게 만들어야 하기 때문이다. 즉, 제보자는 좋은 마음에서 증언하는 것이 아니라 대가를 바라고 증언한다는 것이다. 일반적으로 증인은 신뢰성과 설득적인 면에서 떨어진다고 인식한다(Bell & Loftus, 1988: Tenney, MacCoun, Spellman, & Hastie, 2007). 그러므로 증언 이력은 배심원에게 제보자의 증언을 의심하게 만들고 유죄 판결이 감소할 것이라고 예상할 수 있다.

이 연구에서 두 가지 중요한 결과가 도출되었다. 우선 놀랍게도, 유죄 판결은 증언 이력에 영향을 받지 않았다. 제보자가 20건의 재판에서 증언을 하였건 증언을 전혀 하지 않았건 유죄 판결률은 비슷했다. 실험 조건에서 유일하게 눈에 띄는 차이는 2차 자백이 없는 경우 유죄 판결률이 감소했다는 점이다. 둘째, 증언 이력은 실험 참가자의 제보자에 대한 신뢰성 평가에 유의미한 영향을 미치지 않았다. 참가자들은 제보자가 과거에 증언을 했던 횟수와 보상을 받았다는 것과는 상관없이 제보자를 정직하고 신뢰할 수 있다고 평가했다.

전문가 증언이 배심원의 판단에 미치는 효과

Neuschatz와 Wilkinson(2009)은 제보자와 공범의 자백이 신뢰성이 없다는 내용의 피고인 측 전문가 증언의 영향을 실험했다. 제보자에 대한 전문가 증언이 배심원의 판단에 어떠한 영향을 미치는지에 대한 정보는 없지만, 다른 법적인 맥락 안에서는 전문가 증언에 대한 폭넓은 연구가 이루어졌다. 재판 모의 절차에 대한 몇 가지의 버전을 사용한 형사 사건에 관한 연구들에서는 심리학 전문가 증언이 제시된 조건과 제시되지 않은 조건의 유죄 판결 비율을 비교해 목격자에 대한 배심원들의 평가에 전문가의 심리학적 증언이 미치는 효과를 검증했다. 이러한 연구들의 일반적인 결과는 전문가 증언이 유죄 판결 비율을 감소시킨다는 것이다(Hosch, Beck, & McIntyre, 1980; Leippe, Eisenstadt, Rauch, & Sieb, 2004; Maass, Brigham, & West, 1985). Devenport와 동료들(Devenport & Cutler, 2004; Devenport, Stinson, Cutler, & Kravitz, 2002)은 전문가 증언이 무죄 판결을 내리게 한다는 어떤 증거도 발견하지 못했다. 그 대신 연구자들은 목격자의 기억과 관련된 특정한 상황의 경우 전문가 증언은 배심단의 민감성을 증가시킬 수 있다는 것을 발견했다.

배심원에게 목격자의 기억이 신뢰할 수 없다는 정보를 제공하는 것이 잘못된 유죄 판결에 영향을 미치는 몇 개의 요인들에 대해 민감하게 반응하도록 만들 수 있다는 것을 알고 있기에, Neuschatz와 동료들(2008)은 신뢰할 수 없는 제보자의 증언에 대해 전문가가 증언하는 것이 비슷한 효과가 있을 것이라는 가설을 세웠다. 이를 검증하기 위해 이들은 배심원 판단에 증인의 종류(공범 대 구치소 제보자)와 전문가 증언의 유무를 조작했다. 구체적으로 이 연구에서 전문가는 과거 범죄자로 제보자 또는 공범으로 증언을 했던 사람이었다. 연구 결과, 제보자가 자백을 조작했다는 정보를 제공하는 것은 연구 참가자들의 유무죄 판단에 영향을 미치지 않았다. 이는 제보자 증언을 일반적으로 신뢰할 수 없다는 내용의 전문가 증언이 유무죄 판단에 영향을 미치지 못한다는 의미다. 배심원들은 전문가 증언이 제시된 경우에 제시되지 않은 경우와 마찬가지로 유죄 판결을 내렸다.

제보자 증언에 대한 연구의 적용

미국 대법원은 보상이 편향적이며 거짓말을 유발하는 요인이라는 점을 인정했다. 그러나 대법원은 미국「수정헌법」제6조의 자신에게 불리한 증인을 대면할 권리를 바탕으로 현재의 안전 장치는 피고인을 보호하기에 충분하다고 주장했다. 이러한 자신감에도 불구하고 안전 장치는 잘못된 유죄 판결을 효과적으로 방지하지 못하고 있다.

어떠한 자백 증거도 설득력이 있다는 점, 대법원에 따르면 제보자의 거짓 증언으로부터 피고인을 보호할 수 있다는 안전 장치는 작동이 안 되고 있다는 점, 그리고 사형 선고가 가능한 사건의 경우 구치소 제보자에 자주 의존하고 있다는 점(Rappold, 2005)을 고려해 보면, 법학자들이 제보자의 증언에 대한 현재의 관행을 개혁해야 한다고 주장하는 것은 그리 놀라운 일이 아니다(California Commission for Fair Administration of Justice, 2007; The Justice Project, 2007; Kaufman, 1998; Sherrin, 1998). 협력적인 증인에 대한 현재까지의 심리학적 연구가 부족한 현 상황에서는 이와 같은 권고사항들은 별로 효과가 없을 것이라는 사실을 시사하고 있다.

정보 습득

몇몇 연구자들은 구치소 제보자가 신뢰할 수 없는 정보를 제공하는 것을 방지할 수 있는 권고안을 제시했다. 구치소 제보자의 신뢰할 수 없는 증언을 제공하고자 하는 동기 자체를 차단하기 위해서 연구자들은 제보자와 담당자 사이의 상호작용을 감독하고 제보자의 정보에 대한 보상을 제시하는 것에 대한 가이드라인을 포함한 제보자 담당자(대부분은 경찰)에 대한 철저한 감독을 권고했다(California Commission, 2007; Joy, 2007; M. S. Ross, 2002; Sherrin, 1998; Zimmerman, 1994). Sherrin(1998)은 어떠한 위증 또는 조작된 증거를 제시한 경우에는 이를 기소하기 위해 적극적인 정책을 도입하는 것처럼 고의적으로 신뢰할 수 없는 정보를 제공하는 구치소 제보자에게 좀 더 강력한 처벌을 내려야 한다고 권고했다. Swanner와 동료들(2010)에 따르면, 최소한의 대가만이 제시되더라도 제보자는 거짓으로 2차 자백을 할 것이며 이런 권고의 효과는 확실하지 않다고 했는데, 이는 Swanner와 동료들의 연구에서 제보자의 거짓말에 대한 처벌이나 제보자 담당자에게 거짓 정보를 받는 것을 금지한다는 설명의 효과를 검증하지 않았기 때문이다.

정보 드러내기

몇몇 연구자들(Bloom, 2002; Sherrin, 1998; Zimmerman, 1994)은 검찰이 제보자 및 그의 증언과 관련해 무죄 입증이 가능한 정보를 피고인 측에 모두 알리도록 해야 한다고 권고했다. 이는 검찰 측이 피고인 측 변호인에게 공개해야 하는 정보의 범위를 확장할 것을 요구하는 것으로 (a) 구치소 제보자 증언을 사용하는 검찰 측의 의도, (b) 제보자의 범죄 기록과 증언 이력, (c) 제보자와 함께 만난 기록, 제보자에 의해 제공된 모든 증거, 구금되어 있는 동안 제보자의 행동들, 제보자가 그의 정보를 얻은 상황, 그리고 제보자에게 제시된 모든 이득(분명하거나 또는 함축적으로) 및 대가, 그리고 (d) 제보자가 받은 거짓말 탐지 검사의 결과(예: 거짓말 탐지기 또는 뇌파 검사)를 포함한다(Cassidy, 2004; Clemens, 2004; Dodds, 2008; Joy, 2007; Justice project, 2007; Mazur, 2002; Sherrin, 1998).

공개해야 하는 정보를 확대한 것은 피고인 측에 제보자의 신뢰성 정도, 동기 그리고 편견을 면밀히 검토해 제보자에 대해 의미 있는 반대 신문할 수 있는 수단을 제공하기 위함이다. 하지만 Neuschatz와 동료들(2008)은 배심원들이 평결을 내릴 때 제보자의 잠재적 동기와 편견에 둔감하다는 점을 보여 주었다. 그리고

Neuschatz와 Wilkinson(2009)은 배심원들이 평결을 내릴 때 재판 과정에서 제보자의 증언 이력이 드러났을 때에도 제보자의 증언 내용을 조심히 고려해 판단하지 않는다는 것을 보여 주었다.

전문가 증언과 배심단 지시문

Gershman(2002)은 배심원이 구치소 제보자의 증언에 대한 신뢰성을 제대로 평가하도록 하기 위해 제보자의 증언이 담당자와의 암시적 또는 강압적인 상호작용에 의해 부적절한 영향을 받았을 수도 있다는 점에 대해 인지심리학 전문가들의 증언을 허용해야 한다고 권고했다. 몇몇의 연구자들은 특히 판사가 배심단에게 구치소 제보자의 증언을 주의하라는 경고적인 지시를 의무적으로 내릴 것을 권고했다(California Commission, 2007; Elliott, 2003; Justice Project, 2007; Mazur, 2002; Sherrin, 1998). 예를 들면, Sherrin(1998)은 배심원에게 공식적으로 제시된 이득과 증언을 맞바꾼 것이 아닐지라도 구치소 제보자 증언을 신뢰할 수 없을 뿐만 아니라 확인되지 않은 증거에 의존하는 것은 상당한 위험을 내포하고 있다고 주의시켜야 한다고 권고했다. 전문가 증언과 배심단 경고성 지침을 사용하는 목적은 해당 증언을 신뢰할 수 없게 만드는 요인들에 배심단의 주의를 집중시켜 위증 또는 조작된 증언이 피고인에게 해가 되는 상황을 최소화하기 위함이다.

그러나 Neuschatz와 Wilkinson(2009)의 연구 결과는 배심원에게 제보자 증언이 신뢰할 수 없다는 내용으로 제시되는 전문가 증언은 배심원의 판결에 영향을 미치지 않는 것으로 드러났다. 또한 다른 연구들에 따르면, 재판에서의 지침은 배심원에게 제보자를 신뢰할 수 없는 점에 대해 알려 줄 수 있는 가능성이 낮다고 주장했다. 다른 연구들을 통해서도 경고성 지침이 일반적으로 배심단의 의사결정에 미치는 영향이 미비하다는 것을 보여 주었다. 예를 들면, 최근에 이루어진 채택할 수 없는 증거에 대한 메타분석을 통해 Steblay, Hosch, Culhance와 McWethy(2006)는 채택할 수 없는 증거를 무시하라는 재판 지침이 배심원의 판결에 미치는 영향을 검증했다. 연구자들은 경고성 지침에 의해 배심원의 결정이 변하지 않는다는 점을 알아내었다. 즉, 지침은 효과가 없었다. 하지만 Stablay와 동료들은 판사들이 증거를 무시하라는 경고에 대한 근거를 제시한 경우에는 배심단이 지침을 따르는 경향이 증가할 수 있다는 것을 보여 주었다. 그러므로 경고성 지침이 구치소 제보자 증언의 신뢰성에 대한 내용일 경우 더 효과적일 것이라고 가정할 이유는 없어 보인다.

더욱이 재판에서의 지침을 배심원이 효과적으로 사용하기 위해서는 첫째 그 내용을 이해해야만 한다. 완전하게 이해되지 않고서는 배심원이 그 지침을 정확히 적용할 수 없게 된다. 안타깝게도 심리학 연구들에 따르면, 배심원은 재판에서 제시되는 지침을 이해하고 정확하게 적용하는 데 어려움을 겪는다(Ogloff & Rose, 2005; Reifman, Gusick, & Ellsworth, 1992). 예를 들면, Ogloff(1988)는 500명 이상의 배심원이 자격이 있는 참가자들을 대상으로 재판 지침의 이해도를 검증했다. 이 연구에서 모의 배심원들은 2.5시간의 모의 재판 비디오를 시청하고 집단으로 평의를 했다. 재판 비디오에는 실제 재판에서 일반적으로 사용되는 긴 내용의 재판 지침이 포함되었다. 결국 Ogloff는 이 연구가 실제 배심 재판과 유사하도록 길게 만들어 실제 사법적인 환경에도 일반화시키려고 했다. 연구 결과 모의 배심원들은 재판 지침을 잘 이해하지 못하는 것으로 나타났다. 예를 들면, 모의 배심원들에게 합리적인 의심 기준에 따라 피고인의 유죄를 얼마나 확신해야 하는지에 대해 물어보았을 때 대부분의 경우 100% 확신해야 한다고 응답했다. 이는 합리적인 의심에 대한 법적인 정의를 고려해 보면 불합리적으로 높은 것인데, 피고인이 범죄를 저질렀는가에 대한 의심은 합리적인 사람이 피고인이 유죄라는 의견을 넘지 않는 수준이어야 한다. 분명하게 이 기준은 모의 배심원들이 생각하는 것과는 반대로, 100%의 유죄 확신을 요구하는 것은 아니다. 더구나 모의 배심원들은 재판 지침을 이해하는 데 어려움을 겪었을 뿐만 아니라 배심원들의 이해를 증진시키기 위해 고안된 해결책인 필기하기나 지침을 복사하여 제공하는 방법들이 배심원들의 지침 이해도나 지침의 적용을 향상시키지 않았다(Ogloff & Rose, 2005 참고).

그러나 순서도(플로 차트)의 사용과 같은 몇 가지 방안들은 배심원들의 이해도를 증가시키는 것으로 나타났다. 순서도는 중요한 법적인 판단 내용과 어떠한 순서로 다루어져야 하는지를 제시하고 있다. 모의 배심원 패러다임을 사용한 Semmler와

Brewer(2002)는 배심원들에게 순서도를 허용하는 것이 허용하지 않는 집단과 비교했을 때 재판 지침에 대한 이해와 적용이 향상된다는 것을 밝혀냈다. 그러나 순서도 사용에 대한 결과가 항상 긍정적인 것은 아니다. 예를 들면, Ogloff(1998)는 순서도 사용이 배심원들의 이해를 증가시킨다는 것을 확인하지 못했다. Ogloff는 연구 참가자들이 순서도를 충분히 참조하지 않았을 수 있기 때문에 순서도 자체의 문제보다는 비효율적인 사용 때문에 결과가 나타나지 않았다고 주장했다.

결론

구치소 제보자 증언이 동반하는 문제들을 피할 수 있는 확실한 방법은 재판에서 제보자의 증언을 사용하지 않는 것이다. 그러나 더 위험한 범죄자가 유죄 판결을 받을 수 있게 만들고 다른 범죄자를 억제할 수 있다는 이유를 포함해 제보자 증언을 사용하는 것에 대한 장점이 무고한 사람을 잘못된 유죄 판결로부터 보호하고 제보자가 위증을 저지르는 것을 방지하는 것보다 더 중요하다고 생각한다(Martinez, 1999 참고). 거짓 제보자 증언으로부터 무고한 사람을 보호하기 위해 미국 대법원이 지지하고 있는 기존의 방법들은 실제로 적절하지 않다. 기존의 심리학 연구들은 일단 합리적으로 보일지라도 이러한 방법들을 수정하거나 새로운 안전 장치들을 소개하라는 권고들이 효과적이지 못하다고 알려 준다. 그러나 이러한 연구들의 대부분은 하나의 자극을 사용해 연구실에서 실시된 것이다. 앞으로의 연구는 다른 자극들(예: 재판 시나리오를 읽는 것보다 실제 재판이 진행 중인 법정)을 사용하고 더 많은 변인들(예: 거짓말에 대한 불이익)을 검증하여 연구의 정확성과 신뢰성을 증가시킬 수 있다.

더불어, 제보자 증언과 관련된 심리학적 연구가 존재하지 않는다는 의견들이 많다. 그 내용들은 (a) 사전 심리절차를 통해 신뢰할 수 없는 제보자 증언을 제외시키는 재량권 제공하기(Sherrin, 1998; Uviller, 2002), (b) 제보자의 증언이 어느 정도 사실인지, 담당자가 강압하고 지어내거나 제보자의 증언에 영향을 행사했는지 여부를 판단할 수 있는 '오염'사전 심리 절차 도입하기(Call, 2001; Gershman, 2002; Joy, 2007), (c) 제보자 증언에 대한 보강 증거를 얻거나 보강 증거가 없는 증언의 사용 제한하기, 또는 그 둘 다 적용하기(American Bar Association, 2005; California Commission, 2007; Elliot, 2003; Joy, 2007; Justice Project, 2007; Sherrin, 1998; Zimmerman, 1994), (d) 무죄를 증명할 수 있는 더 많은 정보를 포함하기 위해 구치소 제보자에 대해 획득하고 유지해야 하는 정보의 종류 확대하기(California Commission, 2007; Cassidy, 2004; Gershman, 2002; Joy, 2007; Mazur, 2002; Roberts, 2005; Zimmerman, 1994), (e) '한 명 이상의 담당자를 사용하는 제보자를 방지하고 담당자가 제보자의 효율성, 신뢰성 및 진실성을 대조·검토하는 것을 가능하게 하기 위해' 제보자의 과거와 현재의 서비스에 대한 정보를 포함한 데이터베이스 유지하기(Zimmerman, 1994, p. 140), (f) 증언으로 얻는 것보다 잃는 것이 더 많은 사람 또는 몇 번 이상 증언한 사람을 제한하는 것과 같이 제보자 풀(Pool) 제한하기(Sherrin, 1998), (g) 제보자가 담당자에게 제시한 정보만 허용하기(Zimmerman, 1994), (h) 제보자의 정보 조작을 최소화하기 위해 규칙과 제약을 따라야 하는 위장 경찰관처럼 제보자를 특정한 법적 지위 또는 비슷한 법적 권리는 가진 사람으로 대우하기(Sherrin, 1998; Zimmerman, 1994), (i) 검사에게 거짓말을 탐지하는 방법을 교육하고 경찰관의 임금, 고용 기준 및 훈련 더 제공하기(California Commission, 2007; Clemens, 2004; Elliott, 2003; Joy, 2007; Kassin, 2002), 그리고 (j) 악의적인 제보자와 신뢰할 수 없는 정보를 고의적으로 회피하지 않은 경찰관이나 검사에 대해 더욱 엄격한 처벌 제시하기(Clemens, 2004; Elliott, 2003; M. S. Ross, 2002)를 포함한다. 이러한 주제들을 연구하는 것은 제보자 증언에 대한 심리학적 연구를 논의할 수 있는 하나의 방법이 된다.

특정한 정책적 권고사항들을 검증하기 위한 연구 설계보다 제보자 증언에 대한 좀 더 정교하고 결정적인 심리학적 연구들을 제공할 수 있다. 이는 다른 자극들을 사용하고 실험을 반복하고 신뢰할 수 없는 출처임에도 불구하고 왜 사람들이 그 자백을 신뢰하는가에 대한 이론을 개발하는 것을 포함한다. 목격자의 기억을 신뢰할 수 없다는 것을 보여 주는 이노센스 프로젝트의 데이터베이스와 유사하게 거짓

2차 자백이 일어난 빈도에 대한 데이터베이스를 만드는 것은 미래에 이론적이고 실험적인 작업에 기초가 되는 풍부한 자료를 제공할 것이다.

★ 참고문헌

American Bar Association. (2005, February 14). Resolution 108B. Adopted by the House of Delegates. Retrieved from http://www.abanet.org/leadership/2005/midyear/daily/108B.doc

Bell, B. E., & Loftus, E. L. (1988). Degree of detail of eyewitness testimony of mock juror judgments. *Journal of Applied Social Psychology, 18,* 1171-1192. doi:10.1111/j.1559-1816.1988.tb01200.x

Berman, G. L., & Cutler, B. L. (1996). Effects of inconsistencies in eyewitness testimony on mock-juror decision making. *Journal of Applied Psychology, 81,* 170-177. doi:10.1037/0021-9010.81.2.170

Bermant, G., McGuire, M., McKinley, W., & Salo, C. (1974). The logic of simulation in jury research. *Criminal Justice and Behavior, 1,* 224-233. doi:10.1177/009385487400100302

Bloom, R. M. (2002). *Ratting: The use and abuse of informants in the American justice system*. Westport, CT: Praeger.

Bornstein, B. H. (1999). The ecological validity of jury simulations: Is the jury still out? *Law and Human Behavior, 23,* 75-91. doi:10.1023/A:1022326807441

Bray, R. M., & Kerr, N. L. (1982). Methodological considerations in the study of the psychology of the courtroom. In N. L. Kerr & R. M. Brady (Eds.), *The psychology of the courtroom* (pp. 287-323). New York, NY: Academic Press.

Bruggeman, E. L., & Hart, K. J. (1996). Cheating, lying and moral reasoning by religious and secular high school students. *The Journal of Educational Research, 89,* 340-344. doi:10.1080/00220671.1996.9941337

California Commission on the Fair Administration of Justice. (2006 November 20). *Official recommendations on the use of jailhouse informants*. Retrieved from http://www.ccfaj.org/rr-use-official.html

Call, J. (2001). Legal notes. *The Justice System Journal, 22,* 73-83.

Cassidy, R. M. (2004). "Soft words of hope": *Giglio,* accomplice witnesses, and the problem of implied inducements. *Northwestern University Law Review, 98,* 1129–1177.

Clemens, A. M. (2004). Removing the market for lying snitches: Reforms to prevent unjust convictions. *Quinnipiac Law Review, 23,* 151–245.

Crowley, M. J., O'Callaghan, M. G., & Ball, P. J. (1994). The judicial impact of psychological expert testimony in a simulated child sexual abuse trial. *Law and Human Behavior, 18,* 89–105.

Davis, J. H., Kerr, N. L., Stasser, G., Meek, D., & Holt, R. (1977). Victim consequences, sentence severity, and decision processes in mock juries. *Organizational Behavior and Group Performance, 18,* 346–365. doi:10.1016/0030-5073(77)90035-6

Devenport, J. L., & Cutler, B. L. (2004). Impact of defense-only and opposing eyewitness experts on juror judgments. *Law and Human Behavior, 28,* 569–576. doi:10.1023/B:LAHU.0000046434.39181.07

Devenport, J. L., Stinson, V., Cutler, B. L., & Kravitz, D. A. (2002). How effective are the cross-examination and expert testimony safeguards? Jurors' perceptions of the suggestiveness and fairness of biased lineup procedures. *Journal of Applied Psychology, 87,* 1042–1054. doi:10.1037/0021-9010.87.6.1042

Diamond, S. S. (1997). Illuminations and shadows from jury simulations. *Law and Human Behavior, 21,* 561–571. doi:10.1023/A:1024831908377

Dodds, E. J. (2008). I'll make you a deal: How repeat informations are corrupting the criminal justice system and what to do about it. *William and Mary Law Review, 50,* 1063–1104.

Elliott, C. E. (2003). Life's uncertainties: How to deal with cooperating witnesses and jailhouse snitches. *Capital Defense Journal, 16,* 1–17.

Ellsworth, P. C. (1989). Are twelve heads better than one? *Law and Contemporary Problems, 52,* 205–224. doi:10.2307/1191911

Finkel, N. J., & Duff, K. B. (1991). Felony-murder and community sentiment: Testing the Supreme Court's assertions. *Law and Human Behavior, 15,* 405–429. doi:10.1007/BF02074079

Fulero, S. M., & Finkel, N. J. (1991). Barring ultimate issue testimony: An "insane" rule? *Law and Human Behavior, 15,* 495–507. doi:10.1007/BF01650291

Gershman, B. L. (2002). Symposium: Effective screening for truth telling: Is it possible?

Witness coaching by prosecutors. *Cardozo Law Review, 23,* 829-863.

Giglio v. United States, 405 U.S. 150 (1972).

Gilbert, D. T., & Malone, P. S. (1995). The correspondence bias. *Psychological Bulletin, 117,* 21-38.

Gilbert, D. T., Pelham, B. W., & Krull, D. S. (1988). On cognitive busyness: When person perceivers meet person perceived. *Journal of Personality and Social Psychology, 54,* 733-740. doi:10.1037/0022-3514.54.5.733

Hastie, R. (1993). Algebraic models of juror decision processes. In R. Hastie (Ed.), *Inside the juror: The psychology of juror decision making* (pp. 84-115). New York, NY: Cambridge University Press. doi:10.1017/CBO9780511752896.006

Hosch, H. M., Beck, E. L., & McIntyre, P. (1980). Influence of expert testimony regarding eyewitness accuracy on jury decisions. *Law and Human Behavior, 4,* 287-296. doi:10.1007/BF01040620

Huntley, J. E., & Costanzo, M. (2003). Sexual harassment stories: Testing a story-mediated model of juror decision-making in civil litigation. *Law and Human Behavior, 27,* 29-51. doi:10.1023/A:1021674811225

Innocence Project. (2009). *Understand the causes: Eyewitness misidentification.* Retrieved from http://www.innocenceproject.org/understand/Eyewitness-Misidentification.php

Jackson, J. M., & Harkins, S. G. (1985). Equity in effort: An explanation of the social loafing effect. *Journal of Personality and Social Psychology, 49,* 1199-1206. doi:10.1037/0022-3514.49.5.1199

Joy, P. A. (2007). Brady and jailhouse informants: Responding to injustice. *Case Western Reserve Law Review, 57,* 619-650.

Juhnke, R., Vought, C., Pyszczynski, T. A., Dane, F. C., Losure, B. D., & Wrightsman, L. S. (1979). Effects of presentation mode upon mock jurors' reactions to a trial. *Personality and Social Psychology Bulletin, 5,* 36-39. doi:10.1177/014616727900500107

The Justice Project. (2010, April 5). *In-custody informant testimony: A policy review.* Retrieved from http://www.thejusticeproject.org/wp-content/uploads/pr-in-custody-informant-testimony.pdf

Kassin, S. M. (2002). Human judges of truth, deception, and credibility: Confident but erroneous. *Cardozo Law Review, 23,* 809-816.

Kassin, S. M., & Gudjonsson, G. H. (2004). The psychology of confessions: A review of the literature and issues. *Psychological Science in the Public Interest, 5,* 33-67. doi:10.1111/j.1529-1006.2004.00016.x

Kassin, S. M., & Kiechel, K. L. (1996). The social psychology of false confessions: Compliance, internalization, and confabulation. *Psychological Science, 7,* 125-128. doi:10.1111/j.1467-9280.1996.tb00344.x

Kassin, S. M., & Sukel, H. (1997). Coerced confessions and the jury: An experimental test of the "harmless error" rule. *Law and Human Behavior, 21,* 27-46. doi:10.1023/A:1024814009769

Kaufman, F. (1998). *Report of the commission of proceedings involving Guy Paul Morin.* Ontario, Canada: Ontario Royal Commission.

Kerr, N. L. (1981). Social transition schemes: charting the group's road to agreement. *Journal of Personality and Social Psychology, 41,* 684-702. doi:10.1037/0022-3514.41.4.684

Kerr, N. L. (1982). Social transition schemes: Model, method, and application. In H. Brandstatter, J. H. Davis, & G. Stocker-Kreichgauer (Eds.), *Group decision making* (pp. 59-80). London, England: Academic Press.

Kerr, N. L. (1993). Stochastic models of juror decision making. In R. Hastie (Ed.), *Inside the juror: The psychology of juror decision making* (pp. 116-135). New York, NY: Cambridge University Press.

Kerr, N. L., Nerenz, D. R., & Herrick, D. (1979). Role playing and the study of jury behavior. *Sociological Methods & Research, 7,* 337-355. doi:10.1177/004912417900700305

Krull, D. S., & Dill, J. C. (1996). On thinking first and responding fast: Flexibility in social inference processes. *Personality and Social Psychology Bulletin, 22,* 949-959. doi:10.1177/0146167296229008

Lassiter, G. D., Clark, J. K., Daniels, L. E., & Soinski, M. (2004, March). Can we recognize false confessions and does the presentation format make a difference? Paper presented at the annual meeting of the American Psychology-Law Society, Scottsdale, AZ.

Leippe, M. R., Eisenstadt, D., Rauch, S. M., & Seib, H. M. (2004). Timing of eyewitness expert testimony, Jurors' need for cognition, and case strength as determinants of trial verdicts. *Journal of Applied Psychology, 89,* 524-541. doi:10.1037/0021-

9010.89.3.524

Los Angeles County Grand Jury (1990). *Report of the 1989-90 Los Angeles County Grand jury: Investigation of the involvement of jailhouse informants in the criminal justice system in Los Angeles County.*

Maass, A., Brigham, J. C., & West, S. G. (1985). Testifying on eyewitness reliability: Expert advice is not always persuasive. *Journal of Applied Social Psychology, 15,* 207-229. doi:10.1111/j.1559-1816.1985.tb00897

MacCoun, R. J. (1984). Modeling the impact of extralegal bias and defined standards of proof on the decisions of mock jurors and juries. *Dissertation Abstracts International, 46,* 700B.

Marshall, L. C., Warden, R., Geraghty, T. F., & Van Znadt, D. E. (2005). *The snitch system: How snitch testimony sent Randy Steidl and other innocent Americans to death row.* Chicago, IL: Center on Wrongful Convictions.

Martinez, S. (1999). Bargaining for testimony: Bias of witnesses who testify in exchange for leniency. *Cleveland State Law Review, 47,* 141-160.

Mazur, E. P. (2002). Rational expectations of leniency: Implicit plea agreements and the prosecutor's role as a minister of justice. *Duke Law Journal, 51,* 1333-1365. doi:10.2307/1373121

Miller, G. R. (1976). The effects of videotaped trial materials on juror response. In G. Bermant, C. Nemeth, & N. Vidmar (Eds.), *Psychology and the law* (pp. 185-208). Lexington, MA: Heath.

Neuschatz, J. S., Lawson, D. S., Swanner, J. K., Meissner, C. A., & Neuschatz, J. S. (2008). The effects of accomplice witnesses and jailhouse informants on jury decision making. *Law and Human Behavior, 32,* 137-149. doi:10.1007/s10979-007-9100-1

Neuschatz, J. S., & Wilkinson, M. L. (2009, March). Jailhouse informant testimony: How much is too much? Plenary Panel presentation at the annual American Psychology and Law Society conference, San Antonio, TX.

Ogloff, J. R. P. (1998). *Judicial instructions and the jury: A comparison of alternative strategies. Final Report.* Vancouver, British Columbia, Canada: British Columbia Law Foundation.

Ogloff, J. R. P., & Rose, G. V. (2005). The comprehension of judicial instructions. In N. Brewer & K. D. Kipling (Eds.), *Psychology and law: An empirical perspective* (pp.

407-444). New York, NY: Guilford Press.

Olsen-Fulero, L., & Fulero, S. M. (1997). Commonsense rape judgments: An empathy-complexity theory of rape juror story making. *Psychology, Public Policy, and Law, 3,* 402-427. doi:10.1037/1076-8971.3.2-3.402

Pennington, N., & Hastie, R. (1986). Evidence evaluation in complex decision making. *Journal of Personality and Social Psychology, 51,* 242-258. doi:10.1037/0022-3514.51.2.242

Pennington, N., & Hastie, R. (1992). Explaining the evidence: Tests of the story model for juror decision making. *Journal of Personality and Social Psychology, 62,* 189-206. doi:10.1037/0022-3514.62.2.189

Rappold, S. (2005, November 20). Jailhouse informers: A risky bet. *The Gazette.*

Reifman, A., Gusick, S. M., & Ellsworth, P. C. (1992). Real jurors' understanding of the law in real cases. *Law and Human Behavior, 16,* 539-554. doi:10.1007/BF01044622

Roberts, S. (2005). Should prosecutors be required to record their pretrial interviews with accomplices and snitches? *Fordham Law Review, 74,* 257-302.

Ross, L. (1977). The intuitive psychologist and his shortcomings: Distortions in the attribution process. In L. Berkowitz (Ed.), *Advances in experimental social psychology* (Vol. 10, pp. 173-220). New York, NY: Academic Press.

Ross, M. S. (2002). Thinking Outside the Box: How the Enforcement of Ethical Rules can Minimize the Dangers of Prosecutorial Leniency and Immunity Deals. *Cardozo Law Review, 23,* 875-892.

Schuller, R. A., & Hastings, P. A. (1996). Trials of battered women who kill: The impact of alternative forms of expert evidence. *Law and Human Behavior, 20,* 167-187. doi:10.1007/BF01499353

Semmler, C., & Brewer, N. (2002). The effect of mood and emotion on juror processing and judgments. *Behavioral Sciences and the Law, 20,* 423-436. doi:10.1002/bsl.502

Sherrin, C. (1998). Jailhouse informants in the Canadian Criminal Justice System, Part II: Options for reform. *Criminal Law Quarterly, 40,* 157-187.

Steblay, N., Hosch, H. M., Culhane, S. E., & McWethy, A. (2006). The impact on juror verdicts of judicial instruction to disregard inadmissible evidence: A meta-analysis. *Law and Human Behavior, 30,* 469-492. doi:10.1007/s10979-006-9039-7

Swanner, J. K., Beike, D. R., & Cole, A. T. (2010). Snitching, lies, and computer crashes:

An experimental investigation of secondary confessions. *Law and Human Behavior, 34,* 53–65. doi:10.1007/s10979-008-9173-5

Tanford, S., & Penrod, S. (1986). Jury deliberations: Discussion content and influence processes in jury decision making. *Journal of Applied Social Psychology, 16,* 322–347. doi:10.1111/j.1559-1816.1986.tb01144.x

Tenney, E. R., MacCoun, R. J., Spellman, B. A., & Hastie, R. (2007). Calibration trumps confidence as a basis for witness credibility. *Psychological Science, 18,* 46–50. doi:10.1111/j.1467-9280.2007.01847.x

United States v. Singleton, 144 F.3d 1343 (10th Cir. 1998).

United States v. Singleton, 165 F.3d 1297 (1999).

Uviller, H. R. (2002). No sauce for the gander: Valuable consideration for helpful testimony from tainted witnesses in criminal cases. *Cardozo Law Review, 23,* 771–794.

Warden, R. (2004). The snitch system: How incentivized witnesses put 38 innocent Americans on death row. *Northwestern University School of Law, Center on Wrongful Convictions,* 1–16.

Williams, G. R., Farmer, L. C., Lee, R. E., Cundick, B. P., Howell, R. J., & Rooker, C. K. (1975). Juror perceptions of trail testimony as a function of the method of presentation. *Brigham Young University Law Review, 2,* 375–421.

Working Group on the Prevention of Miscarriages of Justice. (2009). *Prosecutors committee report.* Available from http://www.justice.gc.ca/eng/dept-min/pub/pmj-pej/toc-tdm.html

Zimmerman, C. S. (1994). Toward a new vision of informants: A history of abuses and suggestions for reform. *Hastings Constitutional Law Quarterly, 22,* 81–178.

제11장

알리바이 증인

Tara M. Burke & Stéphanie B. Marion

부당하게 유죄 판결을 받은 사람들에 대한 이야기는 종종 가슴을 아프게 한다. 2008년 5월 Walter Swift는 강간으로 구치소에 수감된 지 26년 만에 무죄가 입증됐다. 그의 알리바이를 입증해 준 강력한 알리바이 증인의 존재를 생각해 본다면 그의 유죄 판결은 더욱 이상하다. 강간이 일어나던 그때 Swift는 한 여성과 데이트 중이었고 범죄가 일어나던 시간에 그녀와 함께 있었다고 경찰에게 설명했고 심지어 그 주장을 증명하기 위해 쇼핑한 영수증을 내놓기까지 했다. 비록 Swift와의 관계는 끝났지만, 이 여성은 그가 무죄라는 입장을 계속 고수했고 그녀 스스로 경찰관이 됐다. 새로운 DNA 증거로 유죄 판결에 문제가 있었다는 점을 납득시킬 때까지 사실을 뒷받침해 주는 물리적인 증거가 있었음에도 불구하고 아무도 이 알리바이 증인을 믿지 않았다.

처음 40건의 DNA 면죄 사건에 대한 검토를 통해 11건의 사례가 '약하거나' '없는' 알리바이 때문에 잘못된 유죄 판결이 내려졌음을 밝혀졌다(Connors, Lundregan, Miller, & McEwen, 1996; Wells et al., 1988). 많은 사례에서 재판 중에 알리바이를 제공했음에도 불구하고 유죄 판결을 받게 되는데, 이는 아마도 강력한 목격자 증거가 존재했기 때문인 것으로 보인다. 이 사례들을 통해 사건에 대한 역설적인 현상을 볼 수 있다. 판사의 입장에서 약하게 보이는 알리바이는 아마 옳더라도 기각당할 것이며, 반면에 목격자 증거는 아마 거짓일지라도 받아들여질 것이고 이는 마침내 잘못된 유죄 판결로 연결될 것이다. 그렇다면 어떻게 약한 알리바이와 강한 알리바이를 잘 구별하고, 또는 어떻게 목격자 증거만큼의 중요성을 갖게 되는 것인지가 궁금하다. 알리바이 항변을 포함하고 있는 캐나다와 미국의 판결 사례들의 표본을 검토하면 실마리를 찾을 수 있을 것이다.

결과적으로는 86%에 달하는 대다수의 사건에서 피고인은 범죄가 일어나던 시각에 다른 곳에 있었다는 피고인의 주장을 지지해 줄 알리바이 증인이 있었던 것으로 나타났다. 상대적으로 적은 수인 14%만이 그들의 알리바이를 지지해 줄 물리적 증거가 없었던 것으로 나타났다(Turtle & Burke, 2003). 알리바이 증인이 존재하는 모든 사례 중 2개의 사례만 제외하고 그 증인들은 피고인의 친구나 가족 구성원이었다. 비록 이러한 사례들이 잘 알려진 잘못된 유죄 판결을 받은 사건은 아니지만, 가장 흔한 형태의 알리바이 보강증거가 알리바이 증인의 형태로 존재하고 이러한 증인들은 용의자들과 아는 사람이었다. 이러한 내용은 Culhane, Hosch와 Kehn(2008)의 연구 결과와 비슷한데, 연구자들은 연구 참가자들에게 만약 범죄사건의 용의자로 의심받는 경우에 알리바이 증인이나 무죄를 입증할 수 있는 물리적인 증거를 제공할 수 있는가를 물었다. 그들 대부분인 88%가 알리바이 증인을 제시할 수 있을 것이라고 생각했지만, 오직 29%만이 무죄를 입증할 만한 물리적인 증거를 제공할 수 있을 것이라고 생각했다. 누가 알리바이 증거를 제공할 것인지 추측해 보라는 질문에, 84%는 자신들이 알고 있는 누군가('동기가 부여된 증인')일 것이라고 말했다.

Gooderson(1977)이 지적했던 것처럼 일반적으로 알리바이 변론의 문제점은 조작이 쉽다고 여겨진다는 점이며, 만약 피고인과 증인이 서로 잘 아는 사이라면 더 큰 문제가 된다. 그러므로 경찰, 판사 그리고 배심원은 용의자를 잘 알고 있는 사람의 알리바이 증거를 약한 증거로 보는데, 그 이유는 피고인을 위해 거짓말을 한다는 동기가 있을 수 있기 때문이다. 이노센스 프로젝트의 파일(http://www.innoceproject.org)로부터 얻을 수 있는 교훈으로는 항상 여러 명의 알리바이 증언이라도 무죄인 사람을 구치소에 가지 않도록 지켜 줄 정도로 충분하지 않다는 점이다. 구치소에서 9년 6개월을 보낸 Edward Honaker는 남자형제, 형수, 어머니의 동거인을 포함한 세 명의 알리바이 증인이 있었다. 구치소에서 13년 6개월을 보낸 Jerry Watkins는 그의 부인이 알리바이를 제시하였는데, 교회 모임에 함께 참석하기 위해서 범죄가 일어나던 그날 직장에서 남편을 데리고 왔다고 증언했다. 그리고 친척들과 나머지 저녁 시간을 함께 보냈다. 구치소에서 18년을 보낸 Kenneth Waters는 범죄가 일어난 시간에 직장에 있었다고 경찰에 진술했다. 그의 알리바이 증인들은 직장에서 그를 집으로 데려다 준 동료와 다른 문제로 법정에 함께 참석했던 그의 변호사가 포함되어 있었다.

알리바이 증거의 사용과 오용이 잘못된 유죄 판결 사건에서 어떠한 역할을 하는 것으로 보이지만, 최근에는 미국이나 캐나다의 데이터베이스에서 목격자 증거나 허위 자백과 같이 이에 대한 공식적인 범주는 존재하지 않는다. 비록 알리바이 오류가 좁은 시각이나 효과적이 못한 변호인과 같은 몇 가지의 다른 범주에 포함될 수 있지만, 가장 일반적으로 경찰 또는 검찰 측이 이러한 특정 증거를 제대로 수사하지 못했다는 점을 설명하기 위해 경찰의 위법행위와 같은 좀 더 넓은 범주에서 찾아야 한다. Leo(2005)는 경찰 또는 검찰의 위법행위를 "사전 심리 절차와 재판에서 무죄를 증명할 수 있는 정보를 공개하지 않는 것과 사건에 대한 사실을 알고 있음에도 또는 고의적으로 잘못 제시하는 경우"(p. 207)라고 설명했다. 예를 들면, 만약 검찰 측이 경찰이 잠재적인 알리바이 증인이 있다는 것을 알고 있지만 이 증거에 대한 후속 조치를 취하지 않거나 이를 피고인 측에게 제공하지 않는다면 이는 위법행위로 여겨진다(Denov & Campbell, 2005, Greenspon, 2002에서 인용).

비록 많은 사례 연구를 통해 잘못된 유죄 판결 사례들에서 알리바이의 역할의 중요성에 대한 일화적인 증거들을 제시하였음에도 불구하고, 그저 기술하는 것에서 벗어나야 한다는 Leo(2005)의 주장을 근거로 이 장의 나머지 부분을 작성했다. 알리바이 증거의 사용과 가장 관련이 깊은 연구, 넓게는 사회심리학적인 연구를 탐구하여 현재의 문헌을 통합하여 가능하면 사법체계에서 알리바이 증거의 사용에 대한 권고사항을 제시하는 것이 이 장의 목적이다.

알리바이 증인에 대한 심리과학적 근거

잘못된 유죄 판결 사건(또는 일반적으로는 형사재판)과 관련하여 증인 또는 의사결정자의 판단 구조를 이해하는 것은 알리바이를 믿거나 또는 믿지 못하는 이유에 대해 이해하는 데 필수적이다. 이 책의 제5장부터 제9장에서 논의된 것과 같이, 많은 양의 연구가 목격자 증거의 정확성에서 기억이 맡은 역할들을 검토해 왔다(예: 또한 Loftus, 1991; Wells, 1984 참고). 만약 누군가가 알리바이 증인을 범죄의 목격자와 유사하다고 생각한다면 많은 동일한 변인들과 근본적인 과정들이 비슷한 역할을 하고 있다고 가정하는 것이 합리적일 것이다. 목격자는 지목을 통해 유죄 증거를 제공하는 반면에 알리바이 증인은 무죄를 입증하는 정보를 제공하는 것이지만, 여전히 둘 다 '목격자'일 뿐이다(Burke, Turtle, & Olson, 2007).

기억의 역할

D. S. Lindsay(2007)는 우리가 과거의 사건을 회상하는 과정을 설명했다. 만약 범죄 목격자라면 실제 목격하지는 못했지만 있어야 할 것 같은 정보들을 통합하지 않고 실제로 목격한 정보만을 회상하려고 노력해야 한다. 특히 무고한 범죄 용의자라면, 범죄가 일어났던 시각에 어디에 있었는지 회상해야만 한다. 그러므로 자서전적 기억은 용의자가 자신의 행방을 회상하는 능력이며 알리바이를 제공하는 역할을 하고, 또한 알리바이 증인의 경우에는 자신이 무엇을 언제 보았는지 정확하게 회상하는 능력이기도 하다. Lindsay는 회상하려고 노력할 때 환경에 따라서는 한 사건이나 한 사람에 대한 정보가 다른 사건이나 사람 때문에 희미해지는 것을 출처 감찰의 관점에서 설명했다. 이 책의 다른 장들에서 논의한 것처럼, 목격자는 다양한 상황과

환경 안에서 오류를 범할 수 있고(예: R. C. L. Lindsay, Ross, Read, & Toglia, 2006 참고) 목격자에게 영향을 미칠 수 있는 많은 오류들은 알리바이 증인에게도 영향을 미칠 수 있다고 가정하는 것이 합리적일 것이다. 비슷하게, 만약 목격자의 지목이 일반적으로 정확하다고 믿는 이유가 있다면 알리바이 증인의 진술에 대해서도 비슷할 것이라고 가정하는 것이 합리적인 것으로 보인다. 그러므로 목격자와 알리바이 증인은 동일하다고 생각해야 한다. 하지만 이미 언급한 것처럼 이는 사실과 다르다.

편향된 정보 처리

목격자의 지목보다 알리바이 증인을 덜 신뢰하는 이유를 이해하기 위해서는, 우리가 주어진 정보를 처리하는 방법을 고려해야 한다. Petty와 Cacioppo(1984)의 **정교화 가능성 모델**(elaboration likelihood model)은 우리가 설득의 대상이 될 때 의사결정 전에 주장의 강점에 대해 주의 깊게 논리적으로 생각하면서 제시된 정보를 중심적으로 처리하거나 말하는 사람의 매력이나 명성과 같은 인지적인 지름길을 사용하면서 제시된 정보를 주변적으로 처리한다고 설명한다. 의사결정자로서 우리는 종종 문제에 대해 충분히 주의를 기울이고 깊게 생각하고 증거를 철저하게 고려하지 못한다. 정확한 판단을 반드시 내려야 할 때도 빨리 결정에 도달하기 위해 인지적인 지름길을 사용한다(Chaiken & Maheswaran, 1994; Petty & Cacioppo, 1984). Olson, Roese와 Zanna(1996)는 우리가 어떻게 정보를 처리하는가에 대한 기대의 역할과 어떻게 이러한 기대가 관찰자와 관찰되는 사람 모두에게 행동적이고 인지적으로 영향을 미칠 수 있는지에 대해 광범위하게 논의했다. 예를 들어, Heath(2009)에 따르면, 경찰과 배심원은 특정 상황에 대해 적절한 정서적인 반응을 드러내지 않는다고 생각되는 용의자나 피고인을 유죄라고 생각한다. 용의자의 이러한 정서적인 반응이 실제 유죄나 무죄에 모두 관련 있다는 문헌은 없지만, 여전히 이러한 생각은 지속되고 있다.

우리가 타인에 대해 생각하고 있던 기존의 의견들이 그들에 대한 인식을 제대로 할 수 없게 만들 뿐만 아니라 '행동 확증'이라는 과정을 통해 인지하지 못하는 사이에 우리의 의견에 맞춰 행동 자체를 변화시킬 수도 있다. Kassin, Goldstein과 Savitsky(2003)는 실험 참가자들에게 무작위로 용의자나 수사관의 역할을 배정하여 행동 확증을 연구를 통해 설명했다. 수사관으로 하여금 용의자가 유죄 가능성이 높다고 믿게 한 경우, 용의자가 무죄일 것이라고 믿도록 유도된 수사관들에 비해 용의자에게 유죄를 암시하는 질문을 더 많이 하고 자백을 하라는 압력을 더 많이 가한 것으로 나타났다. 그 연구의 두 번째 단계에서, 이를 알지 못하는 독립적인 관찰자들은 한 쌍의 용의자-수사관의 녹음된 대화 내용을 들었고 유죄라고 추정되는 조건에서 용의자를 유죄라고 더 많이 평가했다. 그러므로 유죄 또는 무죄에 대한 기대는 어떠한 증거를 따라갈 것이며, 용의자 또는 알리바이 증인의 신빙성에 대한 개인의 의사결정에 영향을 미칠 수 있다.

고정관념

고정관념이 유죄 또는 무죄를 결정하는 데 어떤 역할을 할 수 있다는 데에는 의심의 여지가 없다. 만약 어떤 사람이 전형적인 범죄자가 어떻게 생겼을 것이라는 특정한 도식을 가지고 있다면 이러한 고정관념은 이러한 믿음을 지속적으로 지지해 주는 정보만을 걸러 내게 만들 수 있다. 그러므로 만약 용의자가 범죄자라는 도식에 잘 들어맞는다면 목격자는 무죄를 의미하는 정보를 무시 또는 간과하고 유죄를 지지하는 정보를 좀 더 고려할 것이다. 예를 들면, '아름다운 것은 좋다.'는 고정관념으로 인해 매력적인 피고인에게는 더 가벼운 형량을 주는 경향이 있다(예: Castellow, Wuensch, & Moore, 1990). 또한 사법체계 내에는 소수 인종이 지나치게 많다는 충분한 증거가 있으며, 이노센스 프로젝트의 통계를 통해 무죄가 밝혀진 사람들 중 70%가 백인이 아닌 것으로 드러났다(Innocence Project in Print, 2009; Parker, Dewees, & Radelet, 2001). 비록 인종과 편견이 부당한 유죄 판결에 영향을 미칠지도 모른다는 내용이 이 책의 다른 부분에서 논의되었지만(제13장 참고), 특정한 용의자나 목격자에 대한 고정관념과 편견이 판사나 배심원과 같은 의사결정자가 이들의 증언을 어떻게 해석하는지에 결정적인 영향을 미친다는 점을 논의하는 것은 중요하다.

그러므로 용의자 진술과 알리바이 증인의 신뢰성에 대한 판단과 귀인에 대한 기초적인 사회심리학적 과정들이 숨어 있을 것이다. 연구자들은 이 중에 몇 가지를 더 세부적으로 검토하기 시작했다(예: Allison, 2006; Sargent & Bradfield, 2004). 비록 기초적인 과정보다는 결과에 중점을 두는 응용 연구가 더 일반적이지만, 이러한 절차와 원리를 잊지 않는 것이 중요한데, 특히 잘못된 유죄 판결에 영향을 미치는 문제들에 대한 해결책을 제시하는 경우에는 더욱 그렇다. 이러한 이해는 최근에 논의되고 있는 알리바이 문헌들에 반영되기 시작했는데, 최근 두 개의 박사학위 논문은 알리바이의 심리학과 관련한 쟁점들을 검토하였다(즉, Allison, 2006; Jolly, 2008).

알리바이 증인에 대한 연구에 사용되는 연구 방법

오늘날 많은 알리바이 연구의 기원은 처음으로 무죄가 밝혀진 사람 중 몇 명이 약한 알리바이를 가지고 있었다고 지적하는 Connors와 동료들(1996)의 작은 표기와 함께 시작됐다. 이 언급이 오늘날 이 분야에 대한 흥미를 이끌어 냈으며, 기록 연구와 실험 패러다임은 알리바이 연구에서 사용되는 주된 연구 방법이다.

기록 분석

Connors와 동료들(1996)은 처음 28개의 DNA를 통한 무죄 석방 사건의 사건 파일들에 대한 자료를 수집했다. Wells와 동료들(1998)은 40개의 사건까지 분석을 확장시켰다. 그러나 연구를 위해 자료를 모으는 일은 쉽지 않았다.

> 연구에 포함될 후보가 될 만한 사건들은 피고인 측 변호인, 검찰 그리고 법의학 연구실 직원과의 인터뷰를 통해 사실을 확인하고 평가했고, 판결문을 분석하고 때로는 사건 파일을 검토했다(Connors et al., 1996, p. 3).

최근에는 Garrett(2008)은 잘못된 유죄 판결을 받은 사건들 중 DNA를 통한 무죄 석방 사건들과 관련된 통계를 업데이트하려고 노력했다. 그는 사건 파일과 언론 보도를 포함한 다양한 출처를 통해 정보를 수집하여 부당한 유죄 선고와 관련이 있는 공통적인 요소들을 찾기 위해 자신만의 데이터베이스를 구축했는데, 이 중 목격자의 오류가 여전히 잘못된 유죄 판결을 이끄는 가장 큰 요인이라는 것을 알아냈다. 그러나 특별히 알리바이 자료를 분석하지는 않았다. 비록 이노센스 프로젝트의 사건 파일들이 귀중한 발견물이기는 하지만, 이노센스 프로젝트 사건 파일에 대한 지속적인 원문서 검토(Burke & El'Sibaey, 2009)를 통해 사건 파일에 대한 분석을 위한 코딩이 항상 일관적이거나 체계적이지 않다는 점이 드러났다. 만약 각각의 사건 파일을 자세히 읽는다면(그리고 몇몇 파일은 수천 페이지나 된다) 통계치가 무엇을 의미하는지 이해하기 쉽지 않다. 예를 들면, 사건 파일에 몇 명의 목격자들의 진술을 포함하고 있을 수 있지만 사건에 대한 요약문을 통해 어떻게 그 진술들이 수집되었는지, 편향적인 면담 기술이 사용되었는지, 또는 목격자들 간에 서로 연락을 취했는지 여부는 알 수가 없다. 요약문을 통해서는 목격자가 있었는지 없었는지 여부만 알 수 있다. 비슷하게, 알리바이 증인이 있는 몇 개의 사건들의 경우 사건 담당 변호인이 사용한 요약된 코딩지에는 알리바이 증인에 대한 내용이 누락되어 있어 알리바이 정보가 없었다는 잘못된 인상을 남기는 일이 종종 발생한다(Burke & El'Sibaey, 2008). 사건 파일을 좀 더 자세히 읽게 되면, 알리바이를 제시한 피고인들과 그들의 알리바이를 확인해 준 증인들이 있는 경우가 많았지만, 증인을 면담하지 않았거나 만약 면담을 했다고 하더라도 결국 이들의 진술은 신뢰할 수 없다고 판단했다.

미국의 몇 개 주에서는 관할권 내에서 발생한 잘못된 유죄 판결 사건들에 대한 사후 분석 절차를 밟고 있다[예: 잘못된 유죄 판결에 대한 펜실베이니아 주 정부 합동 위원회(the Pennsylvania Joint State Government Commission Committee on Wrongful Convictions)]. 최근의 기록 연구 결과를 통해 잘못된 유죄 판결로 이끄는 요인을 판단하는 데 사건 파일로부터 필수적인 정보를 쉽게 얻을 수 없다면(또는 부정확하게 작성되거나), 이러한 결과물을 사용하는 것이 위험할 수도 있다고 주장한다. 그러므로 이러한 사건 파일에 접근할 수 있다는 점은 실제적 관점으로는 유용할 수 있지만 이용 가능한 정보의 양이나 정확성에 대해서는 제한적일 수 있다. Leo(2005)가 지적한 것처럼, 사례-연구를 통한 서술에 의존하는 것은 잘못된 유죄 판결의 원인을 밝혀내는 데 중요한 첫걸음이 될 수 있지만, 무작위 표본과 통제 집단의 사용을 포함하는 실증적인 연구가 이루어지지 않는 한 인과관계를 판단하기 위해 사례들을 사용하는 것은 한계가 있을 수밖에 없다.

실험적인 절차

알리바이 증거의 사용을 조사하는 실증적인 연구는 과거 몇 년 동안 증가하고 있고 수사 일정을 따라 지속적으로 다양한 부분을 아우르며 확장되어 왔다. 비록 몇몇 연구들이 초기 수사 단계에서 알리바이 증거가 어떻게 판단되는지를 검토했음에도 불구하고(예: Dahl, Brimacombe, & Lindsay, 2009), 대부분의 연구는 재판이나 배심단 단계에 초점을 맞추고 있고 대부분의 연구자들은 용의자와 알리바이 증인과의 관계를 조작하여 알리바이 신뢰도를 측정했다(Burke & Turtle, 2003; Culhane & Hosch, 2004; E. A. Olson & Wells, 2004 참고). Sommers와 Douglass(2007)가 실시한 연구에서 알리바이 증거를 수사와 재판의 두 단계에서 모두 사용하여 비교했다. 다음에서는 알리바이 증인과 관련된 실험 연구에 대해 더 철저하게 논의한다.

알리바이 증인에 대한 관련 연구

E. A. Olson(2002)은 처음으로 사법체계 내에서 알리바이가 어떻게 진행되는지 평가하여 이해를 돕기 위한 모델을 제시했다. 발생 영역에서는 알리바이 제공자들이 이야기를 제시하고(이야기 단계) 이 이야기를 사람이나 물리적 증거를 사용해 입증하려고 노력했다(입증 단계). 알리바이 제공자나 다른 사람들(예: 경찰 수사관)은 그 알리바이를 입증할 수 있다. 입증 단계에서는 Olson에 따르면, 알리바이 증거에 대한 인식을 이해하는 것이 필수적이라고 했다. 이 단계에서 알리바이의 강도가 결

정된다고 했다. 알리바이 강도에 대한 평가의 상당 부분은 용의자가 알리바이를 뒷받침할 만한 무엇인가를 제공할 수 있을지를 생각하는 것에 달려 있다. 인적 증거와 물리적 증거 모두를 확보하는 것은 매우 어렵다. 알리바이의 진실성(신뢰성 영역) 평가는 마지막 전체 평가가 진행되는 네 번째 단계와 함께 세 번째 단계에서 일어난다.

누군가는 알리바이 연구와 관련된 쟁점들을 검토할 때 다양한 방법을 사용할 것이다. 이 장은 알리바이 증인에 특히 초점이 맞춰져 있는 것과 같이 초기 수사 단계에서 알리바이 증인에 대한 인식과 관련된 연구에 대해 논의하고, 알리바이 증인이 배심단에 미치는 영향에 대해 논의할 것이다.

알리바이 증인과 수사 단계

E. A. Olson과 Wells(2004)는 처음으로 알리바이를 지지하기 위해 사용된 증거 유형에 대한 분류를 확인하고자 몇 개의 알리바이와 관련한 변인들을 실험적으로 조작했다. 연구자들은 의사결정자가 의심스럽거나 조작이 쉽다고 인지하는 알리바이 증거(즉, 친구나 친척이 지지하는 증언을 하거나 쉽게 바꾸거나 얻을 수 있는 물리적인 증거)는 신뢰성이 떨어진다는 가설을 세웠다. Olson과 Wells는 용의자와의 관계가 얼마나 가까운지에 따라 각각의 알리바이 증인들을 더 신뢰하거나 덜 신뢰할 수 있을 것이라고 생각했다. 특히, '동기가 없는 친숙한 사람'(즉, 용의자를 이전에 만났던 사람)의 지지하는 증언은 용의자를 지목하는 데 실수를 덜 할 것이라는 점을 고려하면, 완전히 낯선 사람('동기가 없는 낯선 사람')에 비해 더 신뢰할 것이지만 '동기화된 다른 사람'(즉, 용의자와 잘 알고 있으며 용의자를 위해 거짓말을 할 성향이 있는 사람)은 덜 신뢰할 것이라고 가정했다. 연구자들은 모의 수사관들에게 세 가지의 다른 알리바이를 평가하도록 했는데, 각각의 알리바이에 대한 지각된 신뢰도, 용의자가 유죄일 가능성, 알리바이 제공자들의 다양한 성격적 특징들을 측정했다. 연구자들은 알리바이 증거를 지지해 줄 만한 다른 물리적인 증거가 없는 경우, 인적 증거(예: 알리바이 증인의 존재)만이 알리바이 신뢰성에 영향을 미친다는 것을 알아냈

다. 물리적 증거가 없는 조건에서 '동기가 없는 낯선 사람' 조건에서의 알리바이는 증인이 없는 알리바이 또는 동기화된 증인(즉, 용의자와 잘 알고 있는 사람)에 의해 알리바이가 제시된 경우보다 더욱 신뢰하는 것으로 나타났다. 비슷하게, 물리적 증거가 없는 조건에서만 인적 증거의 유형이 유죄 여부 평가에 영향을 미치는 것으로 나타났다. 모의 수사관들은 동기가 없는 낯선 사람 조건에서 인적 증거가 없는 조건에서보다 용의자를 범인이 아닐 것이라고 평가했다. 결국 물적 증거가 거의 없는 사건의 경우 알리바이 증인의 역할이 큰 것으로 보인다. 증인과 용의자의 관계는 제공된 알리바이의 신뢰성과 인식된 용의자의 유죄 정도 모두에 영향을 미치는 것으로 나타났다.

유사하게, Dahl과 동료들(2009)은 실험 참가자들에게 모의 수사관의 역할을 맡아 Olson과 Wells(2004)의 연구에서 제시되었던 다양한 유형의 증거를 평가해 달라고 요구했다. 연구자들은 증거를 제시하는 순서가 평가 단계에 영향을 미칠 것이라고 예상했다. 목격자 증거는 전형적으로 모의 수사관 연구 패러다임에서 마지막에 제시되기 때문에 신근성 효과로 인해 유죄 판단에 기대보다 더 큰 영향을 미칠 수 있다고 생각했다. 두 개의 연구 중 두 번째 연구에서 실험 참가자들(모의 수사관)에게 범죄 사실에 대한 설명을 읽게 한 다음, 알리바이 증인과 목격자들에게 용의자에 대해 질문하는 비디오 영상을 보여 주었다. 연구자들은 알리바이 증인이 자신의 증언을 입증할 만한 물리적 증거가 없는 피고인의 좋은 친구(약한 알리바이)였거나 주장을 지지해줄 수 있는 호텔 영수증을 가지고 있던 직장 동료(강력한 알리바이)를 제시하여 알리바이의 강도를 조작했다. 또한 알리바이 또는 목격자 중 어떤 증거를 먼저 제시할 것인지도 조작했다. 연구자들은 일반적으로 알리바이 증거가 목격자 증거보다 영향력이 적을 것이라고 예상했지만, 항상 그러지만은 않았다. 만약 강력한 알리바이가 목격자 증거 후에 제시된 경우에는 유죄 판단률은 더 낮아졌다. 비슷하게, 만약 알리바이 증거의 제시 후에 목격자의 지목이 이루어진 경우에는 유죄 판단률은 더 높아졌다. 전반적으로 유의미한 세 요인 간 상호작용이 나타났다. 강력한 알리바이가 두 번째로 제시된 경우에 강력한 알리바이가 제시되고 목격자의 지목이 이루어지면 유죄 판단률이 낮아졌다. 이 결과는 신근성 효과를 지지하는 것처럼 보이지만, 제시된 증거들이 상반되는 경우(즉, 목격자 지목이 이루어지고 난 후 강력한 알리바이 증거가 제시되는 경우)에만 그 효과가 나타난다. 강력한 알리바이가 마지막에 제시된 경우에는 신뢰성이 증가하게 된다. Dahl과 동료들(2009)이 언급한 것처럼, 연구 결과는 이전의 믿음과 기대가 유무죄 판단에 영향을 미친다는 증거가 된다. 결국 수사 단계에 대한 연구는 증거가 아닌 요인들이 초기에 형성되는 판단에 영향을 미칠 수도 있는데, 아마도 이는 사실 인정이라기보다는 인지적인 지름길 때문일 것이다.

알리바이 증인과 배심단

배심원이 어떻게 알리바이 증인을 처리하고 평가하는지를 이해하는 것은 잘못된 유죄 판결에서 알리바이의 역할을 이해하는 데 핵심적이라 할 수 있다. 이러한 쟁점을 검토하기 위해 몇몇의 연구자들은 실험 참가자들에게 모의 배심원단의 역할을 맡겼다. 예를 들면, 두 개의 연구 중 두 번째 연구에서 Golding, Stewart, Yozwiak, Djadali와 Sanchez(2000)는 아동 성폭력 재판에서 알리바이 증인의 증언을 제시되었거나 또는 제시되지 않았을 때 DNA 증거의 영향력을 검증했다. 첫 번째 연구에서는 DNA 증거가 아동의 혐의를 제기하는 진술에 대한 신뢰성을 향상시켰고, 두 번째 연구에서는 알리바이 증인이 DNA 증거의 영향을 감소시킬 수 있는지를 검증했다. 실험 참가자들은 아동 성폭력과 관련된 허구의 시나리오를 읽었다. 피해 아동은 피고인이 자신의 차로 집까지 태워다 주겠다고 했지만 그 대신 인적이 드문 나무가 우거진 지역으로 데려가 자신을 성폭행했다고 주장했다. 알리바이 조건에서, 가게 점원은 그가 가게에 있었고 범죄 일어났던 숲에서는 가깝지 않은 곳이라고 피고인의 알리바이를 지지했다. 강력한 알리바이 증인은 강력한 목격자 지목의 영향력을 감소시킬 수 있다는 Dahl과 동료들(2009)의 결과와 유사하게, Golding과 동료들(2000)은 DNA 증거만 제시된 조건에 비해 알리바이 증인이 포함된 경우 용의자를 유죄라고 판단할 비율이 감소한다는 것을 알아냈다. 그러나 용의자에 대한 유죄 비율이 가장 낮았던 아동의 증언만 제시된 조건에서만큼 낮지 않았다. 연구자들은 DNA 증거가 배심원들을 완전하게 동요시키지는 않으며, 알리바이 증인의 증언이 DNA 증거로 인한 잠재적인 피해를 완화시키는 데 도움이 된다고 결론지었다. 그러나 이 연구에서 알리바이 증인은 낯선 사람이었다. 그러므로 피고인과 알고 있는 동기화된 증인으로부터 얻은 증거가 배심원의 판단에 비슷한 영향을 미치거나 약하게 영향을 미칠지는 잘 모른다.

Lindsay, Lim, Marando와 Cully(1986)가 진행한 네 개의 연구들 중 두 번째 연구에서 두 가지 증거의 상대적인 영향력을 판단하기 위해 목격자의 증언과 알리바이 증언의 영향력을 비교했다. 재판 비디오에서 피해자는 피고인이 범인이라고 증언했다. 몇 개의 조건에서는 추가적인 목격자가 증언했는데, 그들은 피고인을 범인이라고 증언한 또 다른 검찰 측 증인, 범죄자는 피고인이 아니라고 증언한 피고인 측 증인, 피고인의 알리바이를 지지해 준 피고인의 가족 구성원, 또는 피고인의 알리바이를 지지해 준 낯선 사람이었다. 두 목격자가 피고인이 범죄자였다고 제시하는 경우에는 한 명의 목격자만 제시되는 경우보다 유죄 판단 비율이 유의미하게 증가하지는 않았다(각각 80% 대 60%). 그러나 피고인 측 목격자가 반대되는 지목 증언을 한 경우(즉, 피고인이 범인이 아니라는 증언) 또는 피고인을 지지하는 알리바이를 제공한 증인이 낯선 사람인 경우에는 유죄 판단 비율이 놀랍게도 27% 정도 감소하는 것으로 나타났다. 반대로 친척이 피고인을 지지하는 증언을 한 경우에는 유죄 판단의 비율(57%)은 한 명의 목격자가 피고인을 지목하고 다른 증언이 제시되지 않은 경우와 비슷했다. Lindsay와 동료들(1986)은 피고인을 지지하기 위해 증인을 포함하는 것이 기억 오류의 가능성을 제시한다고 결론지었다. 동일한 사건을 다르게 회상하는 두 목격자들은 합리적인 의심을 이끌어 낸다. 낯선 사람에 의해 지지되는 알리바이의 경우 모순된 목격자가 제시된 조건 수준으로 유죄 판단율이 낮아지는 것을 고려해 보면, 친척에 의해 제공된 알리바이만이 신뢰성이 떨어지는 것으로 생각된다.

또한 McAllister와 Bregman(1989)은 목격자와 알리바이 증인을 직접적으로 비교하고 이들의 확신감을 조작했다. 더불어, 연구자들은 불일치 증거에 대한 설명을 세부적으로 검토했다. 특정 증거에 부여되는 중요성은 배심원들이 최초로 생각한 가설에 의해 결정된다. 정교한 3(초기 증거의 강도)×3(범죄 목격자)×3(알리바이 목격자) 설계를 사용하여 모의 배심원들은 피해자가 범인을 지목하지 못한 무장 강도 사건에 대한 요약을 읽고 피고인이 유죄인지 무죄인지 판단하게 했다. 관련 있는 알리바이 조건에서 피고인은 경찰이 신문을 위해 자신을 체포하러 오기 전까지 포커를 치고 있었다고 주장했다. 같이 포커를 쳤던 알리바이 증인은 나중에 알리바이를 지지(포커 테이블에서 용의자를 보았다고 주장)해 주거나, 알리바이를 지지하지 않았거나(용의자가 포커 테이블에 없었다고 주장), 애매모호한 증언(용의자가 포커 테이블에 있었는지 확신할 수 없다고 주장)을 제시했다. 연구자들은 만약 배심원이 피고인이 유죄라고 이미 판단했다면(목격자 지목이 먼저 제시되고 이 증거를 근거로), 이를 반박하는 차후의 정보는 배심원에 의해 충분히 사용되지 않을 것이라고 예상했다. 연구 결과, 목격자가 피고인을 지목하고 알리바이 증인이 피고인이 포커 테이블에 없었다는 진술을 했을 때 유죄 판단 비율이 가장 높았다. 그러나 알리바이 지지 조건(피고인이 증인과 함께 포커 테이블에 있었다는 증언)은 알리바이 증인이 피고인이 테이블에 있었는지 확신하지 못하는 조건과 비교했을 때보다 유의미하게 유죄 비율이 감소하지는 않았다. 목격자가 피고인이 범인이 아니라고 주장하거나 그날 밤 피고인을 봤는지 확실하지 않다고 주장한 경우에는 연구 결과가 반대의 패턴으로 나타났다. 알리바이 비지지(피고인이 테이블에 없었다는 주장) 조건은 피고인이 테이블에 있었는지 확신할 수 없다고 주장한 조건과 비교했을 때 유죄 비율이 유의미하게 증가하지 않았다. 하지만 목격자가 지목하지 못했을 경우 피고인이 포커 테이블에 있었다는 명확한 진술(알리바이 지지)은 유죄 판단 비율이 유의미하게 감소하는 것으로 나타났다. 목격자가 피고인을 지목했을 경우에 알리바이 증인의 비지지(또는 연구자들은 비지목이라고 부름) 진술은 유죄 판단에 상당한 영향을 미치는 것으로 나타났다. 그러나 목격자의 증언은 항상 알리바이 증언보다 먼저 제시되므로 앞서 논의한 것과 같이 초기 증거의 강도를 조작하는 효과가 있을 수 있다.

Culhane과 Hosch(2004)는 모의 배심원들에게 가족은 아니지만 피고인과 개인적인 관계를 맺고 있는 알리바이 목격자(예: 여자 친구)가 피고인의 친척인 증인과 비슷한 수준의 의심을 불러일으키는지 자세히 살펴보았다. 먼저 연구자들의 가상 범죄 시나리오에서 목격자의 확신감과 피고인과 알리바이 증인의 관계를 조작했다. 연구자들은 전반적으로 알리바이의 지지가 결과적으로는 용의자의 유죄 비율을 더 낮게 하지만, 만약 여자 친구가 지지자라면 유죄 확률은 증인이 이웃이었을 때보다 여전히 더 높다는 것을 밝혀냈다. 연구자들은 또한 지지와 증인 사이의 흥미로운 상호작용을 발견했다. 이웃의 알리바이 비지지는 알리바이를 지지해 주었을 때보다 유죄 판단율을 더 증가시키는 결과를 나타냈지만, 반대로 여자 친구의 비지지는 알리바이를 지지해 주었을 때보다 더 많은 유죄 판단을 나타나지는 않았다. 이것은 이웃의 증언을 더 신뢰한 것으로 추정할 수 있는데, 이웃의 경우 피고인의 판결과 아무런 개인적인 이해관계가 없기 때문이다.

이전의 연구를 확장시켜 Hosch, Culhane, Jolly, Chavez와 Shaw(2010)는 친족 이론의 관점에서 알리바이 증인의 신뢰성에 대한 인식을 조사했다. 두 개의 실험 중 첫 번째 실험에서 연구자들은 실험 참가자들에게 알리바이를 보강하는 데 있어 누가 가장 신뢰할 만하다고 생각하는지 표시하도록 했다. 연구자들은 용의자와 알리바이의 증인과의 관계를 생물학적 관계, 인척 관계(예: 장인/장모, 사위), 또는 사회적 관계뿐만 아니라 관련된 정도(예: 형제자매 대 사촌, 아내 대 처제)를 조작하여 제시했다. 연구 결과, 생물학적인 관계에 있는 증인에 의해 알리바이가 보강된 경우는 인척 관계의 증인이 제공한 것보다 덜 신뢰적이고, 이는 결론적으로 피고인과 관계가 없는 증인들(또는 오직 사회적인 관계만 가지는 증인들)에 의해 알리바이가 보강된 경우보다 덜 신뢰하는 것으로 나타났다. 실험 참가자들 스스로가 생물학적 관계를 맺고 있는 피고인, 인척 관계를 맺고 있는 피고인, 그리고 사회적으로 관계를 맺고 있는 피고인 순으로 이들을 위해 기꺼이 거짓말을 할 의향이 있다고 말한 점(즉, 거짓된 알리바이라는 점을 알고도 이를 지지하는 것)은 흥미롭다. 이러한 결과를 고려해 보면, 두 번째 연구에서 모의 배심원들이 서로 다른 유형의 알리바이 증인들을 포함하는 사건 요약문을 보고 사회적인 관계를 맺고 있는 증인들보다 생물학적인 관계를 맺고 있는 알리바이 증인들이 더 거짓말을 잘할 것이라고 생각한다는 점은 놀라운 일이 아니다.

비록 출판된 연구의 대부분이 용의자와 알리바이 증인의 관계에 상당히 초점을 맞추고 있다는 점은 명백하지만, Sargent와 Bradifield(2004)는 알리바이 증거에 대한 평가와 관련하여 인지적인 편향에 대해 세부적으로 연구를 수행한 소수에 해당된다. 연구자들은 배심원들이 법적으로 관련된 정보, 즉 피고인 알리바이의 강도(연구 1)와 검찰의 반대 신문의 효과성(연구 2)을 처리하는 데 피고인의 인종이 미치는 영향에 대해 연구의 배경으로 Petty와 Cacioppo(1984)의 설득의 정교화 가능성 모델을 사용했다. Sargent와 Bradfield(2004)는 무장강도 사건에서 피고인의 인종(흑인 혹은 백인)이 알리바이 평가에 어떤 영향(강력한 혹은 약한)을 미치는지, 그리고 이러한 효과가 참가자들이 정확히 판단해야 한다는 동기에 영향을 받는지를 조사했다. 용의자는 지속적으로 범죄가 일어난 장소에서 떨어진 곳의 식당에서 식사를 하고 있었다고 주장했다. 알리바이의 조작은 인물 증거와 물리적 증거를 혼합했다. 강력한 알리바이의 경우 보안 카메라에 의해 확증된 것이었고(그가 식당에 있었다는 물리적인 증거), 반면에 약한 알리바이의 경우 그날 밤 서빙을 했다고 주장하는 여종업원을 찾을 수 없었고 보안 카메라도 없었다.

연구자들은 알리바이 강도에 대해 예상되는 주 효과(강력한 알리바이를 약한 알리바이보다 더 신뢰할 수 있다고 평가)가 나타났지만, 상호작용 효과도 나타났다. 참가자들이 피고인과 관련해 정확한 판단을 해야 한다는 동기가 있을 때, (피고인의 인종과 관계없이) 유죄율은 알리바이가 약할 때보다는 강할 때 더 높아졌다. 하지만 동기가 낮고 피고인이 흑인일 경우, 유죄율은 알리바이가 강할 때보다 약할 때 더 높았다. 동기가 낮고 피고인이 백인인 경우, 유죄율은 알리바이의 강도와는 상관없이 동일했다. 이는 제시된 알리바이 증거가 약할 때에만 인종이 의사결정 과정에서 하나의 요인이 됨을 보여 주는 것이다. 강력한 알리바이 보강증거 사건의 경우 흑인 피고인과 백인 피고인에 대한 판단은 동일했다. 연구자들은 백인 참가자들이 백인 피고인보다는 흑인 피고인과 관련한 사건에서의 증거를 더 주의 깊게 세심히 살피는데, 이는 아마도 이는 법정 환경에서 인종에 대한 고조된 민감성 때문일 것이라고 결론지었다. 연구자들은 정보의 처리에 영향을 미치는 것이 단순한 인종에 대한 선입견이 아닐 것이라고 주장했다. 대신 백인 배심원들은 법정에서 편견처럼 보일 가능성을 배제시키기 위해 더 열심히 선입견을 극복하려고 노력할 것이고 결과적으로 이러한 효과는 인지적인 관계(또는 중심 처리과정)의 문제이지 인종주의나 편견은 아닐 것이라고 주장했다. 잘못된 유죄 판결 사건에서의 인종의 문제는 이 책의 제13장에서 자세히 논의하고 있다.

마지막으로, Sommers와 Douglass(2007)는 알리바이 증인(가족 구성원)의 존재가 수사와 재판 단계에서 알리바이 증거 인식에 어떤 영향을 미치는지 조사했다. 특히 수사가 이루어지는 다양한 과정에서 알리바이 증거에 대한 차등적인 대우에 관심을 가졌다. Sommers와 Douglass의 첫 번째 연구에서는 참가자들은 경찰 수사관이나 모의 배심원의 역할을 맡아 동일한 알리바이를 판단했다. 두 번째 연구에서는 피고인의 가족 구성원의 형태로 알리바이 증인을 제시했다. 예상한 것처럼, 재판 조건보다 수사 조건에서 알리바이를 더 중요하게 평가하는 주 효과가 나타났다. 또한 보강된 알리바이를 들었던 참가자들이 그렇지 않은 참가자들보다 알리바이는 더 중요하게 평가하는 보강의 주 효과도 나타났다. 그러나 경찰 수사 조건에서 알리바이 증인의 존재는 알리바이 신뢰성 평가에 영향을 미치는 것으로 나타났는데, 이들은 모의 배심원 조건보다 보강된 알리바이를 더 강력하다고 평가했고, 지지 증언을 한 알리바이 증인에 영향을 받지 않는 것으로 나타났다. 이 결과는 배심원과 같은 판단자는 사건이 재판까지 진행되었다는 것은 알리바이가 약하거나 그렇지 않다면 사건이 이렇게 재판까지 오지도 않았을 것이라고 어느 정도 예상하고 있다고 해석할 수 있다.

Sommers와 Douglass(2007)의 연구 결과는 부분적으로 왜 유죄를 뒷받침해 주는 목격자 증거가 때로는 배심원에 의해 더 중요하게 여겨지는지를 설명해 준다. 만약 피고인이기 때문에 이 용의자가 유죄라고 생각한다면, 도식 이론에 의해 이러한 생각을 반박하는 정보는 무시할 것이고 지지하는 정보는 좀 더 받아들여질 가능성이 높다. 그러므로 알리바이 관련 연구를 보면 의사결정자에게 수사 단계에서 의견을 묻는 경우(모든 증거가 동등하게 고려될 가능성이 높음) 또는 배심단의 일원으로 유무죄 판단을 내려야 하는 경우(배심원이 무죄인 피고인보다 유죄 피고인이 재판을 받을 가능성이 높다고 생각함) 간의 체계적인 차이점을 발견할 수 있을 것이라고 예상할 수 있다. 결과적으로, 알리바이 증인에 대한 조작과 알리바이 보강 변인들에 대한 조작은 재판 단계보다 수사 단계에서 더 큰 영향을 미칠 수 있다. 이러한 연구 결과는 잘못된 유죄 판결 사건에서 알리바이의 역할을 판단하려고 할 때 상황의 중요성을 나타낸다. 이 장을 통해 논의한 것처럼, 소수의 연구자들이 알리바이를 동일한 방식으로 측정하거나 동일한 단계에서 측정하는 경우는 거의 없었다. 대부분의 연구자들은 잘못된 유죄 판결을 받은 사례들에 대한 기록 연구를 진행하는(예: Burke & El-Sibaey, 2008) 반면, 실험적인 방법을 사용하는 다른 연구자들은 용의자-알리바이 제공자의 관련성에 대해 연구했다(예: Culhane et al., 2008; Hosch et al., 2010). 한편, 또 다른 연구자들은 실험 패러다임에서 의사결정자(예: Dahl et al., 2009; Sommers & Douglass, 2007) 또는 피고인의 인종(Sargent & Bradfield, 2004)을 포함해 배심원들이 알리바이 증거를 어떻게 처리하는지를 조사했다. 이 분야는 여전히 새로운 분야이지만, 연구 방법과 관심 변인의 다양성으로 인해 지속적으로 성장할 것이다.

알리바이 증인 연구의 적용

잘못된 유죄 판결의 발생 빈도와 그 가능성을 줄이기 위해 정책과 절차들을 통해 잠재적인 선입견과 오류들을 감소시킬 필요가 있다. 이러한 정책과 절차들은 현재 목격자 진술(제6장 참고)과 용의자 신문 관련 문헌들(제3장 참고)에 잘 나타나 있지만, 최근에 알려진 알리바이 연구 분야의 초기 단계에서 비슷한 권고사항을 제시한다는 것은 더욱 어려운 일이다. Sommers와 Douglass(2007)가 지적한 것처럼, "알리바이에 대한 경찰과 배심원의 인식을 연구하는 것은 질적으로 다르며, 연구자들이 이를 다르게 취급하는 것은 현명한 것이다."(p. 52) 사법체계를 향상시키기 위해 실제적인 권고사항을 제시할 수도 있다. 그러나 그 전까지는 연구 방법의 일관성과 관련 변인들에 대한 조심스러운 분리 및 조작(예: 인물 증거와 물리적 증거를 명확하게 구분하는 것)으로 연구자들이 알리바이 증인 증거의 해석과 관련한 기제를 좀 더 잘 이해할 수 있도록 할 것이다. 잘못된 유죄 판결에서 알리바이의 역할을 더욱 명확하게 이해하기 위해 실험적인 방법을 사용하는 것은 원인을 분리하고 이해하는 데 필수적이다. 하지만 이 방법에서 특정한 사건을 다룰 때 잘못된 유죄 판결로 이끈 다양한 요인들과 이 요인들 간의 상호작용을 고려하는 것은 어려운 일이다. 잘못된 유죄 판결 사건에서 알리바이 증인의 역할을 연구한다는 것은 반복적이고 역동적인 과정임이 틀림없다. 사건 파일들은 어떠한 요소들이 가장 중요한 영향을 미쳤는지에 대한 실마리를 제공하고, 이를 바탕으로 더 나은 실험실 연구를 고안할 수 있다. 피고인과 알리바이 증인의 관계가 알리바이의 신뢰성 인식에 중요한 역할을 할 수 있다는 강력한 증거가 존재하기 때문에 앞으로의 연구는 다음 두 가지의 중요하고 관련된 쟁점들을 연구해야 할 것이다. 첫째, 우리의 추측은 제쳐 두고, 범죄 수사 맥락에서 우리와 가까운 사람들이, 또는 어떠한 상황에서, 우리를 위해 기꺼이 거짓말을 해 줄 것인지를 판단하는 것은 중요하다. 둘째, 진실한 알리바이를 제공했지만 알리바이 증인과의 관계 때문에 믿어 주지 않아 잘못된 유죄 판결을 받은 사례들을 고려하여, 이러한 증인들과 관련된 암시적이고 부정적인 가정들을 감소시키고 제시된 사실증거에 집중할 수 있는 방법들을 연구하는 것은 필수적이다.

결론

알리바이 연구는 여전히 초기 단계에 있지만 빠르게 성장하고 있는 분야다. 알리바이 평가에 있어 오류는 모든 단계에서 일어난다는 점, 그리고 궁극적인 목표가 잘못된 유죄 판결 가능성을 감소시킬 수 있는 시스템적인 변화를 시행해야 한다는 점은 우리가 알고 있다. 상황과는 상관없이 알리바이 증인이 친인척인 경우 덜 신뢰하게 되는데, 가장 일반적인 유형의 알리바이가 이러한 증인에 의한 것이라는 점을 생각해 보면, 이는 문제가 될 수밖에 없다. 실제로 잠재적인 용의자들이 동기가 없는 증인들 사이에 둘러싸여 있지는 않다. 우리는 대부분의 시간을 낯선 사람이 아닌 친구들과 보내기 때문이다. 정책들과 절차적인 권고사항들을 제시하는 것이 시기상조일 수 있지만, 가장 좋은 권고는 알리바이 증인에 대한 다양한 측면들에 대해 지속적인 연구를 진행하고 이를 통해 장단점에 대한 이해를 증진시키는 것이다.

★ 참고문헌

Allison, M. L. J. (2006). *Biased perceptions of alibis and suspects: An elaboration likelihood model perspective on alibi believability* (University of Victoria, Doctoral dissertation). Available from ProQuest Dissertations and Theses database. (NR 18663)

Burke, T. M., & El-Sibaey, S. (2008, March). *The use and misuse of alibi information in wrongful convictions: A review of case files from the Innocence Project*. Paper presented at the Annual Conference of the American Psychology-Law Society, Jacksonville, Florida.

Burke, T. M., & El-Sibaey, S. (2009, March). *When (truthful) alibi evidence is over-looked in favour of (false) eyewitness evidence: Findings from the Innocence Project Case Files*. Paper presented at the annual meeting of the American Psychology-Law Society, San Antonio, Texas.

Burke, T. M., & Turtle, J. W. (2003). Alibi evidence in criminal investigations and trials: Psychological and legal factors. *The Canadian Journal of Police and Security Services, 1,* 193-200.

Burke, T. M., Turtle, J. W., & Olson, E. (2007). A psychological approach to the study of alibis. In M. Toglia, J. D. Read, D. Ross, & R. C. L. Lindsay (Eds.), *The handbook of eyewitness psychology* (pp. 157-174). Mahwah, NJ: Erlbaum.

Castellow, W. A., Wuensch, K. L., & Moore, C. H. (1990). Effects of physical attractiveness of the plaintiff and defendant in sexual harassment judgments. *Journal of Social Behavior and Personality, 5,* 547-562.

Chaiken, S., & Maheswaran, D. (1994). Heuristic processing can bias systematic processing: Effects of source credibility, argument ambiguity, and task importance on attitude judgment. *Journal of Personality and Social Psychology, 66,* 460-473. doi:10.1037/0022-3514.66.3.460

Culhane, S. E., & Hosch, H. M. (2004). An alibi witness's influence on jurors' verdicts.

Journal of Applied Social Psychology, 34. doi: 1604-161 10.1111/j.1559-1816.2004.tb02789.x

Culhane, S. E., Hosch, H. M., & Kehn, A. (2008). Alibi generation: Data from U.S. Hispanics and U.S. non-Hispanic Whites. *Journal of Ethnicity in Criminal Justice, 6,* 177-199. doi:10.1080/15377930802243395

Connors, E. T., Lundrega, T., Miller, N., & McEwen, T. (1996). *Convicted by juries, exonerated by science: Case studies in the use of DNA evidence to establish innocence after trial* (Publication No. NCJ 161258). Washington, DC: U.S. Department of Justice, National Institute of Justice.

Dahl, L. C., Brimacombe, C. A. E., & Lindsay, D. S. (2009). Investigating investigators: How presentation order influences participant-investigators' interpretations of eyewitness identification and alibi evidence. *Law and Human Behavior, 33,* 368-380. doi:10.1007/s10979-008-9151-y

Denov, M. S., & Campbell, K. M. (2005). Criminal injustice. Understanding the causes, effects, and responses to wrongful conviction in Canada. *Journal of Contemporary Criminal Justice, 21,* 224-249. doi:10.1177/1043986205278627

Garrett, B. L. (2008). Judging innocence. *Columbia Law Review, 108,* 55-142. Available at SSRN: http://ssrn.com/abstract=999984

Golding, J. M., Stewart, T. L., Yozwiak, J. A., Djadali, Y., & Sanchez, R. P. (2000). The impact of DNA evidence in a child sexual assault trial. *Child Maltreatment, 5,* 373-383. doi:10.1177/1077559500005004009

Gooderson, R. N. (1977). *Alibi*. London, England: Heinemann Educational.

Heath, W. (2009). Arresting and convicting the innocent: The potential role of an "inappropriate" emotional display in the accused. *Behavioral Sciences & the Law, 27,* 313-332. doi:10.1002/bsl.864

Hosch, H. M., Culhan, S. E., Jolly, K. W., Chavez, R. M., & Shaw, L. H. (2010). Effects of an alibi witness's relationship to the defendant on mock jurors' judgments. *Law and Human Behavior.* Advance online publication.

Jolly, K. W. (2008). *I'd be helping is we weren't so committed: The application of the investment model to the study of alibis* (Master's thesis). Available from ProQuest Dissertations & Theses database. (UMI No. 1453832)

Kassin, S. M., Goldstein, C. C., & Savitsky, K. (2003). Behavioral confirmation in the interrogation room: On the dangers of presuming guilt. *Law and Human Behavior,*

27, doi: 187-203 10.1023/A:1022599230598

Leo, R. A. (2005). Rethinking the study of miscarriages of justice: Developing a criminology of wrongful conviction. *Journal of Contemporary Criminal Justice, 21,* 201-223. doi:10.1177/1043986205277477

Lindsay, D. S. (2007). Autobiographical memory, eyewitness reports, and public policy. *Canadian Psychology, 48,* 57-66. doi:10.1037/cp2007007

Lindsay, R. C. L., Lim, R., Marando, L., & Cully, D. (1986). Mock-juror evaluations of eyewitness testimony: A test of metamemory hypotheses. *Journal of Applied Social Psychology, 16,* 447-459. doi:10.1111/j.1559-1816.1986.tb01151.x

Lindsay, R. C. L., Ross, D. F., Read, J. D., & Toglia, M. P. (Eds.). (2006). *Handbook of eyewitness memory: Vol. 2. Memory for people.* Mahwah, NJ: Erlbaum.

Loftus, E. F. (1991). Made in memory: Distortions in recollection after misleading information. In G. H. Bower (Ed), *The psychology of learning and motivation* (pp. 187-215). New York, NY: Academic Press.

McAllister, H., & Bregman, N. J. (1989). Juror underutilization of eyewitness non-identifications: A test of the disconfirmed expectancy explanation. *Journal of Applied Social Psychology, 19,* 20-29. doi:10.1111/j.1559-1816.1989.tb01218.x

Olson, E. A. (2002). *Where were you last night? Alibi believability and corroborating evidence: A new direction in psychology and law* (Unpublished master's thesis). Iowa State University, Ames, Iowa.

Olson, E. A., & Wells, G. L. (2004). What makes a good alibi? A proposed taxonomy. *Law and Human Behavior, 28,* 157-176. doi:10.1023/B:LAHU.0000022320.47112.d3

Olson, J. M., Roese, N. J., & Zanna, M. P. (1996). Expectancies. In E. T. Higgins & A. W. Kruglanski (Eds.), *Social psychology: Handbook of basic principles* (pp. 211-238). New York, NY: Guilford Press.

Parker, K., Dewees, M., & Radelet, M. (2001). Racial bias and the conviction of the innocent. In S. Westervelt & J. Humphrey (Eds.), *Wrongly convicted: Perspectives on failed justice* (pp. 114-131). New Brunswick, NJ: Rutgers University Press.

Petty, R. E., & Cacioppo, J. T. (1983). The effects of involvement on responses to argument quantity and quality: Central and peripheral routes to persuasion. *Journal of Personality and Social Psychology, 46,* 69-81. doi:10.1037/0022-3514.46.1.69

Sargent, M. J., & Bradfield, A. L. (2004). Race and information processing in criminal trials: Does the defendant's race affect how the facts are evaluated? *Personality and*

Social Psychology Bulletin, 30, 995-1008. doi:10.1177/0146167204265741

Sommers, S. R., & Douglass, A. B. (2007). Context matters: Alibi strength varies according to evaluator perspective. *Legal and Criminological Psychology, 12,* 41-54. doi:10.1348/135532506X114301

The Innocence Project in Print (2009). In Their Own Words: Christina Swarns, Director of the criminal justice project, NAACP Legal Defense and Educational Fund. Benjamin N. Cardozo School of Law, Yeshiva University. Retrieved from http://www.innocenceproject.org/Images/2140/ip_summer2009.pdf

Turtle, J. W., & Burke, T. M. (2003, July). *Alibi evidence in criminal investigations and trials: An archival analysis of Canadian and U.S. cases.* Paper presented at the International Psychology-Law Conference, Edinburgh, Scotland.

Wells, G. L. (1984). How adequate is human intuition for judging eyewitness testimony? In G. L. Wells & E. F. Loftus (Eds.), *Eyewitness testimony: Psychological perspectives* (pp. 256-272). New York, NY: Cambridge University Press.

Wells, G. L., Small, M., Penrod, S., Malpass, R. S., Fulero, S. M., & Brimacombe, C. A. E. (1998). Eyewitness identification procedures: Recommendations for lineups and photospreads. *Law and Human Behavior, 22,* 603-647. doi:10.1023/A:1025750605807

제12장

법과학적 증거의 문제점에 대한 심리학적 관점[1)]

ITIEL E. DROR AND REBECCA BUCHT

대부분의 경우 심리학은 법과학의 영역과는 관련이 없는 것으로 여겨져 분석관의 중요하고 핵심적인 역할이 무시되어 왔다. 객관적이며 정확한 과학, 0%의 오류율로 개념화[예: Ashbaugh, 1994; Cole, 2005; Evett, 1996; Federal Bureau of Investigation(FBI), 1985]되어 있어 다양한 법과학 영역에서 분석관들 자체가 분석의 도구가 된다는 점을 제대로 인정하지 않았다([그림 12-1] 참고). 지문, 족적 및 타이어 자국, 핏자국, 귀자국, 필적, 총기, 머리카락, 치흔과 같은 영역에서는 분석관에 의해 시각적인 패턴들에 대한 판단과 해석이 이루어진다. 이러한 분야에서의 판단에는 측정이라는 개념은 없고(Dror, 2009a) 분석관에 의한 주관적인 평가에 기초한다(예: 범죄 현장에서 얻은 패턴과 용의자의 패턴이 '충분히 비슷하다'). 때로는 혼합, 분해, 미량(Low Copy Number: LCN) DNA 시료 분석과 같이 도구를 사용하는 분석

1) 이 장에 관련된 질문은 영국 런던 소재 유니버시티 칼리지 런던의 심리학부 인지신경학 연구소 ItielE. Dror 앞으로 보내면 된다(E-mail: i.dror@ucl.ac.uk). 더 많은 정보는 http://www.cci-hq.cpm에서 얻을 수 있다.

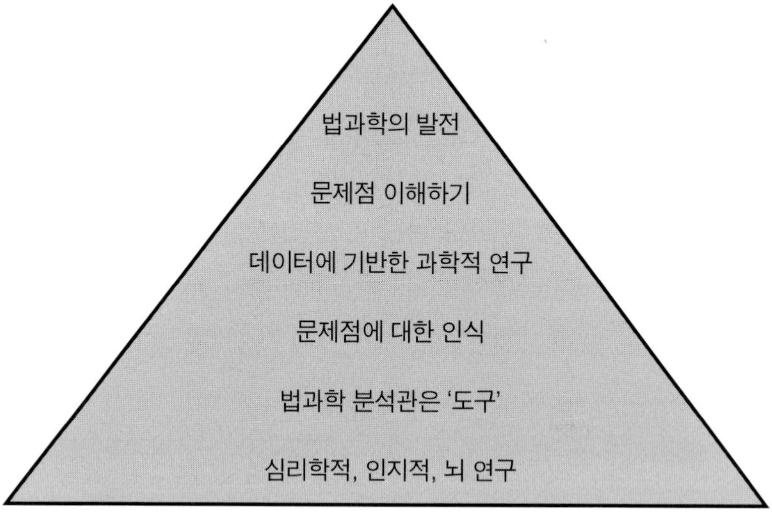

[그림 12-1] 법과학에서의 심리학의 역할

의 경우에도 주관적인 평가가 이루어지고 편견의 영향을 받을 수 있다.

이 장에서는 법과학을 심리학적 관점으로 분석하고 평가할 것이다. 우리는 심리학을 통해 법과학의 다양한 문제점들에 대한 중요한 통찰을 제시할 뿐만 아니라 심리학적 문제들이 어떻게 법과학과 관련되어 있는지 살펴볼 것이다. 이러한 문제들에 대해 심리학은 심지어 해결책도 제공한다.

잘못된 유죄 판결 사례와 법과학의 관련성

법과학은 유무죄 판결에 있어 가장 강력하고 설득력 있는 증거들 중 하나다. 목격자 증언과 라인업에서의 지목에서 무죄인 사람들을 지목하는 경우가 있어 왔고, 이러한 증거에 대해 지속적으로 문제가 제기되어 왔다(Loftus, 1975, 1997; 제5장과 제6장 참고). 자백 증거도 이전보다 덜 신뢰할 수 있는 것으로 밝혀졌다(Hazel & Kassin, 2009; 제1장과 제3장 참고). 결과적으로 법과학 증거의 역할은 더욱 중요하고 강력해져 왔다. 법과학은 일반적인 대중, 대중매체[진지한 저널리즘과 할리우드의 범죄 현장 수사물(CSI)], 배심원, 변호인(검사와 변호인 모두) 그리고 판사들 모두에게 의심할 여지가 없이 신뢰할 수 있는 것으로 여겨졌다.

법과학 증거의 유죄를 입증하는 힘을 고려해 보면 법과학 증거가 잘못된 유죄 판결에 기여했을 것이라는 점이 당황스러울 것이다(Garrett, 2008). Mnookin(2008)은 "잘못된 유죄 판결에 기여하는 가장 중요한 요인들 중 하나는 법과학 증거의 문제적 사용에 있다."(p. 1009)고 했다. 실체적 진실은 대부분은 모르기 때문에 유죄 판결을 받은 사람이 유죄인지 여부는 항상 확실히 알 수 없다(반대로 풀려난 사람이 정말 무죄인지 여부도 모른다). 잘 해야 잘못된 유죄 판결이 어느 정도 되는지를 추측하고 추정할 뿐이다.

또한 잘못된 유죄 판결을 받았지만 이후 풀려난 경우는 대부분 오랜 기간 동안 형을 받을 수밖에 없는 심각한 범죄를 저지른 경우지만, 대부분의 덜 심각한 범죄의 경우는 면밀한 조사가 거의 이루어지지 않는다. 덜 심각한 범죄의 경우 잘못된 유죄 판결을 받은 경우가 더 많을 것으로 추정할 수 있는데, 이러한 사례들은 심각한 범죄의 경우와 같이 동일한 절차와 보호 장치들을 거치지 않기 때문이다. 가장 심각한 범죄의 경우 물리적 증거(만약 초기에 수집된 경우라면)가 파손되거나 잃어버리는 경우에는 다시 무죄 판결을 받는 것이 불가능하다. 생물학적 증거가 존재하는 경우에는 유죄 판결을 받았지만, 자신이 무죄라고 주장하는 범죄자들은 자신의 사건을 재검토할 수 있는 기회와 자원이 없다. 관할에 따라 유죄 판결 이후에 DNA 검사를 받을 수 있도록 허락하는 법이 다양하게 존재하지만, 이 법이 존재한다고 하더라도 매우 제한적인 경향이 있다.

결국 잘못된 유죄 판결을 받았으나 무죄가 밝혀진 사례들은 매우 제한적이고, 살펴볼 수 있는 사례들은 잘못된 유죄 판결을 받은 사례들을 무작위로 추출한 것도, 대표적인 표본도 아니다. 이노센스 프로젝트는 DNA 분석이 적합한 생물학적 증거들을 연구해 보니 '검증되지 않거나 부적절한 법과학'으로 인해 약 50%가 잘못된 유죄 판결 사례에 해당한다고 추정했다(Innocence Project, 2010a). 그러나 이러한 추정도 문제가 많은데, 입증이 매우 어렵고(Collins & Jarvis, 2009), (앞서 제시한 이유들로 인해) 이것도 빙산의 일각일 수 있기 때문이다.

잘못된 유죄 판결을 받은 사례들 중 가장 문제가 많고 꺼려지는 사례들은 사형 선고를 받은 사례들이다. Willingham 사례에서는 무죄가 가장 유력한 사람이 방화로 유죄 판결을 받고 사형을 선고받았다. Willingham의 잘못된 유죄 판결은 법과학의 문제점과 법과학의 오류에 뒤따르는 심리학적 문제들이 가장 큰 문제가 되었다(Grann, 2009). Willingham의 집에서 일어난 화재로 아기였던 세 딸들이 목숨을 잃었다. 화재 전문가는 과학적으로 틀린 것이 입증된 이론들에 근거하여 화재가 우연히 발생한 것이 아니라고 결론 내렸다. 법과학 증거로 방화였다는 것이 '밝혀지자' 수사관들은 Willingham을 상대로 사건을 만들어 나갔다. 그가 아이들을 학대했다는 증거가 없었고 아내는 경찰에게 남편이 절대 아이들을 다치게 할 사람이 아니라고 말했지만, 수사관들은 그가 아이들의 학대를 숨기기 위해 집에 불을 질렀다고 주장했다. 잘못된 법과학 증거와 동기를 바탕으로 그가 유죄일 가능성이 높다고 결론 내려지자 증인들의 초기 진술들은 수정되고 재해석되었다(증인이 자신의 증언을 수정하고 재해석하는 문제에 대해서는 Loftus, 1975 참고). 예를 들면, 그런 상황에서는 당연하게 Willingham이 매우 충격을 받았다는 목격자의 초기 진술은 그가 너무 감정적이었고 마치 방화와 관련하여 무엇인가를 했던 것처럼 행동했다고 수정됐다. 이 영향과 증거에 대한 심리적인 전염으로 인해 객관적이고 절대로 확실해야만 하는 법과학 증거에 대한 동조가 이루어졌고, 게다가 법정에서의 부적절한 변호로 인해 유죄 판결을 받고 사형을 받았다. Willingham이 유죄인지 무죄인지에 대해 확실하게 아는 것은 불가능하지만 특히 법과학의 사용 또는 오용을 둘러싼 의문, 우려, 심각한 의심을 갖게 한다. Willingham 사례는 하나의 특이한 사건이 아니며, 미국에서는 130명 이상의 사형 판결을 받은 사람들이 석방되기도 했다.

Drew Whitley 사례(Innocence Project, 2010b)의 경우에는 법과학 증거가 잘못 이해되고 그 중요성이 부적절하게 제시되어 문제가 되었다. 이 사례에서는 피해자가 주차장에서 총을 맞은 사건이었다. 경찰은 범죄 현장에서 트렌치 코트, 모자, 총을 쏜 사람이 마스크로 사용했던 약 30cm의 스타킹을 회수했다. 재판에서 범죄 분석 실험실 기사가 마스크에서 찾은 작은 머리카락은 Whitley의 머리카락과 비슷하지만 그의 머리카락이라고 확신할 수 없다고 증언했다. 그 기술자는 또한 마스크에서 발견된 타액이 Whitley의 것과 일치하지 않는다고 증언했다. 그러나 검사는 최종변론에서 머리카락이 Whitley의 것이 분명하다고 주장했다. 경찰은 또한 한 방울의 피가 묻어 있는 Whitley의 테니스 신발을 수거했다. Whitley는 경찰에게 그의 아들이 전날 신발에 피를 쏟았다고 진술했다. 혈청검사가 실시되고 그 피는 A형으로 밝혀졌는데, 피해자와 아들 모두 A형이었다. 이 증거와 함께 목격자의 증언을 바탕으로 Whitley는 2급 살인으로 유죄 판결을 받았고 종신형을 선고받았다. 그러나 Whitley는 머리카락에 대한 DNA 검사를 통해 그는 사면을 받았다. 법정에서 제시되어 처음의 판결을 이끈 몇 가지의 법과학 증거들은 사실상 검찰 측보다는 변호인 측을 지지해 주는 증거였다. 이 사건의 경우 잘못된 유죄 판결이 법정에서 법과학 증거의 잘못된 해석과 더 관련 깊다는 것을 보여 준다.

그러나 잘못된 유죄 판결 사례들은 직접적으로 법과학의 오류에 의한 것인데 대부분은 심리적인 문제들에 기인한다. 예를 들어, Cowans 사건을 보자. 그는 지문분석의 오류로 인해 매사추세츠에서 경찰관을 총으로 쏜 것으로 잘못된 유죄 판결을 받았는데 나중에 그 분석은 '정직한 실수'로 묘사되었다(Saltzman & Daniel, 2004). 지문 확인의 오류에 대한 다른 사례인 Mayfield 사건의 오류는 최소한 부분적으로 확증 편향에 기인한다(Fine 2006; Stacey, 2004). Cowans와 Mayfield 사례들은 특히 흥미로운데, 가장 널리 사용되고 허용되는 법과학인 지문과 관련되어 있기 때문이다. 또한 이러한 오류들은 동일한 실험실의 다른 법과학 분석관이나 변호인 측의 법과학 전문가에 의해 발견되지 않았다. 그들은 모두 만장일치로, 그러나 실수로, 지문에 대해 절대적으로 확신했다. 법과학의 오류는 덜 수립된 법과학 분야에서 발생할 뿐만 아니라 DNA를 포함하여(Thompson, 2006, 2009a, 2009b) 다양한 법과학 영역에 걸쳐서 발생한다(Dror & Cole, 2010).

명백하게도 법과학 증거로 인해 잘못된 유죄 판결을 받은 사례들은 다수 존재한다. 그러나 사면 이후에 이루어지는 법과학의 역할에 대한 평가와 부수적인 정황으로 인해 사면은 매우 제한적으로 이루어질 뿐이다. 그럼에도 불구하고 법과학 절차에서 분석관의 역할을 자세히 살펴보면 이러한 오류들의 근원과 심리적인 문제들이 관련되어 있음을 보여 준다.

법과학 분석에 대한 심리과학적 근거

법과학은 범죄 현장에 남겨진 객관적인 물리적 증거에 근거한다. 그러나 법과학의 실제는 지각, 인지, 사회심리학, 성격심리학, 의사결정과 같이 전통적인 심리학적 연구 분야와 전문지식에 의존한다. 법과학 증거가 객관적인 측정 방법이 없는 분석관과 상호작용할 때, 심리적인 문제들이 개입하게 된다. 이러한 문제들은 상대적으로 널리 퍼져 있고 강하게 영향을 미치는데, 이는 법과학 공동체가 심리적인 관련성에 대해 대체로 인정하지 않아 왔고 이러한 문제를 해결하기 위해 충분한 노력을 기울이지 않았기 때문이다. 예를 들면, 자기충족적 예언은 어떻게 우리가 원하는 것 또는 어떤 일이 일어날지에 대한 우리의 생각이 어떻게 정보를 해석하고 어떻게 지각하는지 영향을 미치게 된다. 만약 목이 마른 경우라면 우리는 물을 물의 특성을 내포한 이미지로 지각하게 되기 때문에 목마른 상태 자체가 우리의 지각을 조절하게 되는 것이다(Changizi & Hall, 2001). 우리의 정서적인 상태와 기분도 유사하게 어떻게 정보를 해석하는가에 영향을 미친다(Byrne & Eysenck, 1993; Halberstadt, Niedenthal, & Kushner, 1995; Niedenthal, Halberstadt, Margolin, & Innes-Ker, 2000).

상향식(bottom-up)과 하향식(top-down) 과정들(예: Humphreys, Riddoch & Price, 1997)은 법과학적 검증과 관련되어 있다. 상향식 처리 과정은 정보 주도적이다. 외부 환경으로부터 들어오는 정보는 처리 구조와 정보의 해석을 안내해 준다. 이러한 종류의 처리는 비교적 수동적이고 유입 자체에 의존한다. 반대로, 하향식 처리 과정은 인간 처리자(이 경우 법과학 분석관)에 더 의존하고 처리되는 정보에는 덜 의존하게 된다. 처리자의 정신 상태와 체계에 이미 포함되어 있는 정보가 처리 과정을 주도한다. 학습, 생각, 발견, 비교, 연결, 의사결정, 문제해결과 같은 모든 인지적인 과정들은 어느 수준의 하향식 처리 과정을 포함한다. 이는 선택의 문제나 심지어는 의식적인 과정이 아니고 인간의 인지적인 본성이다.

인지의 역동적인 본성과 정신이 어떻게 작용하는가는 적응 체계와 지능 체계의 특징이다. 사실 우리가 경험이 많아지고 진짜 전문가가 되어 갈수록, 하향식 과정이 우리가 어떻게 정보를 처리하는지에 더 중요한 역할을 한다(Dror, 2011). 하향식 과정은 법과학 일에 중요한 역할을 하는데, 법과학 증거는 사실을 기반에 둔 것이지만 인간인 법과학 분석관은 이를 이해해야 하고 여기서 심리학이 매우 중요한 역할을 한다.

> 그가 발걸음을 옮긴 모든 곳, 그가 만진 모든 것, 그가 남긴 모든 것은, 심지어 무의식적으로, 그에게는 불리하게 작용하는 소리 없는 증거로 사용될 것이다. 그의 지문 또는 그의 족적뿐만 아니라 그의 머리카락, 그의 옷에서 나온 섬유, 그가 깨뜨린 유리, 그가 남긴 도구 자국, 그가 상하게 한 페인트 칠, 그가 남기거나 묻힌 피 또는 정액과 같은, 이 모든 것과 그 이상의 것들은 그에게 불리하게 작용하는 소리 없는 목격자가 된다. 이러한 증거는 잊히지 않는다. 순간적인 흥분으로 혼동되지 않는다. 목격자는 없을 수 있지만 이 증거는 없을 수 없다. 이는 사실 증거다. 물리적 증거는 오류가 있을 수 없다. 이러한 증거들은 법정에서 위증할 수 없다. 이러한 증거들은 완전히 없을 수 없다. 오직 해석의 실수는 발생할 수 있다. 오직 인간만이 이러한 증거를 찾는 데 실패하고, 이를 연구하고 이해하며, 이것의 가치를 축소시킬 수 있다(Kirk, 1953, p. 4).

법과학 분석에 대한 심리학적 연구에 사용되는 연구 방법

법과학은 심리학 연구에서 사용되는 발전된 전통적인 과학적 방법을 사용하는 데 적합하다. 다양한 조건하에서의 과제 수행을 평가하는 실험 연구와 연구 설계는 법과학에 적용하기 매우 적절하다. 이러한 방법들은 다양한 분석관들 간의 수행을 비교하는 데 사용될 수 있지만, 다양한 조건하에 동일한 분석관의 수행을 비교하는 좀 더 강력한 피험자 내 설계 또한 가능하다. 이러한 실험 설계는 실험 참가자들 자체가 통제 조건이 된다.

예를 들면, 두 개의 연구(Dror & Charlton, 2006; Dror, Charlton, & Péron, 2006)에서 지문 분석관들은 일반적인 범죄사건의 분석을 맡는 동시에 연구 참가자가 되었다. 분석관들은 자신들이 몇 년 전에 분석했던 실제 범죄 사건의 지문을 받았는데, 이번에는 다른 상황적 맥락 내에서 지문이 제시되었다. 이에 따라 여러 분석관들의 판단이 달라졌는데, 이는 동일한 법과학 증거가 다른 맥락적 정보 내에서 제시되는 경우에 정반대의 결론을 내린 것이다(검토와 개요는 Dror & Rosenthal, 2008; Dror & Cole, 2010 참고).

심리학에서 오랫동안 널리 사용된 이러한 과학적 방법으로 연구자들은 어떻게 다양한 하향식 정보가 법과학 분석관들이 법과학 증거를 어떻게 인식하고 해석하는지를 연구할 수 있다. 실험 연구에서 나온 행동 정보는 아이트래킹과 같은 다른 연구 방법들에 의해 보완될 수 있다.

법과학 평가와 관련된 심리학적 연구

법과학의 가정은 세 가지 단계로 특징지을 수 있다. 먼저, 범죄 현장에서 증거가 발견되고 수집되고 분석이 이루어지기 위해 어떠한 증거를 선택할지 판단을 내려야 한다. 첫 번째 단계에서 많은 선별이 이루어지고 많은 정보들 중에 매우 적은 정보만이 다음 단계로 넘어가게 된다. 범죄 현장과 상황은 매우 다르므로 법과학 수사관은 주관적인 판단, 훈련, 경험, 그리고 범죄 현장에서 발휘되는 특정한 개인의 능력에 크게 의존하게 된다.

이 첫 번째 단계에서 법과학의 오류들이 다수 발생할 수 있는데, 예를 들면 증거를 잃어버릴 수 있고, 실수로 증거가 오염되거나 파괴될 수 있으며, 증거를 적절하게 수집하고 보존하지 못할 수 있고, 증거에 대한 추가적인 분석이 적절하지 않다고 판단할 수 있다. 이러한 오류가 발생할 때 중요한 무죄를 뒷받침해 줄 증거가 수사에 전혀 사용되지 않을 수 있고, 이로 인해 무고한 사람들이 유죄 판결을 받을 수 있다. 이는 직접적으로는 특정 용의자를 제외시킬 수 있는 증거가 부재하거나 간접적으로는 범인의 죄를 입증할 수 있는 증거가 되는 것이다. 법과학 분석에서 이러한 첫 단계에 대해서는 거의 연구가 이루어지지 않았다.

법과학 분석에서의 두 번째 단계는 실험실에서 증거를 분석하는 것이다. 이 부분에서 기술과 기구의 역할은 분석의 대상이 되는 증거의 유형과 분석을 통해 어떠한 질문에 답을 해 주느냐에 달려 있다. 법과학 분석관은 어떠한 방법을 사용하고 이를 어떠한 순서로 분석할 것인지를 결정해야만 한다. 비록 아주 표준화된 일상적인 분석이라고 할지라도 누군가는 사건을 평가할 수밖에 없고 이러한 일상적인 분석이 적합한지 여부를 판단해야 한다. 많은 법과학 분야들 중에서도 가장 많이 사용되고 신뢰받는 분야(예: DNA, 지문)라도 분석관이 중요한 역할을 할 수밖에 없다. 예를 들면, DNA 혼합물의 경우 분석관이 전기영동도(electropherogram)[2] 의 특정 부분을 신호인지 아니면 불필요한 소음인지 판단해야만 한다. 잠재적인 지문의 경우 대부분은 분석관이 지문 자동 식별 시스템(Automated Fingerprint Identification System: AFIS)을 사용하기 위해 상세한 내용을 확인하고 명시해야 하는데, 지문 자동 식별 시스템은 분석관에게 동일하다고 여겨지는 지문들을 분석해 보라고 추천해 줄 뿐이다(Dror & Mnookin, 2010).

과정의 세 번째이자 마지막 단계는 법과학 분석 결과를 해석하고 이러한 분석 결과를 해당 사건의 맥락에서 관련지어야 한다는 것이다. 이 단계에서 법과학 전문가는 분석 결과를 평가하고 해석하는 일뿐만 아니라 그 결과를 사용해야 하는 사용자(수사관)에게 전달하여 특정한 사건의 맥락에서 이해시켜야 한다. 수사 과정, 다른 증거(또한 다른 증거를 오염시킬 수 있는 가능성), 그리고 재판 전에 이루어지는 협상에 미칠 수 있는 법과학 증거의 잠재적인 영향은 과소평가되어서는 안 된다.

이러한 세 단계에서 법과학 전문가의 참여의 정도는 담당하는 역할에 따라 다르다. 범죄 현장에서 일하는 경우 배경과 훈련 경험이 다양하고 어떠한 증거가 분석

2) 전기영동법을 사용하여 자동적으로 DNA 염기 서열을 결정하는 결과를 그래프로 나타낸 것을 전기영동도라고 한다.(역자 주)

에 보내져야 할지 결정하는 것도 다를 수 있다. 법과학 분석관은 수사 과정에서 법과학 증거를 사건 맥락 내에서 활용하고, 공판 전 준비 과정과 이 증거들을 법정에서 제시할 것인가를 결정하는 데 관여하는 것도 다를 수 있다. 지금까지의 연구와 이 장의 대부분은 두 번째인 실험실 분석 단계에 집중되어 있다. 그러나 이 실험실 분석 단계는 다른 두 단계에 비해 더 중요한 단계는 아니다. 예를 들어, 증거의 분석과 결과의 해석은 분석에 이용 가능한 증거물의 존재 여부에 전적으로 달려 있다. 가장 신중하게 이루어지는 분석과 해석이라도 증거가 발견되지 않고, 제대로 입수 및 제출되지 않는다면 소용이 없고, 최고의 실험 결과라도 최종 사용자(수사관)에게 제대로 전달되지 않는다면 사용할 수 없게 된다.

법과학 오류의 근원

법과학과 관련된 오류들(잘못된 유죄 판결로 이끌든 아니든 상관없이)은 각기 출처가 다를 수 있고, 다양한 원인과 요인들에 기인할 수도 있다. 여기서는 오류의 출처에 대해 설명하고자 한다.

가짜 법과학 전문가

의도적이거나 거짓으로 본인 스스로를 법과학 전문가라고 제시한 몇몇 사례들이 있어 왔다. 이들은 법과학과 관련하여 어떠한 배경, 훈련, 자격이 없거나 교육도 받지 않았음에도 불구하고 법과학 전문가로 위장하고 법정에 서는 경우였다. 이러한 거짓된 행동은 잘못된 법과학 증거를 법정에 제공해 잘못된 유죄 판결을 받게 한다. 예를 들면, 영국의 Gene Morrison의 경우에는 20년 넘게 수백 건의 사례에서 법과학 전문가 행세를 했다. 그는 자신의 자격으로 법과학 전공의 이학사, 법과학 수사로 석사, 범죄학으로 박사 학위를 받았으며 학위는 모두 미국 대학에서 받았다고 주장했다. 그러나 이러한 학위는 모두 가짜 대학에서 인터넷 강의를 통해 받은 학위들이었다(Bradshaw, 2008). 그는 사기, 위증, 사법 정의의 왜곡 등으로 5년형을 받았다.

자격 미달의 분석관

실제 분석관은 특정한 법과학 분석에 있어 적절한 훈련이나 자격이 없을 수 있다. 법과학 증거가 전문성이 떨어지는 분석관에게 맡겨지면, 오류가 생길 수 있고 이는 오판을 초래할 수 있다. 대다수 국가(미국과 영국을 포함)의 법과학 분석관은 자격증도 없다. 미국도 다른 많은 국가와 마찬가지로, 훈련이나 평생교육(원)에 대한 인정 기준이 없고 필수적인 시험도 없고 수행에 대한 기준도 없거니와 효과적인 감독도 존재하지 않는다(National Academy of Science, 2009).

부정부패와 사기

성실하고 자격을 갖춘 법과학 분석관도 범죄 현장에서 원칙을 무시하고 오염시키거나 법과학 증거나 그 결과를 위조, 그리고 결과를 잘못 해석하여 의도적으로 법과학 분석 과정을 방해할 수 있다. 이러한 사례들 대부분은 용의자의 유죄를 확신하지만 이를 증명할 만한 증거가 없거나 명성을 얻거나 경력을 쌓기 위한 개인적인 동기에서 비롯된 것이다(Wertheim, 2008). 이러한 요인들이 잘못된 유죄 판결의 원인인 것은 분명한데, 과연 이러한 사례들은 얼마나 자주 발생하는가? 더욱 중요한 질문은 이러한 요인들로 발생하는 법과학으로 인한 잘못된 유죄 판결은 몇 퍼센트나 되는가다. 악의적이고, 무능하며, 무책임한 법과학 분석이 발생하지만, 심리학적으로 좀 더 중요하고 흥미로운 점은 이러한 '나쁜 사례들'만이 아닌 법과학 증거의 제도적인 문제들로 인한 잘못된 유죄 판결에 있다(Thompson, 2009b).

과장되고 입증되지 않은 진술

법과학적 증거는 실제보다 더 가치 있고 중요하게 인식되고 있다(McQuiston-Surrett & Saks, 2009). 이러한 잘못된 인식은 법정에서 법과학 증거를 왜곡시켜 원래보다 더 설득력이 있게 되면서 판결에 영향을 미치게 된다. 이러한 잘못된 인식은 법과학적 증거를 제공하는 제공자와 제공을 받는 자들에게서 비롯된다. 제공자인 법과학 분석관은 법정에서 분석 결과를 과장하고, 가끔은 입증되지 않은 진술을 하기도 한다. 예를 들면, 지문 분석관은 범죄 현장에서 발견된 잠재 지문을 세계 모든 사람을 제외하고 특정한 사람의 것이라고 자신 있게 말할 수 있다고 법정에서 진술할 수 있다(Barnes, in press). 이러한 주장은 과장되고 부풀려졌으며 연구에 의해 입증되지 않았다(NAS, 2009). 한 연구에 따르면, 이노센스 프로젝트로 인해 잘못된 유죄 판결을 받았다는 것이 입증된 사례들의 60%는 실증 데이터를 잘못 제시하였고, 때로는 법과학 전문가로서 실증적 데이터로 전혀 입증할 수 없는 결론을 내린 것을 보여 준다(Garrett & Neufeld, 2009). 공판 전 협의에서도 잘못된 법과학 증거가 제시되기도 하는데, 이때는 판사나 배심원이 없기 때문에 증거들에 대한 확인이 제대로 이루어지지 않는다(대부분의 사례들이 유죄 협상 단계에서 마무리되기 때문에 더 문제가 된다).

법정에서 법과학 증거를 제공받는 배심원, 변호사 또는 판사도 법과학 증거가 부풀려지는 데 일조한다. 법과학은 〈CSI〉라는 드라마에 의해 비현실적으로 묘사된다. 이는 법과학 증거의 실제적인 가치와 한계에 대해 사람들에게 잘못된 개념과 오해를 불러일으켰는데, 이 현상을 CSI 효과라고 한다(Houck, 2006; Schweitzer & Saks, 2007). 또한 배심원은 전문가가 확실한 결론을 내리고 전문적인 내용을 비전문적으로 전달하는 능력을 전문가의 자격보다 전문가의 신뢰성을 결정하는 데 더 중요하게 생각하는 것으로 나타났다(Shuman, Whitaker, & Champagine, 1994).

때로는 변호인이 법과학 분석관의 부풀려진 주장에 대해 적절한 반대신문이나 질문을 하지 않은 채 그대로 받아들인다. 변호인에 의해 이루어지는 법과학 전문가에 대한 검토는 자격에만 초점이 맞춰져 있고, 과학을 제대로 적용했는지, 결과가 적절하게 맥락 안에서 해석되었는지, 증거를 분석할 때 편향적인 가외적 정보와 영향이 있었는지 여부는 대부분 무시한다. 판사조차도 "법과학 분야는 과학적 방법론에 근거하고 분석실과 법과학 분석관은 법정에서 제시되는 법과학 증거들의 신뢰도와 타당도가 입증된 방법을 사용한다."(Edwards, 2010, p. 2)고 추측한다. 그러나 이러한 추측은 잘못된 것이다.

오류

부패한 분석관, 오인되고 과장된 법과학 증거 외에도 법과학에서의 오류는 무고한 사람이 받는 잘못된 유죄 판결에 가장 큰 영향을 미친다. 이 장의 앞 부분에서 이미 설명한 Cowans의 사례(Saltzman & Daniel, 2004)는 법과학에서의 오류를 잘 보여 준다. 이러한 오류들의 심리학적 문제들과 그 이유는 이 장의 후반부에 다루겠지만, 여기서 이러한 오류를 초래하는 법과학의 원인은 무엇인지 짚고 넘어가야 할 것이다. 기준과 절차가 없고 통일되지 않은 용어들을 사용하는 것(Dror, 2009a), 의무적으로 받아야 하는 훈련과 개별적으로 받아야 하는 시험이 없다는 점(NAS, 2009), 그리고 분석실에 대한 규정이 없다는 점(Giannelli, 2007) 등이 오류의 원인이다.

증거의 상호적 오염

법과학 증거와 같이 유죄를 입증할 수 있는 증거들이 제시되면, 다른 증거에 대한 압력과 상호적인 영향이 발생하게 된다. 이러한 제시는 증거의 독립성을 위반하는 것이며, 잘못된 유죄 판결의 원인이 된다. 이러한 영향은 Willingham 사례(Grann, 2009)를 통해 설명했다. 또한 이러한 증거의 상호적 오염은 강력한 법과학 증거가 허위자백으로 이어지는 경우에도 발생할 수 있다(Hasel & Kassin, 2009).

사법체계

대부분의 사법체계 내의 구조와 자금은 법과학에 의한 잘못된 유죄 판결을 초래할 수 있다. 예를 들면, 배심재판과 같은 당사자주의는 비슷한 자원(증거)을 양측에서 모두 제공하지만 피고인 측은 검찰 측에 비해 경제력이나 법과학적 전문지식이 떨어진다[American Bar Association(ABA), 2004]. 그러므로 법과학 증거에 대해 이의를 제기하기가 어렵다. 뿐만 아니라, 대부분의 형사 사건들은 유죄 협상으로 마무리되고(Pastore & Maguire, 2004, table 5.17.2004 참고), 결과적으로 법정에서 법과학 증거에 대한 자세한 조사와 철저한 검토가 불가능하다. 마지막으로, 변호사와 판사에게 법과학의 한계와 약점에 대한 교육은 이루어지지 않는다. 이는 법정에서 법과학 증거를 제공하는 데 필요한 최소한의 기준도 존재하지 않아 문제가 가중된다(NAS, 2009). 이러한 기준은 "변호사, 판사와 배심원이 해당 사건에서 제시되는 법과학 증거의 한계에 대해 잘 이해할 수 있도록 해 준다. 이는 확실히 중요한 것이다."(Edwards, 2010, p. 11)

심리적인 문제와 오류의 근원

법과학 증거의 문제점에는 다양한 심리적인 문제들이 존재하고 있다. 심리적인 문제들은 법과학의 문제점과 해결책에 대한 통찰을 제시한다. 그러나 대부분의 법과학 공동체에서는 심리적 문제들을 등한시하고 있다. 미국 국립과학원[National Academy of Science(NAS), 2009]의 보고서는 결국 "특정 법과학 분야에 종사하는 분석관들은 인간의 해석에 의존하기 때문에 오류(그리고/또는) 편견의 위협은… 중요하다."(p. 9)라고 하며, "유감스럽게도, 적어도 지금까지는 법과학 공동체가 이러한 편견 문제를 해결하기 위해 충분한 노력을 기울이고 있다는 증거가 없다."(p. 8)고 지적하고 있다.

예를 들면, 국제지문협회(International Fingerprint Society)의 회장에 의해 발행된 저널의 편집장에게 보낸 서신에서 법과학 공동체의 심리적 문제들에 대한 반응을 통해 알 수 있다(Leadbetter, 2008). 편지에는 편견과 심리적 문제에 취약한 지문 분석관들은 "무능한 멍청이"(p. 20)라고 적혀 있다. 편집장에게 보내진 다른 서신에서 국제지문협회의 회장은 맥락적 편견 또는 확증 편향에 취약한 분석관은 지문 분석관이어서는 안 되며, 그들은 "디즈니랜드에서 일을 찾아야 한다."(Leadbetter, 2007, p. 231)고 하였다.

사회와 동기

당사자주의 체계 내에서 법과학 분석관들은 다른 분석관과 함께 일하게 된다. 이 자체가 심리적인 문제들을 발생시킨다. 미국 국립과학원은 이러한 문제들을 인식하고 있으며, "모든 공공 법과학 실험실과 설비를 법 집행기관 또는 검찰청의 행정적인 통제로부터 내보내야 한다."고 권고하며, 이는 "법과학 분석의 과학적 토대를 발전시키며 독립성을 극대화하기 위해서"(NAS, 2009, p. 24)라고 설명하고 있다.

특히 대중의 관심을 받고, 심각하거나 미제 사건들에서 범인을 잡아 범죄를 해결하려는 점은 법과학 분석관들의 동기다(Charlton, Fraser-Mackenzie, & Dror, 2010). 그러나 수사로부터 법과학자들을 독립시키는 것은 그렇게 쉬운 일은 아니다(Dror, 2009a 참고).

지각, 판단 및 의사결정

오랜 시간 동안 심리학적인 연구는 지각, 판단 및 의사결정에서의 다양한 오류에 대해 충분한 증거를 제공했다. 수백 개의 논문과 수많은 책을 통해 **신념 보존 편향**(Nisbett & Ross, 1980), **확증 편향**(Nickerson, 1998), **인지 부조화**(Festinger, 1957)와 몰입의 상승(Stew, 1976)에 대해 논하고 있다.

인지, 판단 및 의사결정 중 발생하는 다양한 오류들의 원인은 '인간의 마음이 카메라가 아니다.'라는 데 있다. 마음은 수동적으로 데이터에 의해 작동하는 것이 아니라 적극적이고 동적으로 정보를 처리한다. 결과적으로 많은 정보가 걸러지고 무시되고 나면, 그 다음에 순서와 특정한 해석이 부과된다. 이는 세상이 제공하는 실제 정보가 아닌 동적인 인지적 본성을 따르게 되는 것이다. 이 장의 앞부분에서 언급한 것처럼, 심리학자들은 상향식과 하향식 처리를 구분하는데, 이는 정보가 데이터에 의해 처리되는지(예: 상향식) 또는 사람에 의해 처리되는지(즉, 하향식)와 관련되어 있다. 인간의 지각, 판단 및 의사결정은 대부분은 하향식 과정이다. 하향식 처리는 지능의 기초가 되고 복잡한 환경을 이해할 수 있게 해 주지만 오류를 발생시킨다. 이는 특히 전문적 영역에서 그 문제가 분명하게 드러난다(Dror, 2011).

법과학에서의 지각, 판결 및 의사결정 분야가 주목받기 시작한 것은 불과 몇 년 밖에 되지 않았다. 문제들에 대한 이론적인 논의는 Risinger, Saks, Thompson과 Rosenthal(2002)과 Dror(2009a)가 제시하였고, 실증적 연구에 대한 논의는 Dror와 Cole(2010)가 제시하였다. 이에 따라 상반되는 연구 결과가 나타났고, 비록 최종적인 결과를 결정하는 데 영향력을 발휘하지는 못하지만, 법과학에서 편견은 존재하는 것으로 나타났다.

동일한 전문가가 동일한 정보에 대해 서로 다른 시간대에 판단을 내려 이를 비교하는 피험자 내 설계를 사용한 연구는 많은 것을 말해 준다. 실제로 법과학 전문가에게 가외적 맥락 정보와 함께 지문을 제시하여 편견적 판단을 내리는지에 관해 연구를 통해 살펴보았다. 가장 중요한 부분은 분석관은 모르고 있지만 이전에 일어났던 실제 형사 사건에서 그들 자신이 분석했던 지문이 제공되었다는 점이다. 또한 이 연구는 실제 매일하는 분석 업무처럼 진행되었다. 이 장의 앞부분에서 언급하였지만, 이렇게 진행된 두 개의 연구를 통해 가외적인 맥락 정보가 법과학 전문가를 편파적으로 만들고 최종 결과에 영향을 미친다는 것을 보여 주었다. 이들 대다수는 과거 자신이 분석한 동일한 지문을 과거와는 다르거나 반대되는 판단을 내렸다(이 연구들의 개요와 메타분석은 Dror & Rosenthal, 2008 참고).

다른 연구들은 편견적인 영향을 보여 주었지만 최종 결과에 미치는 영향이 없었다. 그러나 이러한 연구들은 매일 이루어지는 실제 분석으로 가장하여 제시하지 않았고, 제공된 맥락적 정보가 연구 참가자들에게 최대의 영향력을 행사하기 위해서는 맥락적 정보를 실제로 믿어야만 한다(Dror & Cole, 2010 참고). 실험 참가자들이 연구에 참여한다는 것을 알게 되면, 고안된 실험 설계와 인공적인 맥락적 정보의 편파적 영향이 사라진다(예: Hall & Player, 2008; Kerstholt et al., 2010; Kerstholt, Paashuis, & Sjerps, 2007; Langenburg, Champod, & Wertheim, 2009; Schiffer & Champod, 2007; Weitheim, Langenburg, & Moenssens, 2006 참고). 또한 이 분야의 대부분의 연구들이 심리학자들이 아닌 법과학적으로 훈련받는 분석관들에 의해 진행되었으며 법과학 실험실에서 일하면서 본인 자신들을 연구 대상자로 삼았다. 이러한 점들로 인해 연구의 진실성이 중요한 문제점으로 지적되었고(Risinger & Saks, 2003), 실험 설계와 분석의 적절성도 문제가 되었다(예: Hall, & Player, 2008, 많은 문제점을 내포한다; Dror, 2009; Saks, 2009 참고).

법과학 공동체는 심리적인 영향으로 인해 분석에 영향을 미치고 오류가 발생할 수 있다는 점에 대해 인정하기를 꺼려 왔다. 여기에는 부분적으로는 법과학이 정확하고, 확실하여 오류율이 0%라는 오랜 믿음이 있기 때문이다(예: Ashbaugh, 1994; Cole, 2005; Evett, 1996; FBI, 1985). 게다가 과학적 · 연구적 환경은 당사자주의 체계 내에서의 법과학 근로 환경과는 대치된다. 법과학 공동체의 저항과 법과학 분석관의 비과학적인 근로 환경은 법과학 분석관이 과학적 연구를 진행하는 데 장벽이 되어 왔다. 그러나 이 저항도 서서히 바뀌고 있다. 유명한 사건에서 최고의 실험실(예: FBI)에서 가장 많이 사용하고 잘 알려진 법과학 분야(예: 지문)를 사용했지만 오류로 인해 잘못된 용의자를 지목한 사례와 법과학에 대한 NAS 보고서(2009)가 이 분야에서의 연구를 시작하게 만들었다. 이 분야에서 심리학이 연구를 주도하면 법과학적 판단에 영향을 미치는 일부 편견에 대한 해결책을 개발할 수 있다.

법과학에 심리학적 연구의 적용

법과학에 존재하는 문제들은 다양한 방법으로 논의할 수 있다. 해결책으로는 심리학과 지각에 대한 명확한 이해와 함께 적절한 연구와 데이터를 바탕으로 이루어져야 하며 법과학 실험실의 실용성과 현실성도 고려해야 한다. 이 절에서는 결정에서 편견의 해결책으로 심리학에 바탕을 둔 방법들을 소개하고자 한다.

인지적인 측면

> 다양한 전문직들은 각기 다른 능력을 요구한다. 회계사와 인테리어 장식가를 어떻게 구분할지를 고려할 때 명백해지기도 하지만, 이는 모든 전문적인 직종에 적용된다. …전문적인 능력은 사람들을 직업적으로 뛰어나게 하는데, 이는 특정한 정신적 과정에 의해 결정된다(Dror, Kosslyn, & Waag, 1993, p. 763).

당연히 다양한 법과학 분야는 특정한 인지적 능력을 필요로 한다. 다양한 법과학 전문가들에 대한 인지적인 측면을 조사하고 특징되면 적절한 사람을 선발하는 것을 가능하게 하여 최고 수준의 성과를 이루도록 할 수 있다. 그러나 현재로서는 이러한 능력에 대한 과학적 이해 또는 특징들이 확인되지 않았고, 채용도 최적화되어 있지 않다.

훈련

심리적인 문제들, 특히 편견에 대한 훈련과 교육은 많지 않다. 그나마 법과학 분석관에게 제공되는 몇 개의 교육들은 대부분 인간의 인지 체계에 대해 전혀 또는 거의 모르는 사람들에 의해 제공된다. 이 영역에 대한 훈련은 반드시 관련된 전문가에 의해 적절하게 개발되고 제공되어야만 한다.

모범적 운영

특정한 절차는 다양한 심리학적 문제들을 통제하는 데 도움이 될 수 있다. 예를 들어, 정보를 순차적으로 드러내면(Krane et al., 2008, 2009a, 2009b) 맥락적인 영향을 최소화할 수 있으며(Dror, 2009a), "데이터 모집과 분석 과정을 가능하면 오랫동안 은폐해야 한다."(Rosenthal, 1978, p. 1007)는 원리를 따르면 된다.

검증도 오류를 최소화하는 데 중요한 도구가 될 수 있다. 그러나 Cowans와 Mayfield 사례에서 발견된 오류와 같은 법과학의 오류는 다른 분석관이 오류를 찾기 위해 처음 분석한 사람의 일을 검증하는 질적 통제 방식을 통해서도 발견하지 못했다. 이러한 실패의 이유는 특히 정보 은폐가 이루어지지 않는 검증 방식 때문일 수 있다. 심리학자들은 어떠한 은폐하에 어떠한 조사를 실시하는지에 대해 오랜 경험과 이해를 하고 있으며, 법과학에도 어떻게 적용할 수 있는지 알려 줄 수 있다(Dror, 2009a).

과학 기술

법과학에서 증가하는 기술의 사용은 효율성과 질적인 측면에서 새로운 기회를 제공하고 있다. 그러나 법과학 기술에는 한계가 있으며(할리우드식의 비현실적 묘사에 속지 말 것.) 이는 새로운 문제들을 불러일으킬 수 있고, 잘못된 지목과 잘못된 유죄 판결을 초래할 수 있다(Dror & Mnookin, 2010). 예를 들면, 지문 자동 식별 시스템(AFIS)은 거대한 지문 데이터베이스를 뒤져서 비슷하게 생겼지만 동일하지 않은 지문들을 제공해 오류의 가능성이 높다. 다른 예로는 지문 자동 식별 시스템이 제공하는 정보가 분석관의 인지적 과정을 편파적으로 만들 수도 있다(Dror & Mnookin, 2010). 이는 55,200건의 법과학적 결정을 데이터로 모아 실증적으로 증명했는데, 이 기술로 인해 지문 분석관이 어떻게 영향을 받았는지 보여 주었다(Dior, Werthein, Fraser-Mackenzie, & Walajtys, in press). 어떻게 하면 분석관과 기술을 인지적으로 최적화하여 배분할 것인가 하는 부분은 생산적인 공동작업이 될 것이다(Dror & Harnad, 2008).

결론

잘못된 유죄 판결에서 법과학 증거의 역할은 사법체계에서 유무죄를 입증할 수 있는 가장 강력한 증거에 대해 지속적이고 어려운 질문들을 하게 만든다는 점이다. 이러한 문제들은 복잡하지만 심리학이 법과학적 분석에는 필수적인 한 부분임은 명백하다. 이는 범죄 현장에서 법과학 증거를 어떻게 선택하는가, 어떻게 인지되고 평가되는가, 과정과 편견이 결정에 어떤 영향을 미치는가, 법과학 증거가 어떻게 법정에서 제시되는가, 그리고 변호사, 배심원과 판사에게 어떻게 인지되는가와 관련된다.

법과학의 다양한 측면과 관련된 문제들에 대한 깊은 심리학적인 이해와 함께 연구와 데이터에 입각한 해결책들은 법과학적 의사결정의 오류를 최소화하고 법과학 증거를 가장 적절하고 효과적으로 사용할 수 있도록 할 것이다. 우리는 이러한 발전을 곧 볼 수 있기를 기대한다.

★ 참고문헌

American Bar Association. (2004). *Gideon's broken promise: America's continuing quest for equal justice. A report on the American Bar Association's hearings on the Right to Counsel in Criminal Proceedings.* Washington, DC: American Bar Association Press. Retrieved from http://www.abanet.org/legalservices/sclaid/defender/brokenpromise/fullreport.pdf

Ashbaugh, D. R. (1994). The premise of friction ridge identification, clarity, and the identification process. *Journal of Forensic Identification, 44,* 499-516.

Barnes, J. G. (in press). History. In *The fingerprint sourcebook.* Washington, DC: NIJ Press.

Bradshaw, S. (2008, February 3). How to fake a living. *The Sunday Times.* Retrieved from http://www.timesonline.co.uk/tol/news/uk/crime/article3277057.ece

Byrne, A., & Eysenck, M. W. (1993). Individual differences in positive and negative interpretive biases. *Personality and Individual Differences, 14,* 849-851. doi:10.1016/0191-8869(93)90100-H

Changizi, M. A., & Hall, W. G. (2001). Thirst modulates a perception. *Perception, 30,* 1489-1497. doi:10.1068/p3266

Charlton, D., Fraser-Mackenzie, P., & Dror, I. E. (2010). Emotional experiences and motivating factors associated with fingerprint analysis. *Journal of Forensic Sciences, 55,* 385-393. doi:10.1111/j.1556-4029.2009.01295.x

Cole, S. A. (2005). More than zero: Accounting for error in latent fingerprint identification. *The Journal of Criminal Law & Criminology, 95,* 985-1078.

Collins, J. M., & Jarvis, J. (2009). The wrongful conviction of forensic science. *Forensic Science Policy & Management, 1,* 17-31. doi:10.1080/19409040802624067

Dror, I. E. (2011). The paradox of human expertise: Why experts can get it wrong: In N. Kapur, A. Pascual-Leone, T. Manly, & J. Cole (Eds.), *The paradoxical brain* (pp. 177-188). Cambridge, England: Cambridge University Press.

Dror, I. E. (2009a). How can Francis Bacon help forensic science? The four idols of human biases. *Jurimetrics: The Journal of Law, Science, and Technology, 50,* 93-110.

Dror, I. E. (2009b). On proper research and understanding of the interplay between bias and decision outcomes. *Forensic Science International, 191,* e17-e18. doi:10.1016/j.forsciint.2009.03.012251658240

Dror, I. E., & Charlton, D. (2006). Why experts make errors. *Journal of Forensic Identification, 56,* 600-616.

Dror, I. E., Charlton, D., & Péron, A. E. (2006). Contextual information renders experts vulnerable to make erroneous identifications. *Forensic Science International, 156,* 74-78. doi:10.1016/j.forsciint.2005.10.017

Dror, I. E., & Cole, S. (2010). The vision in "blind" justice: Expert perception, judgment, and visual cognition in forensic pattern recognition. *Psychonomic Bulletin & Review, 17,* 161-167. doi:10.3758/PBR.17.2.161

Dror, I. E., & Harnad, S. (2008). Offloading cognition onto cognitive technology. In I. E. Dror & S. Harnad (Eds.), *Cognition distributed: How cognitive technology extends our minds* (pp. 1-23). Amsterdam, the Netherlands: John Benjamins.

Dror, I. E., Kosslyn, S. M., & Waag, W. (1993). Visual-spatial abilities of pilots. *Journal of Applied Psychology, 78,* 763-773. doi:10.1037/0021-9010.78.5.763

Dror, I. E., & Mnookin, J. L. (2010). The use of technology in human expert domains: Challenges and risks arising from the use of automated fingerprint identification systems in forensics. *Law Probability and Risk, 9,* 47-67. doi:10.1093/lpr/mgp031

Dror, I. E., & Rosenthal, R. (2008). Meta-analytically quantifying the reliability and biasability of fingerprint experts' decision making. *Journal of Forensic Sciences, 53,* 900-903. doi:10.1111/j.1556-4029.2008.00762.x

Dror, I. E., Wertheim, K., Fraser-Mackenzie, P., & Walajtys, J. (in press). The impact of human-technology cooperation and distributed cognition in forensic science: Biasing effect of AFIS contextual information on human experts. *Journal of Forensic Sciences.*

Edwards, H. T. (2010, May 6). *The National Academy of Sciences report on forensic sciences: What it means for the bench and bar.* Presentation at the Conference on the Role of the Court in an Age of Developing Science and Technology, Washington, DC. Retrieved from http://www.cade.uscourts.gov/internet/home.nsf/content/VL+-+Judge+-+HTE

Evett, I. W. (1996). Expert evidence and forensic misconceptions of the nature of exact science. *Science & Justice, 36,* 118-122. doi:10.1016/S1355-0306(96)72576-5251658240

Federal Bureau of Investigation. (1985). *The science of fingerprints: Classification and uses*. Washington, DC: U.S. Government Printing Office.

Festinger, L. (1957). *A theory of cognitive dissonance*. Stanford, CA: Stanford University Press.

Fine, G. A. (2006). *A Review of the FBI's handling of the Brandon Mayfield Case*. Washington, DC: U.S. Department of Justice Office of the Inspector General.

Garrett, B. L. (2008). Judging innocence. *Columbia Law Review, 108,* 55–142.

Garrett, B. L., & Neufeld, P. J. (2009). Invalid forensic science testimony and wrongful convictions. *Virginia Law Review, 95,* 1–97.

Giannelli, P. C. (2007). Wrongful convictions and forensic science: The need to regulate crime labs. *North Carolina Law Review, 86,* 163–236.

Grann, D. (2009, September 7). Trial by fire: Did Texas execute an innocent man? *The New Yorker, 7,* 1–17.

Halberstadt, J. B., Niedenthal, P. M., & Kushner, J. (1995). Resolution of lexical ambiguity by emotional state. *Psychological Science, 6,* 278–282. doi:10.1111/j.1467-9280.1995.tb00511.x

Hall, L. J., & Player, E. (2008). Will the instruction of an emotional context affect fingerprint analysis and decision making? *Forensic Science International, 181,* 36–39. doi:10.1016/j.forsciint.2008.08.008251658240

Hasel, L. E., & Kassin, S. M. (2009). On the presumption of evidentiary independence. *Psychological Science, 20,* 122–126. doi:10.1111/j.1467-9280.2008.02262.x

Houck, M. M. (2006). CSI: The reality. *Scientific American, 295,* 84–99. doi:10.1038/scientificamerican0706-84

Humphreys, G. W., Riddoch, M. J., & Price, C. J. (1997). Top-down processes in object identification: Evidence form experimental psychology, neuropsychology, and functional anatomy. *Philosophical Transactions of the Royal Society of London, 352,* 1275–1282. doi:10.1098/rstb.1997.0110

Innocence Project. (2010a). *Facts on post-conviction DNA exonerations*. Retrieved from http://www.innocenceproject.org/Content/Facts_on_PostConviction_DNA_Exonerations.php

Innocence Project. (2010b). *Drew Whitley*. Retrieved from http://www.innocenceproject.org/Content/292.php

Kerstholt, J., Eikelboom, A., Dijkman, T., Stoel, R., Hermsen, R., & Leuven, B. (2010).

Does suggestive information cause a confirmation bias in bullet comparisons? *Forensic Science International, 198,* 138–142. doi:10.1016/j.forsciint.2010.02.007251658240

Kerstholt, J., Paashuis, R., & Sjerps, M. (2007). Shoe print examinations: Effects of expectation, complexity and experience. *Forensic Science International, 165,* 30–34. doi:10.1016/j.forsciint.2006.02.039251658240

Kirk, P. (1953). *Crime investigation.* Ontario, Canada: John Wiley & Sons Canada.

Krane, D., Ford, S., Gilder, J., Inman, J., Jamieson, A., Koppl, R., . . .Thompson, J. D. (2008). Sequential unmasking: A means of minimizing observer effects in forensic DNA interpretation. *Journal of Forensic Sciences, 53,* 1006–1007. doi:10.1111/j.1556-4029.2008.00787.x

Krane, D., Ford, S., Gilder, J., Inman, J., Jamieson, A., Koppl, R., . . .Thompson, J. D. (2009a). Authors' response. *Journal of Forensic Sciences, 54,* 501. doi:10.1111/j.1556-4029.2009.00990.x

Krane, D., Ford, S., Gilder, J., Inman, J., Jamieson, A., Koppl, R., . . .Taylor, B. s. (2009b). Authors' response. *Journal of Forensic Sciences, 54,* 1500–1501. doi:10.1111/j.1556-4029.2009.01192.x

Langenburg, G., Champod, C., & Wertheim, P. (2009). Testing for potential contextual bias effects during the verification stage of the ace-v methodology when conducting fingerprint comparisons. *Journal of Forensic Sciences, 54,* 571–582. doi:10.1111/j.1556-4029.2009.01025.x

Leadbetter, M. (2007). [Letter to the editor]. *Fingerprint Whorld, 33,* 231.

Leadbetter, M. (2008, June 13). Two fingers to research [Letter to the editor]. *Police Review, 20.*

Loftus, E. F. (1975). Leading questions and the eyewitness report. *Cognitive Psychology, 7,* 560–572. doi:10.1016/0010-0285(75)90023-7

Loftus, E. F. (1997). Creating false memories. *Scientific American, 277,* 70–75. doi:10.1038/scientificamerican0997-70

McQuiston-Surrett, D., & Saks, M. J. (2009). The testimony of forensic identification science: What expert witnesses say and what factfinders hear. *Law and Human Behavior, 33,* 436–453. doi:10.1007/s10979-008-9169-1

Mnookin, J. (2008). Experts and forensic evidence. *Southwestern University Law Review, 37,* 1009–1025.

National Academy of Sciences. (2009). *Strengthening forensic science in the United States: A path forward.* Washington, DC: Author.

Nickerson, R. S. (1998). Confirmation bias: A ubiquitous phenomenon in many guises. *Review of General Psychology, 2,* 175–220. doi:10.1037/1089-2680.2.2.175

Niedenthal, P. M., Halberstadt, J. B., Margolin, J., & Innes-Ker, A. H. (2000). Emotional state and the detection of change in facial expression of emotion. *European Journal of Social Psychology, 30,* 211–222. doi:10.1002/(SICI)1099-0992(200003/04)30:2〈211::AID-EJSP988〉3.0.CO;2-3

Nisbett, R. E., & Ross, L. D. (1980). *Human inference: Strategies and shortcomings of social judgment.* Englewood Cliffs, NJ: Prentice-Hall.

Pastore, A. L., & Maguire, K. (2004). Utilization of criminal justice statistics project, sourcebook of *Criminal Justice Statistics Online.* Retrieved from http://www.albany.edu/sourcebook/pdf/t5172004.pdf

Risinger, D. M., & Saks, M. J. (2003). Rationality, research and leviathan: law enforcement-sponsored research and the criminal process. *Michigan State Law Review, 4,* 1023-1050.

Risinger, D. M., Saks, M. J., Thompson, W. C., & Rosenthal, R. (2002). The *Daubert/Kumho* implications of observer effects in forensic science: Hidden problems of expectation and suggestion. *California Law Review, 90,* 1–56. doi:10.2307/3481305

Rosenthal, R. (1978). How often are our numbers wrong? *American Psychologist, 33,* 1005–1008. doi:10.1037/0003-066X.33.11.1005

Saks, M. (2009). Concerning L. J. Hall, E. Player, "Will the introduction of an emotional context affect fingerprint analysis and decision-making?" *Forensic Science International, 191,* e19. doi:10.1016/j.forsciint.2009.06.011

Saltzman, J., & Daniel, M. (2004, January 24). Man freed in 1997 shooting of officer: Judge gives ruling after fingerprint revelation. *Boston Globe.* Retrieved from http://www.boston.com/news/local/articles/2004/01/24/man_freed_in_1997_shooting_of_officer/

Schiffer, B., & Champod, C. (2007). The potential (negative) influence of observational biases at the analysis stage of fingermark individualisation. *Forensic Science International, 167,* 116–120. doi:10.1016/j.forsciint.2006.06.036251658240

Schweitzer, N. J., & Saks, M. J. (2007). The CSI Effect: Popular fiction about forensic science affects public expectations about real forensic science. *Jurimetrics: The*

Journal of Law, Science, and Technology, 47, 357–364.

Shuman, D., Whitaker, E., & Champagne, A. (1994). An empirical examination of the use of expert witnesses in the courts–Part ii: A three city study. *Jurimetrics: The Journal of Law, Science, and Technology, 34,* 193–201.

Stacey, R. B. (2004). Report on the erroneous fingerprint individualization bombing case. *Journal of Forensic Identification, 54,* 706–718.

Staw, B. M. (1976). Knee–deep in the big muddy: A study of escalating commitment to a chosen course of action. *Organizational Behavior and Human Performance, 16,* 27–44. doi:10.1016/0030-5073(76)90005-2

Thompson, W. C. (2006). Tarnish on the "gold standard": Understanding recent problems in forensic DNA testing. *The Champion, 30*(1), 10–16.

Thompson, W. C. (2009a). Beyond bad apples: Analyzing the role of forensic science in wrongful convictions. *Southwestern Law Review, 37,* 1027–1050.

Thompson, W. C. (2009b). Painting the target around the matching profile: The Texas sharpshooter fallacy in forensic DNA interpretation. *law Probability and Risk, 8,* 257–276. doi:10.1093/lpr/mgp013

Wertheim, K., Langenburg, G., & Moenssens, A. (2006). A report of latent print examiner accuracy during comparison training exercises. *Journal of Forensic Identification, 56,* 55–93.

Wertheim, P. A. (2008). Latent fingerprint evidence: Fabrication, not error. *The Champion, 32,* 16.

제5부

만연해 있는 문제

제13장

인종과 인종 차별

Ellen S. Cohn, Donald Bucolo, & Samuel R. Sommers

1989년 센트럴 파크 조거(Central Park Jogger)라고 알려지게 된 한 여인이 누군가로부터 잔혹하게 공격을 당했던 그해에 Korey Wise는 뉴욕에서 살고 있던 십대 청소년이었다. 이 범죄의 피해자였던 여성은 너무 심하게 다친 나머지 폭행에 대한 어떤 기억도 하지 못했다. 범죄 현장에는 Wise와 관련된 어떠한 물리적인 증거도 없었다. 그러나 수사관들은 거의 즉시 Wise를 포함한 다섯 명의 아프리카계 미국인 청소년들에게 수사를 집중했는데, 이들은 이미 같은 날 밤에 센트럴 파크에서 다른 싸움으로 인해 경찰서에 유치된 상태였다. 결국 다섯 명 모두 비디오로 녹화된 경찰의 신문에 자백을 했고, 다섯 명 모두 유죄 판결을 받았다. Wise는 DNA 증거와 실제 가해자의 자백으로 그가 무죄였음을 증명해 주기 전까지 11년 6개월 동안을 구치소에서 지내야 했다.

1996년 가을 캘리포니아 주 산타 모니카 경찰은 아프리카계 미국인인 Darryl Hicks와 George Washington이 한 호텔의 주차장에 들어섰을 때 총을 겨누며 차에서 내릴 것을 명령했다. 차량이 수색되는 동안 이들은 수갑이 채워진 채로 각각의 경찰차 안에서 기다리고 있어야 했다. 경찰은 이들을 체포한 이유가 19건의 연쇄 무장 강도 용의자와 외모가 비슷하고 둘 중 한 명이 '초조해' 보였기 때문이라고 했다. 이후 Hick와 Washington은 경찰을 불법체포와 인권 침해를 이유로 고소했다. 법원은 산타 모니카에서 무장 강도가 일어나지도 않았으며, 무엇보다 강도에 대한 묘사도 맞지 않는다고 판결했다.

그러나 센트럴 파크 공격 사건으로 인해 집중되었던 대중매체의 관심으로 두 오판 사례는 특별히 두드러지지는 않았다. 잘못된 유죄 판결과 불법체포인 이 두 사례에서는 범죄를 저지르지 않았던 무고한 사람들이 수사의 대상이 되었다. 이 책의 다른 장들에서 설명한 것처럼, 경찰의 잘못된 수사, 목격자의 오류, 그리고 법과학의 잘못된 사용과 같이 다양한 요인들이 오판에 원인이 된다. 그러나 앞에서 설명한 두 사건 모두 몇 가지 요인들에 의해 영향을 받았지만 명확한 공통 분모는 흑인 남성이 관련되어 있다는 점이다. 게다가 유죄 판결을 받은 이후 DNA를 통해 무죄를 증명된 사례들을 분석한 결과 두 사례들은 예외적인 사건은 아니었다. 이노센스 프로젝트가 2010년까지 확인한 잘못된 유죄 판결의 60%는 흑인 피고인들이었다. 그러므로 이 장의 목적은 체포, 유죄 판결, 범죄 혐의에 대한 형량 결정에 인종이 미치는 영향과 잘못된 유죄 판결에 인종이 어떤 관련이 있는지 살펴보는 것이다.

인종은 수사와 기소에 다양한 방법으로 영향을 미칠 수 있다. 하나의 예를 들어 보면, 목격자 지목에서 확신에 찬 교차-인종 편견(cross-race bias, 또는 타 인종 효과, other-race effect)은 잘못된 유죄 판결에 영향을 미칠 수 있는 가능성이 있는 것으로 나타났다. 목격자와 범죄자의 인종 간 불일치는 인종에 대한 적대감이나 편견이 없다고 하더라도 인종이 잘못된 유죄 판결에 영향을 미칠 수 있는 한 요인으로 작용할 수 있다. 물론 이 과정에서 인종 때문에 잘못된 유죄 판결을 받을 가능성이 높다고 해서 인종 차별을 의미하는 것은 아니다. 특히 흑인 용의자와 피고인에 대한 인종 차별은 미국 사법체계에서 길고도 만연한 역사를 가지고 있다. 이 장에서는 사법체계에서 인종 차별의 발생 정도를 추적하고 인종 차별이 가장 많이 일어날 수 있는 상황들에 대해 논의할 것이다. 그러므로 잘못된 유죄 판결을 포함해 사법체계에서 일어나는 모든 인종 차이가 인종 차별로 귀결되지 않는다는 점을 보여 주고자 한다. 그러나 이 책의 다른 장에서 인종이 목격자와 같은 다른 문제들과 관련되어 다루어졌기 때문에 여기서의 분석은 인종 차별 문제에 집중할 것이다.

이러한 분석에는 인종에 대한 이분법적 시각이 수십 년간의 사회과학 연구에 영향을 미쳐 왔기 때문에 사법체계 내에서 백인과 흑인이 어떻게 다루어지는지 그 차이에 초점을 맞출 것이다(Hagan, 1987). 최근의 연구자들은 사법체계에서의 인종 차별 및 차별에 대한 분석은 히스패닉계와 동양계 미국인들과 같은 다른 소수 민족들에 대한 논의도 포함하여 확장시켜야 한다고 주장해 왔다(예: B. D. Johnson & Betsinger, 2009). 따라서 백인과 흑인 이외의 다른 인종과 소수 민족에 대한 인종 관련 자료는 많지 않지만 관련 문헌에 대한 검토도 진행할 것이다(예: Reitzel, Rice, & Piquero, 2004).

인종 편견과 편향에 대한 최근에 이루어진 이론적 논의들(예: Dovidio & Gaertner, 2004)을 검토하며, 다양한 법적인 상황에서 인종 차별에 기여하는 심리적 기제와 사회적인 조건들을 검토하고자 한다. 사법체계, 인종을 기반으로 이루어지는 단속 문제, 배심원의 의사결정, 그리고 사법체계와 관련된 사람들(변호인, 법원 직원, 법원 사용자들)이 경험한 인종적 편견에 대한 태도에 초점을 맞출 것이다. 그런 다음 인종 차별을 어떻게 감소시킬 수 있을지에 대해 설명해 주는 심리학 연구들을 검토하며, 이러한 연구가 사법체계에 어떻게 적용될 수 있는지에 대한 예시를 제공하고자 한다. 마지막으로, 인종 차별에 대한 현재의 분석과 이 책에서 세부적으로 다루고 있는 잘못된 유죄 판결 사이의 명확한 관련성 대해 논의한다.

인종 차별에 대한 심리학적 근거

인종 차별을 연구하는 연구자들은 다양한 이론적인 관점에 바탕을 두고 있다. 20세기 전반에 시행된 초기 연구들은 인종 차별을 기술하고 차별이 사회에서 얼마나 만연해 있는지를 측정하는 데 초점을 두었다(예: Katz & Braly, 1993). 이 기간 동안에는 인종 차별과 편견이 비정상적인 행동을 표현한 정신병리의 한 형태로 여겨졌다(Dovidio, 2001). 인종 차별을 비정상이라고 생각한 연구자들은 이러한 행동을 야기한 원인들을 조사했고 인종 차별에 기여하는 개별적인 요인들에 주목했다. 연구자들은 인종 차별주의자들이 사회에서 한 부분을 차지하고 있기 때문에 만약 이들을 파악할 수 있다면 이들이 가진 편견적인 생각을 고치고 인종 차별을 뿌리 뽑을 수 있다고 생각했다(Dovidio, 2001).

이 인종 차별 모델은 독일 나치와 나치의 유대인 학살이 진행되면서 변화했다. 1900년대 중반 무렵에 이르러서는 외집단에 대한 편견은 일반 시민에 의해 발전하고 표현될 수 있다는 점이 분명해졌다. 또한 이 시기에 진행된 고전적인 사회심리학적 연구들은 사회적 규범, 권위자, 또는 이 두 가지가 함께 개인의 행동에 얼마나 쉽게 영향을 미치는지 보여 주었다. 연구에 따르면, 특히 편견과 관련하여 사회적인 계급과 경쟁하는 두 집단 사이에 편견, 보복적인 행동 그리고 증오를 빠르게 발전시킨다는 것을 보여 주었다(Sherif, White, & Harvey, 1995). 연구자들이 서로 다른 관점에서 편견과 인종 차별에 관한 연구를 시작한 것도 이 시점으로 편견의 발전과 유지가 사회적이고 인지적인 과정을 통해서 자연적으로 일어난다고 주장했다.

Allport(1954)의 유명한 저서인 『편견의 본질(The Nature of Prejudice)』에서 인간은 자연적으로 집단을 형성하고 그들이 속한 집단의 구성원들을 선호하고(즉, 내집단), 다른 집단(즉, 외집단)의 사람들에 대해서는 싫어하고 경쟁하는 경향이 있다고 주장했다. 이러한 분열은 심각한 결과를 가져왔는데, 외집단 구성원들('그들')에 대한 개인의 태도, 믿음과 상호작용은 내집단 구성원들('우리')에 비해 부정적인 것으로 나타났다. 타인을 인지할 때 인종이 개인을 파악하는 첫 특징 중 하나라는 점을 고려하면(Ito & Urland, 2003 참고), 다른 인종 구성원을 향한 편견 또는 인종 차별이 정상적인 인지 과정의 결과물이 되는 것이다. 또한 Allport(1954)는 미국 남부의 인종 분리 정책과 같은 사회적인 구조를 통해 인종 차별이 유지되고 부추겨져 인종을 구분하고 외집단에 대한 부정적인 처우를 확산시키며 인종 간의 접촉이 줄어들어 전통, 문화적 가치와 믿음에 대한 오해로 발전된다고 주장하였다. 이러한 논의는 편견 연구에 큰 영향을 미쳤고, Allport의 연구는 편견을 이해하고 감소시키기 위한 기반으로 고려되고 있다.

더욱 최근에는 Allport의 연구를 기반으로 사회적인 규범과 사회화가 인종 차별에 미치는 영향을 인정했지만, 인종 차별이 상황에 따라 다른 형태를 취할 수도 있고 다른 형태로 표현될 수도 있다는 것을 발견했다(예: Dovidio, Kawakami, & Beach, 2002). 인종 차별에 대한 현대의 이론들은 미국(그리고 작게는 다른 사회)의 변화하는 인종에 대한 인식에 의해 변화했다. 인권 운동 후 현재에 이르러서는 대부분의 사회에서 노골적인 인종 차별은 더 이상 사회적으로 용인되지 않는다. 백인들은 이전보다 흑인에 대해 좀 더 긍정적인 태도를 보이고 인종 간의 통합을 좀 더 긍정적으로 생각하며 흑인에 대한 부정적인 고정관념을 덜 보고하고 있다. 그러나 21세기에도 흑인들은 의료 서비스, 취업 및 기타 다양한 영역에서 인종 차별 과정과 관련된 불이익에 의해 고통받고 있다(Pearson, Dovidio, & Gaertner, 2009). 현대 이론가들은 편견을 두 개의 독립적인 형태로 구분하는데, '암시적 편견'(즉, 외집단 구성원에 대한 무의식적이고 자동적인 반응)과 '명시적 편견'(즉, 외집단 구성원에 대해 의식적으로 드러내는 편견; 예: Dovidio, Kawakami, Johnson, Johnson, & Howard, 1997; Lepore & Brown, 1997)으로 구분한다.

이러한 형태의 편견이 흑인에 대한 백인의 반응에 어떻게 영향을 미치는지 설명하기 위해 Dovidio와 Gaertner(2004)는 **회피적 인종 차별**(aversive racism) 이론을 제안했다. 이 이론에 따르면, 백인은 차별은 잘못된 것이라고 믿도록 사회화되어 인종 평등주의에 부합한 태도를 분명히 드러낸다고 본다. 그러나 사회는 여전히 흑인에 대해 부정적인 고정관념을 유지시키고 강화한다(Devine & Elliot, 1995). 비록 편견적이지 않다고 주장하는 백인들이 노골적인 인종 차별주의자의 이데올로기를 거부하지만 여전히 흑인에 대한 부정적인 고정관념을 갖고 있고 이는 흑인에 대한 거북함과 불편한 감정을 만들어 낸다(Dovidio & Gaertner, 2008).

그러므로 백인인 회피적 인종 차별주의자들은 흑인에 대한 부정적인 고정관념들을 드러내 놓고 지지하지 않지만 이러한 고정관념에 상응하는 암시적인 태도를 보이고 무의식적으로 행동에 영향을 미칠 수 있다(개요는 Dovidio, Kawakami, & Beach, 2002 참고). 예를 들어, Dovidio와 동료들(1997)은 실험 참가자들에게 자기보고식 설문조사를 통해 명시적인 인종 차별과 반응 시간을 사용해 암시적인 인종 차별을 연구했다. 인종 차별에 대한 자기보고식 측정은 다른 인종과의 상호작용에서 관찰 가능한 행동을 예측했지만, 암시적인 태도는 흑인에 대한 비언어적 행동을 예측했다. 흑인에 대해 더 부정적인 암시적 태도를 보인 백인들은 더 불편해 보였고 눈맞춤이 적었으며, 독립적인 관찰자에게는 일반적으로 덜 친절한 것으로 평가됐다.

비록 백인인 회피적 인종 차별주의자들은 그들의 행동이 편견으로 해석될 수 있는 상황에서는 사회적으로 바람직한 방법으로 반응할 준비가 되어 있을지라도, 그들의 행동이 인종에 의해 영향을 받지 않은 것처럼 보이는 상황에서는 종종 고정관념적 믿음을 미묘하고 조심스러운 방법으로 표현한다(Dovidio & Gaertner, 2004). 백인인 회피적 인종 차별주의자들은 과제와 관련된 사회적 규범이 애매모호할 때 흑인에 대한 편향된 믿음을 더 많이 표현한다. 예를 들어, Dovidio와 Gaertner(2000)는 흑인 후보에 대한 백인의 편견은 그 위치에 대한 후보자의 자격이 명확하지 않을 때 표현됐다고 보고했다. 백인과 흑인 후보 모두 특정한 직업적 위치에 대한 강력한(또는 약한) 자격이 있을 때는 인종 차별이 표현되지 않았다. 흑인을 향한 인종적 차별은 그 차별적 판단이 인종이 아닌 다른 요인에 의해 결정된 것이라고 주장하는 경우와 같이 백인들의 행동이 합리화되는 상황에서 더 많이 드러난다(Hodson, Hooper, Dovidio, & Gaertner, 2005).

회피적 인종 차별 이론은 현대의 사법체계에서의 흑인에 대한 인종 차별이 특정한 상황에 따라 다른 형태로 나타난다고 주장한다. 그러므로 흑인에 대한 암시적인 차별은 사법체계와 관련된 사람들이 빠른 결정을 내려야 하는 상황에서 발생할 수 있고, 결과적으로 흑인에 대한 부정적인 고정관념에 의존하여 인종 차별적인 반응을 하게 만든다. 편견이 있는 사람은 노골적인 인종 차별은 사회적으로 적절하지 않다는 것을 알고 있기 때문에 환경적으로 사회적인 규범 자체가 없거나 결정이나 행동이 인종 외에 다른 요인들에 의한 것이라고 정당화할 수 있는 상황에서 흑인에 대한 인종 차별을 가장 많이 드러낼 것이다.

인종 차별 연구에 사용되는 연구 방법

사법체계 내에서 인종 차별 연구를 위해 다양한 연구 방법들이 사용되어 왔다. 이 부분에서는 사법 데이터에 대한 분석, 여론조사, 모의 배심원을 이용한 실험 연구와 법에 대한 경험과 인식에 대한 자기보고 데이터를 포함하여 방법론들에 대한 예를 제시하고 이에 대해 논의할 것이다. 어떠한 연구이건 간에, 논의되는 연구 방법들은 제각각 한계를 가지고 있다. 연구자들은 다양한 연구 방법들을 사용하여 진행된 연구들을 통해 실증적인 결론에 다다를 수 있다는 장점이 있다.

이차 분석

이러한 연구들은 인종에 따라 경찰 프로파일링, 양형 그리고 사형 선고가 달라지는냐에 대해 기존의 데이터를 재분석한 연구들이다. 이러한 연구들은 다음의 두 가지 중 하나의 접근 방법을 택한다. 기존에 있던 데이터나 이전에 진행된 연구의 데이터를 재분석하거나 기존에 이루어진 몇 개의 연구들의 데이터를 통합하여 메타 분석을 하는 것이다. 예를 들면, Baldus, Pulaski와 Woodworth(1983)는 5년 동안 조지아 주에서 발생한 2,000건의 살인 사건을 연구했는데, 이전 유죄 판결과 같이 230개에 달하는 인종-중립적인 변인들을 통제하였음에도 불구하고 백인이 피해자인 경우 흑인 피고인들이 사형 판결을 받은 비율이 불균형적으로 더 높았다. 백인을 살해한 피고인들 중 흑인의 경우 백인에 비해 사형 판결을 받을 가능성이 4.2배 더 높은 것으로 나타났다. 피해자의 인종과 상관없이 흑인 피고인은 백인 피고인에 비해 사형 판결을 받을 가능성이 1.1배 더 높은 것으로 나타났다. 다른 주에서 이루어진 사형 선고 사건에 대한 분석 연구에서도 다른 특징들을 통제하고도 피해자가 백인인 경우 흑인 피고인들은 백인 피고인들에 비해 사형 선고를 받을 확률이 불균형적으로 높은 것으로 나타났다(예: Bowers, 1984).

기존의 데이터를 재분석하는 연구들은 연구자들이 연구 참가자, 측정 도구, 실험 조작(만약 관련이 있다면), 종속 변인과 같이 방법적인 문제를 통제하지 못한다는 문제가 있다. 예를 들면, 앞으로 이 장에서 자세하게 소개할 두 개의 연구(Bucolo, 2007; Singer, 2004)는 제1순회 연방법원에서 수집한 데이터를 재분석했는데, 이 연구들의 결론의 가장 큰 한계점은 표본에 관한 것이다. 표본의 세 집단인 변호인, 법원 직원과 법원 사용자에 대한 선정이 다르게 이루어졌다. 변호인 표본의 경우 제1순회 법원의 모든 여성 변호인이 포함됐고 남성 변호인은 표본이 포함됐는데, 그 이유는 20%의 변호인이 여성이기 때문이었다. 법원 직원의 경우에는 표본은 법원의 모든 직원이 포함된 모집단에서 선정되었다. 법원 사용자들의 경우에는 제1순회 연방법원에서 나오는 사람들을 대상으로 비확률 표본이 선정됐다. 이는 목격자나 법원에 소포를 배달하는 사람들이 표본에 포함되었다는 의미다. 또한 기존에 있던 데이터를 사용하여 인과적 의미를 부여하는 것도 어려울 수 있다. 다양한 혼재변인이 연구 결과에 영향을 미칠 수 있으며 이차 분석에서 나타난 인종적 차이는 다수의 공변인을 통제한다고 하더라도 인종 이외의 다른 요인들이 영향을 미칠 수 있다는 가능성을 배제시킬 수 없다.

여론조사

다양한 여론조사를 통해 인종 프로파일링과 같은 사법적인 문제들에 대해 인종적 · 민족적 차이를 조사했는데, 이러한 여론조사는 종종 전국적으로 이루어진 것이다. 예를 들면, 갤럽 조사(Gallup & Newport, 2004)에서 인종 프로파일링에 대해 미국 전역의 18세 이상의 2,250명의 성인을 대상으로 전화조사를 실시했다. 이 설문조사는 인종 프로파일링이 만연한지 여부, 그리고 고속도로, 공항검색대, 쇼핑센터에서의 절도를 방지하기 위해 인종 프로파일링이 정당화될 수 있는지를 물었다. 대부분의 흑인과 히스패닉 응답자들은 운전자의 차를 세우게 하거나 쇼핑센터에서는 인종 프로파일링이 만연해 있다고 답변했지만, 백인 응답자들의 절반만이 인종 프로파일링이 만연해 있다고 답변했다. 히스패닉 응답자의 경우에는 흑인 응답자(백인보다 더 만연해 있다고 생각했다)에 비해 공항에서 인종 프로파일링이 만연해 있다고 생각했다.

설문조사와 같이 여론조사의 가장 큰 한계점은 자기보고식 데이터라는 데 있다. 응답자들은 질문에 대한 답을 모를 수도 있거나 실제 자신의 의견을 말하지 않을 수도 있다. 여론조사 응답자들은 이러한 문제들에 대해 얼마나 생각해 보았는지 그 정도가 다를 수 있다. 더불어, 발신자 확인 서비스나 핸드폰의 사용으로 전국 규모의 여론조사에 참여할 가능성도 낮고 특정 집단(예: 핸드폰이 있는 어린 성인)의 특성이 포함될 가능성도 낮다.

모의 배심원을 사용한 실험 연구

재판에서 인종 차별을 연구하는 대부분의 심리학자들은 모의 배심원 연구를 설계한다. 이러한 실험에는 대학생 참가자를 사용하지만(Bucolo & Cohn, in press; Cohn, Bucollo, Pride, & Sommers, 2009), 다른 연구들은 좀 더 대표성이 있는 표본을 모집하려고 노력했다(Sommers, 2006). 실험들은 다양한 재판 절차들을 조작하여 인종의 영향을 검증했다. 몇몇 연구자들은 재판의 모두 진술과 최후 진술을 조작했다(Bucolo & Cohn, in press). 다른 연구자들은 재판 절차에서 피고인의 진술을 조작했다(Cohn et al., 2009). 또 다른 연구자들은 배심원 지시문의 간결성과 사형 선고가 가능한 재판에서 다양한 인종으로 이루어진 배심단의 양형 판단을 조작했다(Shaked-Schroer, Constanzo, & Marcus-Newhall, 2008).

이 연구들 중 한 예를 들면, Cohn과 동료들(2008)의 연구에서 대학생 연구 참가자들은 흑인 피고인과 백인 피해자가 등장하는 실제 재판을 비디오로 시청했는데, 모의 배심원들은 피고인과 피해자의 인종을 알 수 있었다. 하지만 한 조건에서는 증언이 조작되어 사건이 인종과 관련된 싸움(인종이 핵심)이었고 다른 조건의 경우에는 사건이 인종 중립적인 사건(인종은 비핵심)이었다. 인종 문제가 핵심이었던 재판에서는 백인 모의 배심원들은 인종 문제가 비핵심적인 재판에서보다 흑인 피고인에게 유죄 판결을 내릴 확률이 낮았다. 더불어 인종 비핵심 조건에서는 인종에 대한 태도가 판결과 관련이 있었는데, 즉 실험 참가자의 인종 차별 점수가 높을수록, 흑인 피고인에 대해 유죄 판결을 내릴 가능성이 더 높은 것으로 나타났다.

인식에 대한 자기보고와 행동 연구

재판에서의 인종 차별 연구를 하는 방법으로 사법체계 관련자들에게 그들의 인종 관련 선입견에 대한 인식과 경험을 물어보는 것이 있다(Bucolo, 2007; Singer, 2004). 각각의 연방 순회 법정과 몇 개의 주 법원들이 성별과 인종-민족에 대한 편견에 대한 연구를 지시했다. 예를 들면, 제1순회 연방법원에서는 법원에서 종사하고 있는 백인 및 유색인종 남녀 직원들, 변호인들과 법원 사용자들에게 법원에서의 인종 및 소수민족 차별에 대한 경험과 인식에 대한 설문조사를 실시했다(Bucolo, 2007; Singer, 2004).

Singer(2004)는 제1순회 연방법원의 판사들과 변호인들의 인종 편견에 대한 인식과 경험을 조사했다. 법원 종사자들 중 유색 인종의 50.9%는 백인의 30.5%에 비해 법원 내에서의 인종 차별이 존재한다고 생각했다. 변호인의 경우, 유색 인종의 52.6%는 31.1%의 백인에 비해 인종 차별이 존재한다고 생각했다. 인종 차별이 존재한다고 답변한 사람들에게 인종이나 소수 민족에 대한 편견이 만연해 있다고 생각하는지에 대한 의견을 물었다. 법원 종사자들의 경우에는 51.7%의 비백인과 30.5%의 백인은 인종에 대한 편견이 만연해 있다고 생각했다. 이는 소수 민족에 해당하는 법원 종사자들과 변호인들은 비슷한 수준으로 법원에서 인종 차별이 존재한다고 답변했고, 소수 민족에 해당하는 법원 종사자들은 인종 차별이 더 만연해 있다고 생각하는 것으로 나타났다. 법원이 인종 차별을 근절시키려는 노력을 얼마나 한다고 생각하는지 의견을 물어본 결과, 법원 종사자들과 변호인들 간에 인종에 관계없이 차이를 나타냈다. 종사자들 중 22.7%의 소수 민족 종사자들과 32%의 백인 종사자들은 법원이 인종 차별을 근절하려고 노력하고 있다고 생각했다. 반대로 66.7%의 소수 민족 변호인과 86.2%의 백인 변호인은 법원이 인종 차별을 근절하려고 노력하고 있다고 생각했다.

이 연구에 참여한 변호인들과 종사자들에게 인종과 소수 민족에 대한 차별 경험과 관련해 다음 다섯 가지의 행동에 대해서도 질문했다. 즉, (a) 본인의 의견을 심각하게 받아들이지 않았는지 여부, (b) 본인의 스케줄과 시간을 고려해 주지 않았는지 여부, (c) 본인의 전문적인 지위에 대해 부정확한 추측을 하고 있었는지 여부, (d) 본인에게 모욕적이거나 경멸적인 말을 했는지 여부, 그리고 (e) 본인의 옷차림이나 외모에 대한 부적절한 언급이 있었는지 여부를 물었다. Singer(2004)는 소수 민족 종사자들은 백인 종사자들에 비해 자신의 의견이 심각하게 받아들여지지 않았고 자신의 외모에 대한 발언을 들어야 했거나 모욕적이고 경멸적인 말을 더 들었다는 것을 발견했다. 흥미롭게도, 소수 민족 변호인들과 백인 변호인들은 이러한 경험에서 차이가 나타나지는 않았다.

법적 의사결정에서의 인종 차별에 대한 관련 연구

법적 의사결정에서의 인종 차별에 대한 연구들은 체포 및 양형에 대한 이차 분석, 모의 배심원들의 판결에서의 인종 차별, 그리고 인종 프로파일링과 경찰의 대우 등 세 가지 영역에 집중되어 있다. 이차 분석 연구는 성인과 청소년에 집중되어 있다. 모의 배심원들의 결정과 관련한 인종 차별 연구에 따르면, 인종 차별의 내용이 바뀌었다고 주장한다. 인종 프로파일링과 경찰의 처우 부분에서는 객관적 인식, 주관적 인식, 그리고 일반인과 경찰 간의 인식을 구분했다.

체포 및 양형에 대한 이차 분석

기존의 데이터베이스에 접근이 가능해지면서 연구자들은 인종에 따라 사법체계 내에서 대우가 어떻게 달라지는지 보여 줄 수 있게 되었다. 안타깝게도, 이러한 분석을 통해 사법체계 내의 다양한 부분에서 흑인에 대한 인종 차별이 있는 것으로 나타났다(예: Hagan, 1987). 분석을 통해 지속적으로 흑인은 백인에 비해 경찰에 체포되고, 형사사법체계에 넘겨져 처리되고, 저지른 범죄에 대해 유죄 판결을 받아 교도소에 수감될 가능성이 높은 것으로 나타났다(예: Keen & Jacobs, 2009).

형사사법체계와의 접촉과 관련된 다른 요인들이 이러한 인종적 차이를 만드는지에 대해 설명하고자 여러 노력들이 이루어졌음에도 불구하고, 사법체계 내에서 인종 차별이 흑인과 백인 간의 차이를 만들어 낸다는 것을 보여 주었다. 회피적인 인종 차별은 이러한 차이를 연구할 수 있는 유용한 이론적인 관점을 제시한다. 예를 들어, Fite, Wynn과 Pardini(2009)는 재산 범죄, 폭력 범죄 및 마약 범죄에 대한 백인과 흑인 청소년의 체포율의 차이를 조사했다. 이 세 범죄에 대해 모두 흑인이 백인보다 체포될 가능성이 높았는데, 재산 범죄와 폭력 범죄의 경우 백인 청소년과 흑인 청소년의 차이에 어린 시절의 위험 요인(예: 빈곤 지역 거주)이 어느 정도 영향을 미치는 것으로 나타났다. 그러나 이러한 요인들은 마약 범죄에 대한 체포율의 차이를 설명해 주지는 않는다. 한 가지 가능성은 결국 마약 사용과 관련된 고정관념적인 범죄의 경우는 인종이 경찰 활동에 대한 우선순위에 직접 영향을 미치는 것이다.

흑인과 백인 피고인에 대한 양형의 차이를 설명하기 위해 비슷한 이차 분석이 이루어졌다. 연구자들은 다양한 주(州)의 다양한 시기의 구치소 자료를 분석한 결과, 동일한 범죄에 대해 백인보다 흑인이 더 긴 징역형을 받은 것으로 나타났다(예: Hagan, 1987; S. L. Johnson, 1985). 그러나 이러한 인종적 차이는 흑인 남성과 백인 남성을 비교했을 때만 나타나는 것으로 보이는데, 흑인 여성의 경우 백인 여성과 동일한 징역형을 받는 것을 나타났다(Steffensmeier, & Stephen, 2006). 더불어 형량 판단에 법의 외적인 요인이 영향을 미치는 것을 줄이기 위해 1980년 후반에서 1990년 초반에 양형 가이드라인이 제정되었음에도 불구하고 이러한 가이드라인이 수립되고 난 이후 연구자들이 인종적 차이를 연구한 결과, 판사들이 가이드라인을 지키지 않아 흑인이 백인보다 더 긴 형을 받은 것으로 나타났다(B. D. Johnson, 2003).

Mitchell, Haw, Pfeifer와 Meissner(2005)는 인종이 형벌에 미치는 116가지의 영향을 확인하기 위해 양형에서의 인종 편견에 대한 70편의 기록 연구를 분석했다. 연구자들은 전반적으로 작지만 유의미한 인종 차이, 즉 백인보다 흑인이 긴 징역형을 받은 것으로 나타났다. 이러한 차이는 연구자들이 이전 범죄 경력과 범죄의 심각성을 통제하였음에도 지속적으로 나타났다. 사회경제적 지위, 피고인에게 변호인이 있었는지 여부와 다른 법적 요인들과 같은 다른 사회적 요인들이 예측 모델에 포함된 연구에서는 이러한 영향은 상당히 약해졌지만 유의미한 것으로 나타났다.

Mitchell과 동료들(2005)의 메타분석 연구는 회피적 인종 차별의 틀을 사용하지 않았지만(Dovidio & Gaertner, 2004), 몇 개의 조절효과의 효과값 분석에 따르면 상황에 따라 흑인에 대한 인종 차별은 특정한 유형으로 나타났다. 예를 들면, 흑인이 경험한 인종 차별은 모든 범죄 종류에서 나타나지 않았다. 인종의 영향력은 연구자들이 비연방 마약 범죄에 대한 흑인과 백인의 구치소 징역형을 비교한 결과 그 차이가 가장 크게 나타났다(예: 흑인과 백인의 형량을 비교하였을 때 가장 큰 차이가 나타남). 그러나 비연방 재산 범죄에 대한 흑인과 백인의 형량에서는 유의미한 차이가 나타나지 않았다. 또한 강도 범죄는 시간이 지남에 따라 인종의 영향력이 감소되었는데, 1970년 이전의 연구에서는 가장 큰 차이가 나타났지만 1990년 이후의 연구에서는 인종적 차이는 가장 작게 나타났다. 이러한 결과들은 흑인들은 양형 판단에 있어 인종 차별을 아직도 경험하지만 고작 몇 십 년 전과 비교하면 그렇게 만연해 있지는 않아 보인다.

좀 더 심각한 점은 분석에 따르면, 사형 선고가 가능한 사건들에서 흑인이 백인보다 사형 선고를 더 많이 받는 것으로 나타났다는 것이다. 미국 인구의 약 12.3%가 흑인으로 구성되어 있는데, 42%의 흑인 수형자들이 사형수인 것으로 나타났다(NAACP Legal Defense and Education Fund, 2006). 초기 비교를 통해 나타난 인종적 차이는 매우 기본적인 것이고 영향을 미칠 수 있는 다른 요인들을 고려하지 않았지만, 좀 더 엄격하게 이루어진 검토에 따르면 이러한 차이는 최소한 어느 정도는 인종 편견에 의한 것이라고 결론지었다(예: Baldus, Woodworth, Zukerman, Weiner & Broffitt, 1998). 특히 피해자의 인종은 사형 선고가 가능한 사건에서 판결에 유의미한 영향을 미치는 변인이었다. 즉, 백인 피해자가 있는 피고인은 흑인 피해자가 있는 피고인보다 사형 선고가 가능한 사건으로 기소되고, 유죄 판결을 받으며, 사형 선고를 더 많이 받는 것으로 나타났다(U.S. General Accounting Office, 1990).

연구를 통해 메릴랜드, 조지아, 미주리, 오하이오, 플로리다와 텍사스를 포함하여 다양한 주(州)에서 백인을 살해한 흑인은 백인을 살해한 백인보다 사형 선고를 받을 가능성이 높은 것으로 나타났다(Baldus et al., 1983; Bowers, 1984). 회피적 인종 차별에 대한 이론적 설명(Dovidio & Gaertner, 2004)에 따르면, 이러한 범죄는 백인들이 흑인에 대해 부정적인 고정관념과 생각을 갖게 만들지만 흑인들과 상호작용할 때는 이를 종종 사용하지 않는다고 한다(Devine & Elliot, 1995).

종합해 보면, 인종은 경찰 활동의 우선순위, 체포 결정, 그리고 판결 및 사형 판결에 영향을 미칠 가능성이 명확한 것으로 나타났다. 또한 여기에서 다루지 않았던 실험 연구에 따르면, 용의자의 인종은 범죄와 관련된 인식과 순간적인 판단에 영향을 미치는 것으로 나타났다(Eberhardt, Goff, Purdie, & Davies, 2004 참고). 특정 인종이 경찰의 목표물이 되고, 위험하다고 인식되며, 체포될 가능성이 높고, 형량을 높게 받는다는 결과는 최소한 특정 인종의 구성원에 대한 잘못된 체포와 유죄 판결의 위험 요인이 증가하기 때문에 사법체계 내에서의 공정성에 대한 다양하고 심각한 걱정거리가 되었다. 이러한 심각한 결과는 추측을 넘어서는 것으로 하나의 심각한 예를 들자면, 양적 분석을 통해 피고인(과 피해자)의 인종은 사형 판결이 가능한 사건에서 잘못된 유죄 판결을 받을 수 있는 통계적으로 유의미한 위험 요인이 된다(예: Harmon, 2004).

모의 배심원의 판결에서의 인종 차별

회피적 인종 차별(Dovidio & Gaertner, 2004)이 체포와 양형과 같은 문제에 얼마나 영향을 미치는지 정확하게 알 수 없지만, 모의 배심원을 사용한 실험 연구는 이 이론으로부터 형성된 가설들을 직접적으로 검증할 수 있는 기회가 되었다. 모의 배심원 판단에 대한 초기 연구에 따르면, 흑인 피고인은 백인 피고인에 비해 빈집 절도(Gordon, Bindrim, McNicholas, & Walden,1988), 과실 치사(Gray & Ashmore, 1976)과 강간(Klein & Creech, 1982)을 포함한 다양한 범죄에서 유죄 판결, 징역형, 또는 둘 다 더 많이 받을 가능성이 높았다.

이러한 결과에도 불구하고 Sommers(2007)의 검토에 따르면, 모의 배심원 연구에서 피고인의 인종이 미치는 영향은 항상 일관적이지만은 않았다. 몇몇의 연구자들은 백인 배심원들이 흑인 피고인을 백인 피고인에 비해 좀 더 가혹한 처벌을 내린다고 밝혔지만, 다른 연구들은 인종이 유죄 판결 및 양형 판단에 영향을 미치지 않는 것으로 나타났다고 밝혔다. 또 다른 연구들은 백인 배심원들은 흑인 피고인보다는 동일한 인종인 백인 피고인에게 좀 더 가혹한 처벌을 내리는 것으로 나타났다고 보고했다. 피고인의 인종과 배심원의 판단에 대한 메타분석에 따르면, 특정한 연구의 경우에는 영향이 없는 것으로 나타났고(Mazzella & Feingold, 1994), 다른 연구에서는 백인과 흑인 배심원들은 소수 민족인 피고인에게 유죄 판결을 내릴 가능성이 높고 더 긴 징혁형을 선고하는 것으로 나타났다(Mitchell et al., 2005). 더불어, 피고인의 인종이 배심원의 판단에 미치는 영향의 경우, 실험이 판사의 지시문과 같이 좀 더 공식적인 법적 절차가 포함된 경우에는 그 영향이 감소되는 것으로 나타났다.

최근에 이루어진 Mitchell와 동료들(2005)의 메타분석의 연구 결과는 Sommers (2007)와 동료들(Sommers & Ellsworth, 2001, 2009)의 주장을 지지해 주는데, 이는 흑인 피고인에 대한 인종 차별은 현대의 사법체계에서는 달라졌다는 것이다. 이들의 의견은 회피적 인종 차별 접근(Dovidio & Gaertner, 2004)과 일관적인데, 많은 배심원들은 흑인 피고인에 대한 직접적인 차별은 사회적으로 용인되지 않는다는 것을 알고 있다. 그러나 백인 배심원들은 흑인에 대한 부정적인 고정관념이 있고 흑인에 대한 부정적인 암묵적 태도가 있을 수 있기 때문에 결과적으로 이러한 고정관념을 특정한 시점에 사용할 수 있다는 것이다. 이러한 가설과 일관적으로 고정관념적인 범죄(예: 특정한 인종 구성원들에 의해서만 저질러진다고 인식되는 범죄)를 조사한 연구자들에 따르면, 흑인이 고정관념적인 범죄를 저질렀을 경우 백인에 비해 유죄 판결을 더 많이 받았고 더욱 긴 징역형을 받았다(Gordon et al., 1988). 앞서 언급했지만, 양형에 대한 이차적 분석을 통해 특정 범죄에 대해서는 백인에 비해 흑인이 더욱 긴 징역형을 선고받는 것으로 나타났는데(Mitchell et al., 2005), 이러한 고정관념은 사회와 사법체계에 만연해 있다는 것을 의미한다.

회피적 인종 차별의 틀(Dovidio & Gaertner, 2004)에 따르면, 백인인 회피적 인종 차별주의자의 경우 자신의 행동이 편견적이라고 보일 수 있다는 점을 상기하게 되면 인종 차별적 행동을 할 가능성이 낮았다. 비슷하게, 백인 배심원은 이러한 판단이 편견적이라고 보일 수 있다는 점을 상기시키지 않은 경우 흑인 피고인에 더 많은 유죄 판결을 내렸다. 예를 들면, Pfeifer와 Ogloff(1991)는 배심원들은 어떠한 편견이나 편향에 의존해서는 안 된다는 판사의 특정 지시문이 제시되는 경우에는 흑인 피고인에 대한 백인 배심원들의 인종적 편견을 제거하는 것으로 나타났다고 밝혔다. 이러한 지시문은 배심원이 인종 차별적인 판단이라고 보일 수 있다는 것을 상기시키게 될 가능성이 있어 배심원들이 이러한 지시문을 듣게 되면 인종에 대해 좀 더 민감해지고 흑인 피고인에게 유죄 판결을 내릴 가능성이 낮아진다. 회피적 인종 차별 이론에 따르면, 백인 배심원이 다른 비인종적인 요인들에 의지할 수 있는 경우에는 흑인 피고인에게 유죄를 선고할 가능성이 높다. 예를 들면, Hodson과 동료들(2005)에 따르면, 백인 배심원들은 채택될 수 없는 증거가 피고인의 유죄를 시사하는 경우에는 흑인 피고인(백인 피고인은 아님)을 대상으로 인종적 편견을 표현하는 것으로 나타났다. 백인 배심원들은 이러한 부차적인 증거를 사용하여 유죄인 사람을 풀려나도록 할 수 없기 때문에 흑인 피고인에 대한 유죄 판결을 합리화시키는 것이다.

Sommers와 Ellsworth(2001, 2009)는 다인종이 관련된 재판에서 인종 관련 문제를 언급하는 것이 백인 배심원들의 편견을 약화시킨다고 보고했다. 이들의 연구에서 흑인 피고인과 백인 피해자 간의 인종적인 갈등을 강조하는 것과 같이 인종적인 문제를 다룬 목격자의 증언을 포함하지 않는 경우 백인 배심원들은 흑인 피고인에 대해(백인 피고인에 비해) 유죄 판결을 내렸다. 동일한 사건이 인종 간의 갈등으로 묘사된 경우에는, 백인 배심원들은 백인 피고인과 비교했을 때 흑인 피고인을 더 심하게 다루지는 않았다. Thomas와 Balmer(2007)의 연구에서도 비슷한 결과가 보고되었는데, 흑인 피고인에 대한 백인 배심원들의 인종적 편견은 인종 간에 이루어진 범죄에 대한 내용이 강조되지 않은 경우에만 나타났다. 모의 배심원들이 범죄가 인종과 관련된 동기에서 비롯되었다는 점을 모를 경우에는 흑인 피고인보다 백인 피고인을 유죄라고 판단했다.

좀 더 최근에 이루어진 Cohn과 동료들(2009)의 실험 연구에서는 인종 문제가 모의재판의 핵심인 경우는 백인 배심원들의 인종적 편견을 감소시키는 것으로 나타났다. 이들의 연구에서 자기보고한 인종 차별 수준은 재판 중 인종 문제가 드러나지 않은 경우에는 백인 배심원의 판결을 예측하는 것으로 나타났다. 재판에서 목격자의 증언에 인종적인 문제가 포함된 경우 인종 차별적 믿음이 높거나 낮은 연구참가자 모두 백인 피고인보다 흑인 피고인에게 유죄 판결을 더 많이 내리지는 않았다. 이러한 탄탄한 연구 조작은 다른 연구에서도 찾아볼 수 있는데, 예비 신문 절차(Sommers, 2006)와 피고인 측 변호인의 모두진술과 최후진술(Bucolo & Cohn, in press)에서 인종 문제를 드러내는 경우 백인 배심원들의 편견이 감소했는데, 이는 배심원들이 인종 문제를 인식하고 있기 때문이다. 인종이 배심원의 판단에 영향을 미칠 가능성이 있다는 이러한 연구 결과는 잘못된 유죄 판결에 영향을 미칠 수 있을 뿐만 아니라 특정한 상황이나 특정한 재판 종류에 따라 이러한 문제에 취약하다는 것을 보여 준다.

인종 프로파일링과 경찰의 대우

심리학 연구 분야들 중에서 잘못된 유죄 판결과 관련된 분야는 인종 프로파일링이다. 경찰 프로파일과 함께 다른 인종 집단보다 특정 인종 집단을 표적을 삼게 되면 그 사회적 범주에 속하는 사람들에 대한 수사의 가능성과 기소가 증가하게 된다. 그러므로 인종 프로파일링의 원인, 영향 및 인식을 이해하는 것이 연구의 목적이며, 이는 잘못된 유죄 판결의 영향을 조사하고 예방하는 것과 관련된다.

인종 프로파일링을 연구하는 연구자들은 객관적인 행동적 관점과 주관적인 인식적 관점 모두에 집중한다. 객관적인 관점의 경우 연구자들은 고속도로에서 경찰에 의해 소수 인종, 특히 흑인인 운전자가 불균형적으로 정지를 많이 당하는지 여부를 판단하려 했다(Lamberth, 1998). 주관적 관점의 연구자들은 일반인과 경찰관이 인종 프로파일링에 대한 인식과 인종 프로파일링으로 인식할 가능성이 높은 요인들에 관심이 있다(Tyler & Wakslak, 2004).

객관적인 행동적 관점

객관적인 연구를 수행하는 연구자들(예: Lamberth, 1998)은 고속도로의 각기 다른 구간에서의 운전자들의 인종을 기록하고 동일한 구간에서 경찰에 의해 정지당한 운전자의 인종을 기록했다. 이들은 고속도로에서 운전하고 있는 소수 인종 운전자들의 비율과 경찰에 의해 정지당한 소수 인종 운전자들의 비율을 비교했다. 이는 기준치/기준점 연구(Walker, 2001)라고 부른다. 이러한 연구를 최초로 실시한 연구자들 중 한 명인 Lamberth(1998)는 뉴저지 주와 메릴랜드 주의 고속도로에서 소수 인종에 대한 차량 중지 사례를 측정했다. 그 결과, Lamberth는 고속도로를 사용하는 흑인 운전자 수에 비해 흑인 운전자의 차량이 중지되는 경우가 불균형적으로 많은 것으로 나타났다는 것을 밝혔다.

주관적인 인식

소수의 연구자들은 인종 프로파일링을 시민의 관점에서 연구했다. 이를 공공 인식 연구(Tyler & Wakslak, 2004)라고 한다. 소수의 사례를 제외하고는(Glover, 2007), 연구자들은 인종 프로파일링에 대한 경찰관의 관점은 무시했다.

시민의 관점

인종 프로파일링에 대한 대부분의 연구들은 시민의 인종 프로파일링에 대한 관점과 경험을 판단하기 위한 전국적 또는 지역의 공공 인식 조사에 집중했다(Tyler & Wakslak, 2004). 일반적으로 이러한 인식 조사들은 세 가지 질문에 집중하는데, 인종 프로파일링이 만연해 있는지, 이러한 일이 정당한지 또는 찬성하는지, 그리고 응답자의 인종 또는 민족적 배경 때문에 경찰에 의해 정지를 당했다고 느꼈는지 여부다(Weitzer & Tuch, 2005). Piquero(2008)와 Reitzel과 동료들(Reitzel et al., 2004)의 연구를 제외하고, 대부분의 연구자들은 흑인과 백인의 차이에만 집중했고 시민의 관점은 무시했다.

흑인과 백인 간의 차이에 대한 결과에는 높은 일관성이 존재한다(Weitzer & Tuch, 2005). 흑인은 백인에 비해 인종 프로파일링이 만연해 있다고 느끼고 있으며, 경찰이 자신을 정지시킨 이유가 인종적 또는 민족적 배경이라고 생각했다. 흑인은 백인에 비해 인종 프로파일링을 인정하지 않았으며 정당하지 않다고 생각했다.

히스패닉과 히스패닉이 아닌 사람들을 비교한 연구에서는 비일관적인 결과가 나타났다(Reitzel et al., 2004; Weitzer & Tuch, 2005). 흑인은 히스패닉보다 인종 프로파일링이 만연해 있다고 생각하지만, 히스패닉은 흑인보다 인종 프로파일링이 정당하다고 생각했다. 반대로 Reitzel과 동료들(2004)은 흑인과 히스패닉 응답자들 모두 비흑인과 비피스패닉 응답자보다 프로파일링이 만연해 있다고 생각한다는 것을 밝혔다. 프로파일링이 정당하다고 생각하는지 여부에 대해서는 히스패닉과 비히스패닉 간의 차이는 나타나지 않았다. 흑인과 히스패닉은 백인보다 더 많이 프로파일링의 대상이 되었다고 생각했다.

어떤 연구자들은 인구학적인 차이를 넘어서 인종 프로파일링이 만연해 있고 정당하지 않다는 생각을 예측하는 요인들을 조사했다. 이론적으로 복잡한 분석을 통해 Tyler와 Wakslak(2004)은 절차적 공정성 원칙을 적용하여 프로파일링을 예측했다. 흑인과 백인 모두 인종적 프로파일링에 대해 부정적으로 생각했고, 백인들은 범죄의 결과로 프로파일링을 바라보았지만 비백인들은 인종적 프로파일링을 편견의 결과라고 생각할 가능성이 높았다. 사람들은 경찰로부터 공정한 대우를 받은 경험이 없거나 이들이 살고 있는 지역사회에 공정하지 못한 경우에 인종적 프로파일링이 발생했다고 인식했다. 경찰이 공손하지 않고 존중받지 못한 경우에 프로파일을 당했다고 인식할 가능성이 높았다.

경찰관의 관점

인종 프로파일링에 대한 경찰관의 관점을 연구한 단 하나의 연구(Glover, 2007)는 예비적 수준의 연구다. Glover는 다양한 인종으로 구성된 텍사스 주 작은 마을의 11명의 경찰관들을 대상으로 심도 있는 인터뷰를 실시했다. 또한 16명의 경찰관들은 설문조사에 답하였다. 연구 결과, 인종 프로파일링에 대해 알고는 있었지만 인종 프로파일링의 사용에 대해서는 합리화하는 것으로 나타났다. 경찰은 "백인 청소년 구역이 아닌 곳의 백인 청소년"(Glover, 2007, p. 239)이라는 표현을 사용했고, 인종 프로파일링에 대해 설명하면서 소수 인종이 대부분인 마을에서 백인을 이용하여 인종 프로파일링을 정당화시켰다. 실제로는 백인이 대부분인 지역의 소수 인종을 대상으로 인종 프로파일링이 사용된다. 명확하게 경찰관들은 흑인보다 백인이 프로파일링의 대상이 된다는 이미지를 예로 사용하여 정치적으로 옳다는 이미지를 주었다.

인종 차별 연구의 적용

앞서 언급된 연구들에 따르면, 흑인에 대한 인종 차별은 사법체계의 다양한 측면에서 발생함에도 불구하고 체계 내에서의 인종 편견은 시간이 지나면서 편견에 대한 노골적인 표현에서 좀 더 미묘하고 복잡하게 연관된 모습으로 변모했다. 최근의 연구에 따르면, 사법체계로부터 이러한 편견을 제거하기 위해서는 다양한 인종적 편견을 축소시킬 수 있도록 만들어진 접근법들이 필요하다. Piquero(2008)가 주장한 것처럼, 흑인에 대한 사법체계의 인종적 편견을 감소시키는 방법은 잘된 연구에 바탕을 두어야 한다. 탄탄한 이론과 연구 데이터를 바탕으로 개혁은 형사사법체계의 특정 분야(예: 치안 활동, 법원)에서 나타나는 불평등을 목표로 삼을 수 있다. 전국적인 프로그램과 지역사회 모두 연구로부터 생각을 이끌어 내고 체계 내에서의 인종적 차별을 뿌리 뽑기 위한 정책을 세우고 소수 인종 구성원이 사법체계와 접촉하게 되었을 때 경험하는 불이익을 감소시켜야 할 것이다. 더불어, 사법체계 내에서 전체적으로 인종 차별과 싸우려는 노력은 잘못된 유죄 판결에서의 인종적 차이를 감소시키는 역할을 할 것이다.

차별을 감소시키기 위한 법적인 방안에 대해 논의한 Crosby와 Dovidio(2008)는 회피적 인종 차별의 틀(Dovidio & Gaertner, 2004)에서 유래한 결과들이 이러한 개혁이 어떻게 계획되어야 하는지 알려 주는 시작점이 될 것이라고 주장했다. 사법체계에서 인종 차별을 줄이기 위한 효과적인 정책의 변화는 적대적이고 이전의 행동에 대해 처벌하는 것이 아니라 적극적이고 인간 행동에 대한 사회심리학적 연구 결과에 바탕을 두어야 한다. 이러한 계획은 인종 차별과 관련된 요인들에 집중해야 하는데 대부분 암시적인 차이와 작은 불균형이 더 큰 인종적 차이를 만들게 된다.

회피적 인종 차별 이론은 책임의 중요성을 지적한다(Dovidio & Gaertner, 2004). 특정한 행동은 적절하지 않다는 강력한 기준이 존재하면 편견적으로 행동하지 않을 것이다. 예를 들면, 경찰의 인종적 편견은 소수 인종과 많이 접촉하는 소수의 경찰관들이 원인이라고 종종 지적되어 왔다(Ridgeway & MacDonald, 2009). 이러한 경찰관들에 대한 제재 가능성은 모든 경찰관에게 차별적인 행동에 대해 책임으로 느껴질 것이어서 소수 인종에 대한 차별을 감소시킬 가능성이 크다. 더 큰 그림을 그려 보면, 인종 차별이 명확하게 용인되고 받아들여지지 않는 법적인 문화가 인종 차별을 감소시킬 수 있을 것이며, 특히 사법체계 내에서 일하는 사람들과 사법체계와 관련된 사람들의 규범을 바꿔야 한다(Crosby & Dovidio, 2008; Piquero, 2008).

Gaertner와 Dovidio(2000)의 **공동의 내집단 정체성 모델**(common in-group identity model)은 어떻게 특정한 개혁과 시도가 사법체계 내에서의 인종적 편견을 감소시킬 수 있는지를 보여 준다. 이 모델은 다른 집단의 구성원들끼리의 긍정적인 상호작용을 증가시키기는 것(Allport, 1954)과 협동과 공동의 목표를 위해 일하여 외집단의 편견을 감소시키는 것(Sherif et al., 1955)과 같이 경쟁하는 집단 간의 편견을 감소시키는 방법을 바탕으로 한다. Gaertner와 Dovidio(2000)의 모델은 집단의 재유형화를 통해 편견을 감소시키는 것이 목적이다. 집단 구성원의 재유형화를 통해, 경쟁 집단에 속한 구성원은 이전의 외집단 구성원들을 대상으로 호의적인 태도, 인지와 정서를 갖게 될 가능성이 높아진다. 이는 본래의 집단 구성원이 아니라는 의미가 아니고, 공동의 목표와 목적을 위해 접촉하고 일하면 집단 구성원들은 이전에는 경쟁적인 사람이라도 '상위 수준의 정체성'을 어느 정도 공유한다고 생각하게 된다(Gaertner & Dovidio, 2000). 실험 결과에 따르면, 상위 수준의 정체성은 다양한 상황에서 백인이 흑인에 대해 좀 더 호의적인 행동을 하게 만든다. 중요한 점은 하위 집단의 정체성(예: 백인, 흑인)은 다른 하위 집단 구성원과 관련된 긍정적인 속성이 상위 수준 정체성의 일부가 되는 다른 집단으로 일반화시킬 가능성이 높기 때문에 유지된다는 점이다.

공동의 내집단 정체성 모델(Gaertner & Dovidio, 2000)은 외집단 구성원들에 대한 긍정적인 접촉이 편견을 줄일 수 있다고 주장한다. 연구자들은 학교와 같은 장소에 인종적 다양성을 증가시키면 백인에게 좀 더 긍정적인 태도와 인지, 활발한 상호작용과 소수 인종에 대한 수용이 증가한다는 것을 보여 주었다(Denson, 2009). 그러나 이러한 다양성 프로그램이 효과적이기 위해서는, 소수 인종에 대한 편견을 감소시키려는 목적과 의지가 있어야만 한다. 또한 편견을 줄이기 위한 성공적인 프로그램은 정보를 제공할 뿐만 아니라 소수 인종 구성원들과 백인들 간의 긍정적인 상호작용을 제공한다.

연구자들은 인종 다양성 프로그램이 경찰관과 법원 직원에게 직접적으로 영향을 미치는지에 대해 연구하지는 않았지만, 이러한 프로그램들과 소수 인종과의 상호작용을 병행한다면 사법체계 내의 공무원의 편견적인 행동을 감소시킬 수 있을 것이다. 경찰관과의 긍정적인 접촉과 상호작용은 경찰 및 다른 법 집행자들의 인종 차별을 감소시키는 데 중요할 뿐만 아니라 경찰과 흑인 간의 관계를 강화하는 데 중요하다. 많은 흑인들이 경찰관과의 상호작용을 부정적인 경험이라고 보고하고 있고(예: Brunson, 2007), 이러한 부정적인 접촉은 경찰에 대한 부정적인 태도와 생각과 관련되어 있으므로 많은 흑인들은 경찰이 자신들에게 편견을 가지고 있다고 느끼는 것이다(Gabbidon & Higgins, 2008). 긍정적인 경찰의 존재를 부각시키고 흑인과 경찰 간의 긍정적인 상호작용에 대한 지역사회 프로그램을 실시하는 것은 경찰과 구성원 모두에게 이익이 된다. 이러한 다양성 프로그램은 소수 인종에 대한 부정적인 고정관념을 제거하는 데 뿌리를 두어야 한다. 경찰과의 상호작용을 통해 현재 존재하는 '우리' 대 '그들' 문화를 근절할 수 있으며, 함께 공동의 목표를 향해 일을 같이하게 되면 자신을 '지역사회 구성원'이라는 상위 수준의 정체성으로 재범주화를 하게 된다.

이러한 프로그램이 사법체계 내에서의 인종 차별을 감소시키는지 여부를 평가한 연구는 존재하지 않지만 백인이 대부분인 지역사회에서 흑인의 존재가 백인과 흑인 간의 체포에서 나타나는 차이가 작다는 경험적인 증거는 존재한다(Keen & Jacobs, 2009). 결과적으로, 경찰과 흑인 간의 긍정적인 상호작용은 경찰이 보여 주고 있는 인종 편견을 어느 정도는 제거할 수 있는 가능성이 있다.

모의 재판 연구를 통해 흑인과 백인 간의 접촉과 상호작용을 증가시키면 인종 편견을 줄일 수 있다는 것을 보여 주었다. 예를 들어 Sommers(2006)에 따르면, 백인 배심원이 모두 백인인 배심단에서 평의하는 것보다 다양한 인종으로 이루어진 배심단에서 평의하는 것이 흑인 피고인에 대한 인종 편견을 감소시키는 것으로 나타났다. 인종 편견의 감소는 인지적인 과정이 향상된 것과 관련 있는 것으로, 백인이 다인종인 배심단에서 평의를 하게 되면 백인만으로 구성된 배심단에서 평의하는 것과 비교했을 때 사건에 대한 세부적인 내용을 사실을 더 잘 기억했으며 평의 시 사실에 대한 오류가 더 적은 것으로 나타났다. 결국 재판 단계에서 인종 편견에 맞서는 하나의 방법은 인종적으로 대표성 있는 배심단을 구성하는 노력이 필요하다.

어떤 사람들은 소수 인종 구성원들이 판사가 되면 문화와 규범을 세우게 되고 결과적으로 인종 차별을 감소시킬 수 있다고 주장했다. 지금까지 이러한 예상에 대한 경험적 증거는 존재하지 않는다. Steffensmeier와 Britt(2001)은 백인 판사에 비해 흑인 판사는 백인과 흑인 피고인 모두에게 더 긴 형량을 내린 것으로 나타났다. 이 연구자들은 이러한 연구 결과에 대해 흑인 판사들은 자신의 판결이 백인 판사들 보다 더 면밀하게 조사될 것이라고 생각하여 자신들이 '범죄에 강하다.'는 것을 보여 주기 위해 더 긴 형량을 내리는 것이라고 설명했다. 앞으로 판사에 대한 인구사회학적 영향력이 판결에 미치는 영향에 대한 경험적 연구는 반드시 필요하다.

결론

이 장의 대부분은 인종과 잘못된 유죄 판결에 대한 특정한 질문에만 집중하지 않았다. 이는 인종, 인종 차별과 잘못된 유죄 판결을 직접적으로 진행한 연구가 적기 때문으로, 예외적으로 인종과 사형 판결이 가능한 재판 간의 양적 · 질적 분석 연구는 존재한다(예: Harmon, 2004). 대신 이 장에서는 인종 편향과 편견에 대한 이론적인 설명을 제시했는데, 특히 회피적 인종 차별 이론과 사법체계에서 인종 편견을 증가 또는 감소시킬 수 있는 심리적인 구조와 사회적 조건에 대해 설명했다.

인종과 잘못된 유죄 판결 간의 관계에 대한 연구는 많이 이루어지지 않았고 관계는 복잡하다. 흑인이 전체 인구에 비해 불균형적으로 잘못된 유죄 판결을 받는다는 점은 명확하다. 좀 더 명확하지 않는 점이라면, 이러한 격차가 체포 비율에서의 불균형을 반영하는 것인지, 아니면 흑인의 높은 체포율과 구치 비율이 이미 예측하는 것보다 잘못된 유죄 판결이 내려질 위험이 더 큰 것인지에 관한 것이다. 다시 말하면, 흑인에 대한 높은 잘못된 유죄 판결 비율은 높은 흑인 체포 비율을 반영한 것인가? 또는 체포율에 대한 인종 간의 차이라는 기저율을 통제하고도, 다른 요인들이나 과정이 잘못된 유죄 판결에서의 높은 흑인의 비율에 영향을 미치는 것인가? 이러한 질문들은 중요하고 경험적인 연구를 통한 답변이 필요하다.

사법체계에서 일반적인 인종 차별에 대한 범위, 영향 그리고 원인을 살펴보면, 인종 및 인종 차별과 잘못된 유죄 판결 간의 잠재적인 관련성에 대해 알 수 있다. 경찰들이 인종 프로파일링에 의존하게 되면, 특정한 인종 집단은 경찰에게 불필요한 주목을 받게 되거나 지나친 수사를 받게 되고, 무죄인 사람의 체포 가능성이 증가하게 된다. 용의자의 인종이 검찰의 기소 여부를 판단하는 데(또는 어떠한 범죄로 기소할지를 결정하는 데) 영향을 미치므로, 가벼운 사건의 경우에도 다른 인종 집단에 비해 특정 인종 집단의 용의자는 재판을 받을 가능성이 높고 잘못된 유죄 판결을 받을 가능성이 증가하게 된다. 배심원의 의사결정에서의 인종 편견은 소수 인종의 구성원들의 잘못된 유죄 판결의 가능성을 증가시키는 잠재적인 위험 요인이 될 수 있다.

따라서 사법체계 내에서 인종 차별에 의해 다루어지는 잠재적이고 알려진 문제들에 잘못된 유죄 판결을 추가하는 것이 적절해 보인다. 이에 인종과 잘못된 유죄 판결 간의 관련성을 직접적으로 조사할 필요가 있으며, 이러한 관계를 좀 더 자세히 계량화하고 중요한 문제를 바로잡기 위한 구체적인 전략을 세워야 할 것이다. 더불어 사법체계 내에서의 인종 차별에 대한 앞으로의 다양한 연구는 잘못된 유죄 판결에 대한 연구에도 함의를 제공할 것이다. 결론적으로 사법 영역에서의 인종이 인지와 판단에 영향을 미치는 과정을 잘 이해하는 것을 목표로 하는 연구는 인종과 잘못된 유죄 판결 간의 관계에 대한 증거는 존재하지만 연구가 이루어지지 않은 영역에도 해결의 실마리를 제공할 것이다.

★ 참고문헌

Allport, G. W. (1954). *The nature of prejudice*. Cambridge, MA: Addison-Wesley.

Baldus, D. C., Pulaski, C., & Woodworth, G. (1983). Comparative review of death sentences: An empirical study of the Georgia experience. *Journal of Criminal Law and Criminology, 74,* 661-701. doi:0091-4169/83/7403-661

Baldus, D. C., Woodworth, G., Zuckerman, D., Weiner, N. A., & Broffitt, B. (1998). Racial discrimination and the death penalty in the post-Furman era: An empirical and legal overview, with recent findings from Philadelphia. *Cornell Law Review, 83,* 1638-1770.

Bowers, W. C. (1984). *Legal homicide: Death as punishment in America, 1864-1982.* Boston, MA: Northeastern University Press.

Brunson, R. K. (2007). "Police don't like Black people": African-American young men's accumulated police experiences. *Criminology & Public Policy, 6,* 71-102. doi:10.1111/j.1745-9133.2007.00423.x

Bucolo, D. O. (2007). *Experiences of bias and court users' satisfaction with outcomes in the justice system*. Unpublished manuscript, University of New Hampshire.

Bucolo, D. O., & Cohn, E. S. (in press). Playing the race card: Making race salient in defense opening and closing statements. *Legal and Criminological Psychology.*

Cohn, E. S., Bucolo, D., Pride, M., & Sommers, S. R. (2009). Racial salience and racial bias in the courts: Do racial attitudes make a difference? *Journal of Applied Social Psychology, 39,* 1953-1973. doi:10.1111/j.1559-1816.2009.00511.x

Crosby, F. J., & Dovidio, J. F. (2008). Discrimination in America and legal strategies for reducing it. In E. Borgida & S. T. Fiske (Eds.), *Beyond common sense: Psychological science in the courtroom: Beyond common knowledge* (pp. 23-43). Mahwah, NJ:

Erlbaum.

Denson, N. (2009). Do curricular and cocurricular diversity activities influence racial bias? A meta-analysis. *Review of Educational Research, 79,* 805-838. doi:10.3102/0034654309331551

Devine, P. G., & Elliot, A. (1995). Are racial stereotypes really fading? The Princeton trilogy revisited. *Personality and Social Psychology Bulletin, 22,* 22-37. doi:10.1177/0146167295111002

Dovidio, J. F. (2001). On the nature of contemporary prejudice: The third wave. *Journal of Social Issues, 57,* 829-849. doi:10.1111/0022-4537.00244

Dovidio, J. F., & Gaertner, S. L. (2000). Aversive racism and selection decisions: 1989 and 1999. *Psychological Science, 11,* 315-319. doi:10.1111/1467-9280.00262

Dovidio, J. F., & Gaertner, S. L. (2004). Aversive racism. In M. P. Zanna (Ed.), *Advances in experimental social psychology* (Vol. 36, pp. 1-51). San Diego, CA: Academic Press.

Dovidio, J. F., & Gaertner, S. L. (2008). New directions in aversive racism research: persistence and pervasiveness. In C. Willis-Esqueda (Ed.), *Motivational aspects of prejudice and racism* (pp. 43-67). New York, NY: Springer Science and Business Media.

Dovidio, J. F., Kawakami, K., & Beach, K. R. (2002). Implicit and explicit attitudes: Examinations of the relationship between measures of intergroup bias. In R. Brown & S. Gaertner (Eds.), *Blackwell handbook of social psychology: Intergroup processes* (pp. 175-197). Malden, MA: Blackwell.

Dovidio, J. F., Kawakami, K., Johsnon, C., Johnson, B., & Howard, A. (1997). On the nature of prejudice: Automatic and controlled processes. *Journal of Experimental Social Psychology, 33,* 510-540. doi:10.1006/jesp.1997.1331

Eberhardt, J. L., Goff, P. A., Purdie, V. J., & Davies, P. G. (2004). Seeing Black: Race, crime, and visual processing. *Journal of Personality and Social Psychology, 87,* 876-893. doi:10.1037/0022-3514.87.6.876

Fite, P. J., Wynn, P., & Pardini, D. A. (2009). Explaining discrepancies in arrest rates between Black and White male juveniles. *Journal of Consulting and Clinical Psychology, 77,* 916-927. doi:10.1037/a0016626

Gabbidon, S. L., & Dovidio, J. F. (2000). *Reducing intergroup bias: The common ingroup identity model.* Philadelphia, PA: The Psychology Press.

Gabbidon, S. L., & Higgins, G. E. (2008). The role of race/ethnicity and race relations on public opinion related to the treatment of Blacks by the police. *Police Quarterly, 12,* 102-115. doi:10.1177/1098611108329692

Gallup, A. M., & Newport, F. (2004). *The Gallup poll: Public opinion 2004.* Lanham, MD: Rowman and Littlefield.

Glover, K. S. (2007). Police discourse on racial profiling. *Journal of Contemporary Criminal Justice, 23,* 239-247. doi:10.1177/1043986207306866

Gordon, R. A., Bindrim, T. A., McNicholas, M. L., & Walden, T. L. (1988). Perceptions of blue-collar and white-collar crime: The effect of defendant race on simulated juror decisions. *The Journal of Social Psychology, 128,* 191-197. doi:10.1080/00224545.1988.9711362

Gray, D. B., & Ashmore, R. D. (1976). Biasing influence of defendant characteristics on simulated sentencing. *Psychological Reports, 38,* 727-738.

Hagan, J. (1987). Review essay; A great truth in the study of crime. *Criminology, 25,* 421-428. doi:10.1111/j.1745-9125.1987.tb00804.x

Harmon, T. R. (2004). Race for your life: An analysis of the role of race in erroneous capital convictions. *Criminal Justice Review, 29,* 76-96. doi:10.1177/073401680402900106

Hodson, G., Hooper, H., Dovidio, J. F., & Gaertner, S. L. (2005). Aversive racism in Britain: The use of inadmissible evidence in legal decisions. *European Journal of Social Psychology, 35,* 437-448. doi:10.1002/ejsp.261

Ito, T. A., & Urland, G. R. (2003). Race and gender on the brain: Electrocortical measures of attention to the race and gender of multiply categorizable individuals. *Journal of Personality and Social Psychology, 85,* 616-626. doi:10.1037/0022-3514.85.4.616

Johnson, B. D. (2003). Racial and ethnic disparities in sentencing departures across modes of conviction. *Criminology, 41,* 449-490. doi:10.1111/j.1745-9125.2003.tb00994.x

Johnson, B. d., & Betsinger, S. (2009). Punishing the "model minority": Asian-American criminal sentencing outcomes in federal district courts. *Criminology, 47,* 1045-1090.

Johnson, S. L. (1985). Black innocence and the white jury. *Michigan Law Review, 83,* 1611-1708. doi:10.2307/1288969

Katz, D., & Braly, K. (1933). Racial attitudes in one hundred college students. *Journal of Abnormal and Social Psychology, 28,* 280-290. doi:10.1037/h0074049

Keen, B., & Jacobs, D. (2009). Racial threat, partisan politics, and racial disparities in prison admissions: A panel analysis. *Criminology, 47,* 209-238. doi:10.1111/j.1745-9125.2009.00143.x

Klein, K., & Creech, B. (1982). Race, rape, and bias: Distortion of prior odds and meaning changes. *Basic and Applied Social Psychology, 3,* 21-33. doi:10.1207/s15324834basp0301_2

Lamberth, J. (1998, August 16). Driving while black: A statistician proves that prejudice still rules the road. *The Washington Post,* C1.

Lepore, L., & Brown, R. (1997). Category and stereotype activation. Is prejudice inevitable? *Journal of Personality and Social Psychology, 72,* 275-287. doi:10.1037/0022-3514.72.2.275

Mazzella, R., & Feingold, A. (1994). The effects of physical attractiveness, race, socioeconomic status, and gender of defendants and victims on judgments of mock jurors: A meta-analysis. *Journal of Applied Social Psychology, 24,* 1315-1338. doi:10.1111/j.1559-1816.1994.tb01552.x

Mitchell, T. L., Haw, R. M., Pfeifer, J. E., & Meissner, C. A. (2005). Racial bias in mock juror decision-making: A meta-analytic review of defendant treatment. *Law and Human Behavior, 29,* 621-637. doi:10.1007/s10979-005-8122-9

NAACP Legal Defense and Educational Fund. (2006, Winter). *Death row U.S.A.* New York, NY: NAACP Legal Defense and Educational Fund.

Pearson, A. R., Dovidio, J. F., & Gaertner, S. L. (2009). The nature of contemporary prejudice: Insights from aversive racism. *Social and Personality Psychology Compass, 3,* 314-338. doi:10.1111/j.1751-9004.2009.00183.x

Pfeifer, J. E., & Ogloff, J. R. (1991). Ambiguity and guilt terminations: A modern racism perspective. *Journal of Applied Social Psychology, 21,* 1713-1725. doi:10.1111/j.1559-1816.1991.tb00500.x

Piquero, A. (2008). Disproportionate minority contact. *The Future of Children, 18,* 59-79. doi:10.1353/foc.0.0013

Reitzel, J. D., Rice, S. K., & Piquero, A. R. (2004). Lines and shadows; Perceptions of racial profiling and the Hispanic experience. *Journal of Criminal Justice, 32,* 607-616.

Ridgeway, G., & MacDonald, J. M. (2009). Doubly robust internal benchmarking and false discovery rates for detecting racial bias. *Journal of the American Statistical Association, 104,* 661-668. doi:10.1198/jasa.2009.0034

Shaked-Schroer, N., Costanzo, M., & Marcus-Newhall, A. (2008). Reducing racial bias in the penalty phase of capital trials. *Behavioral Sciences & the Law, 26,* 603-617. doi:10.1002/bsl.829

Sherif, M., White, B. J., & Harvey, O. J. (1955). Status in experimentally produced groups. *American Journal of Sociology, 60,* S370-S379. doi:10.1086/221569

Singer, J. (2004). *Race and ethnic bias in the courts: Perceptions of attorneys and court employees*. Unpublished honors thesis, University of New Hampshire.

Sommers, S. R. (2006). On racial diversity and group decision-making: Identifying multiple effects of racial composition on jury deliberations. *Journal of Personality and Social Psychology, 90,* 597-612. doi:10.1037/0022-3514.90.4.597

Sommers, S. R. (2007). Race and the decision-making of juries. *Legal and Criminological Psychology, 12,* 171-187. doi:10.1348/135532507X189687

Sommers, S. R., & Ellsworth, P. C. (2001). White juror bias: An investigation of racial prejudice against Black defendants in the American courtroom. *Psychology, Public Policy, and Law, 7,* 201-229. doi:10.1037/1076-8971.7.1.201

Sommers, S. R., & Ellsworth, P. C. (2009). "Race salience" in juror decision-making: Misconceptions, clarifications, and unanswered questions. *Behavior Sciences & the Law, 27,* 599-609. doi:10.1002/bsl.877

Steffensmeier, D., & Britt, C. L. (2001). Judges' race and judicial decision making: Do Black judges sentence differently? *Social Science Quarterly, 82,* 749-764. doi:10.1111/0038-4941.00057

Steffensmeier, D., & Stephen, D. (2006). Does gender modify the effects of race-ethnicity on criminal sanctioning? Sentences for male and female White, Black, and Hispanic defendants. *Journal of Quantitative Criminology, 22,* 241-261. doi:10.1007/s10940-006-9010-2

Thomas, C., & Balmer, N. (2007). Diversity and fairness in the jury system. *Ministry of Justice Research Series*. Retrieved from http://www.justice.gov.uk/docs/PagesfromJuries-report2-07C1.pdf

Tyler, T. R., & Wakslak, C. J. (2004). Profiling and police legitimacy: Procedural justice, attributions of motive, and acceptance of police authority. *Criminology, 42,* 253-282. doi:10.1111/j.1745-9125.2004.tb00520.x

U.S. General Accounting Office. (1990). Death penalty sentencing: Research indicates pattern of racial disparities. *Report to the Senate and House Committees on the Judiciary* (GGD-90-57). Washington, DC: Author.

Walker, S. (2001). Searching for the denominator: Problems with police traffic stop data and an early warning system solution. *Justice Research and Policy, 3,* 63-96. doi:10.3818/JRP.3.1.2001.63

Weitzer, R., & Tuch, S. A. (2005). Racially biased policing: Determinants of citizen perceptions. *Social Forces, 83,* 1009-1030. doi:10.1353/sof.2005.0050

제14장

터널 비전[1)]

Keith A. Findley

잘못된 유죄 판결에 관한 연구는 형사사법체계 안에서 반복적으로 나타나는 원인들에 대해 이해할 수 있는 기틀을 마련해 주었다. 몇 가지의 원인들 중 목격자의 실수, 허위 자백, 구치소 제보자의 증언, 경찰 및 검찰의 위법행위, 법과학 증거의 오류 및 문제, 그리고 부적절한 변호인에 대한 내용은 이 책의 각기 다른 장에서 이미 다루었다(Scheck, Neufeld, & Dwyer, 2000). 최근, 잘못된 유죄 판결에 추가적이고 만연해 있는 원인이 되고 있는 터널 비전(좁은 시각)에 대한 관심이 증가하고 있는데, 이것은 다른 오판의 원인들과 함께 거의 모든 잘못된 유죄 판결 사례에 존재한다(Bibas, 2004; Findley & Scott, 2006; Martin, 2002; Rossmo, 2009).

터널 비전는 자연스러운 인간의 경향성으로 형사사법체계에 특히 치명적인 영향을 미친다. 이러한 맥락에서 터널 비전은 일반적으로 '흔한 휴리스틱과 논리적 오류의 집약체'를 의미하는 것으로서 우리 모두 취약하고, 형사사법체계에서 일하는

1) 이 장은 저자와 Michael Scott이 2006년 처음으로 Wisconsin Law Review에 출판했던 논문을 각색하고 발전시킨 것이다.

사람들을 "용의자에 집중하고, 증거를 수집하고 걸러 내어 유죄 판결을 위해 '사건을 만들어' 가는 동안 무죄와 관련된 증거는 무시하거나 숨기는 것"으로 알려져 있다(Martin, 2002, p. 848). 이 과정은 수사관, 검사, 판사 및 변호사가 특정한 결론에 집중하고 그 결론에 의해 만들어진 필터를 통해 사건의 모든 증거를 거르게 된다. 그 필터를 통해, 결론을 뒷받침하는 모든 증거는 중요한 것으로 격상되고 다른 증거들과 일관성 있는 것처럼 보이며 관련되고 증명력이 있는 것으로 여겨진다. 선택된 결론과 일관성 없는 증거는 부적합하고 믿을 수 없거나 신뢰할 수 없는 것으로 묵살되거나 쉽게 간과된다. 터널 비전은 악의적이거나 무관심해서라기보다는 대부분은 인간의 상태, 제도적이고 문화적 압력의 결과물이다.

터널 비전은 형사사법체계의 결함에 의해 영향을 받기도 하고 또한 영향을 미치기도 한다. 예를 들면, 목격자의 오인 지목은 오판의 가장 큰 원인인데(Gross, Jacoby, Matheson, Montgomery, & Patil, 2005; Sheck, Neufeld, & Dwyer, 2000), 사건 초기에 수사관은 특정 인물이 범인이라고 생각할 수 있다. 유죄라고 확신하면 수사관은 그 용의자에게 자백을 받기 위해 노력할 것이고, 용의자로부터 분명한 유죄 반응 또는 자백을 이끌어 낼 것이며, 또한 수사관은 용의자의 의미 없는 반응을 범죄와 관련 있는 반응으로 해석하거나 죄가 없는 누군가로부터 허위 자백을 이끌어 낼 수도 있다(제3장 참고). 죄를 확신하는 경찰과 검찰은 피고인이 자신에게 자백했다고 거짓으로 법정에 증언을 해 줄 구치소 제보자를 구할 수 있고, 이 제보자는 수사 기관에 협조해 자신에게 유리한 이득을 얻으려고 한다(제10장 참고; Martin, 2002). 법과학자들은 자신이 진행하는 분석에 대해 원하는 결과를 알고 있으며, 경찰의 이론을 지지하기 위해 결과를 날조하거나 애매모호한 자료를 경찰에 유리한 방향으로 해석하는 데 영향(심지어 자신도 모르게)을 미칠 수 있다(제12장 참고; Dror, Charlton, & Péron, 2006; Risinger, Saks, Thompson, & Rosenthal, 2002). 이 모든 추가적인 증거는 증인의 유죄 관련 증언에 대한 정확도와 신뢰도에 대한 확신감이 들게 하고(제7장 참고), 초기의 유죄에 대한 판단을 강화해 주는 피드백 순환이 이루어진다.

Marvin Anderson의 오판 사례는 터널 비전이 형사 절차의 진실 찾기 기능을 어떻게 변질시킬 수 있는지 보여 준다. 1982년 Anderson은 강도, 동성 강간, 유괴 및 24세 여성 강간으로 버지니아 주의 하노버에서 유죄 판결을 받았다(Joannou & Winstead, 2006). 흑인이었던 강간범이 피해자에게 백인 여자 친구가 있다고 말했고 Anderson이 유일하게 백인 여성과 함께 사는 흑인이라는 이유로 경찰은 그를 주목했다.

그러나 피해자의 범인에 대한 설명과 Anderson은 여러 면에서 달랐다. Anderson은 피해자가 설명한 범인보다 키가 컸고, 피부색이 더 짙었으며, 수염도 없었고, 얼굴에 흉터도 없었다. 그럼에도 불구하고 피해자는 사진첩에서 Anderson을 지목했는데 나열된 사진들 중 Anderson의 사진만 컬러였고 주민등록번호가 함께 인쇄된 유일한 사진이었다. 30분 후, 경찰은 실물 라인업에서 Anderson을 다시 보여 주었고 피해자는 그를 다시 지목했다. Anderson의 지목 절차에서 사용된 많은 절차들은 목격자가 무죄인 사람을 잘못 지목하도록 만드는 결함이 있거나 암시적인 절차라고 널리 알려져 있다(제6장 참고).

목격자 지목에는 다른 문제도 있었다. 법정에서 법과학자가 강간 증거채취 세트에서 Anderson과 피해자로부터 채취한 정액 시료에 대해 혈액형 검사를 실시하였지만 Anderson의 것이라고 확인이 불가능했다고 증언했다. 더불어 Anderson은 4명의 알리바이 목격자를 제시했는데, 그들은 모두 범행이 일어나던 그 시간에 Anderson이 어머니의 집 밖에서 세차 중이었다고 증언했다(알리바이 증인의 효과성에 대한 논의는 제11장 참고). 그러나 이 증거는 목격자의 지목 증거를 극복하기에는 부족했다.

터널 비전은 처음부터 Anderson 사건을 오염시켰는데 경찰, 검찰, 변호인 그리고 배심단과 재심 재판에 이르기까지 알리바이 증거, 피해자의 범죄자에 대한 설명과 Anderson과의 외모 불일치, 물리적 증거가 없다는 점을 간과하고 신빙성이 없다고 생각하게 됐다. 더 중요한 점은 성급하게 Anderson을 주목해 아무도 재판 전에 남아 있던 증거를 찾아서 실제 범인을 찾으려 하지 않았다(Joannou & Winstead, 2006).

Anderson에 대한 판결 후 20년이 지난 2002년에 DNA 분석을 통해 그가 범인이 아니라는 것이 증명됐다. 또한 DNA 분석을 통해 실제 가해자가 Otis 'Pop' Lincoln이라고 불리는 남성이라는 사실도 밝혀냈다. Lincoln이 범인으로 지목된 것은 그리 놀랍지 않다. Anderson 가족의 친구 두 명이 범행이 일어나기 직전에 Lincoln이 사건이 일어난 쇼핑센터를 향해 자전거를 타고 가는 것을 봤다고 진술했는데 범인이 자전거를 탔다고 알려졌기 때문에 이는 매우 중요한 사실이었다. 더구나 이 목격자들은 Lincoln이 자전거를 타고 지나가면서 어린 소녀 두 명에게 성희롱적인 발언을 한 것과 여자가 자신을 거절하면 강제로 그 여자와 성관계를 갖겠다고 자랑스럽게 말하는 것을 들었다. 범인이 사용한 자전거의 원래 주인은 강간이 일어나기 30분 전에 Lincoln이 그의 자전거를 훔쳤다고 진술했다. Anderson이 체포된 후 동네 사람들은 Lincoln이 '자신의 죄를 가로챈 젊은이'를 보고 싶다며 차를 몰고 Anderson의 집을 지나갔다고 진술했다(Joannou & Winstead, 2006, p. 12). 더불어, Anderson과는 달리 Lincoln은 성범죄 전과가 있었고 그 시기에 다른 성폭행 범죄에 대한 재판을 기다리는 중이었다. 이 모든 것에도 불구하고, 아무도 Lincoln을 수사하지 않았다.

결국 6년 뒤, Anderson에 대한 인신 보호 영장 심사과정에서 Lincoln은 법정에서 선서하에 범행 일체를 자백하고 범행에 대한 세부사항을 털어놓았다. 그럼에도 불구하고 Anderson의 재판에 배석했던 판사는 Lincoln의 자백을 받아들이는 것을 거부했다. 주지사는 개입을 거절하고 사면을 거절했다. 그 후 DNA 분석을 통해 Anderson이 아닌 Lincoln이 범인이었음이 확인되기 전까지 Anderson은 수년 간 수감되어 있었고 가석방 상태로 지내야 했다.

또한 이 사례의 다른 단면을 통해 유죄에 대한 잘못된 믿음이 어떻게 유지될 수 있는지를 알 수 있다. Anderson에 대한 증거는 부족하고 Lincoln을 수사해야만 하는 많은 증거들이 있었음에도 불구하고 최초로 이 사건을 담당했던 검사는 Anderson이 풀려나기 전까지 이 사건은 "자신이 맡았던 가장 명백한 사건"(Joannou & Winstead, 2006, p. 18)이라고 주장했다. Anderson의 변호인은 이해관계가 상충한다는 점을 밝히지 않았고 Lincoln과 관련된 확보된 증거를 제시하지 않았던 것을 포함해 터무니없는 실수가 많았음에도 불구하고 판사들은 변호인의 부적절한 지원을 인정하지 않았다.

결국 처음부터 끝까지 각 단계의 모든 관련자는 Anderson에 초점을 맞추었고, 다른 중요한 증거들이 다른 사람이 범인일 수 있다고 알려 주었지만 이에 대한 가능성을 고려하지 않았다. 형사사법체계는 DNA 분석을 통해 결정적이고 반박의 여지없이 오류가 있다는 것을 보여 주고 터널 비전 밖에서 볼 수 있도록 압력을 넣기 전까지 초기에 형성된 Anderson의 유죄에 대한 믿음은 유지되었다.

Anderson의 사건이 보여 주는 것처럼 터널 비전은 경찰 수사에서 심각한 문제를 초래할 수 있고 형사사법체계의 모든 다른 절차도 오염시킨다. 이 장의 나머지는 터널 비전이 사건의 수사부터 기소, 재판 또는 유죄 협상, 항소, 그리고 재판 후의 절차와 같이 모든 형사사법절차를 어떻게 오염시키는지 논의하고자 한다. 이 장은 체계 내에서의 훈련과 규칙을 통해 반영된 제도적 압력과 의도적인 정책에 의해 강화되는 인지적인 편견에 대한 그 뿌리를 알아보고자 한다.

터널 비전에 대한 심리과학적 근거

어느 정도의 터널 비전 경향성은 타고난 것으로서 이는 심리적 구성의 한 부분이다(Findley & Scott, 2006). 터널 비전은 확증 편향, 사후 과잉 확신 편향, 그리고 결과 편향과 같은 다양한 인지적 왜곡의 산물인데, 이는 우리가 무엇을 인지했는지에 대한 정확성과 인지한 것을 어떻게 해석할 것인가에 대해 방해물로 작용할 수 있다. 이러한 인지적 편향은 형사사법체계 안의 선의의 역할을 맡은 사람들 사이에서조차 터널 비전이 어떻게 그리고 왜 그렇게 흔히 발생하는지에 대해 설명해 줄 수 있다.

확증 편향

확증 편향은 현존하는 믿음, 예상, 또는 가설을 지지하는 방법으로 증거를 찾고 해석하는 경향성을 말한다(Nickerson, 1998; Nisbett & Ross, 1980; Trope & Liberman, 1996). 비록 확증 편향의 개념이 형사사법체계 외에서 다루어지지만 사회과학에서는 기반이 잘 정립되어 있다.

확증 편향은 다양한 방식으로 나타난다. 부분적으로 확증 편향은 가설이나 결론을 검증할 때 사람들이 그들의 가설을 지지하는 정보를 찾고 가설을 지지하지 않는 정보는 회피하는 경향성을 말한다(Gilovich, 1991; Nickerson, 1998; Wason, 1959, 1966, 1968).

예를 들면, 다양한 방법들을 사용해 수차례 반복된 연구에서 연구 참가자들은 특정한 인물을 면담하여 이 사람이 내향적인지 외향적인지를 판단하게 했다(Snyder & Swann, 1978a, 1978b). 한 연구에서 면담 진행자들은 질문 목록을 받았고 그 인물의 성격을 알아볼 수 있는 질문을 선택하도록 했다(Bassok & Trope, 1984). 면담 진행자들의 절반은 그 사람이 외향적인지 여부를 검증할 수 있는 질문들을 선택하라고 했고, 다른 절반은 그 사람이 내향적인지 여부를 검증할 수 있는 질문들을 선택하게 했다. 참가자들은 일관되게 그들의 잠재적인 가설을 입증하는 질문들을 선택했지만 가설을 반증하는 질문들은 절대 선택하지 않았다. 결국 외향성을 검증하는 질문들을 고른 실험 참가자들은 "만약 파티에서 분위기를 띄우기를 원한다면, 당신은 무엇을 하겠습니까?"와 같은 질문들을 선택했다. 반면에, 내향성을 검증하는 질문들을 고른 실험 참가자들은 "사람이 많은 것이 당신을 왜 불편하게 만들까요?"와 같은 질문들을 선택했다(Burke, 2006, p. 9).

많은 연구들이 이러한 확증 편향을 반복적으로 보여 주고 있고, 사람들은 이전부터 갖고 있던 믿음이나 가설 안에서 자신의 확신을 증가시키는 방법으로 정보를 찾으며 가설을 반증하는 쪽은 선택하지 않는다는 것을 발견했다. 역설적이게도, 이러한 확증적 편향은 특정한 가설의 부정확성을 발견하지 못하게 할 뿐만 아니라, "이

전략은 가설이 틀렸다는 것을 입증해 줄 방법을 의도적으로 선택하는 것으로, 만약 가설이 틀렸다면 시도조차 실패한 것이기 때문에 논리적으로 확증적인 증거가 되지는 않는다”(Nickerson, 1998, p. 179). 비록 확증 편향적인 정보가 부정적인 정보보다 증명하기 힘들지만, 사람들은 받거나 기억하는 확증적인 피드백의 약점에 대해서는 인지하지 못한다. 이런 의미에서 데이터에 따르면, “실험 참가자들에 의해 일반적으로 매우 확증적이라고 해석되는 피드백이 종종 논리적으로 확증적이지 못하거나 최소한 그렇게 강력하지 않다”. 이러한 상황에서 받게 되는 ‘확증’은 어느 정도는 ‘환상’에 불과하다(Nickerson, 1998, p. 179).

실증 연구들은 사람들이 확증적인 정보만 찾을 뿐 아니라 편향적으로 정보를 회상하는 경향이 있다는 것도 보여 주었다. 이전에 확보한 정보들을 기억해 낼 때, 사람들은 편향된 방법으로 기억을 찾으며, 제시된 가설이나 믿음을 확증해 주는 정보를 선호한다는 것을 실험을 통해 보여 주었다. 예를 들면, 한 연구에서 실험 참가자들은 다양하게 내향적이고 외향적으로 행동하는 한 여성에 대한 이야기를 읽었다(Gilovich, 1991). 이틀 후에, 참가자들 중 절반은 외향성을 요하는 직업에 대한 이 여성의 적합성을 평가하도록 했고, 나머지 절반은 내향성을 요하는 직업에 대한 이 여성의 적합성을 평가하도록 했다. 외향적인 직업에 대한 이 여성의 적합성을 평가한 사람들은 이 여성의 외향성에 대한 예를 더 많이 회상했고, 내향적인 직업의 적합성을 평가한 사람들은 이 여성의 내향성에 대한 예들을 더 많이 회상했다. 특정한 직업에 대한 이 여성의 적합성을 판단해야 하는 현 쟁점에 대한 가설은 참가자들이 확정적인 증거를 위해 그들의 기억을 찾는 방법을 편향되게 만든 것이다.

확정적인 정보를 찾고 회상하는 일뿐 아니라, 사람들은 기존의 믿음을 거스르는 정보보다는 그것을 지지하는 정보에 더 큰 무게를 두는 경향이 있다. 다시 말하면, 사람들은 그들의 이전 믿음을 지지하는 방법으로 자료를 해석하는 경향이 있다. 실증적 연구를 통해 사람들은 “이전부터 갖고 있던 믿음과 독립적으로 증거의 강도를 평가할 수 없다.”(Burke, 2006, p. 10)는 것을 보여 주었다. 즉, 연구를 통해 “긍정적인 확증 증거에 더 무게”를 두고 “부정적인 비확증적 증거는 무게를 덜”(Nickerson, 1998, p. 180) 두는 일반적인 경향성을 보여 주었다. 다시 말하면, “사람들은 일반적으로 가설을 기각하기 위한 가설-불일치 증거보다 가설을 지지하기 위한 가설-일치 증거가 덜 필요하다"(Nickerson 1988, p. 180).

사람들은 때때로 그들의 믿음과 상충하는 정보에 대해 단순히 무시하기보다 열심히 비판적으로 검토하여 그 정보를 약화시킨다. "이 철저한 조사의 최후 결과물은 모순되는 정보가 관련 있기에는 너무 문제가 많거나, 덜 손상을 주는 범주로 재정립된다는 것이다"(Gilovich, 1991, pp. 55-56). 더구나 사람들은 그들이 선호하지 않는 결론을 평가할 때보다 그들이 원하는 자료나 결론을 평가할 때 서로 다른 기준을 사용하는 경향이 있다. 선호하는 결론에 대해서는, "증거가 반대쪽을 믿도록 몰아붙이는지를 묻는다". 한편, 선호하지 않는 결론의 경우에는 '별로 좋아하지 않는 결론을 믿도록 증거가 '몰아붙이는지'를 묻는데 이는 도달하기 더욱 어려운 기준이다."(Gilovich, 1991, p. 84) 그러므로 "원하는 결론은 … 마치 '내가 이것을 믿을 수 있나요?'라고 묻는 것과 같지만 구미에 안 맞는 결론에 대해서는 '내가 이것을 믿어야만 하나요?'라고 묻는 것과 같다"(Gilovich, 1991, p. 84).

이러한 이유로, 자료를 고려할 때 사람들은 때때로 찾고 있던 유형들을 보는데 그러한 유형들이 실제로 존재하지 않는 경우에도 그러하다. 사회적인 수준에서, 많은 연구들은 한 사람의 특성에 대해 미리 제시한 설명(예상)이 다른 사람들이 그 사람을 어떻게 평가하는지에 영향을 미친다는 것을 보여 주었다. 예를 들면, 한 사람이 특정 성격을 가지고 있다고 미리 이야기를 들은 관찰자들은 그러한 특성이 객관적으로 존재하든지 않든지 간에 그 사람에게서 그 특성들을 보는 경향이 있었다(Kelley, 1950; Snyder, 1981; Snyder & Campbell, 1980; Snyder & Gangestad, 1981; Snyder & Swann, 1978a, 1978b). 이러한 현상은 특히 범죄 사건에서 중요한데, 누군가는 경찰, 검사, 피고인 측 변호인, 판사와 배심원에 의해 판단을 받고, 이들은 이론적으로는 무죄를 추정해야 함에도 불구하고 피고인이 유죄라는 초기 가설을 세우기 때문이다.

신념 보존 편향

비록 편견이 정보의 습득과 해석에 영향을 미치고 새로운 정보를 반영하는 가설이나 결론에 대한 이성적 · 논리적 조정을 방해하지만, 사람들은 최초의 가설을 전체적으로 약화시키는 새로운 증거에 직면할지라도 변화하기를 꺼린다. 이러한 현상은 '신념 보존' 또는 '신념 지속'이라 하고, 믿음이나 생각을 매우 다루기 힘들게 만든다(Burke, 2006; Lieberman & Arndt, 2000). 사람들은 자연적으로 초기의 결론이나 믿음을 버리는 것을 꺼리는데, 이는 심지어 그러한 믿음에 대한 토대가 빈약할 때에도 그렇다. 그러므로 사람들은 기존의 믿음과 상충하는 정보에 더 많은 의문을 갖고 애매한 정보를 기존 믿음과 부합하지 않는 것으로 해석하기보다는 지지하는 것으로 해석하려고 한다. 사람들은 "그들이 정립해 놓은 믿음과 일치하지 않는 사건들에 대해 설명하는 것이 상당히 쉬울 수 있다"(Nickerson, 1998, p. 187).

예를 들면, 연구는 사람들이 대개 개인의 행동을 일반적으로 설명하는 믿음을 형성하는 것을 상당히 쉬워 하며 초기의 믿음이 거짓이라는 전제 후에도 그러한 믿음을 보존하려 한다는 점을 보여 주었다(Ross, Lepper, & Hubbard, 1975; Ross, Lepper, Strack, & Steinmetz, 1977). 한 유명한 연구에서, 실험 참가자들에게 진짜와 가짜 자살 유서를 구분하게 했다(Ross, Lepper, & Hubbard, 1975). 다양한 시점에서, 실험 참가자들은 그들의 수행에 대한 피드백을 받았다. 그 피드백은 사실상 그들의 선택과는 독립적으로 이루어졌다. 연구자들은 무작위로 참가자들에게 그들이 평균 이상 또는 평균 이하로 수행했다고 말해 주었다. 그 후 연구자들은 참가자들에게 실험에 대한 사후 설명을 했는데, 특히 그 피드백은 거짓이었고, 미리 정해져 있었으며, 그들의 선택과는 상관이 없는 것이었다는 점을 명백하게 알려 주었다. 하지만 후에 그러한 판단을 한 자신들의 능력을 평가하라고 했을 때 그들 모두는 피드백이 임의적이었다고 들었음에도 불구하고, 긍정적인 피드백을 받은 사람들은 그들의 능력을 부정적인 피드백을 받은 사람들보다 더 높게 평가했다.

신념 보존 현상은 수많은 잘못된 유죄 판결 사건에서도 나타난다. 예를 들면, 성폭행 피해자로부터 나온 정액이 피고인의 것이 아니라는 것을 증명하는 DNA 증거를 제시했음에도 불구하고, 종종 검사들은 유죄 판결을 고집하고 피고인을 구제하기를 거부한다(Medwed, 2004). Liebman(2002)이 말한 것처럼, "강간 및 살인 피해자에게서 다른 남성의 정액이 발견되었음에도 불구하고 어떻게 피고인이 여전히 유죄일 수 있는가를 설명하기 위해 검사들은 … (Peter Neufeld의 표현을 빌려 오면) '함께 사정(射精)한 모르는 남성'의 존재를 정교하게 가설화한다"(p. 243).

그러므로 이러한 인지적인 편견들은 Marvin Anderson 사건을 포함한 수많은 잘못된 유죄 판결 사건에서 무엇이 잘못되었는지를 설명하는 데 도움이 된다. 초기 목격자의 (잘못된) 지목에 의해 유죄를 선고받았고, 경찰과 검사들은 유죄에 부합하지 않는 증거가 아닌 유죄를 입증하는 증거만을 찾았다. 그들은 Anderson의 유죄를 입증하는 증거는 찾았지만 다른 가능한 범인은 찾으려 하지 않았다. 애매하거나 본질적으로 약한 증거와 마주했을 때, 경찰과 검찰은 그것을 유죄를 입증할 수 있는 강력한 증거라고 해석했다. 알리바이 목격자와 범인의 자백과 같이 정반대의 증거와 마주했을 때 그 증거의 신빙성을 떨어뜨리거나 최소화하려고 했다. 유죄에 대한 고집스러운 판단은 항소 및 유죄 판단 이후의 절차에서도 지속되었고, 사건에 대한 검찰과 피고인의 관점을 오염시켰으며, 실제 범인으로부터의 완전한 자백을 무시하도록 만들었다.

사후 과잉 확신 편향

다른 편향들 중에서 터널 비전에 기여하는 중요한 편향은 사후 과잉 확신 편향, 또는 '그럴 줄 알았어 효과'다. 인지 연구가 사람들은 사후 판단에 있어 최종적인 결과를 당연하거나 더 가능성이 높거나, 예상 가능했다고 생각하는 경향이 있음을 반복적으로 보여 주었다(Harley, Carlsen, & Loftus, 2004; Hawkins & Hastie, 1990). 사후 과잉 확신 편향은 과거의 지각이 일련의 정보에 의해 오염되었다는 어떠한 인식도 없이 새로운 지식(결과)을 과거에 투사하는 수단으로 작동한다.

사후 과잉 확신 편향은 기억이 재구성되는 역동적인 과정의 산물이다(Weinstein,

2003). 기억은 우리의 뇌로부터 완전하게 형성되어 나오는 것이 아니다. 오히려 우리가 하나의 사건을 상기시킬 때 작은 정보의 조각들이 조립되는 것이다. 하나의 사건이나 상황에 대한 작은 정보의 조각들은 우리의 뇌 속에서 새로운 정보에 의해 끊임없이 업데이트되고 대체된다. 그 후 업데이트된 정보는 최후 결론이 미리 운명지어진 것처럼 나타나거나 혹은 우리가 처음에 알 수 있었던 것보다 더 그러할 것이라고 나타나게 만들면서 관련된 기억을 재구성할 때마다 사용된다. 다른 방법으로 이해하자면, 개인이 과정의 초기 단계를 자연스럽게 마지막으로 연결하기 위해서 하나의 사건을 재분석하는 것이다.

> 이 과정에서 보고된 결론과 일치하는 증거는 정교화되고, 결론과 불일치하는 증거는 최소화되거나 무시된다. 이 재판 과정의 결과는 주어진 결론이 불가피하거나 또는 최소한 다른 결론보다 더 타당하다는 것이다(Harley et al., 2004, p. 960).

사후 과잉 확신 편향은 몇 가지 면에서 무고한 용의자를 너무 빨리 또는 불필요하게 집중하게 만든다(Findley & Scott, 2006). 첫째, 일단 용의자가 수사나 기소의 초점이 되면, 즉 경찰이나 검찰이 스스로 누가 유죄라고 생각하는지에 대한 결과에 도달하면, 사후 과잉 확신 편향은 용의자가 처음부터 용의자일 것이라고 생각되고 용의자라는 것이 필연적인 것이라고 생각할 것이다. 더구나 그 결과를 지지하는 사건이 결과를 지지하지 않는 사건보다 일반적으로 더 잘 기억된다. 그로 인해 일단 경찰과 검찰이 특정한 사람이 유죄라고 결론지으면 그 용의자가 처음부터 유죄로 보이는 정도를 과대평가할 뿐만 아니라 유죄의 사실들을 제일 잘 기억할 것이다(결과적으로 그 사람이 범인이라는 것에 초점을 맞추기 위한 생각을 강화함).

둘째, 사후 과잉 확신 편향은 유죄 판결을 위해 사용되는 증거의 질에 영향을 미친다. 예를 들면, 사후 과잉 확신 편향은 목격자 지목 오류가 터널 비전에 기여할 수 있고 궁극적으로는 무고한 사람의 유죄 판결에 기여할 수 있는 하나의 방법으로 설명할 수 있다. 목격자의 확신감이 상당히 잘 변한다는 사실은 잘 알려져 있다. 목격자 지목 후에 제시되는 확인 피드백은 최후 지목 시 목격자의 확신뿐만 아니라 그 지목 당시의 상황에 대한 목격자의 평가도 부풀려진다(Bradfield, Wells, & Olson, 2002; Wells & Bradfield, 1998; 또한 제7장 참고). 예를 들어, 만약 목격자가 범인을 잘 보지 못했거나 그때 사건에 주목을 덜 기울였다면, 그 목격자는 범인에 대해 잘 기억나지 않을 것이다. 그러나 그럼에도 불구하고 만약 목격자가 사진첩에서 용의자의 잘 나온 사진을 검토함으로써 지목을 하려 한다면, 또는 실제 라인업에서 용의자를 잘 볼 수 있었다면, 그 목격자는 용의자에 대한 초기의 질이 낮은 기억을 지목 절차에서 얻은 더 선명한 이미지로 대체할 수 있을 것이다. 목격자가 정말로 범인을 잘 기억하지 못한다는 점을 고려하면, 그 목격자는 지목에서 실수할 가능성이 높다. 하지만 만약 확인 피드백이 주어진다면 그 목격자는 원래의 목격 상황의 질과 최후 지목에 대한 확신감(필연적임) 모두를 과장하는 확인 피드백과 동시에 범인에 대한 기억을 선명하게 떠올릴 것이다. 사후 과잉 확신에서, 지목은 마치 항상 필연적이고 분명한 기억에 기반하고 있으며 용의자를 볼 수 있는 절호의 기회인 것처럼 생각될 것이다(제7장 참고; Harley et al., 2004).

셋째, 반복 효과 역시 사후 과잉 확신 편향과 관련되어 있다. 연구를 통해 만약 주장이 반복되면 주장의 진실성에 대한 확신이 자연적으로 증가한다는 것을 입증했다(Hertwig, Gigerenzer, & Hoffrage, 1997). 반복으로부터 오는 확신의 증가는 그 주장의 진실이나 거짓과는 상관없다. 따라서 경찰과 검찰(그리고 목격자)이 결론과 그 근거를 반복하면서 유죄의 결론을 수용하면 할수록, 그 결론은 더욱 단단하게 자리 잡게 되고, 처음부터 모든 증거가 그 결론을 가리키고 있음이 더 명백하게 다가올 것이다. 결과적으로, 반복 효과는 경찰과 검찰이 다른 범인이나 다른 범죄 발생 이론을 고려하는 것을 어렵게 만든다(Findley & Scott, 2006).

결과 편파

결과 편파는 사후 과잉 확신 편향과 관련되어 있다. 사후 과잉 확신 편향처럼, 결과 편파는 사람들이 결과 정보가 과거의 인식에 영향을 미친다는 어떠한 의식도 없이 새로운 지식(결과)을 과거로 투영하는 과정을 포함하고 있다(Baron & Hershey,

1988). 결과 편파는 판단 결과의 확률적 영향을 의미하는 것이 아니고 '판단의 질'에 대한 평가 효과를 말하고 있다는 점에서 사후 과잉 확신 편향과는 차이가 있다. 다시 말하면, 결과 편파는 한 사건이 어떠할 것 같은지에 대한 사후 판단보다는 오히려 그 결정이 좋은 것인가 나쁜 것인가에 대한 사후 판단을 반영하고 있다. 예를 들면, 의료적인 상황에서, 실험 참가자들은 환자가 수술을 하는 동안 살았다는 이야기를 들었을 때보다 같은 환자가 수술 동안 죽었다는 이야기를 들었을 때 수술을 했다는 결정을 나쁜 결정이라고 판단하는 것으로 나타났다. 비록 이것이 직관적으로는 합리적인 것처럼 보일지라도 판단 분석가들은 이를 다음과 같이 이성적으로 판단한다.

> 결정을 내린 후에 사용할 수 있는 정보는 결정의 질과는 무관하다. 그러한 정보는 결정자들에게 사전에 해 주는 조언이나 배운 교훈에 직접적인 역할을 하지 않는다. 결정에 의한 결과는, 그 자체로, 만약 결정자가 신통력이 있지 않다면, 결정을 개선시키는 데 사용될 수 없다(Baron & Hershey, 1988, p. 569).

그 밖의 인지적인 편견

터널 비전은 다수의 인지적인 왜곡에 의해 강화되는데, 이 중에는 특히 정박 효과(사람들이 연속선상에서 하나의 지점을 결정할 때 기존에 존재한 또는 결정된 정보이지만 과제와 관련 없는 데이터에 의해 영향을 받는다), 역할 효과(사람들에게 특정한 기능이나 관점을 취하라고 요청하는 것이 그들이 정보를 탐색하고 인지하는 방식에 영향을 미친다), 순응 효과(사람들이 다른 사람들의 인식, 믿음, 그리고 행동을 따르는 경향을 나타낸다), 그리고 실험자 효과(실험에서 실험자의 행동에 맞춰 실험 참가자들이 그들의 행동을 바꾸는 경향성을 말한다)를 포함한다(Risinger, Saks, Thompson, & Rosenthal, 2002).

터널 비전을 촉진하는 다른 요인

당사자주의 제도에 내재되어 있는 제도적인 압력과 정책적 선택은 다양하게 형사사법체계에서의 터널 비전에 대한 자연적인 경향성을 증가시킨다. 미국의 형사소송의 특징인 당사자주의는 많은 장점이 있다. 하지만 당사자주의 모형의 하나의 부산물은 참가자들을 양극화한다는 것인데, 이는 자신들의 관심사를 독단적으로 따르게 하거나 사건에 대한 적절한 결과가 무엇일지에 대한 자신들의 평가를 따르도록 압력을 가한다. 결과적으로 당사자주의는 편견적 압력을 가해 자연스러운 인지적 편견을 더욱 악화시킨다.

터널 비전은 심리적인 경향성의 결과물일 뿐만 아니라 당사자주의에 의해 다양한 단계에서 부과되는 외부의 복합적인 압력의 결과물이기도 하다. 이러한 압력들은 경찰에 대한 기관 내부의 압력(특히 널리 알려진 범죄와 관련하여), 경찰의 성과에 대한 측정 기준(즉, 사건 해결 비율[2]), 경찰 문화와 훈련, 검사에 대한 기관 내부의 압력, 검사에게 전달되는 정보에 대한 선택인 초점화, 기소의 정확성에 대한 진단적 피드백의 부족, 피고인 측 변호인에 대한 기관의 압력, 의문을 제한하는 법규들, 그리고 재판 및 항소 경험에 대한 몇 가지 특징들(예: 무죄 증거의 허용성을 제한하는 원칙, 사실적인 오류보다는 절차적인 오류에 대한 항소의 제한)을 포함한다. 터널 비전을 촉진하는 요인들에 대한 전체적인 논의는 Findley와 Scott(2006)을 참고하기 바란다.

터널 비전 연구에 사용되는 연구 방법

비록 사회심리학 문헌에서 터널 비전의 바탕이 되는 인지적 휴리스틱과 편견에 대한 풍부한 연구가 존재하지만, 그 연구들 중 소수만이 형사 사건에 대한 터널 비

2) 미국의 경우 사건 해결 비율은 기록된 전체 범죄 건수와 범죄가 해결(기소된)된 건수를 나누어 계산된다.(역자 주)

전에 초점을 맞추고 있다(Snook & Cullen, 2008). Dror의 연구(예: 제12장 참고; Dror et al., 2006)는 범죄 과학 수사관들에게 법과학 증거와 다른 사건 정보를 제공하고 그 법과학적인 증거에 대해 평가하는 모의 실험을 진행했다. O'Brien(2009)은 수사관들에게 초기 지시를 다양하게 제시해 그 내용이 사건 증거의 평가에 영향을 미치는지 여부를 조사하여 수사관들의 증거에 대한 평가에 대해 실험을 실시했다. 여기서 검토한 관련 연구들은 다양한 수사 분야들에 대한 전형적인 사회심리학적 연구 방법을 사용하고 있다. 예를 들면, 신문 과정에 대한 관련 연구들은 모의 범죄와 신문에 대한 내용이다(제3장 참고).

그러므로 초기 문헌에서 사용된 연구 방법들은 사회심리학적 연구 방법들의 전형적인 장점과 단점을 포함하고 있다. 수사에 대한 모의 실험에 의존해 연구자는 다른 관련 변인들을 통제하고 관심 있는 특정 변인들을 조작하는 것이 가능하고, 판단에 영향을 미칠 수 있는 참가자들 간의 차이를 배제하기 위해 무작위로 실험 조건에 배치하고, 결과적으로 참가자들의 판단에 영향을 미치는 요인들에 대한 인과 관계적 결론을 이끌어 낼 수 있다는 장점이 있다. 단점은 모의 실험에 의존하기 때문에 개별적인 용의자들에게 중요한 결과와 결정에 대한 책임과 같이 중요할 수 있는 수사의 특성을 제거해 버린다는 점이다. 이러한 특성들이 부재하여 모의 실험 연구의 일반화에 영향을 미치는지 여부는 여전히 알 수 없다. 현재 활동하고 있는 수사관(예: Dror와 동료들의 연구에서의 법과학 수사관들, Ask와 Granhag의 2007년 연구에서의 경찰 수사관 경력자들)을 사용하는 것은 연구의 실제 수사에 일반화 가능성을 증가시켜 준다.

터널 비전과 무고한 사람의 유죄 판결에 대한 관련 연구

확증 편향과 다른 인지적인 왜곡들의 효과를 규명하는 대부분의 연구는 일반인이 대상이었고 범죄 수사 분야에서는 진행되지 않았다(O'Brien, 2009). 따라서 Snook과 Cullen(2008)은 형사 사건에서 터널 비전에 대한 실증적인 연구는 없으며 연구가 없으면 휴리스틱과 인지적 편견이 만들어 내는 터널 비전이 해롭다는 추정도 할 수 없다고 주장했다. 반대로 이들은 제한된 합리성이 휴리스틱과 편견들에 의해 효과적으로 반영될 것이라고 주장했다. 그러나 사실은 심리학적 결과들(훈련받은 전문가들을 포함하여)에는 형사 사건에서의 수사 상황에 충분히 적용될 수 있을 만한 좋은 이유가 존재하고 이러한 휴리스틱이 때로는 효율적이라도 완전히 확인하지 않고 놔두었을 경우 대형 참사를 불러일으킬 수 있다는 타당한 이유들이 존재한다.

우선 연구를 통해 다른 분야의 전문가들은 자유롭지 못하다는 점을 보여 주었다. Schulz-Hardt, Frey, Luthgens과 Moscovici(2000)는 은행 및 산업체 관리자들이 재정적 의사결정에 있어 확증 편향이 나타난다는 것을 발견했다. LeBlanc, Brooks와 Norman(2002)은 환자를 진단할 때에 의사들이 편향된 결정을 내린다는 것을 발견했다(또한 Elstein, Shulman, & Sprafka, 1978 참고). 그러므로 전문성이 확증 편향을 없애지 못한다는 것을 보여 준다. 그리고 앞에서 언급한 것처럼 경찰, 검사와 판사에게 가해지는 다른 압력들은 형사사법체계 내의 전문가들의 확증 편향에 대한 자연적인 경향성을 증가시킬 것이다.

더구나 최근 연구는 형사 사건의 수사관들이 터널 비전의 바탕이 되는 인지적 왜곡에 실제로 취약하다는 것을 확인했다(제3장과 제12장 참고). Dror와 동료들(2006)은 지문 전문가들이 지문 분석이 이루어지기 전에 제공되는 다른 정보들에 끊임없이 영향을 받는다는 것을 발견했다. Kassin, Goldstein과 Savitsky(2003)는 용의자가 유죄라고 생각하고 면담을 시작했을 경우 경찰관들은 더욱 공격적이고 유죄를 추정하는 신문 전략을 사용했고 반응들을 유죄와 관련된다고 해석했다는 것을 발견했다. 비슷하게, Meissner와 Kassin(2002)은 용의자가 거짓말을 하고 있다고 확신하는 경찰관들이 그들의 생각을 바꾸는 데 매우 저항적이라는 것을 발견했다. 또한 최근 연구에 따르면, 경험이 많은 경찰 수사관들과 경찰 교육생들 모두가 유죄를 지지해 주는 증거보다 가설을 부정하거나 무죄임을 밝혀 주는 증거들을 더 믿을 수 없거나 신뢰할 수 없다고 평가한다는 것을 보여 주었다(Ask & Granhag, 2007; Ask, Rebelius, & Granhag, 2008). 유사하게, O'Brien(2009)은 경찰 조사 시나리오를 받은 사람들이 모든 증거를 검토할 때까지 유무죄에 대한 가설을 세우라고 묻지 않았던 실험 참가자들과 비교했을 때, 초기에 유죄의 가설을 세우라고 물었을 경우 증거의 평가에 있어 뚜렷한 확증 편향을 보여 준다는 것을 발견했다. 조사가 끝이 날 때까지 가설을 형성하는 것을 기다린 참가자들과 비교했을 때, 초기에 가설을 세운 참가자들은 (a) 용의자가 유죄라는 이론과 일치하는(일치하지 않는 것과는 대조적으로) 사실을 더 잘 기억하는 것으로 나타났고, (b) 애매모호한 정보를 용의자가 유죄라는 점과 일치하는 증거로 해석했고, (c) 용의자가 연루되었음을 보여 주는 증거를 더 진실된 것으로 기억하고 무죄를 입증하는 증거는 거짓 증거인 것으로 기억했으며, (d) 용의자에 초점을 맞추는 수사 방식을 선택하고 다른 대안적인 용의자를 암시하는 수사 단계들을 덜 선택했고, (e) 이러한 증거가 유죄라는 가설을 지지 또는 약화시키는지에 따라 특정한 증거(예: 목격자 증거)의 유용성과 신뢰성에 대한 태도를 변화시켰다. 그러므로 연구는 예상한 바와 같이 인지적 편견이 다른 인간의 행동과 마찬가지로 범죄를 수사하는 과정에서 매우 적극적으로 사용될 것이어서 수사상의 오류를 만들어 낼 수 있다는 결과를 보여 주었다.

형사사법체계에서 터널 비전의 영향

터널 비전이 경찰 수사, 검찰 그리고 사법절차를 오염시킨다고 주장하는 것은 경찰, 검찰 및 판사의 본질이나 질에 대한 가치 판단을 하는 데 필수 요소는 아니더라도 누군가 자료에 접근 또는 해석하는 데 영향을 미칠 수 있다는 자연적인 경향성을 최소한 인정하는 것이다. 이런 의미에서 경찰, 검찰 그리고 판사는 터널 비전에 영향을 받기 때문에 나쁜 사람이 아니라 단지 인간일 뿐이다. 하지만 형사사법체계에서 좋은 의도는 터널 비전의 해로운 영향을 무력화시키지 못한다.

논의된 바와 같이, 인지적 편견은 범죄에 대한 수사와 재판 전과 재판 중에 제시된 증거에 대한 생각을 왜곡시킬 수 있다. 그러나 이러한 편견은 여기에서 멈추지 않는다. 사후 과잉 확신 편향과 결과 편파는 특히 판사의 항소심과 유죄 판결 후에 이루어지는 판결 검토에 심각한 영향을 미치는데, 특히 악의 없는 오류(harmless error)의 적용(*Chapman v. California*, 1967)과 관련된 강령, 즉 *Brady v. Maryland*(1963)의 변호인의 효과적이지 못한 조력에 대한 편견과 중요성에 대한 것이다. 효과적이지 못한 변호인의 조력과 관련하여, 피고인이 구제되려면 변호인이 변호하는 데 심각한 오류를 범했을 뿐만 아니라 그 오류가 불리함에 따른 오판, 즉 이러한 오류가 없었다면 판결이 달라졌을 것이라는 합리적인 가능성이 있어야 한다(*Strickland v. Washington*, 1984). *Brady v. Maryland* 판결에 따르면, 검사가 무죄를 뒷받침하는 증거를 고지해야 할 의무를 위반하였다는 것을 증명하기 위해서는 피고인은 숨긴 증거가 중요한 것, 즉 증거가 고지되었다면 다른 판결이 내려졌을 수도 있었다는 합리적인 가능성을 보여 주어야 한다. 사건의 결과인 유죄 판결이 시간이 지나고 보니 필연적이었고 '좋은' 판결이었던 것으로 나타나는 경향이 있기 때문에 사후 과잉 확신 편향과 결과 편파는 동시에 항소심과 유죄 판결 후에 이루어지는 판결 검토에 확인-편견 효과를 가질 것으로 예상할 수 있다.[3]

실증적인 데이터는 이러한 결론을 뒷받침해 주는데 형사 사건에서 역전은 매우 드문 일이기 때문이다(Findley, in press; Garrett, 2008). 법정이 오류를 발견해도, 종종 그 오류를 해롭지 않은 것이라고 용서해 주지만 대부분 유죄 가능성과 관련 있다. 실제로 DNA 증거가 피고인이 실제로는 무죄라는 것을 결정적으로 입증했던 사건들에 대한 첫 200건의 DNA 사면 건들에 대한 Garrett(2008)의 분석은 거의 모든 경우에 항소 재판에서 무죄임을 확인하지 못한다는 것을 보여 준다. 법원은 실제 무고한 피고인들의 84%에게 잘못된 유죄 선고를 확정 판결했다. 이러한 사건들의 거의 1/3(32%)에서 법원은 오류를 발견했지만 그 오류를 해롭지 않은 것으로 여겨 판결이 확정됐다(Garrett, 2008). 더구나 법원의 절반이 피고인에 대해 유죄 가능성이 있다고 보았고, 10%의 경우에는 실제로는 무죄인 피고인에 대한 유죄의 증거가 '압도적'이라고 설명했다(Garrett, 2008, p. 108). 이러한 자료는 배심단이 합리

3) 이 논의는 유죄 선고를 받은 피고인이 형사 사건에 있어서 제한된 상황과 제한된 범위의 쟁점과 관련된 것을 제외하고는, 최소한 무죄 판결 후에는 일반적으로 검찰은 이중처벌 금지 원칙(Double Jeopardy Clause)에 의해 항소하는 것이 금지되어 있다(*United States v. Sanges*, 1982).

적인 의심의 여지를 넘어 피고인이 유죄라고 판단한 것을 이미 알고 있는 판사들이 절차 또는 헌법적인 오류에도 불구하고 유죄 선고를 필연적이고 올바른 결정으로 보는 성향을 가지고 있다는 가설과 최소한 일치한다. 무죄를 보지 않으려는 점과 오류를 해롭지 않은 것으로 생각하려는 점은, 어느 정도는 최종 판단을 존중하고 명백히 유죄인 피고인에 대한 불필요한 재심을 피하고자 하는 바람과 같은 다른 가치들과 함께 일어나는 사후 과잉 확신 편향과 결과 편파 때문일 것이다. 이러한 방식으로 이해하면, Marvin Anderson 사건에서 변호인의 비효과적인 조력에 대한 주장에 대해 법원이 부인한 것은 전혀 놀랄 만한 일이 아니다.

터널 비전의 존재와 지속성은 공정성과 무고한 사람에 대한 잘못된 유죄 판결로부터 보호해 주는 역할을 하는 형사사법체계에서는 심각한 문제다. 터널 비전은 잘못 혐의가 제기되는 사람들에게 문제가 될 뿐만 아니라 죄가 있는 사람을 확인하고 이들에게 유죄 판결을 내리는 시스템의 능력을 위협하기 때문이다. 법 집행이 잘못된 사람에게 초점을 맞추고 실제 범인을 찾기 위해 터널 비전 밖을 보는 데 실패하게 되면 실제 유죄인 사람은 제약 없이 자유를 누리게 되는 것이다.

그러나 터널 비전 문제에 대한 해결책은 복합적이고 분명하지는 않지만 다양한 개혁안들이 제안됐다(Findley & Scott, 2006). 무고한 사람이 재판 절차에서 무죄를 입증받기 어렵게 만드는 걸림돌을 줄이기 위해 법적 원리와 절차적 규정들은 수정될 수 있다. 경찰 훈련과 기준은 유죄를 가정한 수사 관행과 같이 터널 비전을 조장하는 정책과 관례를 최소화하기 위해 수정될 수 있다. 경찰과 검찰을 위한 장려책도 수정이 가능한데, 범죄사건 해결 비율이나 유죄 판결률에만 장려책을 제시하는 것이 아니라 잘못된 유죄 판결을 받은 사람들이 풀려날 수 있도록 '정의'를 위한 노력에 장려책을 제시하고 주요 용의자뿐만 아니라 다른 인물까지 포함하여 모든 용의자를 대상으로 수사가 이루어져야 한다(Medwed, 2004 참고).

터널 비전을 극복하려는 노력 중에서 가장 어려운 점은 터널 비전을 만들어 낼 수 있는 인지적 편견을 줄일 수 있는 방법을 고안해 내는 것이다. 경찰, 검사, 변호인과 판사를 위한 교육은 인지적 편견에 의해 만들어진 잘못된 결과를 감소시키기 위한 확실한 수단처럼 보인다. 불행하게도 연구에 따르면, 교육은 어느 정도 선까지만 효과적이다. 단순히 사람들에게 인지적 편견에 대해 말해 주고 사용하지 말라고 설명하는 것은 실제로 효과적이지 않다. 예를 들어 한 연구에 따르면, 가능성 또는 전략을 평가할 때 결과를 무시하도록 노력하라고 교육을 받고 조언을 받았음에도 불구하고 사람들은 사후 과잉 확인 편향을 극복할 수 없었다(Hawkins & Hastie, 1990).

하지만 인지적 편향을 다루기 위한 다른 기술들을 지지하는 실증적인 증거가 존재한다. 연구에 따르면, 사람들에게 자신과 반대되는 입장을 고려하고 왜 이 사안의 결과가 다를 수밖에 없었는지에 대한 이유를 설명해 보라고 질문하면, 사후 과잉 확신 편향에 어느 정도 효과가 있다는 사실을 보여 주었다(Hawkins & Hastie, 1990). 비슷하게, 사람들에게 그들 자신의 입장을 반박하는 근거들을 설명하라는 방법은 확증 편향을 만들어 내는 '타당성 착각'을 최소화시킬 수 있다(Nickerson, 1998, p. 188).

O'Brien(2009)의 연구는 사람들에게 반대의 주장을 고려하고 설명하라고 요청하는 것이 어느 정도는 효과적일 수 있다는 의견에 대한 추가적인 실증적 근거들을 제공했다. O'Brien은 가설을 지지하거나 반대하는 증거 모두를 논의하라고 했던 사람들이 유죄의 가설만 지지하는 증거에 대해서만 논의하도록 했던 사람들보다 덜 편파적이었다는 것을 발견했다. 실제로 명확히 반대 증거를 고려한 사람들이 가설을 전혀 말하지 않은 사람들보다 덜 편파적임을 보여 주었다.

그러므로 실증적인 증거를 바탕으로 경찰과 검찰에서 반론을 논증하는 방법을 제도화시키는 것을 권장한다. 이 과정을 제도화할 수 있는 방법은 프로토콜을 만드는 것이며, 수사관과 검사에게 반대 증거와 주장을 명확히 찾아보라고 요구할 수 있다. 유사하게, 특정 사건에 대해 '일부러 반대 입장을 취하는 사람'을 경찰이나 검찰 부서에 만들어 반대 증거나 다른 결론을 생각해 보는 역할을 하면 도움이 될 것이다(Findley & Scott, 2006).

하지만 O'Brien의 연구는 해결책들이 보이는 것처럼 단순하거나 직접적이지는 않다는 것을 보여 준다. O'Brien(2009)은 수사관에게 적극적으로 그 용의자가 아니라는 증거를 생각해 보는 것은 편향을 감소시킬 수 있지만 몇 명의 대안적인 용의자를 생각해 보라고 하는 것은 도움이 되지 않는 것으로 나타났다. 사실, 경찰에게 대안적인 용의자를 고려해 보라고 한 것이 실제로는 한 사람의 용의자만을 지지해 주는 증거만 생각해 보고 다른 반대 증거는 생각하지 말라는 사람들만큼이나 편파적으로 만든다는 것은 놀라운 일이 아니다. 왜 이런 현상이 발생하는지에 대한 가설은 존재하지만 이러한 반직관적인 결과는 인지적인 편향을 중화시키기 위해 어떠한 방법들이 가능한지에 대해 너무 빨리 상식적인 결론에 도달하지 말라고 경고하고 있다.

인지적 편향을 바로잡기 위한 충분히 효과적인 방법은 존재하지 않는다. 경찰과 검사도 인간이기 때문에 자연스럽게 발생하는 모든 편향을 인정하고 수정할 것이라고 예상할 수 없다는 점을 고려해 보면 사법체계가 다른 장려책과 다른 자연적인 편향을 가진 사람들에게 사건 정보를 충분히 제공할 방법을 찾아야 한다. 결국 모든 형사사법절차에서의 투명성을 증대시키는 것이 터널 비전과 싸울 수 있는 가장 강력한 방법이 될 것이다.

형사 사건의 경우 피고인에게 가능한 한 가장 완전한 수사 정보를 제공하는 것, 즉 증거 개시를 확대하는 것이다. 전통적으로, 민사 사건에서 증거는 대부분 공개하는 것이 원칙이지만 반대로 형사 사건의 경우에는 증거는 제한적으로 공개한다(Prosser, 2006). 완전한 수사 관련 정보로 무장한 피고인은 다른 용의자를 찾고, 피고인의 유죄라는 가설을 무너뜨릴 수 있는 신뢰할 만한 증거를 찾거나 피고인을 의심할 만한 중요한 증거가 없다는 점을 확인하는 것처럼 경찰의 높은 편향적 가설에 맞설 수 있는 기회를 가질 수 있다.

투명성 또한 다른 방식으로 터널 비전에 맞설 수 있다. 터널 비전(터널) 밖을 봐야 하는 장려책을 가진 사람들과 정보를 공유하는 것 외에도 투명성은 판단자의 편향 효과를 조정할 수 있다. 연구에 따르면, 사람들은 자신의 행동이 관찰되고 있고 공식적으로 책임을 져야 한다는 것을 알고 있을 때 가설 검증 전략 사용 시 덜 편향적인 것으로 나타났다(Leo, 2004). 그러므로 이론적으로는 최소한 경찰의 수사가 진행될수록, 그리고 검사의 판단이 공개되고 관찰이 가능할수록 선입견적인 압박과 경향성에 대항할 것이다.

결론

터널 비전은 인지적 편향의 산물이자, 제도적 압력과 형사사법체계의 규범적 특징이다. 터널 비전은 형사사법체계의 모든 단계에 스며들어 있고 형사 사건이 시스템의 각 단계, 즉 경찰조사에서부터 기소와 재판, 그리고 항소와 사법부의 검토의 세 범주를 거치면서 심해진다. 터널 비전은 시스템 내에서 적절한 사람이 대상이 되면 해가 되지 않거나 도움도 될 수 있지만 무죄인 사람을 가차 없이 의심하는 파괴적인 효과가 있을 수 있다.

터널 비전에 대한 원인과 결과 그리고 해결 방안에 대한 연구들이 최근에 이루어지고 있고, 정책 담당자와 형사사법절차 내의 사람들에게 가야 할 길을 제시해 주고 있다. 많은 내용들을 이해하고는 있지만, 이 제도가 터널 비전에 대해 적절하게 대처할 수 있도록 더 많은 연구들이 진행되어야 한다. 터널 비전에 영향을 미치는 인지적 편향의 종류에 대한 연구들은 많이 이루어졌지만, 실제 수사에서 이러한 편향들이 어떻게 작용하는지와 어떤 결과를 만들어 내는지에 대한 더 많은 연구가 필요하다. 무엇보다 수사관, 검사, 변호인 및 판사가 오류를 범하게 만드는 편향에 효과적으로 맞설 수 있는 방법을 찾을 수 있는 연구들이 더 필요하다. 이러한 정보로 무장을 하면 형사사법체계는 유죄인 사람에게 유죄 판결을 내리고 무죄인 사람을 잘못된 유죄 판결로부터 지키는 역할을 더 잘 수행할 수 있을 것이다.

✱ 참고문헌

Ask, K., & Granhag, P. A. (2007). Motivational bias in criminal investigators' judgments of witness reliability. *Journal of Applied Social Psychology, 37,* 561-591. doi:10.1111/j.1559-1816.2007.00175.x

Ask, K., Rebelius, A., & Granhag, P. A. (2008). The "elasticity" of criminal evidence: A moderator of investigator bias. *Applied Cognitive Psychology, 22,* 1245-1259.

doi:10.1002/acp.1432.

Baron, J., & Hershey, J. C. (1988). Outcome bias in decision evaluation. *Journal of Personality and Social Psychology, 54,* 569-579. doi:10.1037/0022-3514.54.4.569

Bassok, M., & Trope, Y. (1984). People's strategies for testing hypotheses about another's personality: Confirmatory or diagnostic? *Social Cognition, 2,* 199-216.

Bibas, S. (2004). The psychology of hindsight and after-the-fact review of ineffective assistance of counsel. *Utah Law Review, 2004,* 1-11.

Bradfield, A. L., Wells, G. L., & Olson, E. A. (2002). The damaging effect of confirming feedback on the relation between eyewitness certainty and identification accuracy. *Journal of Applied Psychology, 87,* 112-120. doi:10.1037/0021-9010.87.1.112

Brady v. Maryland, 373 U.S. 83 (1963).

Burke, A. (2006). Improving prosecutorial decision making: Some lessons of cognitive science. *William and Mary Law Review, 47,* 1587-1633.

Chapman v. California, 386 U.S. 18 (1967).

Dror, I. E., Charlton, D., & Péron, A. E. (2006). Contextual information renders experts vulnerable to making erroneous identifications. *Forensic Science International, 156,* 74-78. doi:10.1016/j.forsciint.2005.10.017

Elstein, A. S., Shulman, L. s., & Sprafka, S. A. (1978). *Medical problem solving: An analysis of clinical reasoning*. Cambridge, MA: Harvard University Press.

Findley, K. A. (in press). Innocence protection in the appellate process. *Marquette Law Review.*

Findley, K. A., & Scott, M. S. (2006). The multiple dimensions of tunnel vision in criminal cases. *Wisconsin Law Review, 2006,* 291-397.

Garrett, B. L. (2008). Judging innocence. *Columbia Law Review, 108,* 55-142.

Gilovich, T. (1991). *How we know what isn't so; The fallibility of human reason in everyday life*. New York, NY: Free Press.

Gross, S. R., Jacoby, K., Matheson, D. J., Montgomery, N., & Patil, S. (2005). Exonerations in the United States 1989 through 2003. *The Journal of Criminal Law & Criminology, 95,* 523-553.

Harley, E. M., Carlsen, K. A., & Loftus, G. R. (2004). The "saw-it-all-along" effect: Demonstrations of visual hindsight bias. *Journal of Experimental Psychology: Learning, Memory, and Cognition, 30,* 960-968. doi:10.1037/0278-7393.30.5.960

Hawkins, S. A., & Hastie, R. (1990). Hindsight: Biased judgments of past events after the outcomes are known. *Psychological Bulletin, 107,* 311-327. doi:10.1037/0033-2909.107.3.311

Hertwig, R., Gigerenzer, G., & Hoffrage, U. (1997). The reiteration effect in hindsight bias. *Psychological Review, 104,* 194-202. doi:10.1037/0033-295X.104.1.194

Joannou, D. D., & Winstead, W. H. (2006). *A report on the case of Marvin Anderson.* Unpublished report prepared for the Innocence Commission of Virginia, on file with author.

Kassin, S. M., Goldstein, C. C., & Savitsky, K. (2003). Behavioral confirmation in the interrogation room: On the dangers of presuming guilt. *Law and Human Behavior, 27,* 187-203. doi:10.1023/A:1022599230598

Kassin, S. M., Meissner, C. A., & Norwick, R. J. (2005). "I'd know a false confession if I saw one": A comparative study of college students and police investigators. *Law and Human Behavior, 29,* 211-227. doi:10.1007/s10979-005-2416-9.

Kelley, H. H. (1950). The warm-cold variable in first impressions of persons. *Journal of Personality, 18,* 431-439. doi:10.1111/j.1467-6494.1950.tb01260.x

LeBlanc, V. R., Brooks, L. R., & Norman, G. R. (2002). Believing is seeing: The influence of diagnostic hypothesis on the interpretation of clinical features. *Academic Medicine, 77,* S67-S69. doi:10.1097/00001888-200210001-00022

Leo, R. (2004). The third degree and the origins of psychological interrogation in the United States. In G. D. Lassiter (Ed.). *Interrogations, confessions and entrapment* (pp. 37-84). New York, NY: Kluwer Academic.

Lieberman, J. D., & Arndt, J. (2000). Understanding the limits of limiting instructions: Social psychological explanations for the failures of instructions to disregard pretrial publicity and other inadmissible evidence. *Psychology, Public Policy, and Law, 6,* 677-711. doi:10.1037/1076-8971.6.3.677

Liebman, J. (2002). The new death penalty debate: What's DNA got to do with it? *Columbia Human Rights Law Review, 33,* 527-554.

Martin, D. L. (2002). Lessons about justice from the "laboratory" of wrongful convictions: Tunnel vision, the construction of guilt and informer evidence. *University of Missouri-Kansas City Law Review, 70,* 847-864.

Medwed, D. S. (2004). The zeal deal: Prosecutorial resistance to post-conviction claims of innocence. *Boston University Law Review. Boston University. School of Law, 84,* 125-183.

Meissner, C. A., & Kassin, S. M. (2002). "He's guilty!": Investigator bias in judgments of truth and deception. *Law and Human Behavior, 26,* 469–480. doi:10.1023/A:1020278620751

Nickerson, R. S. (1998). Confirmation bias: A ubiquitous phenomenon in many guises. *Review of General Psychology, 2,* 175–220. doi:10.1037/1089-2680.2.2.175

Nisbett, R., & Ross, L. (1980). *Human inference: Strategies and shortcomings of social judgment.* Englewood Cliffs, NJ: Prentice Hall.

O'Brien, B. (2009). Prime suspect: An examination of factors that aggravate and counteract confirmation bias in criminal investigations. *Psychology, Public Policy, and Law, 15,* 315–334.

Prosser, M. (2006). Reforming criminal discovery: Why old objections must yield to new realities. *Wisconsin Law Review, 2006,* 541–614.

Risinger, D. M., Saks, M. J., Thompson, W. C., & Rosenthal, R. (2002). The *Daubert/Kumho* implications of observer effects in forensic science: Hidden problems of expectation and suggestion. *California Law Review, 90,* 1–56. doi:10.2307/3481305

Ross, L., Lepper, M. R., & Hubbard, M. (1975). Perseverance in self-perception and social perception: Biased attributional processes in the debriefing paradigm. *Journal of Personality and Social Psychology, 32,* 880–892. doi:10.1037/0022-3514.32.5.880

Ross, L., Lepper, M. R., Strack, F., & Steinmetz, J. L. (1977). Social explanation and social expectation: The effects of real and hypothetical explanations upon subjective likelihood. *Journal of Personality and Social Psychology, 35,* 817–829. doi:10.1037/0022-3514.35.11.817

Rossmo, D. K. (2009). *Criminal Investigative Failures.* Boca Raton, FL: Taylor & Francis.

Scheck, B., Neufeld, P., & Dwyer, J. (2000). *Actual innocence: Five days to execution and other dispatches from the wrongly convicted.* New York, NY: Doubleday.

Schulz-Hardt, S., Frey, D., Lüthgens, C., & Moscovici, S. (2000). Biased information search in group decision making. *Journal of Personality & Social Psychology, 78,* 655-669. doi:10.1037OTO22-3514.78.4.655

Snook, B., & Cullen, R. M. (2008). Bounded rationality and criminal investigations: Has tunnel vision been wrongfully convicted? In K. D. Rossmo (Ed.), *Criminal investigative failures* (pp. 69–96). Oxford, England: Taylor & Francis.

Snyder, M. (1981). Seek and ye shall find: Testing hypotheses about other people. In E. G. Higgins, C. P. Heiman, & M. P. Zanna (Eds.), *Social cognition: The Ontario symposium on personality and social psychology* (pp. 277–303). Hillsdale, NJ: Erlbaum.

Snyder, M., & Campbell, B. H. (1980). Testing hypotheses about other people: The role of the hypothesis. *Personality and Social Psychology Bulletin, 6,* 421–426. doi:10.1177/014616728063015

Snyder, M., & Gangestad, S. (1981). Hypotheses-testing processes. In. J. H. Harvey, W. J. Ickes, & R. F. Kidd (Eds.), *New directions in attribution research* (Vol. 3, pp. 171–196). Hillsdale, NJ: Erlbaum.

Snyder, M., & Swann, W. B. (1978a). Behavioral confirmation in social interaction: From social perception to social reality. *Journal of Experimental Social Psychology, 14,* 148–162. doi:10.1016/0022-1031(78)90021-5

Snyder, M., & Swann, W. B. (1978b). Hypothesis-testing processes in social interaction. *Journal of Personality and Social Psychology, 36,* 1202–1212. doi:10.1037/0022-3514.36.11.1202

Strickland v. Washington, 466 U.S. 668 (1984).

Trope, Y., & Liberman, A. (1996). Social hypothesis testing: Cognitive and motivational mechanisms. In E. T. Higgens & A. W. Kruglanski (Eds.), *Social psychology: Handbook of basic principles* (pp. 239–270). New York, NY: Guilford Press.

United States v. Sanges, 144 U.S. 310 (1892).

Wason, P. C. (1959). On the failure to eliminate hypotheses in a conceptual task. *The Quarterly Journal of Experimental Psychology, 11,* 92–107. doi:10.1080/17470215908416296

Wason, P. C. (1966). Reasoning. In B. M. Foss (Ed.), *New horizons in psychology* (pp. 135–151). Harmondsworth, Middlesex, England: Penguin.

Wason, P. C. (1968). Reasoning about a rule. *The Quarterly Journal of Experimental Psychology, 20,* 273–281. doi:10.1080/14640746808400161

Weinstein, I. (2003). Don't believe everything you think: Cognitive bias in legal decision making. *Clinical Law Review, 9,* 783–834.

Wells, G. L., & Bradfield, A. L. (1998). "Good, you identified the suspect": Feedback to eyewitnesses distorts their reports of the witnessing experience. *Journal of Applied Psychology, 83,* 360–376. doi:10.1037/0021-9010.83.3.360

제6부

무죄가 밝혀진 후

제15장 오판 이후의 삶

제15장

오판 이후의 삶

Kimberley A. Clow, Amy-May Leach, & Rosemary Ricciardelli

재판 뒤 유죄 판결을 받고 다시 무죄가 입증되어 풀려난 사람들의 삶에 대해서는 비교적 적은 수의 연구가 시행되었다. 이 분야에서 이루어진 연구는 일반적으로 임상적 또는 범죄학적 관점에서 무고한 사람들이 겪어야 했던 엄청난 결과를 제시하고 있다(예: Campbell & Denov, 2004; Grounds, 2004; Westervelt & Cook, 2009). 이 장에서는 오판의 결과에 대한 논문을 검토하고, 현재 이 주제에 대한 중요한 심리학 연구를 설명하며, 앞으로의 연구 방향을 제시하고, 연구가 정책과 실제로 미칠 수 있는 영향에 대해 알아보고자 한다. 비록 논의되는 내용들의 어느 정도는 범죄자와 오판을 받은 사람 모두에게 영향을 미치지만, 오판의 결과는 특히 무고한 사람에게 피해를 끼칠 수밖에 없다.

무고한 사람에 대한 유죄 판결의 결과

오판의 가장 극적인 결과 중 하나는 교도소 수감일 것이다. 알몸으로 수색받아야 하고, 개인 소품들을 포기해야 하고, 여러 절차를 거쳐야 한다고 상상해 보라. 그리고 행동을 감시하고 엄격히 관리하며 당신이 살아온 삶과 매우 다른 문화와 환경인 교도소로 보내진다. William (Bill) Mullins-Johnson은 그의 어린 조카를 살해(사실, 알 수 없는 자연적인 원인으로 죽었음)한 것으로 잘못된 유죄 판결을 받았다. 교도소에서의 첫날 밤에 다른 수감자들이 위협적이고 모욕적인 말로 소리를 지르며 그의 방 벽을 세게 두들겼다(Bayliss, 2006). 그는 잘못을 저지르지 않았고 성폭력으로 유죄 판결을 받지 않았음에도 불구하고 즉시 소아성애자라는 꼬리표가 달렸다. 사실상, Mullins-Johnson은 교도소에서 보낸 12년 동안 그와 어울렸던 수감자들은 성범죄 판결을 받은 죄수들뿐이었다는 것을 알았다(Mullins-Johnson, 개인 서신, 3월 26일, 2006). 안타깝게도, 이러한 경험은 드문 일이 아니었다. 오판을 받았던 다른 사람들도 비슷한 고립과 협박을 견뎌 왔다(예: Campbell & Denov, 2004; Westervelt & Cook, 2007).

비록 교도소 폭력이 오판에만 나타나는 독특한 일은 아닐지라도, 결과적으로 무고한 사람들은 이를 견뎌 내야 한다. 폭력, 그리고 폭력에 대한 공포는 교도소에 잘못 수감된 사람들의 삶에서 나타나는 주제다(예: Badkhen, 2005; Campbell & Denov, 2004; Grounds, 2004). 한 남성은 오판 뒤 자기 가슴에 『내셔널 지오그래픽』 잡지를 테이프로 묶어 구멍이 뚫리지 않는 조끼를 즉석에서 만들어 교도소 폭력에 대한 공포에 어떻게 대처했는지 설명했다(Campbell & Denov, 2004). 그는 교도소 방을 나가야 할 때마다 임시로 만든 조끼를 옷 안에 입었다. 앙골라 감옥에 24년 동안 부당하게 투옥된 Micheal Williams는 왼쪽 팔꿈치에 다른 수감자가 얼음 송곳으로 찔러서 생긴 흉터가 있다(Badkhen, 2005).

오판을 받은 사람들이 교도소에서 직면하는 특별한 어려움 중 하나는 그들이 거짓으로 저지르지도 않은 범죄를 인정하고 받아들이지 않는 한 특권이나 가석방이 되기가 어렵다는 점이다(예: Campbell & Denov, 2004; Weisman, 2004). 형사사법체계에서 일하는 관계자를 포함한 많은 사람들에게는 죄를 인정하는 것이 뉘우침을 입증하는 첫 단계다(예: Weisman, 2004). 연구 결과에 따르면, 뉘우침은 판결, 양형, 가석방을 포함한 형사사법체계 전체에 걸쳐 발생하는 판단에 영향을 끼치는 중요한 변인임을 보여 주었다(예: Campbell & Denov, 2004; Grounds, 2004; Weisman, 2004). 게다가 뉘우침이 없는 경우 정신병과 반사회적 성격장애의 진단과 관련된다(예: Bishop & Hare, 2008; Weisman, 2004). 예를 들면, 오판을 받은 한 사람은 이런 말을 들었다.

> 가석방 심의 위원회는 이것(무죄를 주장하는 것)을 마치 죄를 부인하고 있는 것처럼 받아들인다. …당신은 낫지 않았고 … 회복되지 않았다. …당신의 문제를 고치기 위해서는 죄를 인정해야만 한다(Campbell & Denov, 2004, p. 152).

그러나 단 한 번이라도 죄를 자백하면 이후에 사람들에게 무죄라고 납득시키는 것은 매우 어렵게 된다(예: Kassin & Gudjonsson, 2004). 그러므로 오판을 받은 사람은 승산이 없는 상황에 처해 있는 것이다. 만일 결백을 계속해서 주장한다면 더 심하게 처벌받을 것이고, 저지르지도 않은 죄를 자백한다면 무죄를 납득시키기도 어렵게 된다.

실제 범죄자가 교도소에서 석방될 때, 교도소 밖의 삶에 적응을 돕기 위해 보통 직업 소개, 마약 치료 그리고 일시적인 주택 공급과 같은 다양한 서비스들과 프로그램들이 제공된다. 역설적이게도, 오판을 받은 사람은 교도소에서 석방되면 실제 범죄자보다 도움을 더 못 받게 된다(예: Burnett, 2005; Grounds, 2004; Innocence Project, 2009; Roberts & Stanton, 2007; Westervelt & Cook, 2009). 게다가 무죄가 밝혀진 사람은 교도소에서 풀려나기 몇 시간 전에야 풀려난다는 사실을 알게 되어 살 곳을 마련할 수 있는 시간도 없고 도움도 받을 수 없거나, 심지어는 교도소를 떠나기 위한 교통수단도 마련되어 있지 않다. 예를 들면, 구치소 제보자의 위증으로 플로리다의 상점 주인을 강간하고 살해한 것으로 잘못된 유죄 판결을 받은 Shabaka

Brown(Center on Wrongful Convictions, 2010)은 석방된 후 그의 무죄를 입증해 준 변호사와 6개월 동안 함께 지내야 했다(Westervelt & Cook, 2009). Earl Truvia와 Gregory Bright는 그들이 저지르지도 않은 살인 때문에 27년을 교도소에서 보낸 뒤 석방되었다(유죄 판결은 편집형 조현병을 앓고 있던 한 여성의 증언을 바탕으로 이루어졌는데, 이 여성은 자신의 범죄 기록을 숨기기 위해 거짓 이름으로 증언했지만 이러한 사실이 변호인 또는 배심원들에게는 알려지지 않았다). 이들이 교도소에서 나갈 때 루이지애나 주(州)는 10달러(약 11,000원)짜리 수표 한 장을 제공했고, 법적 문서들로 가득한 쓰레기봉투를 건넸다(Innocence Project New Orleans, 2010). 인종이 달랐던 목격자의 오인 지목으로 성폭행 사건에서 오판을 받은 David Shepard는 범죄자에게 서비스를 제공해 주는 단체에 연락을 했지만, 그가 실제로 범죄자가 아니라는 이유로 도움을 거절당했다(Buck, 2004; Innocence Project, 2009). 그러므로 오판을 받은 사람은 퇴소 이후 실제 범죄자보다 더욱 고통을 받을 수 있는데, 이는 정책과 자원이 무고한 사람들의 사회복귀를 목표로 하지 않기 때문이다.

최근의 이노센스 프로젝트 보고서(Innocence Project, 2009)에 따르면, 미국의 절반 정도인 23개 주(州)에서는 무죄임이 밝혀진 사람에 대한 어떠한 보상도 제공하지 않는다고 지적했다. 심지어 보상 관련 법이 있는 27개 주에서는 보상금을 받기 위해 평균 3년을 기다려야 했다. 이노센스 프로젝트의 DNA 검사를 통해 무죄를 입증받은 사건들 중 60%의 경우만 어떠한 도움이라도 받은 것으로 나타났는데, 그 도움은 일반적으로 소소하거나 금전적인 것이다. 더불어 몇 개의 주(예: 네브래스카)에서는 죄를 시인했거나 허위로 자백한 사람들의 경우 오판에 기여한 것으로 여겨져 보상을 제공하지 않는다. 플로리다 주의 경우 중범죄 기록이 있는 사람에게는 보상을 제공하지 않는다. 사회복지 또는 사회복지적 서비스 제공은 특히나 매우 드물다. 전체적으로 무죄가 밝혀진 사람이 교도소를 아무것도 없이 떠나게 되면, 앞으로 교통, 취업, 주거지를 공급받는 데 더욱 어려워진다.

오판을 받았던 사람은 이러한 경험을 통해 변하게 될 가능성이 높다. 한 어머니는 아들에 대해 설명하면서, "그 아이는 항상 애정이 깊었어요. 지금은 감정을 표현하지도 못하고, 앉아서 말도 하지 못해요. 놀라고 불안해해요. 교도소가 그를 변하게 했어요. 그의 성격이 변했어요."(Grounds, 2004, p. 168)라고 말했다. 12년 간 잘못 수감되었던 David Shephard는 이 모든 일이 다시 일어날지도 모른다는 공포에 시달렸다(Buck, 2004). 석방된 뒤 그는 자신의 활동들을 증명하기 위해 물적 증거(예: 버스표)를 수집했다. 교도소에서 8년간 수감되었던 Kirk Bloodsworth는 다른 사람에게 자신이 어디에 있는지 항상 알려 준다(Westervelt & Cook, 2008). 무죄가 밝혀진 사람들은 교도소에서 복역했던 시간부터 사랑하는 사람의 죽음까지 다양한 상실감에 슬퍼한다(Westervelt & Cook, 2009). 무죄가 밝혀진 사람은 개인적인 안도감을 잃고 때로는 자아감 또는 정체성을 잃는다. 성격 변화, 불안 장애, 우울증과 자살 사고, 분노, 슬픔은 오판의 일반적인 결과다(Campbell & Denov, 2004; Grounds, 2004; Innocence Project, 2009; Westervelt & Cook, 2009).

마지막으로, 무죄가 밝혀진 사람은 이러한 문제들과 싸우면서 수감되어 있는 동안 일어난 변화에 적응도 해야 한다. 이웃도 변했을 것이고, 이들이 떠났던 동네는 많이 달라졌을 것이다. 친구와 가족은 나이가 들었고 전혀 다른 사람처럼 보일 것이다. 특히 오판을 받았던 사람들은 기술의 발전과 관련하여 미숙함과 불안을 보고했다(예: Badkhen, 2005; Grounds, 2004; Innocence Project, 2009; Westervelt & Cook, 2009).

무죄가 밝혀진 이들은 컴퓨터, 휴대전화, 자동응답기, ATM기기, 인터넷과 같이 지금은 흔한 기술들을 이전에는 경험하지 않았다. 이러한 변화에 한꺼번에 적응하는 것은 매우 압도될 만한 일이다. 이전에는 오히려 컴퓨터, 휴대폰, 자동응답기, ATM기, 인터넷과 같은 지금 흔한 기술에 직면하지 않았다. 이러한 모든 변화에 적응하는 것 자체가 매우 힘들 수 있다.

오판은 이들의 권리와 자유를 없애 버렸고, 이들은 교도소에 수감되었고, 폭력과 안전에 대한 공포로 고통받았으며, 무죄라고 주장하기 때문에 실제 범죄자들보다 더 심하게 처벌받았고, 교도소에 수감된 기간에 변화한 세상에 적응해야 하며, 사회에 재적응하기 위한 서비스나 도움을 제공받지도 못한다. 게다가 그들이 스스로 설명하고 증거가 증명하고 있음에도 불구하고 많은 사람들이 그들이 유죄—도둑, 살인자, 강간범—라고 믿는다는 사실에 대처해야 한다. 그러므로 오판의 결과는 결백한 사람이 교도소에서 석방될 때 끝나는 것이 아니라 그 결과는 평생 동안 영향을 미친다.

오판 이후의 삶에 대한 연구의 심리과학적 근거

오판을 받았던 사람은 보통 낙인이 찍힌다. 비록 오판이 본질적으로 눈으로 식별할 수 있는 것은 아니지만, 오판을 받은 누군가는 사건에 대한 언론보도로 인해 노출되거나 눈에 띈다는 느낌을 받을 수 있다. 오판을 받은 사람은 때로는 오판을 받은 사실에 대해 드러낼지 여부를 통제할 수 있다(예: 사회적 상황에서). 그러나 때로는 무죄가 밝혀졌다는 사실이 이들의 허락이나 통제 없이 드러날 수도 있다(예: 대중매체의 관심). 예를 들면, DNA 검사를 통해 사형수에서 면제를 받게 된 첫 번째 인물인 Kirk Bloodsworth(Innocence Project, 2010)는 풀려난 후 자신의 트럭에 오물로 '아동 살인자'라고 적혀 있는 것을 발견했다(Westervelt & Cook, 2009). 오판을 받기 전에 볼링장을 운영했던 Ken Wyniemko는 석방된 이후 100개 이상의 일에 지원했지만 일자리를 찾을 수 없었다. 그는 오판을 "주홍글씨를 달고 돌아다니는 것"(Roberts & Stanton, 2007, p. 2)이라고 묘사했다.

Goffman(1963)은 낙인이 찍힌 사람을 사회로부터 오점이 있고 무시해도 되는 누군가로 만드는 불명예스러운 속성으로 정의했다. 그는 낙인을 '망가진 정체성'으로 설명했다. 또한 불명예스러운 것(예: 취약한 사회적 집단에 속해 있다는 사실을 밝히는 것에 대해 통제할 수 있는 것)과 불신(예: 이 사람이 취약한 사회적 집단에 속해 있다는 사실을 다른 사람이 이미 알고 있는 것)에는 중요한 차이가 있다고 주장했다. 오판을 받은 사람은 불명예스러운 것과 불신 사이에서 흔들리고 있을 것이며, 어떤 상황에서는 다른 사람이 자신이 오판을 받았다는 사실을 아는지 여부에 대해 전혀 모르고 있을 수 있다.

비록 낙인이 재정적으로 부족하거나 주거지가 없다는 문제보다는 심각하지 않게 보일 수 있지만 낙인은 다른 상황이나 조건을 악화시킬 수 있어 오판을 받은 사람들에게 부정적인 영향을 폭넓게 미칠 수 있다. 예를 들면, 1992년 2급 살인죄로 오판을 받은 Robert Baltovich는 교도소에서 석방된 뒤 괜찮은 일자리를 찾을 수 있었다. 동료 직원이 그를 알아보았을 때, 그는 갑자기 여러 상관들에게 자신과 그의 직업에 대해 설명을 해야만 했다(R. Baltovich, personal communication, April 2009). Sabrina Butler는 19세에 아동 학대로 오판을 받았는데 슈퍼마켓에서 일을 시작하기 위해 서류를 작성하고 있었지만 그곳의 부지배인이 지나가며 그녀를 알아보았고 일은 할 수 없게 되었다(Westervelt & Cook, 2009). 교도소에서 총 5년 중 2년간은 사형수로 복역한 그녀는 아이의 죽음을 이겨 내려고 노력하고 있지만, 지역사회에서는 낙인이 찍혀 있다. 그녀는 심지어 다니던 교회에서도 거절당했다(Westervelt & Cook, 2009). Darryl Hunt는 오판으로 인해 19년간 수감생활을 했고 그중 4년은 독방에서 보냈는데, 콜게이트 대학교 학생에게 "비록 내 무죄가 입증되었지만, 아직 내 과거와 관련한 낙인은 남아 있다."(Adornato, 2009)고 했다. Steven Truscott은 1959년 12세의 친구를 살해한 혐의로 유죄 판결을 받았고 2007년에 죄가 없음이 밝혀졌으며 2008년에는 캐나다 온타리오 정부로부터 보상을 받았다. Truscott의 가족은 진술서에 재정적인 보상을 받은 것에 감사하다고는 했지만 다음과 같이 적었다.

> 우리는 14세의 나이에 교수형에 처하라는 판결을 받은 것에 대한 두려움과 그의 젊은 시절을 잃은 것, 거의 50년 동안 살인자라는 낙인이 찍혀 살았던 것은 어떠한 금전적인 보상도 Steven에게는 부족하다는 것을 가슴 아프게 자각하고 있습니다(CBC News, 2008).

그러므로 이 장의 남은 부분에서는 오판을 받은 사람에게 나머지 삶 동안 잠재적으로 영향을 미치는 두 가지의 만연한 사회심리학적 요소인 태도와 낙인에 초점을 맞추고자 한다.

태도는 개념상으로는 별개이지만 관련된 세 가지 구성 요소로 이루어져 있다. 이는 정서와 평가로 이루어지는 정서적 요소, 믿음과 생각을 포함하는 인지적 요소,

그리고 행동과 행동의 의도를 포함하는 행동적 요소다. 이 모델을 오판과 관련시켜서 사람들이 오판과 오판을 받은 사람들에 관하여 가지는 태도는 행동과 행동의 의도뿐만 아니라 감정, 생각 그리고 믿음을 포함한다.

이 태도의 세 요인 모델이 집단 간 연구에 적용될 때, 정서적 요소는 편견이라고 하고, 인지적 요소는 고정관념이라고 하며, 행동적 요소는 차별이라고 한다. 그러므로 편견은 누군가 속해 있는 집단으로 인해 발생하는 개인에 대한 우리의 정서적 반응이고, 고정관념은 누군가 속해 있는 집단에 기초한 우리의 생각이며, 차별은 누군가 속해 있는 집단 때문에 생기는 개인을 향한 우리의 행동과 행동의 의도다. 이러한 생각, 정서 및 행동이 개인이 속한 집단에 기초한 것처럼, 집단 구성원이 부정적으로 인지된다면 그 집단 구성원 자체가 낙인으로 여겨질 수 있다.

전체적으로 낙인이 찍힌 집단은 부정적인 고정관념이 생성되고, 부정적인 정서로 반응하게 되며, 일반적으로 사람들은 회피한다(예: Crocker & Major, 1989; Crocker, Major, & Steele, 1998; Pryor, Reeder, Yeadon, & Hesson-McInnis, 2004). 낙인을 숨기려는 노력은 어쩌면 개인의 낙인과 관련된 생각에 집중하게 만드는 부정적인 영향을 증가시킬 수 있다(예: Smart & Wegner, 1999). 낙인이 찍힌 집단의 구성원은 낙인 의식을 야기할 수 있고(Pinel, 1999), 이는 낙인으로 인해 고정관념을 기대하게 만든다. 더불어 낙인은 다양한 상황에서의 기분을 변화시키는 역할을 할 수 있다(예: Crocker, Cornwell, & Major, 1993; Crocker & Major, 1989; Crocker, Voelkl, Testa, & Major, 1991). 연구를 통해 잘못된 유죄 판결에 의한 낙인의 본질이나 사회의 고정관념, 편견, 차별의 결과를 관리하거나 벗어나는 데 도움이 될 수 있는 요인들의 정확한 특성을 아직은 확립하지 못했다.

오판 이후의 삶에 대한 연구에 사용되는 연구 방법

현재 오판의 결과를 조사하기 위한 독특한 방법론이나 패러다임이 없는 실정이다. 관련 주제에 대한 몇 개의 출판된 연구들은 설문조사, 면담조사 혹은 서술의 방법을 사용해 왔다.

설문조사

Angus Reid Group(1995)은 최초로 오판에 대한 인식을 실증적으로 조사했다. 이들은 캐나다 전역에서 7,000명의 참가자들에게 일자리 불안부터 캐나다-유럽 어업 분쟁에 이르는 다양한 주제에 대한 의견을 묻는 설문조사를 실시했다. 이 여론조사에는 오판에 대한 인식과 관련 있는 양자택일형 질문 두 문항이 포함되어 있었는데, (a) 정부가 오판에 대처하기 위한 노력을 늘려야 하는 것인지, 아니면 정부 변화가 불필요할 만큼 오판이 매우 드문 것인지, 그리고 (b) 정부가 잘못된 판결을 받은 개인에 대한 보상을 책임져야 하는지 아닌지를 물었다. 그 결과 응답자 중 65%는 정부가 "자신들이 잘못된 판결을 받았다고 주장하는 사람들을 대처하기 위한 노력을 늘려 나가야 한다."(Angus Reid Group, 1995, p. 76)고 느끼며, 응답자의 약 90%가 부당하게 판결받은 개인에게 보상하는 것이 정부의 책임이라고 느끼는 것으로 나타났다. 이런 결과가 오판의 희생자에 대한 긍정적 태도를 나타내는 것으로 보이지만, 이는 실제로 정확하지 않을 수 있다. 두 항목은 모두 부당하게 판결받은 사람에 대한 인식보다는 오판에 대한 정부의 역할에 초점을 맞추었기 때문이다.

오판에 대해 단지 이 두 문항만 포함되었다는 점, 문항 모두 두 가지 매우 특수한 쟁점에 대해 굉장히 제한된 정보를 제공하는 양자택일의 답변만 포함하고 있었다는 점은 유감스러운 일이다. 게다가 첫 번째 질문에 대한 두 번째 답변이 (a) 오판은 매우 드물다, 그리고 (b) 정부는 변할 필요가 없다의 의견이 모두 포함되어 있다. 그럼에도 불구하고 Angus Reid Group(1995)은 최초로 오판에 대한 대중의 인식을 조사했다.

최근에 이루어진 설문조사 연구에서는 오판에 대한 인식을 평가하는 데 다양한 질문들을 이용해 오고 있다(예: Bell & Clow, 2007; Bell, Clow, & Ricciardelli, 2008; Ricciardelli, Bell, & Clow, 2009). 이 질문들은 오판의 기저가 되는 요인들에 대한 참가자들의 지식(Bell et al., 2008), 판결 후 재심리 절차에 대한 그들의 인식(Bell &

Clow, 2007), 그리고 보다 일반적인 오판에 관련한 그들의 인식(Ricciardelli et al., 2009)을 측정했다. 참가자들은 오판을 형사사법체계의 문제로 생각했다(Bell & Clow, 2007). 참가자들은 오판의 원인이 되는 몇 가지 요인들(예: 목격자의 오인 지목, 허위 자백)을 알고 있음에도 불구하고, 대개 변호사나 경찰의 행동이 오판에 크게 기여한다고 생각하지 않았다(Bell et al., 2008). 더구나 참가자들이 선택한 대학 전공과 공부한 연수가 오판에 대한 지식에 영향을 주었다. Bell과 Clow(2007)는 참가자들이 독립적인 민간단체가 오판 사례를 검토하는 것을 지지하고 오판 가능성이 있어 재심을 신청한 사람들이 자신을 돕기 위해 변호사를 지정해야 한다고 생각하고 있지만 둘 다 실제에서는 발생할 수 없다는 점을 알게 되었다. 허용 가능한 오판과 적합한 판단 간의 비율을 적어 보라고 했을 때 참가자의 대부분은 어떠한 오판도 발생하지 않는 이상적인 시스템을 희망했다(Bell & Clow, 2007).

이 연구는 오판에 대한 인식과 관련된 문제를 조사했음에도 불구하고, 초점은 오판을 받은 개인에 대한 특수한 인식보다는 과정에 맞춰져 있다. 현재까지 오판을 받은 개인에 대한 인식을 다루는 출판된 설문조사 연구를 찾지 못했다. 앞으로의 연구가 좀 더 다뤄야 하는 영역이다.

면담조사

Campbell과 Denov(2004)는 캐나다에서 억울하게 유죄 판결을 받은 5명의 남성을 면담조사했다. 그들의 연구는 이들이 수감된 동안 자신이 무죄인 사실을 극복하기 위해 사용했던 다양한 기제들, 예를 들면 자신의 고립, 사면에 대한 생각, 다른 수형자 돕기, 그리고 '범죄자'라는 낙인으로부터 심리적인 거리 두기 등에 대해 설명했다. Westervelt와 Cook(2007, 2008, 2009)은 미국에서 사형수였지만 무죄가 밝혀져 사면된 18명을 면담조사했다. 그들은 과각성, 거슬리는 생각들, 절망감, 타인과의 교류의 어려움, 미래 설계에 대한 어려움 등을 설명하며, 사면자의 경험을 생존자의 죄책감과 비교했다(Westervelt & Cook, 2008, 2009). 대처 전략적인 관점에서 보면, 사면자들은 체내화 전략(즉, 오판을 받은 다른 사람의 지지자가 되거나 더 큰 정신적인 무엇인가를 받아들이는 것과 같이 경험을 긍정적으로 바라보려는 전략) 또는 거부 전략(즉, 더욱더 고립되거나 때로는 자기파괴적인 행동을 보이는 전략; Westervelt & Cook, 2008)을 사용하는 경향을 보였다.

면대면 조사를 통해, 연구자들은 라포 형성이 가능했고, 참가자들이 자살 사고, 사랑하는 사람의 죽음, 교도소에서의 폭력에 대한 공포와 같은 매우 개인적이고 불안한 경험에 대해 더 편안하게 말할 수 있었다(Campbell & Denov, 2004; Westervelt & Cook, 2007, 2008, 2009). 면담조사에서 기술된 개인적인 내용들은 읽는 사람에게는 오판의 실상에 대한 어렴풋한 경험을 제공하고, 면담 대상자들에게는 그들의 언어로 표현할 수 있는 기회를 제공해 준다. 기술된 경험과 밝혀진 주제들은 다른 방법론을 사용해서는 얻어 내기가 매우 어렵다. 이 연구의 표본 크기가 작기 때문에 중요한 한계점으로는 결론이 표본이 추출된 모집단에 일반화될 수 있는지 여부, 또는 이 결론이 그저 특정한 참가자들에게만 해당되는 것인가다.

서술 연구

Leo(2005)가 '큰 그림' 책들('the Big Picture' books)이라고 불렀던 오판과 관련된 다양한 영향력 있는 책들은 다양한 사례들을 수집해 서술한 것이다(예: Anderson & Anderson, 1998; Borchard, 1932; Frank & Frank, 1957; Scheck, Neufeld & Dwyer, 2000). 이러한 수집서들은 실화를 바탕으로 한 범죄 소설들(예: Grisham, 2006)과 더불어 대중의 관심을 끌고 오판 문제에 이목을 집중시켰다. 학문적 관점에서 이러한 수집서들은 연구자들이 사례를 비교하고 일반적인 변인을 찾는 데 도움이 되었다. 예를 들면, Frank와 Frank(1957)는 36개의 사례 수집서를 연구하여 오판의 원인이 된 근본적인 요인들 간의 유사성을 찾아냈다(예: 목격자의 오인 지목). 또한 '승소'적 사고방식으로 사건을 접근하는 것과 같은 검찰의 행동 역시 중요한 요인으로 지목하였다. 이 수집서들은 다양한 상황과 장소에서 다양한 개인들에게서 오판을 야기하는 특정한 변인이 있다는 것을 보여 준다. 이를 통해 이 책의 앞 장에서 상당수가 이미 논의되었는데, 오판을 야기하는 다양한 일반적인 요인들을 확인하는 데 도움을 주었다.

큰 그림 책들은 오판을 야기한 사건들에 초점이 맞춰져 있는 데 비해, Grounds (2004)는 영국에서 오판을 받았지만 교도소에서 풀려난 18명을 대상으로 이들의 정신 상태를 평가했다. 표본 18명 중 12명이 외상 후 스트레스 장애의 기준을 충족했으며 대부분은 불안 또는 기분 장애를 앓고 있었다. 게다가 이들은 Grounds가 참전 군인들이 사회에 재적응할 때 경험하는 어려움을 비교했을 때와 비슷한 사회 적응의 어려움을 겪고 있었다.

서술 연구는 사면자의 경험을 설명하고 다양한 사례들을 자세히 기술하는 데 훌륭한 도구가 된다. 서술 연구는 종종 면담조사와 문헌 연구 또는 다른 방법들과 함께 사용되는데, 이는 면담조사에서 설명했던 것과 같은 장점을 다수 포함하고 있다. 면담조사와 비슷하게 서술 연구는 오판을 당한 사람들의 경험을 묘사해 주고 이들의 이야기가 전해지도록 해 준다. 풍부한 묘사와 자세한 기술이 이러한 연구의 장점인 반면, 한계점은 이론, 예측, 그리고 일반화 가능성에 있다.

오판 이후의 삶에 대한 최근의 연구

오판의 결과에 대한 연구는 초기 단계에 머물러 있다. 더 새로운 실험적 연구들이 오판을 받은 사람에 대한 인식과 낙인에 대한 구체적인 연구가 시작됐다. 예를 들면, 참가자들에게 무작위로 기사가 제시되었고 거짓 자백으로 인해 살인 혐의를 받고 오판을 받은 사람의 경우(잘못된 목격자 지목, 구치소 제보자, 또는 이유가 제시되지 않았을 때에 비해) 가장 낙인을 많이 씌우는 경향이 있는 것으로 나타났다(Clow & Leach, 2009). 거짓 자백 조건의 참가자들은 다른 조건의 참가자들보다 오판을 받은 사람을 능력과 따뜻함을 낮게 평가했고, 가장 친밀한 사회적 상황(예: 데이트나 결혼)을 회피하려는 경향을 보였다. 두 번째 연구에서, 오판을 받은 사람에 대한 인식과 실제 범죄자와 범죄를 저지르지 않은 시민에 대한 인식이 비교되었다. 연구 결과 범죄자들이 일반적으로 더 부정적이었지만, 오판을 받은 사람들이 많은 부분에서 범죄자들과 비슷하게 낙인이 찍히는 것으로 나타났다. 이러한 결과들은 참가자들이 설문조사에서 오판에 대한 정책에는 긍정적인 태도를 보이겠지만(예: Angus Reid Group, 1995; Bell& Clow, 2007; Bell, Clow & Riccardelli, 2008; Riccardelli et al., 2009), 그럼에도 불구하고 참가자들은 오판을 받은 사람들을 낙인 찍는다는 것을 시사한다.

오판 이후의 삶에 대한 연구의 적용

오판의 결과에 대한 연구는 현재 실제나 정책에 영향을 미치지는 못하는 것 같다. 이 분야의 연구는 부족하고 앞으로 더 많은 반복 연구와 일반화가 필요하기에 놀라운 일은 아니다. 그러나 이 분야의 연구가 성장하고 있어 연구 결과들이 실제와 정책에 영향을 미칠 것으로 예상된다.

예를 들면, 무죄가 밝혀진 사람이 교도소에서 풀려난 후의 조건과 이들에게 제공되는 사회복지 사업과 경제적 보상과 같은 지원을 향상시키는 데 도움이 될 것이다. 만약 일반인이 지속적으로 오판을 받은 사람에 대한 정부의 보상을 지지한다면(예: Angus Reid Group, 1995), 오판에 대한 경제적 보상을 의무화시킬 수 있는 제도를 만들라는 압력이 증가할 것이다. 더불어, 만약 참가자들이 오판을 받은 사람이 보상을 받았을 때보다 보상을 받지 않았을 때 더 긍정적인 태도를 보인다면, 이 정보는 변호인들과 지지자들이 오판을 받은 사람이 사면 후에 보상을 받을 수 있도록 노력할 수 있는 근거가 된다.

최근의 실증적 연구는 오판을 받은 사람에 대한 태도를 긍정적으로 향상시킬 수 있는 잠정적인 방법들을 제시하는데, 이는 오판을 받은 사람에게 노출을 시키는 것이다. Riccardelli와 Clow(in press)는 오판, 그리고 오판을 받은 사람에 대한 참가자들의 태도에 사면자 초청 강연이 미치는 효과를 연구했다. 태도는 오판 또는 다른 사회 문제와 관련된 초청 강연에 참석하기 전과 후에 평가했다. 참가자들은 참석하기 전에 초청 강연에 대한 주제를 모르는 상태였다. 일반적으로 오판 사면자의 초청 강연에 참석한 참가자들은 다른 초청 강연에 참석한 참가자들에 비해 오판을 받은 사람들에 대해 더욱 긍정적인 태도 변화를 보였다.

McWade, Leach와 Clow(2009)는 참가자 한 쌍을 오판 조건, 유죄 판결 조건, 혹은 통제 조건의 세 조건 중 하나에 무작위로 배정했다. 유죄 판결 조건에서는 참가자 한 쌍 중 한 명은 무장 강도 혐의로 유죄 판결을 받은 사람과 상호 작용하고 있다고 믿게 되었다. 오판 조건에서는 참가자들은 파트너가 무장 강도로 오판을 받은 경험이 있다고 믿게 되었다. 통제 조건에서 참가자들은 파트너가 전과 기록이 없다고 믿게 되었다. 사실 참가자들의 전과 기록은 없었다(선별 과정을 거쳐 실험 참가가 결정되었기 때문임). 연구자들은 세 가지 조건에서의 상호작용 파트너에 대한 참가자들의 인상에 대해 조사했다. 예비 분석 결과, 어느 조건이냐에 따라 대화를 시작하기 전에 이미 파트너에 대한 인상에 영향을 미치는 것으로 나타났는데, 유죄 판결 조건과 오판 조건의 경우 통제 조건에 비해 파트너들을 더 부정적으로 인식하는 것으로 나타났다. 그러나 파트너와 대화를 나눈 후에는 이들에 대한 인상이 긍정적으로 향상되었다. 예를 들면, 연구 마지막에 대다수의 참가자들이 그들의 연락처 정보(예: 이메일 주소나 전화번호)를 파트너에게 제시했는데 이러한 행동은 조건에 따라 차이가 나타나지 않았다. 이러한 예비 분석 결과는 접촉 가설 효과를 보여 준 것으로 오판을 받았다고 생각되는 사람과의 긍정적인 접촉이 연구가 끝날 때 개인의 태도를 향상시켰다는 것을 보여 주었다. 이러한 해석은 잠정적인데, 연구가 접촉 가설을 증명하기 위해 설계된 것이 아니고 오판에 대한 태도가 더 일반적으로 영향을 미쳤는지 여부를 조사하지 않았기 때문이지만, 앞으로 연구가 진행되어야 할 것이다.

실증적으로 편견의 존재를 보여 주지 않는다면 이와 싸우기가 어렵다. 더 일반적으로, 오판에 대한 태도와 낙인에 대한 연구를 축적하는 것은 일반인이 그들의 편견을 더 인식하게 하고 사면자의 어려움에 더 많은 관심을 갖도록 할 수 있다. 더불어, 만약 체계적인 편견을 실증적으로 보여 줄 수 있다면, 이러한 연구는 오판을 받은 사람들의 변호인들과 지지자들이 사면자에게 더 많은 지원과 편의를 위해 싸우는 데 유용하게 사용될 것이다. 그러므로 이 분야의 연구는 정책과 실제에 기여할 수 있는 큰 잠재성이 있는 것으로 보인다.

결론

오판의 결과는 더 많은 연구를 필요로 한다. 오판 사례들을 줄이기 위하여 오판의 요인을 찾기 위해 노력하는 것이 중요하지만, 오판이 개인에게 미치는 영향과 결과에 대해 연구하는 것 역시 매우 중요하다. 잘못된 수감의 결과는 사면으로 끝나지 않는다. 오판의 영향은 평생 지속될 수 있다. 자기보고식 태도 연구가 오판을 받은 사람을 돕는 정책에 대한 대중적 지지를 시사하는 것처럼 보임에도 불구하고, 실험을 사용한 최근의 연구 결과에서 사람들이 실제로 오판을 받은 사람을 낙인을 찍는다는 것을 보여 주었다. 우리가 어떻게 형사사법체계의 희생자를 좀 더 잘 지원해 주고 그들의 사면 이후의 삶을 향상시킬 수 있는가에 대한 더 많은 연구가 필요하다.

★ 참고문헌

Adornato, A. (2009, April 23). *Memories of wrongful imprisonment haunt speakers*. Retrieved from http://blogs.colgate.edu/anthony-adornato/2009/04

Anderson, B., & Anderson, D. (1998). *Manufacturing guilt: Wrongful convictions in Canada*. Halifax, Nova Scotia, Canada: Fernwood Books.

Angus Reid Group. (1995). Public perspectives on wrongful conviction. Justice and Public Safety Issues. *The Angus Reid Report, 10,* 75-77.

Badkhen, A. (2005, May 9). Rough landing for exonerated inmate: He's one of 159 who have been freed after DNA testing. *San Francisco Chronicle*. Retrieved from http://articles.sfgate.com/2005-05-09/news/17373296_1_wrongful-convictions-wrong-man-post-conviction-dna-testing

Bayliss, D. (2006). The Mullins-Johnson case: The murder that wasn't. *The AIDWYC*

Journal, 6, 1-4.

Bell, J. G., & Clow, K. A. (2007). Student attitudes toward the post-conviction review process in Canada. *Journal of the Institute of Justice & International Studies, 7,* 90-103.

Bell, J. G., Clow, K. A., & Ricciardelli, R. (2008). Causes of wrongful conviction: Looking at student knowledge. *Journal of Criminal Justice Education, 19,* 75-96. doi:10.1080/10511250801892979

Bishop, D., & Hare, R. D. (2008). A multidimensional scaling analysis of the Hare PCL-R: Unfolding the structure of psychopathy. *Psychology, Crime & Law, 14,* 117-132. doi:10.1080/10683160701483484

Borchard, E. M. (1932). *Convicting the innocent: Sixty-five actual errors of criminal justice.* New York, NY: Garden City.

Buck, g. (2004). They took my life: His wrongful arrest led to 12 years in jail. David Shephard can't make up for the lost time-but he's determined to try. *Reader's Digest.* Retrieved from http://www.rd.com/content/printContent.do?contentId=28504&KeepThis=true&TB_iframe=true&height=500&width=790&modal=true

Burnett, C. (2005). Restorative justice and wrongful capital convictions: A simple proposal. *Journal of Contemporary Criminal Justice, 21,* 272-289. doi:10.1177/1043986205278630

Campbell, K., & Denov, M. (2004). The burden of innocence: Coping with a wrongful imprisonment. *Canadian Journal of Criminology and Criminal Justice, 46,* 139-163.

CBC News. (2008, July 7). *Steven Truscott to get $6.5M for wrongful conviction; Sentenced to hang at age of 14 for murdering classmate.* Retrieved from http://www.cbc.ca/canada/story/2008/07/07/truscott-bentley.html

Center on Wrongful Convictions. Northwestern University School of Law. Bluhm Legal Clinic. (2010). Retrieved from http://www.law.northwestern.edu/wrongfulconvictions/

Clow, K. A., & Leach, A.-M. (2009, March). After innocence: Perceptions of the wrongfully convicted. In B. L. Cutler (Chair), *Conviction of the innocent: Psychology perspectives and research.* Symposium conducted at the meeting of the American Psychology-Law Society, San Antonio, TX.

Crocker, J., Cornwell, B., & Major, B. M. (1993). The stigma of overweight: Affective consequences of attributional ambiguity. *Journal of Personality and Social Psychology, 64,* 60-70. doi:10.1037/0022-3514.64.1.60

Crocker, J., & Major, B. (1989). Social stigma and self-esteem: The self-protective properties of stigma. *Psychological Review, 96,* 608-630. doi:10.1037/0033-295X.96.4.608

Crocker, J., Major, B., & Steele, C. (1998). Social stigma. In D. T. Gilbert, S. T. Fiske, & G. Lindzey (Eds.), *The handbook of social psychology* (4th ed., Vol. 2, pp. 504-553). Boston, MA: McGraw-Hill.

Crocker, J., Voelkl, K., Testa, M., & Major, B. (1991). Social stigma: The affective consequences of attributional ambiguity. *Journal of Personality and Social Psychology, 60,* 218-228. doi:10.1037/0022-3514.60.2.218

Frank, J., & Frank, B. (1957). *Not guilty.* New York, NY: Doubleday.

Goffman, E. (1963). *Stigma: Notes on the man of spoiled identity.* Upper Saddle River, NJ: Prentice-Hall.

Grisham, J. (2006). *The innocent man: Murder and injustice in a small town.* New York, NY: Doubleday.

Grounds, A. (2004). Psychological consequences of wrongful conviction and imprisonment. *Canadian Journal of Criminology and Criminal Justice, 46,* 165-182.

Innocence Project. (2009). *Making up for lost time: What the wrongfully convicted endure and how to provide fair compensation.* Report for the Innocence Project. Benjamin N. Cardozo School of Law, Yeshiva University.

Innocence Project. (2010). *Know the cases: Kirk Bloodsworth.* Retrieved from http://www.innocenceproject.org/Content/54.php

Innocence Project New Orleans. (2010). *Two innocent men go home after 27 years in prison, the charges against them dismissed: Gregory Bright and Earl Truvia released after over 27 years in prison.* Retrieved from http://truthinjustice.org/bright-truvia.htm

Kassin, S. M., & Gudjonsson, G. H. (2004). The psychology of confessions: A review of the literature and issues. *Psychological Science in the Public Interest, 5*(2), 33-67. doi:10.1111/j.1529-1006.2004.00016.x

Leo, R. A. (2005). Rethinking the study of miscarriages of justice: Developing a criminology of wrongful conviction. *Journal of Contemporary Criminal Justice, 21,* 201-223.

doi:10.1177/1043986205277477

McWade, M., Leach, A.-M., & Clow, K. A. (2009). *Public perceptions and stereotypes of the wrongly convicted*. Unpublished honors thesis, University of Ontario Institute of Technology, Oshawa, Canada.

Pinel, E. C. (1999). Stigma consciousness: The psychological legacy of social stereotypes. *Journal of Personality and Social Psychology, 76,* 114-128. doi:10.1037/0022-3514.76.1.114

Pryor, J. B., Reeder, G. D., Yeadon, C., & Hesson-McInnis, M. (2004). A dual-process model of reactions to perceived stigma. *Journal of Per and Social Psychology, 87,* 436-452. doi:10.1037/0022-3514.87.4.436

Ricciardelli, R., Bell, J. G., & Clow, K. A. (2009). Student attitudes toward wrongful conviction. *Canadian Journal of Criminology and Criminal Justice, 51,* 411-427. doi:10.3138/cjccj.51.3.411

Ricciardelli, R., & Clow, K. A. (in press). The impact of an exonoree's guest lecture on students' attitudes toward wrongly convicted persons. *Journal of Criminal Justice Education.*

Roberts, J., & Stanton, E. (2007, November 25). Free and uneasy: A long road back after exoneration, and justice is slow to make amends. *The New York Times*. Retrieved from http://www.nytimes.com/2007/11/25/us/25dna.html?ex=1353646800&en=4ce9ccb7633c3cc5&ei=5088

Scheck, B., Neufeld, P., & Dwyer, J. (2000). *Actual innocence: Five days to execution and other dispatches from the wrongly convicted.* New York, NY: Doubleday.

Smart, L., & Wegner, D. M. (1999). Covering up what can't be seen: Concealable stigma and mental control. *Journal of Personality and Social Psychology, 77,* 474-486. doi:10.1037/0022-3514.77.3.474

Weisman, R. (2004). Showing remorse: Reflections on the gap between expression and attribution in cases of wrongful conviction. *Canadian Journal of Criminology and Criminal Justice, 46,* 121-138.

Westervelt, S. D., & Cook, K. J. (2007). Feminist research methods in theory and action: Learning from death row exonerees. In S. Miller (Ed.), *Criminal justice research and practice: Diverse voices from the field* (pp. 21-38). Boston, MA: University Press of New England.

Westervelt, S. D., & Cook, K. J. (2008). Coping with innocence after death row. *Contexts,*

7, 32-37. doi:10.1525/ctx.2008.7.4.32

Westervelt, S. D., & Cook, K. J. (2009). Framing innocents: The wrongly convicted as victims of state harm. *Crime, Law, and Social Change, 53,* 259-275. doi:10.1007/s10611-009-9231-z

제7부

결론

결론

Brian L. Cutler

서문에서 이 책의 세 가지 목표를 제시했는데, 그것은 유죄 판결을 받은 무고한 사람에 대한 문헌을 발전시키고, 연구를 통합하고, 연구를 장려하는 것이었다. 나는 우리가 이러한 목적을 이루었다고 확신한다.

서론에서 언급하였듯이, 이 책은 오판에 대한 방대한 문헌들 가운데 '전문적인 문헌'에 속할 것이며 이 무시하기 힘든 사회적 현상에 대한 우리의 이해를 증진시킨다는 큰 의지를 보여 준다(Leo, 2005). 비록 이 책의 여러 장에서 다룬 주제들은 많은 논문, 책의 장, 저술 그리고 편집 도서를 통해 다루어졌지만, 이 책은 잘못된 '유죄 판결 연구'라는 더 넓은 개념에 다양한 주제들을 모아서 제시했다는 점에서 이 분야에 특별하게 기여했다고 본다.

외견상 독립적인 주제를 다룬 연구들을 수집하는 것은 두 번째 목표, 즉 이 분야의 연구를 어느 정도 통합하는 것을 가능하게 했다. 서론에서 질문했다. 오판의 원인이 독립적으로 보이지만 그 기저에는 일반적인 사회심리학적 · 인지심리학적 현상이 존재하는가? 독립적인 원인을 연구하는 연구 방법들은 얼마나 유사한가? 이 연구들을 통해 도출된 개선안들의 공통점은 있는가? 이는 이 책과 관련하여 받을 수 있는 몇 개의 통합적인 질문들이다.

각 장의 저자들은 사회심리학 · 인지심리학에서 매우 다양한 이론들과 연구들을 언급했다. 좀 더 공통된 분야들로는 인간의 기억, 메타인지, 사회적 영향, 사회 인지, 태도와 설득, 휴리스틱, 편견과 의사결정을 포함한다. 모든 장에서 한 가지 이상의 이러한 기본적인 연구 분야를 논의했다. 몇 개의 장들은 더 전문적인 문헌을 논의했는데, 예를 들면 절차적 공정성 이론(제12장), 집단 간 과정, 낙인 이론, 혐오적 인종 차별 이론들(제13장과 제15장) 그리고 정보 시스템(제12장)이다. 더불어 몇 장은 사회심리학 · 인지심리학 외의 다른 심리학 분야를 논의했다. 제1장은 인지 장애, 발달 장애, 그리고 심리사회적 기술에 대한 연구를 발달 및 임상심리학 분야에서 논의하였다. 제12장은 정보 시스템에서의 인간 요인 연구를 이용했다. 요약하면, 심리학, 특히 사회심리학 · 인지심리학은, 물론 이 분야뿐만은 아니지만, 오판을 이해하는 데 크게 기여했다.

이 책의 저자들 대부분이 사회심리학 · 인지심리학들이라는 점을 고려해 볼 때, 각 장들에서 다양한 주제들을 다루면서 언급된 연구 방법들이 몇 개의 특징들을 공유하고 있다는 점은 놀라운 일이 아니다. 주의 깊게 통제된 실험 연구에 상당히 의존했고 내적 타당도를 가장 중요하게 생각했다. 또한 내적 타당도와 외적 타당도 모두 중요하게 생각하는 일련의 현장 연구들이 증가하고 있다. 제1장은 임상심리학의 연구 방법을 이용했는데, 특히 취약 대상자에 대한 법임상적 평가에 대한 것이었다. 제12장은 인간 요인 관련 연구들에 기반했는데, 전문가의 의사결정에 대한 연구가 이에 해당된다. 일부(예: 제13장, 제15장)는 다른 분야의 연구를 언급했다.

각 장에서는 정책과 실제에 대한 연구의 적용에서 몇 가지의 공통적인 권고안들을 언급했다. 예를 들면, 거의 모든 저자는 재판까지의 모든 절차가 좀 더 투명해야 한다고 주장했다. 신문과 자백, 그리고 목격자 지목 절차와 목격자의 확신감 평가에 대한 녹화, 그리고 사전 심리 조사 및 좀 더 공개적인 증거 개시 절차(제보자 증언을 장려하는 인센티브 사용을 포함하여)는 증거 및 증거 수집 기술을 더 투명하게 만든다. 투명성이 좀 더 확보되면 재판 당사자들은 증거의 질과 증거 수집 기술이 증거의 질에 미치는 잠재적인 영향을 주의 깊게 평가하게 되고, 증거의 모호함을 감소시킬 수 있다. 몇 가지의 이러한 개선책들(예: 신문과 자백의 녹화)은 시행되기 시작했다(제3장). 다른 개선책들은 진지하게 고려되어야만 한다.

절차적 개선에 대한 주장은 다른 공통적인 개선책들 중 하나다. 몇 가지는 다른 개선책들보다 시행될 가능성이 높다. 예를 들면, 여러 장의 저자들이 암시적인 사진 목록과 라인업 절차를 없애고 과학적 연구를 기초한 더 나은 방법으로 대체하는 것을 권고했다. 제7장과 제8장에서 논의된 목격자의 확신감에 대한 즉각적인 평가와 이러한 평가에 대한 녹화와 관련된 목격자의 개선책들은 몇 개의 주(州)와 경찰서에 이미 도입되었다(제6장). 예를 들면, 미국 법무부와 뉴저지 주의 지침에는 지목 결과에 대한 녹화만 설명한 부분이 포함되어 있다. 둘 다 라인업 시행자나 수사관이 목격자의 지목 또는 비지목한 사실과 함께 그들의 언어로 확실한 정도를 녹화해야만 한다고 설명하고 있다. 몇 명의 저자들은 시행되지는 않았지만 더 고려해봐야 할 개선책들을 제시했다. 신문을 하는 동안 취약한 대상자 보호하기(제1장과 제3장), 거짓말 탐지를 개선하기 위한 혁신적인 방법들(제2장), 덜 직면적인 신문 절차의 사용(제1장, 제2장, 제3장), 암시적인 목격자 진술에 대한 증거 배제 신청에 대한 수정(제8장), 제보자 증언과 관련된 장려책에 대한 수정(제10장), 그리고 법과학자들을 선택하고 훈련시키는 방법의 변화(제12장)를 포함한다.

또 다른 개선책들은 일반적으로 교육, 훈련 그리고 의식 함양과 관련된다. 제안된 개선책들 중 많은 부분은 형사정책과 사법체계 종사자들이 증거와 증언과 관련된 심리학적 연구들뿐만 아니라 자신의 행동과 판단에 영향을 미칠 수 있는 요인들에 대한 지식을 함양해야 된다는 데 초점을 맞추고 있다. 몇몇 저자들은 경찰, 변호인 및 판사에게 수사와 재판에 영향을 미칠 수 있는 심리적 문제들에 대해 규칙적으로 교육이 제공되어야 한다고 주장한다. 교육 주제들로는 목격자 지목(예: 제5장, 제7장, 제8장), 강압적 신문 절차로부터 시작될 수 있는 부당한 결과(제4장)에 영향을 미치는 요인들을 포함한다. 또 다른 예로, 제12장에서는 법과학자들의 판단에 편견적 영향을 미칠 수 있는 요인들에 대한 교육이 필요하다고 주장한다. 재판에 관련해서는, 몇몇의 저자들은 심리전문가의 증언을 사용(예: 제5장, 제7장, 제8장, 제9장, 제10장)하고 (정확한) 심리학적 내용을 포함한 판사의 지시문(예: 제1장, 제9장)를 제공하여 판사와 배심원을 좀 더 교육할 필요가 있다고 주장했다. 인종 차별과 낙인(제13장과 제15장), 그리고 다른 형태의 편견 제거(제14장)에 대한 개선책들은 혁신적이고 앞으로 주목받아야 할 필요가 있다.

세 번째 목표는 앞으로의 연구를 권장하는 것이다. 각 장에서 다루었던 다양한 주제들에 대한 연구가 지속될 것이라고 의심치 않는데, 각 장들은 살아 있고 생산적인 연구 분야를 설명하였기 때문이다. 몇 개의 연구 분야는 잘 정립이 되어 있다(예: 목격자 기억, 거짓말 탐지, 인종 편견). 다른 분야는 앞으로 잘 정립될 것이다(예: 자백, 신문). 다른 분야는 아직 새롭지만(예: 법과학, 제보자 증언, 오판의 결과) 앞으로 더 많은 연구가 진행될 것을 의심치 않는다. 연구들이 지속적으로 무고한 사람들에 대한 잘못된 유죄 판결과 오판에 대해서 좀 더 일반적인 문헌을 통해 영향을 미치고 무고한 사람에 대한 잘못된 유죄 판결의 위험을 감소시킬 수 있는 중요한 개선책들을 이끌어 내길 바란다. 마지막으로, 이러한 흥미로운 분야의 연구가 새로운 학자들에게 성취감을 주는 연구 경력을 제공해 주길 바란다.

★ 참고문헌

Leo, R. A. (2005). Rethinking the study of miscarriages of justice: Developing a criminology of wrongful conviction. *Journal of Contemporary Criminal Justice, 21,* 201-223. doi:10.1177/1043986205277477.

찾아보기

ㅎ

■ 편저자 소개 ■

Brian L. Cutler

1987년 미국 위스콘신대학교 매디슨 캠퍼스(University of Wisconsin-Madison)에서 사회심리학으로 박사학위를 받았다. 현재 캐나다 온타리오주 오샤와의 온타리오 과학기술대학교(University of Ontario Institute of Technology: UOIT)의 사회과학 및 인문 대학에서 교수로 재직 중이다. 이전에는 플로리다 국제대학교(Florida International University)와 노스캐롤라이나대학교 샬럿 캠퍼스(University of North Carolina-Charlotte)의 심리학과 교수로 재직했다.

그는 목격자 지목의 심리학과 이것이 잘못된 유죄 판결에 어떤 역할을 하는지에 대한 연구를 25년 넘게 수행하고 있다. 그의 연구는 미국국립과학재단(The National Science Foundation)의 지원을 받고 있다. 이 책 외에 3권의 책을 편집했고, 목격자 지목의 심리학에 대한 60편 이상의 장과 논문을 저술했다. 그의 연구는 재판의 판결문, 미디어, 다른 연구와 심리학 교과서에 인용되었다. 더불어 *Law and Human Behavior* 저널의 편집장과 미국 심리학-법학회(American Psychology-Law Society, 미국심리학회 41분과)의 회장을 역임했다. 지도학생들과 다른 목격자 연구자들과 함께 목격자 지목에 관한 활발한 연구 프로그램을 운영하고 있다. 그리고 학부 및 대학원에서 다양한 심리학, 범죄학, 연구 방법론과 사회과학 글쓰기 수업 등을 하고 있다.

■ 집필자 소개 ■

Jaqueline L. Austin, BA
John Jay College of Criminal Justice, City University of New York, New York

Neil Brewer, PhD
School of Psychology, Flinders University, Adelaide, South Australia

Rebecca Bucht, PhD
John Jay College of Criminal Justice, City University of New York, New York

Donald Bucolo, PhD
Department of Psychology, University of New Hampshire, Durham

Tara M. Burke, PhD
Department of Psychology, Ryerson University, Toronto, Ontario, Canada

Kimberley A. Clow, PhD
Faculty of Social Science and Humanities, University of Ontario Institute of Technology, Oshawa, Ontario, Canada

Ellen S. Cohn, PhD
Department of Psychology, University of New Hampshire, Durham

Brian L. Cutler, PhD
Faculty of Social Science and Humanities, Justice, and Policy Studies, University of Ontario, Canada

Amy Bradfield Douglass, PhD
Department of Psychology, Bates College, Lewiston, ME

Itiel E. Dror, PhD
Institute of Cognitive Neuroscience, University College London, United Kingdom; and Cognitive Consultants International

Keith A. Findley, JD
University of Winconsin Law School, Madison

Sarah M. Greathouse, PhD
Department of Psychology, Iowa State University, Ames

Lisa E. Hasel, PhD
Department of Sociology and Criminology & Law, University, New York, NY

Larry Heuer, PhD
Department of Psychology, Barnard College, Columbia University, New York, NY

Nicholaos Jones, PhD
Department of Philosophy, University of Alabama in Huntsville, Huntsville

Saul M. Kassin, PhD
Distinguished Professor, Department of Psychology, John Jay College of Criminal Justice, City University of New York, New York

Margaret Bull Kovera, PhD
John Jay College of Criminal Justice, City University of New York, New York

Amy-May Leach, PhD
Faculty of Social Science and Humanities, University of Ontario Institute of Technology, Oshawa, Ontario, Canada

Stéphanie B. Marion, MA
Department of Psychology, Ryerson University, Toronto, Ontario, Canada

Joy McClung, MA
Department of Psychology, University of Alabama in Huntsville, Huntsville

Jeffrey S. Neuschatz, PhD
Department of Psychology, University of Alabama in Huntsville, Huntsville

Robert J. Norris, MA
School of Criminal Justice, University at Albany, State University of New York, Albany

Afton Pavletic, BA
Department of Psychology, Bates College, Lewiston, Maine

Kathy Pezdek, PhD
Department of Psychology, Claremont Graduate University, Claremont, CA

Allison D. Redlich, PhD
School of Criminal Justice, University at Albany, State University of New York, Albany

Rosemary Ricciardelli, PhD
Faculty of Liberal Arts & Professional Studies, Department of Sociology, York University, Toronto, Ontario, Canada

Carolyn Semmler, PhD
School of Psychology, University of Adelaide, South Australia

Diane Sivasubramaniam, PhD
Faculty of Social Science and Humanities, University of Ontario Institute of Technology, Oshawa, Ontario, Canada

Samuel R. Sommers, PhD
School of Psychology, Tufts University, Boston, MA

Gary L. Wells, PhD
School of Psychology, Iowa State University, Ames

Stacy A. Wetmore, MA
School of Psychology, University of Alabama in Huntsville, Huntsville

David M. Zimmerman, MA
John Jay College of Criminal Justice, City University of New York, New York

■ 역자 소개 ■

김민지(Kim Minchi)
미국 뉴욕시립대학교(City University of New York) 심리학 박사
현 숙명여자대학교 사회심리학과 교수

최관(Choi Kwan)
호주 국립 모나시대학교(Monash University) 형사사법학 박사
현 (주) 삼성화재 보험범죄조사파트(SIU) 조사실장

박광배(Park Kwangbai)
미국 시카고 일리노이주립대학교(University of Illinois at Chicago) 심리학 박사
현 충북대학교 심리학과 교수

유죄 오판: 심리학의 교훈

Conviction of the Innocent: Lessons from Psychological Research

2018년 10월 20일 1판 1쇄 발행
2019년 12월 20일 1판 2쇄 발행

지은이 • Brian L. Cutler
옮긴이 • 김민지 · 최관 · 박광배
펴낸이 • 김진환
펴낸곳 • (주) 학지사
04031 서울특별시 마포구 양화로 15길 20 마인드월드빌딩
대표전화 • 02)330-5114 팩스 • 02)324-2345
등록번호 • 제313-2006-000265호

홈페이지 • http://www.hakjisa.co.kr
페이스북 • https://www.facebook.com/hakjisabook

ISBN 978-89-997-1670-6 93180

정가 24,000원

이 도서의 국립중앙도서관 출판시도서목록(CIP)은 서지정보유통지원시스템 홈페이지(http://seoji.nl.go.kr)와 국가자료공동목록시스템(http://www.nl.go.kr/kolisnet)에서 이용하실 수 있습니다.
(CIP 제어번호: CIP2018031611)